JN295649

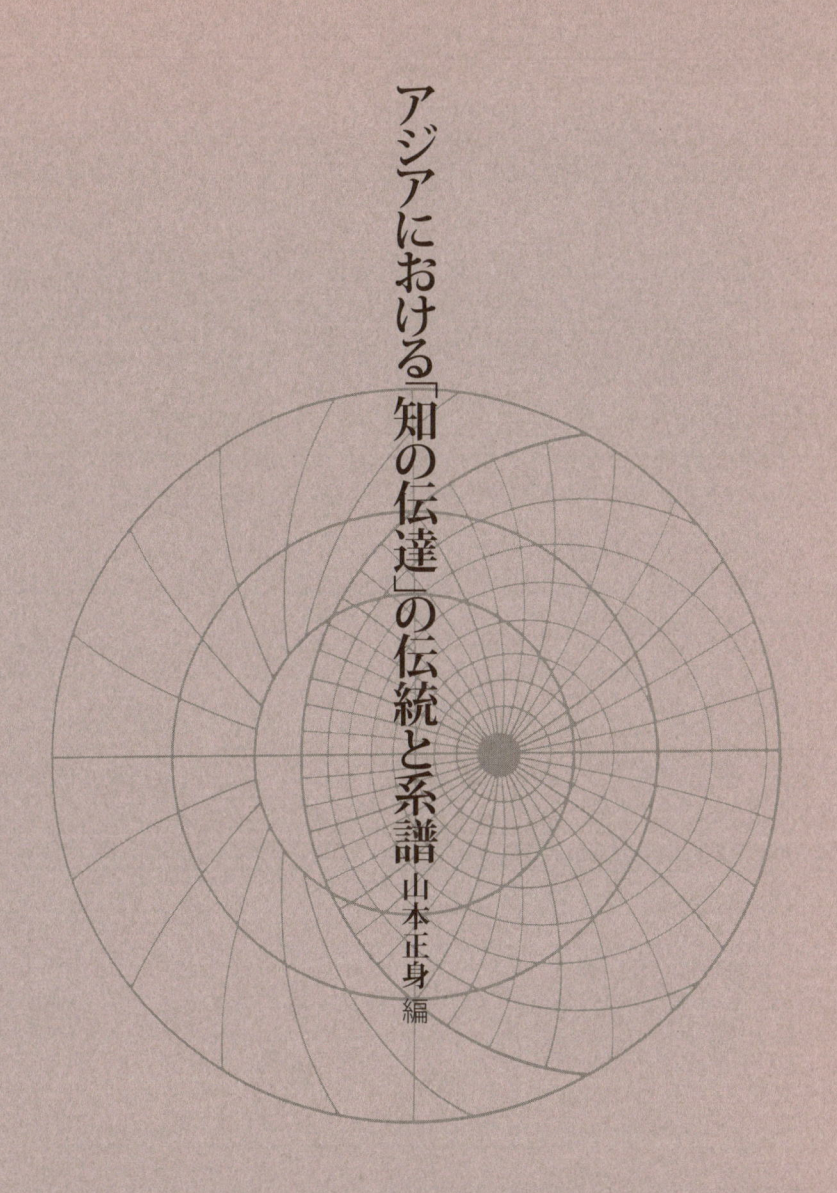

アジアにおける「知の伝達」の伝統と系譜

山本正身 編

慶應義塾大学言語文化研究所

序

江戸時代前期の儒者伊藤仁斎が36歳の頃に開設した学問塾は、「同志会」というユニークな学習サークルを立ち上げていたことでも知られる。この学習サークルが「ユニーク」と称される所以は、そこで採られた学習方式にあった。すなわち同志会では、塾主たる仁斎が一方向的に講義を行うのではなく、開会ごとに会長と講義者とを選出した上で、会長がその日の講義内容を踏まえながら「策問」を提示し、それに対する会員相互の所論を出し合い、議論を通じて纏まったものを一冊の書冊に仕上げる、というような学習方式を採用していたのである。会に参加するに際しては、メンバー各自が必ず「一茗一菓」を持ち寄っていたということも、この学習サークルの和やかな雰囲気を象徴的に伝えている。こうした文化サロン風の学習サークルでの知的営為を通して、江戸儒学の多彩な思想系列の一翼を担った「古義学」が育まれたことは、日本思想史上の一つの「事件」であったとも評し得るだろう。

本書は、慶應義塾大学言語文化研究所公募研究「アジアにおける『教育メディア』の比較史研究」(2008年4月～2010年3月）の成果の一端として編まれたものであるが、この研究プロジェクトに寄せる期待として、筆者の心の内に常に意識されていたことは、まさに上述の同志会のイメージであった。もちろん、研究プロジェクトと銘打つからには、それに相応しい真摯な研究討議が重ねられたことはいうまでもない。討議の場に各自が「一茗一菓」を持ち寄るということもなかった。だが、そこでのディスカッションは文化サロンを想わせる和やかな雰囲気に満たされていた。また、このプロジェクトでは、はからずも筆者が研究代表者を仰せ付かったが、その仕事は仁斎塾における同志会会長の役割、すなわち偶々選出された進行係という役割を越え出るものではなかった。というよりも、より正確には、同志会会長が「策問の提示」「議論の進行」「書冊の作成」などの仕事を進めていたのに対し、筆者の仕事は「策問の提示」だけで事足りていた。なぜなら、このプロジェクトでは代表者が「策問」を示すだけで、その後は自ずと各メンバーから所論が寄せられ、相互にディスカッションが展開されていったからである。

とはいえ、筆者の「策問」はプロジェクト・メンバーにとって、必ずしも身近な研究テーマではなかったはずである。むしろ、それは各メンバーがそれぞれに取り組んできている広汎な研究上の地平に鑑みれば、いかにも筆者の研究領域だけを視界とする局所的なテーマというべきであった。それにも拘わらず、こうして一冊の書冊が刊行される運びとなったのは、やや周縁的に見える研究テーマに対しても常に高い研究関心を寄せ、有効な方法論を組み立てようとするメンバー諸氏の真摯な学的態度に負うものという他はない。

さて、本研究プロジェクトにおける筆者の「策問」についてである。それは、前近代のアジアやイスラーム世界（以下、アジアという言葉をこの意味で使用する）には「知の伝達媒体」としてどのような「教育メディア」が存在したのか、そしてその「教育メディア」がアジアにおける「知の伝達」の営為にどのような傾向や特質を与えたのか、の探究をテーマとするものであった。この「策問」を通して意図されたプロジェクトの課題は、「知の伝達媒体」としての「教育メディア」の多様性に着眼しつつ、これまで教育史の舞台に登場した多様な伝達回路の機能や特質をそれぞれの歴史・社会的背景との関連において浮き彫りにすることで、文字メディアを中核に据える近代学校教育を基軸として描かれてきた教育史像を再定義するための視点を確保することにあった。

この「策問」にはいくつかの前提が設けられている。第一に、上記にも言及されているように、ここでいわれる「教育メディア」とは「知の伝達媒体」のことを想定している。それには、通常、教科書や教材・教具のことが想起されよう。だが教材・教具といっても、それは文字や書物に限られるわけではない。当然、音声・画像・身体表現など様々な伝達媒体が視野に含まれることだろう。また文字メディアにしても、当然のごとく、教科書に一元化され得ない多様なメディア形式が存在するはずである。こうした「教育メディア」の多様性への着眼は、「知の伝達」とそれに基づく人間形成のあり方を、多様な回路からとらえ返すための示唆的な視点を提供してくれるはずである。

第二に、本プロジェクトでは考察対象とする歴史的空間を、基本的に「前近代」と措定した。上述のように、教育を「知の伝達」として理解するならば、その営為のありようは「教育メディア」によって相当程度に規定される。実際、近代学校教育の世界では教科書に象徴される文字メディアが「教育メディア」の中核を占めるようになり、それに伴って教育のあり方も標準化・画一化の方向に流れるようになった。また、今日における電子メディアの急速な革新と普及が、教育のあり方に新たな変革をもたらしつつあることも、周知の通りである。だが本研究では、教育のあり方の多様な可能性を今日的な情報革命の諸動向にではなく、むしろ近代以前の歴史の中に尋ねようとする。というのも、歴史を振り返るならば、「知の伝達媒体」には、教科書や参考書などの文字メディアが登場する以前から、上述の音声（口承）や画像あるいは身体表現などの多彩なメディアが存在していたといえるからである。メディアが素朴な形式の段階にあったとしても、「知の伝達」が多彩な媒体・回路を通じて行われ得る、ということを検証するために、敢えて歴史を遡る研究アプローチを採用することにしたのである。

第三に、考察対象の地理的空間として、広く日本、中国、東南アジア、インド洋世界、西アジア、地中海世界等の諸地域を視野に含めることにした。「知の伝達」とメディアとの関わりに関する歴史的研究は、従来すでに少なからぬ重要な成果を蓄積してきている。グーテンベルクによる印刷術の発明が、宗教改革や近代科学誕生の必須の前提となったこと、あるいは16世紀以後に発展を遂げた出版産業とそれに媒介された知のネットワークが中世以来の大学をも凌ぐ知識流通の拠点を形成したこと、などの知見はその典型といえる。だが、これら人類史上に決定的な知識革命をもたらした諸動向の探究は、主にヨーロッパ世界を視座とするものが中心を占めている。それに対し、アジアを視座とする「教育メディア史」については、依然として未開拓の問題が少なくないように思われる。

もっとも、近年、日本教育史学においては、「教育メディア」という視点から従来の教育史像を読み直そうとする作業が活発に進められてきている。例えば、江戸時代における教育組織化の進展や学習文化の成立が、江戸を画期とする出版メディアの急速な発達を背景とするものであったことや、明治以後における近代学校教育の成立・展開が、近世社会での大量出版の普及や文字文化の共通化とそれに伴う読書営為の浸透に下支えされていたこと、などが指摘されるようになった。本プロジェクトは、こうした動向を広くアジアの教育史研究にも推し拡げるための一助となることを期して、推し進められたのである。

なお、本書のタイトルについては、「アジアにおける『教育メディア』の比較史研究」という当初の研究プロジェクトのテーマから、敢えて「アジアにおける『知の伝達』の伝統と系譜」という題目に改めた。アジアにおける「知の伝達」を「教育メディア」という視点から分析する方針に変更はないものの、諸論攷の成果として最終的に解明が目指されたのはアジアでの「知の伝達」の諸相であった、とのプロジェクト・メンバーの共有認識を踏まえてのことである。

以下、プロジェクト・メンバーによる諸論攷の概要を簡単に紹介しておこう。

石川透「居初つなの仕事と著述」は、江戸時代前期の往来物作者として知られていた居初つなが、奈良絵本や絵巻の本文と挿絵の両方を制作していたことについて報告したものである。往来物は、江戸時代においては主に版本として制作され、それを元に寺子屋等で読み書きの教科書として使用されていた書物である。そのような教育を担っていた居初つなが、一方で、絵本や絵巻の本文や美しい挿絵を直筆で制作していたのである。三百年以上前に色彩入りの絵本を女性が制作していたことは、これまで全く知られていなかった。しかも、その作品は大量に見出せることから、職業として制作していたことが明らかなのである。居初つなの仕事の重要性とその意義が、具体的な作例を通して、論及されている。

山本正身「儒学学習における『身体知』の含意について――『素読』『身体』『言語』を鍵概念として」は、江戸時代の儒学学習において必須の起点をなしていた「素読」という学習様態に着目し、その「身体知」としての含意を探ろうとしたものである。「素読」は、ともすれば学習者の関心や動機を無視した暴力的な学びの強要と見なされがちであるが、実は、普遍的価値を有する「聖人の言葉」を丸ごと身体の内部に取り込むことで、学習者の具体的な生の場面において、最も信頼に足る行動指針や思考様式として機能するような「知」を養う営みであったことが論ぜられる。そうした「身体知」の営みを過去の遺物として切り捨てるのではなく、多様にあり得る知の伝達回路の中の極めて重要な学習様態の一つとして再評価することの意義が説かれている。

桐本東太「漢代画像石研究より見た魏晋画像磚の図像解釈についての二・三の憶説」は、中国河西地域の画像資料に研究上の視線を投じたものである。後漢時代に盛大な流行をみせた、画像石などで墓室内の壁面を埋め尽くす習俗は、中国本土では後漢の終末期にほぼ終焉を迎えるが、その後この伝統が河西地域で受け継がれていったことは、よく知られた事実である。この河西地域の画像資料に関するいくつかの問題を、後漢の画像資料との比較分析を通して検討することが、本論攷の趣旨である。なおこの問題については、すでに北村永氏によって卓越した研究が発表されており、本論攷では北村氏の説を再検証するという形で立論が展開されている。

山本英史「伝統中国の官僚道徳規範とその変容」は、伝統中国の「官箴書」に着眼し、その道徳規範書としての機能の変容を歴史的に跡づけた論攷である。改革・開放政策の進展によって市場経済化が進むと、官僚の貪汚問題が以前にも増して深刻化し、これに前後して「官箴書」とよばれる伝統中国の地方官教育メディアの復刻や研究が大陸で活発化するようになった。これは官箴書が説く道徳規範が現代の指導幹部の修養強化に役立つと見なされたためである。しかし官箴書とはそもそも道徳規範に主眼を置いた書物ではなく、主機能は実践マニュアルにあった。16世紀中葉以前の官箴書は宋元時代の形式と内容を踏襲し、道徳規範的な要素を辛うじて保っていたが、それ以降になると観念的な訓戒は“実践”に適合しないものとして消滅する傾向にあった。このような官箴書の実態からいえば、近年の官箴書への注目は必ずしも正鵠を射たものでない、という知見が歴史実証的に導き出されている。

嶋尾稔「ベトナム阮朝期初学教育テクストの中の国土・国史——『啓童説約』の検討」は、19世紀中葉のベトナムにおいて使用された初学テクスト『啓童説約』に丹念な分析を加えた論攷である。同テクストは、中国の初学テクストのスタイルを踏襲して作られたものであるが、その検討を通して、中国の古典学習を主とする科挙レベルの教育に含まれていないベトナム固有の知が、初学レベルで伝達されていたことが明らかにされている。そこで伝達されたのは、ベトナム史上初めて南北統一がなされた新時代に適応するように再構成された国土・国史に関する新たな知識・表象であり、近代の「国民」概念の受容を容易にするものであった、という極めて興味深い所論が提示されている。

山口元樹「教育メディアから見るインドネシアのアラブ系住民による教育活動の変容—— 20世紀前半におけるイルシャードの学校の教科書とカリキュラムを事例として」は、20世紀前半のインドネシアにおけるアラブ系住民の教育活動の変容を、1914年に結成されたイスラーム改革主義組織イルシャードの学校を事例に論じたものである。これまで、イルシャードによる教育活動は、アラブ系住民の大多数を占めるハドラミーとしての自己認識の形成とのみ結びつけられ、インドネシア社会からは分離したものと見做されてきた。しかし、「教育メディア」である教科書とカリキュラムに焦点を当てた分析からは、イルシャードは、むしろ「ハドラミーの組織」としての性格を弱め、インドネシア社会の状況に対応していったこと、それらの点でスーダン出身の指導者スールカティーが中心的な役割を果たしたこと、などが明らかにされている。

栗山保之「アラブのインド洋航海技術書の成立」は、15世紀末にイブン・マージドによって著されたインド洋の航海技術書『有益の書』について論じたものである。この『有益の書』が著された理由は、ポルトガルのインド洋来航に対して、伝統的なインド洋の航海技術と航海情報が失われることについてイブン・マージドが危機感を抱いたからであった。この『有益な書』を「教育メディア」として捉えるならば、この書は、15世紀末におけるポルトガルのインド洋来航により、それまでアラブをはじめとする船乗りたちが培ってきた航海技術および航海情報が途絶えることを危惧したイブン・マージドが、同時代ないし後代の船乗りたちにその技術や情報を確実に伝えるために著した航海技術書であった、と見なすことができる。この意味において『有益な書』とはまさに、15世紀末のインド洋西海域情勢の急変によって生みだされた、インド洋の航海技術と情報を教育、伝達するための「教育メディア」なのであった。

野元晋「メディアとしての『預言』、『宣教』、そしてヒエラルキア――初期イスマーイール派思想家スィジスターニーの著作からの邦訳二題」は、「預言」という現象を神の教えを伝える「メディウム」（媒体）として捉えることを前提とし、10世紀のイスマーイール派思想家スィジスターニーのテクスト一篇と彼に帰せられる一篇を翻訳し紹介するものである。イスラームにおいて、預言者は神と被造物（人間）の間の媒介者として捉えられる。しかし10世紀の初期イスマーイール派はさらにこれを進めて、精緻に組み立てられた天上のヒエラルキアとそれに対応する地上のヒエラルキア、つまり宣教共同体の教えを伝える巨大な媒体の存在を考える。では、このようなヒエラルキア＝教えの伝達媒体という概念の思想的背景は何であったのか。この問いに答えるべく本稿は、イスマーイール派のスィジスターニーのテクストを翻訳・紹介しつつ、同派の置かれていた政治的状況に加えて、同派の否定神学思想に着目し、その思想は神の教えを伝えるために多くの媒介者を理論的に必要としたという仮説を提示している。

苗村卓哉「15–16世紀ダマスクスにおけるウラマーの学習過程——イブン・トゥールーンの事例を中心に」は、15–16世紀のシリア地方のダマスクスで活躍した学者イブン・トゥールーンの学習過程を、彼の自伝などを主要史料として、明らかにしようとしたものである。前近代アジアの「教育メディア」の担い手として、イスラーム世界のウラマー（イスラーム知識人）は、中国社会の士大夫と同等の重要性を持つ存在である。あるウラマーがウラマーとして昇進していく過程については、先行研究では支配権力や地域共同体との関係から論じられることが多かったが、本論攷ではこの過程を学問の修得という観点から論じた。その際、従来あまり顧みられることの少なかった学習テクストにも注目し、それをリスト化し付表にする作業を通して、当該時代・地域におけるウラマーの知的伝統や知の伝統のあり方について、一つのモデルケースを提示することを試みている。

長谷部史彦「中世後期アラブ地域における複合宗教施設の教育機能——カイロのハサン学院の場合」は、中世イスラーム世界随一の学術都市であったカイロにおける知の伝達の場や教育環境に着眼点を据えた論攷であり、とりわけ、マムルーク朝期のこのナイル都市において最大のイスラーム施設であったハサン学院に照準を定めている。すなわち、多目的施設であった同学院について、寄進文書、地誌、伝記集などのアラビア語関連史料を活用しながら、その高等・初等教育としての諸機能を詳細に描出している。壁面碑文やコーラン読誦のもつ視覚的・聴覚的な「教育媒体」としての側面への新視角からの検討も試みた本論攷では、前近代におけるイスラーム的な知の伝達空間の性格や特徴が多面的に解明されている。

太田（塚田）絵里奈「中世アラブ社会におけるワアズとワーイズ——その教育的側面を中心に」は、前近代のアラブ社会で行われたイスラームの説教に焦点を当てている。イスラームの説教は公的な説教であるフトバと私的目的で行われた民間説教に分類されるが、本論攷では民衆を含む全てのムスリムを対象とした訓戒の説教であるワアズとその担い手であるワーイズに着目し、それらが果たした教育メディアとしての役割を、名士伝記集、旅行記、官僚の手引書を中心史料に据えながら具体的に論じている。初めにイスラームにおける説教の概略を示し、ワアズの形態について述べた後、15世紀の名士伝記集『輝く光』の分析を通じ、中世イスラーム諸都市で活躍したワーイズたちの存在形態の一端を明らかにしている。その上で、ワアズ集会の実態について史料記述に即して分析し、その教育的側面を吟味している。

佐藤健太郎「モリスコの伝える知——アルモナシド・デ・ラ・シエラ写本を通して」は、19世紀にアラゴン地方の小村アルモナシド・デ・ラ・シエラで発見された約60点のアラビア文字写本を、モリスコたちの「知の伝達」メディアとしてとらえ、隠れムスリムとして生活していた彼らのイスラーム的な「知の伝達」のあり方を検討しようとするものである。16世紀のイベリア半島には、カトリックへの強制改宗を余儀なくされた元ムスリム（あるいはその子孫）、すなわちモリスコが居住していた。モリスコたちがどのような種類の知を伝えようとしていたのかを示すとともに、アラビア語を母語としない彼らが知の内容に応じて言語をどのように選択していたのか（アラビア語か、アラビア文字表記カスティーリャ語〈アルハミーア〉か）についても論究している。

アジアにおける「知の伝達」には、どのような伝統や系譜が存在したのか。その知見を踏まえつつ、伝統アジアの「知の伝達」にどのような人間形成的含意を認めることができるのか。本書では、敢えてこの問題に関する知見を全体的に方向づけるための集約作業を行ってはいない。それは、以上の各論攷の中でそれぞれの事例や問題に則しながら具体的に論究されるべきことと考えたからである。その意味で本書では、ある種の「全体像」の提示よりも、むしろ個別的・具体的な問題群へのアプローチを丹念に推し進めることに意を用いた。こうした地道な論攷の蓄積が、やがて「全体像」の解明を目指す研究に資するものとなることに期待を寄せたい。

最後になるが、本書の刊行については、慶應義塾大学言語文化研究所をはじめとする慶應義塾関係各位からの多方面にわたるご支援・ご厚情を賜った。また、慶應義塾大学出版会の村上文さんには、切迫したスケジュールの中にも拘わらず心を込めて編集作業に携わってくださった。厚く感謝の意を表する次第である。

2012年3月

山本正身

目　次

序　山本　正身　i

居初つなの仕事と著述　石川　透　1

儒学学習における「身体知」の含意について
——「素読」「身体」「言語」を鍵概念として　山本　正身　17

漢代画像石研究より見た
魏晋画像磚の図像解釈についての二・三の臆説　桐本　東太　63

伝統中国の官僚道徳規範とその変容　山本　英史　75

ベトナム阮朝期初学教育テクストの中の国土・国史
——『啓童説約』の検討　嶋尾　稔　107

教育メディアから見るインドネシアの
アラブ系住民による教育活動の変容
——20 世紀前半におけるイルシャードの学校の教科書と
カリキュラムを事例として　山口　元樹　141

アラブのインド洋航海技術書の成立　栗山　保之　169

メディアとしての「預言」、「宣教」、そしてヒエラルキア
——初期イスマーイール派思想家スィジスターニーの
著作からの邦訳二題　野元　晋　191

15-16 世紀ダマスクスにおけるウラマーの学習過程
——イブン・トゥールーンの事例を中心に　苗村　卓哉　215

中世後期アラブ地域における複合宗教施設の教育機能
——カイロのハサン学院の場合　長谷部史彦　267

中世アラブ社会におけるワアズとワーイズ
――その教育的側面を中心に　太田（塚田）絵里奈　293

モリスコの伝える知
――アルモナシド・デ・ラ・シエラ写本を通して　佐藤健太郎　331

あとがき　356

居初つなの仕事と著述

石川透

一、はじめに

私が研究をしている奈良絵本・絵巻は、謎の多い作品群であった。日本では物語に署名をしないという伝統があったために、いつ誰が制作したかも確定されていなかったのである。現在、奈良絵本という呼び方をしているために、奈良で制作されたという俗説や、ひどい場合には奈良時代に制作された、といった誤解を生んだのである。

しかし、「浅井了意の仕事と著述」（『アジアの文人が見た民衆とその文化』、慶應義塾大学出版会、二〇一〇年三月）にも記したように、写本や版本の本文の筆跡を研究することによって、その制作時代や制作地をかなり限定できるようになったのである。結論からいうと、今日、奈良絵本・絵巻と呼ばれている美しい作品群の多くは、十七世紀に京都で制作されたものと推測できる。日本文化の流れの中に位置付けると、江戸時代の前半までは、まだ京都が文化の中心地であって、平安時代からの絵巻の流れを汲む奈良絵本・絵巻は、その京都で作られていたのである。それを注文するのは、当時の大名家が主であった。そして、注文する大名家が経済的に力を失っていくとともに、制作数も減っていったのだと思われる。江戸時代の後半になり、江戸が文化の中心地になっていくと、一枚刷りの浮世絵が庶民向けに大流行するようになる。もちろん、その頃には、高価で手間のかかる奈良絵本・絵巻の類は、ほとんど制作されていない。それを作る職人もいなくなっていたと考えられるのである。

こうした文化の歴史の中で、奈良絵本・絵巻の最後の黄金期を支えた人物として、居初つなという女性が浮かび上がってきた。しかも、居初つなは、当時の教育者としての側面を併せ持つ存在だったのである。本稿では、居初つなの仕事と著述について整理したいと思う。

二、奈良絵本・絵巻の制作者

奈良絵本・絵巻は、十七世紀を中心に制作された、日本初の本格的豪華絵本と、それに類似する絵巻のことである。今日の絵本と同じく、物語本文と美しい挿絵によって構成されているが、十七世紀の段階では世界的に見ても、美しくカラフルな印刷物は作られていなかった。当時の美しい彩色入りの作品は、ほぼ全て手彩色によって作られていたのである。

奈良絵本・絵巻も、一点一点を美しく彩色し、本文も直筆によって制作していたのである。同じ十七世紀には、ほぼ墨一色ではあるが、印刷された絵本も大量に作られていた。印刷物に豪華な彩色をすることも可能であったはずであるが、日本においては、丹緑本というわずかな彩色を伴う印刷本は作られたが、豪華な彩色本は全て手作りで制作されていたのである。おそらくは、印刷された廉価な普及版ではなく、高価な豪華本として制作されていたのであろう。それらの豪華な写本や絵本・絵巻を注文していたのが、江戸時代前期の大名家であり、大名家が経済的に逼迫していくと、経済力をつけてきた商人達も注文するようになったと思われる。

では、大名家達がどこに豪華な絵本や絵巻の制作を発注したかというと、多くは京都にあった絵草紙屋であったろう。絵草紙屋というと、文化史上、江戸時代後期に大流行した絵草紙を制作した出版書肆を連想しがちであるが、江戸時代前期には、間違いなく京都に存在している。拙著『奈良絵本・絵巻の生成』（三弥井書店、二〇〇三年八月）、『奈良絵本・絵巻の展開』（三弥井書店、二〇〇九年五月）等に記したが、城殿（きどの）や小泉といった、豪華絵巻を制作し、それに印記や署名をほどこしたものが、全体数からするとわずかではあるが、確認できるのである。

その業者としての実態は、これまでほとんど明らかにされていなかったが、その印記の内容から、江戸時代前期に京都で活動していたのは間違いない。基本的には、奈良絵本・絵巻に、制作者側が署名や印記を残すことはないこと、城殿、小泉の印記がある作品はきわめて豪華な作品であることから、おそらくは、今日のブランド品であったのであろう。絵巻や絵本として全く同じタイプ、すなわち、同じ本文の筆跡で、同じタイプの挿絵を有する作品が多く存在することから、城殿、小泉は、それら以外にも多くの作品を制作していたろう。また、同じ時代に同じような絵草紙屋も多く存在していたものと思われる。

この絵草紙屋が、今日、奈良絵本・絵巻と呼ばれる豪華な作品群を制作していた時代には、多くの出版書肆が京都にあったことも知られている。出版物には、幕府の指示によって、いつ誰が出版したかという情報である刊記を記していることが多いから、その刊記を調べるだけでも、京都の出版状況は明らかにできる。当時の出版物は、今日でいう版画と同じ手法で制作するから、出版の場合にも、本文の版下を清書する人物（筆耕という）と挿絵を描く絵師が必要である。したがって、絵草紙屋と出版書肆の仕事は近い存在であるため、両者を兼ねていたことも考えられる。もちろん、業者としては別であっても、そのもとで働く筆耕や絵師は、複数の業者で働くのが普通であったろう。そして、絵草紙屋と出版書肆の両方に出入りした者は、浅井了意に代表されるように、存在していたのである。

その浅井了意と同じように、出版の世界と奈良絵本・絵巻の両方に出入りしていたのが居初つなという女性なのである。

三、居初つな制作の奈良絵本・絵巻

前掲拙著に記しているが、居初つなという女性について、本格的に調べ始めたのは二〇〇八年以降のことである。それまでは、女性が奈良絵本・絵巻の制作に携わっているとは、ほとんど考えられていなかったのである。もちろん、古画を伴う奈良絵本・絵巻には、飛鳥井一位局作といわれている作品も複数あり、初期の稚拙なタイプであるならば、女性が制作したと考えられている作品もあったが、十七世紀の本格的な豪華な奈良絵本・絵巻で、名前が判明するものは、ほぼ全て男性であったのである。ということは、奈良絵本・絵巻の実際の制作に当たるのは、男性の職人と考えるのが普通である。その常識を覆したのが、居初つなであったのである。

居初つなは、奈良絵本・絵巻、及びそれに類する写本のいくつかに署名をしている。その一覧は後掲するが、一般的には、署名があってもすぐには信じられないものなのである。例えば、前記した飛鳥井一位局という名前が伝わる作品をいくつか並べると、本文の筆跡自体が一致していないのである。ということは、本物も存在しようが、多くは後の伝承であることになる。ところが、「居初氏女」という署名のある作品を調べると、全て同じ筆跡なのである。しかも、署名はないものの、同じ筆跡の作品が大量に存在しているのである。その署名によると、書画ともに同じ「居初氏女」が担当したことになるのである。その挿絵は、本によって、比較的に堅い感じのするものもあるが、人物の顔をとてもかわいらしく描いている。比較的に丸い顔に、頬紅もほどこされた、今日でも通じるかわいらしさを持っているのである。

その「居初氏女」が具体的に誰であるかを調べると、たまたま、「居初氏」という珍しい苗字であろことから、貞享・元禄年間（一六八四〜一七〇四年）に女流往来物作家として活躍した、居初つなが浮上したのである。その確定作業も、「居初氏女」の署名のある奈良絵本・絵巻と、居初つなの刊記がある往来物の筆跡が、同筆であることが決め手になった。これにより、奈良絵本・絵巻という絵草紙屋の仕事と出版書肆の仕事の両方をこなしていた人物が、もう一人明らかになったのである。

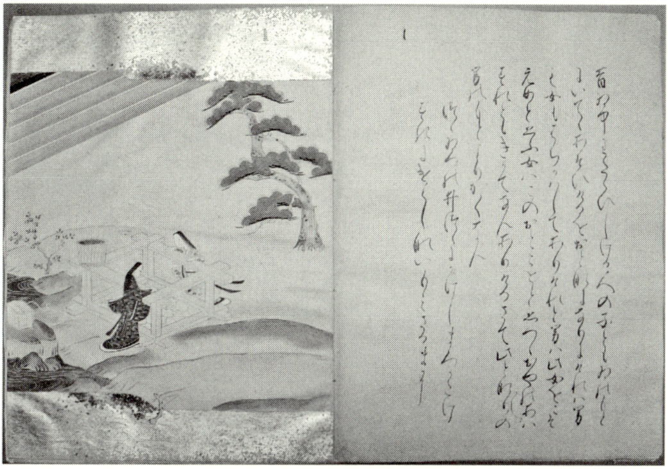

図版１　奈良絵本『伊勢物語』

図版２　奈良絵本『鉢かづき』

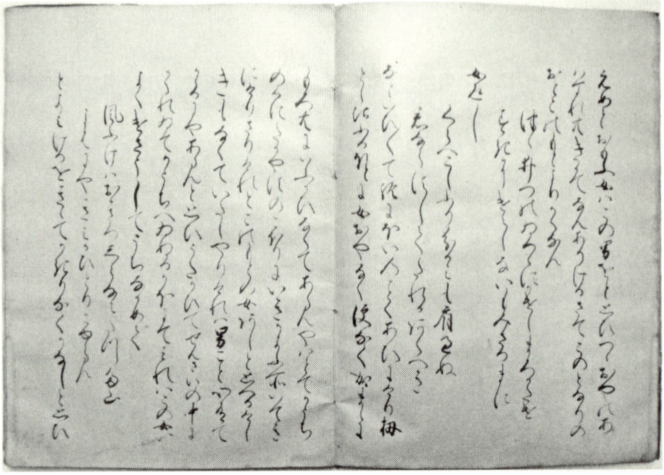

図版３　写本『伊勢物語』

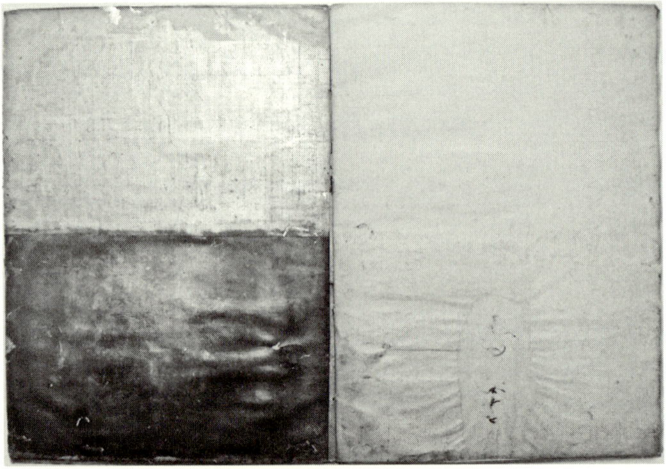

図版４　写本『伊勢物語』

四、居初つな制作の往来物

では、居初つなの往来物作品とは、どのようなものであったのであろうか。彼女の作品として最もよく知られていたのは、元禄八年（一六九五年）に刊行された『女実語教・女童子教』であり、初期の作品としては、貞享五年（一六八八年）に刊行された『女百人一首』も知られていた。それらの作品の多くは、小泉吉永氏による『往来物大系』『稀覯往来物集成』『江戸時代女性文庫』（いずれも大空社）等に影印版が収められ、小泉氏による解説も記されている。

居初つな作とされている作品のうち、貞享五年（一六八八）刊『女文章鑑』二巻は、居初つなを示す直接の刊記もなく、筆跡も異なるように見えるので、所在不明の作品とともに一覧からは外した。

そして、筆跡を比較することによって、窪田つな作とされていた貞享四年（一六八七）刊『女今川』も、居初つなの作品であることがわかったのである。『女今川』には、「江州大津住窪田宗保孫つな筆」という奥書があり、ここから、窪田つな作とされていたのであるが、窪田氏の孫が窪田姓であるとは限らないこと、居初氏もその本拠が現在の大津市に入る堅田であったこと等から、窪田は母方の家であると思われるのである。

また、窪田つなについては、小泉吉永氏の上記影印版解説等により、その母が、万治三年（一六六〇）に『女初学文章』を刊行した窪田やすであることが指摘されている。『女初学文章』は、女流往来物の皓歯とされている作品である。そのような母を持つ居初つなであるから、とうぜん、その教育を受け、多くの女流往来物を刊行するようになっても何ら不思議はないのである。

刊行された往来物の作品群をみると、居初つなの作品にも「女」が頭に付く作品が多いことに気付く。当時流行していた男性向けの往来物の女性版を母娘で制作していたことになるのである。これらの女流往来物は、写真に掲載したように大きな文字で書かれ、習字の手本にもなったはずである。もちろん、普段の生活でも、寺子屋の先生のように、子供の習字の手本を作っていたのであ

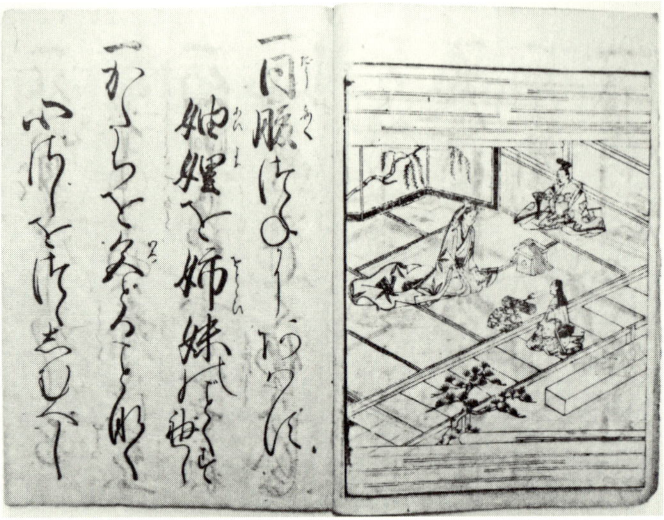

図版５　版本『女実語教・女童子教』

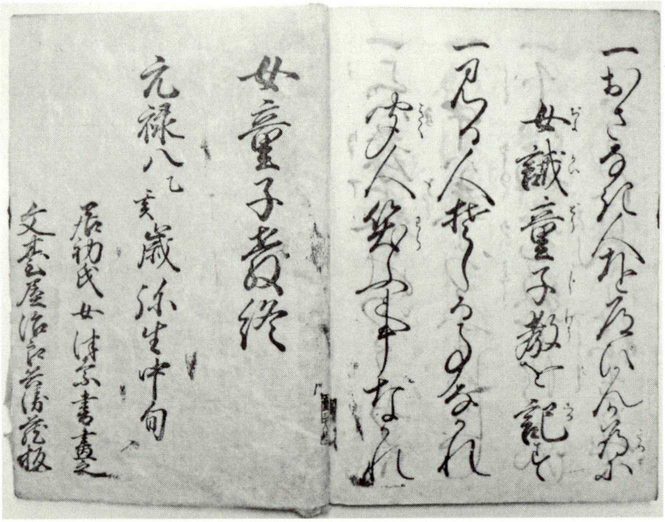

図版６　版本『女実語教・女童子教』

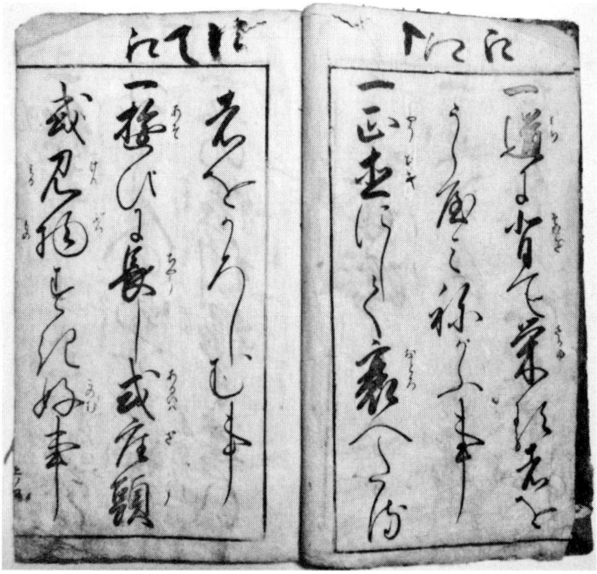

図版７　版本『女今川』

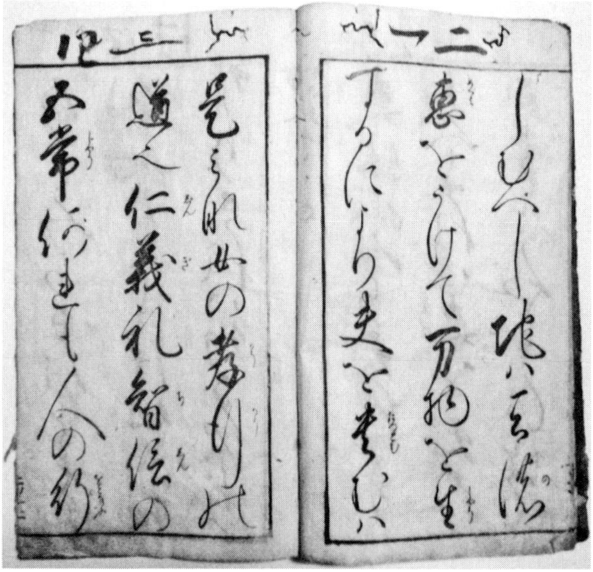

図版８　版本『女今川』

ろう。
　また、居初つなが貞享四年刊の『女今川』を制作していたことは、往来物研究においても重要な意味を持ってくる。『女今川』は、後の女流往来物の規範として、大量の類似出版物を生み出しているからである。
　ともかくも、筆跡の研究により、居初つなの作品がより確かなものになってきた。これらの居初つなの作品は、判明するものは全て京都で刊行されている。ということは、生まれは大津の堅田周辺であったが、後には京都で生活していたことになる。となると、この筆跡を有する奈良絵本・絵巻も、京都で作られた可能性が高くなる。時期も、刊年がわかる出版物のほぼ全てが貞享・元禄年間なのであるから、そのころの制作であることがわかるのである。このようにして、奈良絵本・絵巻の晩期に制作されたと思われる作品群が、貞享・元禄年間に作られたことが明らかになり、奈良絵本・絵巻の最盛期は十七世紀であり、作成地は京都であることが、より確かめられたのである。

五、居初つなの作品一覧

　ここで、その本文の筆跡の検討から、居初つなが作成したと判明する作品の一覧を示したい。最初に奈良絵本・絵巻を本の形で分けて示し、次に刊本の類を掲出した。また、署名や刊記のあるものは、「　」に入れてその内容を示した。

大型絵巻物（約縦三三・〇糎）
　実践女子大学文芸資料研究所蔵『伊勢物語絵巻』一軸（残）
　　・「居初氏女書画之」
　埼玉県立博物館蔵『髭切膝丸絵巻』一軸
　奈良県立美術館蔵『小袖雛形絵巻』一軸・伝居初つな
　九州大学図書館蔵『源氏物語歌絵』一軸

半紙縦型奈良絵本（綴葉・約縦二三・五糎、横一七・〇糎）

実践女子大学図書館蔵『狭衣の草子』三帖・「居初氏女書画之」

思文閣古書資料目録一一八号『三十六歌仙』一帖・「居初氏女蓮書画」

玉英堂稀覯本書目第一六〇号『徒然草』二帖（元絵ナシ）

・「居初氏女津奈書」

玉英堂稀覯本書目第一八一号『伊勢物語』二帖・「居初氏女書画」

玉英堂稀覯本書目第二二七号『伊勢物語』一帖（元絵ナシ）

・「伊勢物語一帖以秘本書写之、居初氏女津弥」

石川透蔵『伊勢物語』一帖（元絵ナシ）・「居初氏女書之」

石川透蔵『伊勢物語』一帖（残）

石川透蔵『鉢かづき』二帖（残）

石川透蔵『笠間長者鶴亀物語』一帖（残）

石川透蔵『松竹物語』一帖（残・絵欠）

石川透蔵『岩屋の草子』一帖（残・絵欠）

石川透蔵『松ヶ枝姫物語』一帖（残・絵欠）

伊勢物語文華館『伊勢物語』三帖

九曜文庫蔵『住吉物語』三帖

東洋大学図書館蔵『落窪の草子』二帖

スペンサーコレクション蔵『源氏物語』五四帖

ブリティッシュライブラリー蔵『青葉の笛』一帖

個人蔵『徒然草』五帖

相愛大学図書館蔵『清少納言枕草子』七帖（元絵ナシ）

思文閣古書資料目録二二三号『清少納言』七帖（元絵ナシ）

広島大学国文『花世の姫』二帖

西尾市岩瀬文庫『鉢かづき』三帖

石川透蔵『鉢かづき』三帖（絵欠）（班山文庫印）

慶應義塾図書館蔵『鶴の翁』三帖（絵欠）（班山文庫印）

個人蔵『浦島』一帖（絵欠）（班山文庫印）

不明『花世の姫』三帖（絵欠）（班山文庫印）
信州大学図書館蔵『太子開城記』二帖（絵欠）（班山文庫印）（表紙異）

中本型奈良絵本
東洋大学図書館蔵『小式部』一帖・「居初氏女書画」
永青文庫蔵『伊勢物語』三帖

小本型奈良絵本
スペンサーコレクション蔵『さゝれ石』一帖
洛東遺宝館蔵『百人一首』一揃
個人蔵『歌仙絵』断簡八枚

豆本型奈良絵本
某所『源氏物語（抜書）』五四帖

版本（筆耕）
元禄四年（一六九一）刊『西行四季物語』四巻
後印本・宝永五年（一七〇八）刊
宝永二年（一七〇五）刊『西行物語』三巻
元禄七年（一六九四）刊『公武栄枯物語』六巻

版本（往来物）
貞享四年（一六八七）刊『女今川』二巻
・「江州大津住窪田宗保孫つな筆」
貞享五年（一六八八）刊『女百人一首』二巻・「執筆居初氏女都音」
元禄三年（一六九〇）刊『女書翰初学抄』三巻
・「居初氏女都音書之（序文）」
改題本・元文三年（一七三八）刊『女文林宝袋』一冊

・「作者居初氏女筆都音（別筆）」

元禄七年（一六九四）刊『女教訓文章』二巻・「平安居初女つな筆」

元禄八年（一六九五）刊『女実語教・女童子教』二巻

・「居初氏女つな書画之」

？享保一一年（一七二六）刊『琵琶の海』三巻

・「居初氏女つな書画（目録）」（跋文年号別筆）

改題本・延享四年（一七四七）刊『女文章都織』一巻

・「筆作居初氏つな（別筆）」

以上の一覧から、奈良絵本・絵巻においては、『伊勢物語』や『鉢かづき』を何度も作っていることがわかる。それらの経験は、往来物作品の注の部分に、引用というかたちで表れている。また、『源氏物語』の大冊も制作している。奈良絵本『源氏物語』については、署名はないものの、その挿絵も架蔵『鉢かづき』等に見られるかわいらしい顔をしていることから、挿絵も全て制作したと思われる。もちろん、挿絵の場合には、今日の漫画家がアシスタントを使い背景等を描かせるように、工房のような組織で制作したことも考えられるが、中心が居初つなであることは間違いない。

これだけの数の奈良絵本・絵巻類を制作しているのであるから、往来物作者というよりも、奈良絵本・絵巻の制作者と考えた方が良いであろう。とうぜん、たまたま制作したというようなことではなく、これらの作業により、収入を得ていたのであろう。となると、日本初の女流絵本作家であり、キャリアウーマンであるということもできよう。もちろん、教育者としてとらえることもできる。三百年以上も前に、このような女性が存在したことは、驚きであり、ジェンダー研究からも注目すべき人物であるといえよう。

六、居初つなの問題点

ここで、居初つなの人生を振り返ると、いろいろな問題点が浮上する。まず、本文を書写することは、母が極初期の女流往来物の作家であったことから、その母から習字の手ほどきは受け、文学の素養も身に付けたことによるのであろう。しかし、その絵はどのように勉強したのか、判明していない。

作品一覧の中にある奈良県立美術館蔵『小袖雛形絵巻』は、その絵柄から、江戸時代前期に京都で版本の挿絵を描いていた吉田半兵衛の絵と酷似している、という指摘がある。吉田半兵衛も謎の多い人物であるが、京において、弟子を集めて挿絵を描いていたことが知られている。居初つなもそのような弟子の一人の可能性がある。女流絵師は、ほとんど存在していない時代であるから、簡単に挿絵職人に弟子入りできるのかはわからないが、その影響下にあったことは間違いないであろう。

居初つなの挿絵は、署名があるものでも、版本の挿絵と奈良絵本・絵巻の挿絵では、だいぶ雰囲気が違う。また、同じ奈良絵本・絵巻でも、比較的に堅い挿絵から、やわらかくてかわいらしい雰囲気の挿絵まである。最初は、堅い絵を描いていたが、少しずつ個性的なかわいらしい絵になった、といった推測もできる。もちろん、文字の方も、同じ筆者であることはわかっても、微妙な違いはある。おそらくは、これだけの作品を残しているのであるから、時期や状況によって、特に挿絵が変わっていったのだと思う。これから、より詳細に検討する必要はあるが、この一覧のほとんどは挿絵も居初つなが制作したと考えている。絵草紙屋や出版書肆にとっては、ふだんは書家と絵師とに分業させるところを、一人でやってくれるのであるから、きわめて重宝な人物であったろう。

吉田半兵衛は、寛文年間から元禄年間にかけて、多くの版本の挿絵を描いた人物といわれている。その作品の中には、浅井了意の作品や、井原西鶴の作品もあるのである。居初つなは、貞享・元禄年間に活躍していたのははっきりしているが、その時期は、浅井了意の勉年に当たり、井原西鶴の活躍時期と重なるのである。しかも、吉田半兵衛を介在させると、当時の絵草紙屋、出版書肆に出入りしていたはずの、浅井了意や井原西鶴と近い存在であったことがわかるのである。

前掲拙著でも述べたように、浅井了意も絵草紙屋、出版書肆と交流し、奈良絵本・絵巻の制作を担い、版本も自筆版下というかたちで、多くの作品を残している。居初つなは、やはり、奈良絵本・絵巻を制作し、女流往来物という版本も制作している。もちろん、居初つなは、挿絵も描き、版本においては、筆耕の仕事もしている。同じような活動範囲でありながら、浅井了意は、仮名草子のジャンルで、最大の作家となっている。居初つなが浅井了意のような本文内容を作る作家になったかは、不明だが、往来物の注は、自分の知識を元に自分で書いたはずである。浅井了意も、その活動の初期には、奈良絵本・絵巻類の書写と同時に、『伊勢物語』等の注を作っているのである。

また、井原西鶴は、『好色一代男』等の浮世草子を確立した作家として著名であるが、版本の筆耕もやっているのである。また、『好色一代男』については、挿絵を描いたという。井原西鶴の場合は、筆耕の活動も絵師の活動も、居初つなほどは多くはなく、浮世草子の本文内容の制作へ移ってしまったが、その仕事、並びに環境は、居初つなと類似した面が多いのである。

七、おわりに

以上のように、居初つなは、女流往来物の作者としてだけではなく、奈良絵本・絵巻の制作にも多くの仕事を残しているのである。その量は、往来物の作品をはるかにしのぐ量で、おそらくは、その制作によって収入を得て生活していたのであろう。三百年以上前に、本文だけではなく挿絵も描いていた女性がいたことは、当時の文化や人物を考える上でも重要な意味を持つであろう。

その作品は、今後も出現すると思われる。それらの情報が集まり、さらに研究が進展することを願って、本稿を閉じたい。

儒学学習における「身体知」の含意について
――「素読」「身体」「言語」を鍵概念として

山本正身

はじめに

本稿において筆者は、前近代日本の教育的営為に主要な視線を投じながら、その教育的意義を吟味・分析するとともに、それを通して近代学知を知的枠組みとして成り立っている近代学校教育のあり方を相対化するための一つの視点を確保することを目指そうとする。その際、前近代の教育的営為を代表する事例として、特に江戸時代の儒学学習に着眼点を据える。いわゆる儒学知とはどのような「知」としての内実を有するのか、また、学習者がその「知」を獲得することにどのような学的営為としての含意が認められるのか、などの問題に照明をあてることで、近代学校教育が自明視するそれとは異なる「知」の位相を探ることが期待できるからである。

ところで、儒学学習という表現を通して想起される学びの営為といえば、何よりも「素読」を取り上げねばならないであろう。なぜなら、儒学学習とは、最も象徴的には、まさに「四書五経」に代表される「経書」を読むことに徹する学的営為といえるが、「素読」はその営為にとって必須の起点であり、基盤であったと指摘できるからである[(1)]。「素読」のありようの詳細については後述するが、それは近代学校教育での学びのありようとは対極的な学びとしての含意に満たされている。

「素読」で求められたのは「経書」を声に出して読み、それを何度も繰り返すことで、その全文を暗誦してしまうことであった。「経書」の文言の意味理解は副次的なこととされ、ひたすらその文言の単調な機械的暗誦が要求されたのであった[2]。それは、学習者への配慮としては、子どもの発達段階や知的興味を顧みるものではない。「素読」は、概ね七、八歳頃から始められたとされるが、「経書」の内容はこの年齢の子どもに理解できるようなものとはいえず、まして子どもたちの興味を喚起するようなものともいい難いからである。また、教材への配慮としては、テキストとしての「経書」は、決して一定の知的内容を系統的・整序的に配置した構成からなるものではない。『論語』に象徴されるように、むしろそれは聖人の言葉や事績を、断片的・分散的に書き記したものであるに過ぎない。「素読」の開始時に一般的に用いられたとされる『孝経』や『大学』も、学習の系統性や効率性を考慮して初学者に与えられたものとは到底いえない。さらに、教授方法への配慮としては、文意の理解を二の次とする難解な言葉の機械的暗誦の強要は、今日的な眼からすれば暴力的ですらある、といっても過言ではなかろう。近代学校教育が、子どもの発達段階や興味・関心を考慮して、合理的で系統的なカリキュラム編成に努めているとするならば、「素読」はまさにこれと最も対極的な位置にある学習様態だというべきなのである。

では、「素読」には学習者の興味・関心や学習の系統性・効率性などを一切無視した暴力的な学びの強要としての含意しか認められないのだろうか。その意味で、前近代社会における学びの営為とは、学習理論の観点からは、稚拙で未発達・未成熟な段階に止まっていたものと評せざるを得ないのか。

しばしば引き合いに出されるエピソードであるが、我が国最初のノーベル賞受賞者として周知の物理学者湯川秀樹は、幼少期に祖父から「素読」を授けられていた[3]。湯川の素読体験は五、六歳の頃から開始されたが、授けられた『大学』『論語』などの漢籍は「そのどれもこれも学齢前の子供にとっては、全く手がかりのない岩壁」[4]であり、「祖父の手にある字突き棒さえ、時には不思議な恐怖心を呼び起こす」[5]ように感じられたという。「辛かった。逃れたくもあった。寒い夜は、座っている足の指先がしびれて来たし、暑い夕方は背すじを流れる汗が、気味悪く私の神経にさわった」[(6)] や「私の声は、機械的に祖父の声を追っているだけだ」[(7)] などの回想も、機械的暗誦の強要という「素読」の「暴力的」性格をよく言い表している。だが、こうした苛酷にも見える体験にも拘わらず、後年の湯川は自身の素読体験を振り返って、

> 私はこのころの漢籍の素読を、決してむだだったとは思わない。……私の場合は、意味も分らずに入って行った漢籍が、大きな収穫をもたらしている。その後、大人の書物をよみ出す時に、文字に対する抵抗は全くなかった。漢字に慣れていたからであろう。慣れるということは怖ろしいことだ。ただ、祖父の声につれて復唱するだけで、知らずしらず漢字に親しみ、その後の読書を容易にしてくれたのは事実である[(8)]。

というように評価するのである。

ここでは、「素読」の効用として、とくに漢字学習や読書行為への基盤づくりという側面に力点が置かれているが、ともあれこうした評価が存在することは、「素読」には合理性・系統性・効率性を重視する近代学校での学習のあり方とは異なる次元や位相での、学習としての意義が認められ得る可能性を示唆している。また、その意義については、「素読」の様態や方法あるいはその思想をより精密に吟味することで、湯川個人の体験や学習に対する意識を超え出たものが探られ得る可能性も否定できない。そうして探られた「素読」の教育的含意は、まさに、それと対極にある近代学校教育での学びを、その外部から照射し、そのあり方を批判的に吟味するための示唆的な視点を、私たちに提供する可能性を秘めている。

こうした問題関心に基づき、以下では、まず第1節において、従来の教育史学が「素読」をどのように論じてきたのか、すなわち戦前・戦後の代表的な教育史学の述作が「素読」の様態をどのように描出し、その意義や特質をどのように評価してきたのかを吟味し、その上で従来の評価の傾向と問題を整理す

るとともに、それらとは異なる新たな「素読」への研究視線の可能性を探ることにする。次いで第2節で、改めて江戸時代において一般的に行われていた「素読」の実相を把握するために、幕府および諸藩の学問所の学規・学則に基づいて「素読」のありようを制度的見地から明らかにする。さらに第3節にて、江戸時代の代表的学習論の中で論ぜられた「素読」に視線を投じ、とくにその「身体知」としての含意を、「知」の獲得に果たすテキスト言語の役割に着眼しながら吟味する。そして、これらの諸論攷を踏まえながら、その「身体知」としての含意が与える教育的意義を尋ねることにする。

1 「素読」に対する教育史学の評価

少なくとも江戸時代において、儒学は学問界のヘゲモニーを握るとともに、あらゆる学問的営為の基礎教養としての意味を有していた。すなわち、儒学に志す者はもとより、国学や洋学などの他の学問に従事しようとする者にとっても、儒学の素養は必須の学的基盤と見なされていた(9)。その背景について辻本雅史は、「医学・本草学・仏教・兵学、時には蘭学さえ、そのテキストの多くが漢文だったため、いずれの学に進むにしても、儒学を学び漢文を身につける必要があった」(10) と指摘している。儒学にこうした学的意義が与えられていた限り、儒学学習の起点としての「素読」とは、近世社会においておよそ学問を志す者であれば、その誰もが通過しなければならない学習方式であったといえる。当然に、教育学の分野(とりわけ日本教育史)でも、「素読」という学習方式には相応の関心が注がれてきた。

ただし、日本教育史分野の述作が「素読」に関する叙述を展開するのは、通常、幕府が開設した昌平坂学問所や諸藩が設置した学問所(藩校)の教育課程を論ずる場面においてであった。このうち藩校での教育課程については、概ね「教則や教授の方法に到っては大同小異で、幕府の學問所の制法を模してゐた」(11) と理解されていたため、「素読」に関する叙述内容や傾向は、昌平坂学問所に関するそれに基づいて一定程度の捕捉が可能である。では、昌平坂学問所でのそれを中心に捕捉された「素読」とは、どのように描出され、どのように評価されてきたのか。

例えば、戦前における標準的な教育史教科書として、佐藤誠実編『日本教育史』（上下二巻、大日本圖書、1890–91年）を取り上げることができる。同書では、

> 通學ニ二種アリ。一ハ句讀生ニテ、幕臣タル者、毎日稽古所ニ至リ、教授方出役（シュツヤク）等ノ教授ヲ受ク。其讀ム所ハ、小學、四書、五經ナリ。一ハ寄宿寮ノ南樓ニ、房ヲ得テ通學スル者ニテ、之ヲ寄宿並南二階通（キシュクナミミナミニカイカヨヒ）稽古人ト稱ス。寄宿ニ二種ノ寮アリ、一ヲ寄宿寮ト云ヒ、一ヲ書生寮ト云フ。寄宿寮ハ三宇アリテ、二宇ハ、旗本ノ寓スル所、一宇ハ家人ノ寓スル所ナリ。而シテ書生寮ハ、諸藩士幷ニ處士ノ寓スル所ニシテ、……書生寮ノ生徒ハ……林氏ノ門人、若クハ本校儒員ノ門人ニ限ル(12)。

というように、主に稽古所にて句読生に授けられていたものとして、「素読」のことが紹介されている。もちろん、同書は学問所の組織・機構の変遷を、寛政五（1793）年の学規・職掌制定、同九年の幕府官営化、同十二年の学舎（大成殿〔聖堂〕・廳堂〔座敷〕・講堂〔稽古所〕・寄宿寮・儒員の官宅・馬場・矢場など）落成、などという具合に注視しており、上記は学舎落成以後の様子を概述したものと見ることができる。だが、同書での「素読」に関わる記事はそれほど豊かではない。昌平坂学問所の教育課程に注がれた同書の関心は、むしろ「素読」段階以後の「講釈」や「会読」さらには「試業」（「素読吟味」と「學問吟味」）などのありように向けられている(13)。それゆえ、「素読」の教育的意義にまで踏み込んだ論攷の跡を同書に認めることは困難である。

戦前の述作の中で、比較的丁寧に「素読」のことを論じたものに、高橋俊乘の『日本教育史』（教育研究會、1929年増訂改版）がある。すなわち同書には、

> 修行の次第は素讀所・復習所・初學所・講釋・會讀・試業と分れてゐた。素讀所は幼年の者に四書・五經・小學の素讀を稽古させる。それには大學

より小學までを七等に分け、各等毎に十人程づつの組分けをなし、毎日練習させる。復習所は素讀の稽古をしたものに復習させる所で、これは毎日開かない。時としては輪讀或は取讀などをさせる。素讀を終つた者は初學所へ移る。こゝで左傳・國語・史記・漢書等を獨り讀し、蒙求・十八史略等も習讀し、詩文の點削などをも受ける。彼等は又四七九日、御座敷で行はれる講釋及び稽古所の一六の講釋や仰高門日講を聽く。初學所へ出る者は學力次第で小學の會讀に出席する。それが濟めば論語・詩經・書經・易經・周禮・左傳等の會讀へ順次出席した[14]。

と、「素読」から「講釈」「会読」へという一連の教育課程の概略が描出されている。この記述によれば、「素読」は「四書五経」および『小学』をテキストとし、七等級に基づく組み分けや毎日行われる復習などの方式に基づくものであったとされる。しかも、同書には「素読」の様態に止まらず、その教育的意義に関わる認識も示されている。すなわち、「今日の學級や學年とは非常に違つてゐるが、矢張り一種の學級が組織され、しかもその組分けに當つて素讀すら十人程に限つてゐたのは大いに個人教授に近いものであつた。……今日の如く優秀も凡愚も同じ年数の間勉めさせるやうな事はない。學力に應じて自由に第を登らせた」[15] と、それが個人教授という性格を有するものであったことに特別の関心を寄せるのである。

ただし、その後も教育史学の述作の全体的傾向は、佐藤誠実『日本教育史』の叙述をさらに深化させるまでには至らず、概ね昌平坂学問所や諸藩の藩校での学習課程を紹介する文脈において「素読」に関する言及が加えられるに止まっていた[16]。

戦前期において、「素読」の様態とともにその評価にまで踏み込んで論を展開した代表的述作としては、春山作樹の「江戸時代の教育」（岩波講座『日本歴史』第七巻、1935 年、所収）を挙げねばならない。すなわち春山は、「経史を学ぶには先ず漢文の読み方を習わねばならぬ。そこで経史の意義解釈はあと廻しとして、先ず素読を習った。これを句読とも云った。句読は文道の階梯でその窮極は聖経に依って人倫の道を明らかにし仁徳を修めることになる」[17]と、「素読」の「文道の階梯」という性格と、「人倫の道を明らかにし人徳を修める」という目的とを指摘する。その上で、

> しかし一般の武士がそこまで到達したのではない。先ず一通り経書を読み古今の事蹟を知るに止まった。儒者は学問は凡人の聖人に到る途なりなどと言って、書を読むのもその手段と解していたが、実は漢籍の素読が変態ながら国語教育の代用となり、日用の文字に通ずることが、実際に収められた効果であった[18]。

と、「素読」の実際上の意義が「国語教育の代用となり、日用の文字に通ずること」にあったと評するのである。ただしこの評価も、「素読」によって習得が目指された知の特質やその教育的含意にまで踏み込んだ分析を加えようとするものではない。

戦後、教育史学における「素読」へのアプローチは、より多角的にしてより精密に展開されるようになる。中でも武田勘治『近世日本学習方法の研究』(講談社、1969年)は、江戸時代の藩校における教授・学習方法の基本形態を系統的かつ詳細に描き出した、比類なき巨大な業績といえる。すなわち同書は、『日本教育史資料』の第一冊から第五冊までに収められている藩校関係資料の丹念な吟味を通して、江戸藩校における主要な学習形態を「素読」「聴講学習」「会業」「試業」とに大別し、その上で、各学習形態に関わる諸規定や実際方式を網羅的に分析している。「素読」に関する項目についても、その異称を含めた語史の分析、貝原益軒や江村北海ら諸家の「素読」論の吟味、学習年齢や段階さらには実際の授業方法に関する諸藩の取り組みに関する論考など、その叙述は詳細を尽くしている。さらに、武田は「素読」の課程にも、テキストの読み方を教授する「授読」(つけ読み)、すでに習った箇所を読み返す「復読」(温習)、自力で読む仕上げ段階としての「自読」(独り読み)、といった段階があり、そうしたいくつかのステップから成る学習方式として「素読」を理解すること

の必要を説く。こうして武田の研究は、「素読」を含めた近世日本の学習方法に関する知見を、より精度の高い段階へと押し上げる役割を果たしたといえる。

武田はまた、「素読」の教育的意義にも視線を投じ、

> 素読教授なる特殊な方法は、初学わけても年少の子等に難解な漢籍を教えるための余儀なき仕方であった。しかし、よくわかりもせずに読み習う素読ではあっても、暗誦できる程に習熟させておけば、それぎりで学業を中絶しても、やがて成長して知恵が進み、人生経験を積み重ねて、理解力が発達するにつれ、幾年読みおぼえた幾冊幾十冊の書の意味を、次第に理解することが出来るのであった。その可能性は、単なる期待や推測ではなくて、やったほどの者には誰にも実証される事実であった。それ故に、他日を期待して、堅い土台がための素読に出精させたのであった[19]。

という評価を提示する。年少時に暗誦し得た漢籍の文言とは、その時点では理解困難でも、人生経験を重ねるにつれてその意味が理解されるようになるものであり、その意味で、「素読」には「堅い土台がため」としての含意が認められる、というのである。

ここでいわれる「土台がため」とは、先に紹介した湯川秀樹の回想や、春山作樹の所論にあったような漢字学習や読書行為への動機づけという評価とは、微妙に異なる点を含む評価といえよう。武田の場合には、「素読」に漢籍理解のための「土台」という含意を与えているからである。だが、「素読」を通して養われる漢籍とはどういう類の知を与えてくれるものなのか、さらにその知を獲得することにどのような人間形成的意義が認められるのか、などの問題を、武田は必ずしも問うてはいない。そうした問いを踏まえての、「素読」の評価こそが本稿に与えられた重要な課題と見なされよう。

武田の労作と相前後して、戦後の教育史学において重要な地位を占める著作が刊行されるが、それらは「素読」に従来とは異なる視点からの評価を与えることになる。

その一つが、石川謙『日本学校史の研究』（小学館、1960年）である。同書は、「学校史」という視点を貫きながら上世・中世・近世における学校を多角的かつ総合的に把握しようとした、文字通りの大著である。同書が「素読」に関心を寄せるのは、主に昌平坂学問所での学習様式を論ずることを通してである。「素読」の評価に関わる記述を紹介すると、

> 素読は、漢学を学ぶにあたっていちばん初めにぶつかる学習方法で、声をあげて文字を読み、文章を読む仕事である。がしかし素読というのは、意味にも内容にもお構いなしに棒読み・棒暗記をする仕事だとのみ解してはならぬ。……ことに近世のわが国で行なわれた素読というのは、漢文（という外国文）を国文化して読む作業、意味を読みとる作業であったから、句読の切り方、訓点（読みがな、送りがな）のつけ方次第で、文章の意味がどのようにでもかわるのである。したがって素読は講義や独看にまでつながりを持って、思想体系の一環をなすだいじな基礎工作である。……輪講や講義とちがって、教師と生徒と一対一の個別教授で行われた理由もここにある[20]。

とある。「素読」をもって「思想体系の一環をなす基礎工作」とする評価が示されているが、ここで注意すべきは、この評価の背後には、昌平坂学問所の学習様式の初期段階を近代的な小学校成立への道程とする石川の特別な関心があった、ということである[21]。石川は、昌平坂学問所が慶應三（1867）年に八歳からの入学を認めて、「素読」の初歩から教えるようになったことに重大な関心を注ぎ、「素読所・復習所・初学所の三つが、たがいに密接なつながりを持って一つにまとまり、独立した校舎と教授陣営をそなえるようになると近代的な『小学校』ができあがるはずである」[22]と述べている。昌平坂学問所の機構や教授方式をもって近代学校への道程と見る視点からなされた「素読」への評価とは、この意味で、それが「思想体系の一環をなす基礎工作」であれ、「教師と生徒と一対一の個別教授」であれ、近代学校教育の側から捉えられた

学習形態への評価というべきである。それは、昌平坂学問所の学習組織や形態が近代学校を準備し、近代学校での教授・学習法に連なると判断されたがための評価であるに過ぎない。前近代社会における「学び」や「知」それ自体を、前近代の社会文脈の内部で評価しようとする関心を、この述作に見出すことは困難である。

そしてもう一つが、ドーア（Ronald Philip Dore）の『江戸時代の教育』（松居弘道訳、岩波書店、1970年）である。1960年代前後は、日本の歴史学においてもいわゆる「近代化論」が注目を集めた時期であったが[23]、同書の研究関心は、まさに江戸時代の教育遺産が明治以後の日本の近代化に果たした役割を解明することに向けられていた。ただし、「素読」に寄せられた同書の視線は、この学習方式が「近代化」とは無関係で、非合理的な方式だったとする、冷ややかなものであった。すなわち、同書は「素読」について、

> 児童は大抵数え年八歳から一〇歳の頃に漢学に接するようになるが、最初のうちは素読といって、おうむのような口真似の繰り返しばかりをさせられる。最初の読本として好んで用いられたのは『孝経』と『大学』である。……教科書は中国語で書かれていたが、生徒はそれを中国語として読むようには教わらない。……初歩の段階では、原典を「読下す」技術を会得すれば充分だった。児童はこの方式で訓点を施した経典を前において坐り、教師は文字の順序を短い棒で示しながら短い一節をゆっくりと読下して聞かせる。生徒が一人でその一節を繰返していえるようになると、教師はその大意を語って聞かせることもある。児童は残りの朝の時間を費して、習った一節を何度も繰返して読み、それを完全に自分のものにする。翌日は復習から始まり、新しい一節とその反復練習が続く[24]。

という具合に、その学習形態の概要を紹介した上で、それに対する批判的評価を繰り返す。すなわち、「『読書百遍義自通ず』という中国の格言が正しいとすれば勤勉にはその報いがある筈だが、何れにせよ素読は内容の解説とは無関係

だった」[25]や「通説では、素読とは経典を真に読みこなすための準備を行う、厳しい訓練の過程だった。経典とは所詮、深遠な哲学的内容をもつものであって、未熟な精神にそれを理解することを望むのは無理な注文である」[26]、あるいは、「大抵の場合、素読とは教科書をそのまま朗読するだけのことだった。漢文を読解する能力がもし得られたとすれば、それは分析よりも言語学者がいう直接習得法によって得られたのである。これこれの漢字は文の初めに来ればイズクンゾと読み、それ以外の場合はヤスシと読むとか……などという類の約束事は、児童が充分実例に接した後では直感的にわかるようになるものとされていた。それは、教育上の経験としてはあまり魅力的なものとはいえない」[27]などといった批判的評価である。

こうした批判的言説は、まさに「近代学知」を尺度として発せられたものと見なし得る。同書では、貝原益軒や荻生徂徠らの「素読」論に言及しつつ、それらが初学者の能力や欲求への一定の配慮を示していることを認めながら、それでも「文中の個々の文字の意味と、それらを互いに結び付ける文法的原則とを必ず説明する体系的・分析的教授法の利点を説く者は極く少数だった」[28]と、彼らに文法構造を踏まえた分析的教授法への理解が稀薄であったことを指摘する。あるいは、「分析的教授法を妨げる一つの障碍となっていたのは、漢文の文法とシンタックスの原則とが充分に体系化されていなかったという事情である」[29]と、教授理論・方法上の稚拙さを論難する。そうして、「素読」学習の成果についても、概して「彼らの大部分は、諺にいうように『論語読みの論語知らず』に終わったのである。彼らは、困難で不愉快な仕事を終えたということで満足していた」[30]と、これを否定的に論ずるのである。数多の実例に接することに基づく「直接習得法」を排し、論理的な文法原則に基づく体系的・分析的な理解に教育的意義を見出そうとする同書の視線は、まさに「近代学知」からなる「素読」評価の一典型と認めることができるだろう。

以上、日本教育史学の主だった述作の「素読」に対する評価は、マクロな視点から見れば、①個別指導という教授方式（高橋俊乘）、②漢字・語学学習ないし漢籍理解への土台づくり（春山作樹・武田勘治）、③近代小学校への道程

（石川謙）、④非分析的な直接習得法（R.P. ドーア）、などの側面に着目されながら行われてきた。上述のように、これらには肯定的評価もあれば、否定的評価もあった。だが、概していえば、いずれも教育（史）学という近代学知を前提として構成された学的立場からの評価であることに変わりはない。つまり、教授・学習活動への知見も、それが科学的・実証的であることを必須の要件とする学的視線からの評価であった（さらには、体系的・合理的な教授方法に基づいて、組織的・計画的に国民形成を進めようとする近代学校での活動を教育の基本型とする理解、に基づいて行われた評価であった。ここでは、こうした理解も「近代学知」に含め込んで捉えておく）。だが、元来、近代学知の外側に所在した「素読」という学びの営為を、近代学知の内側の視線から吟味し評価するのでは、それは「素読」の評価としては一方向的なものでしかないはずである。また、近代学知の内側からその外部的営為に視線を投じたところで、そこから得られた知見が、近代学知自体に対する批判的吟味を促す契機になり得るとも考えにくい。

こうして、「素読」をそれが営まれた近世社会の歴史文脈に位置づけ、その内在的理解を試みる必要が自覚されるようになった。そして、この新たな試みを先導したのが辻本雅史の一連の論攷であった。もちろん、辻本のアプローチは単に「素読」だけに向けられたものではなく、近世社会の学習文化全般に新たな視線を照射しようとするものであったが、近世の学習文化の捉え返しという関心から「素読」にも重要な関心が注がれたのであった。辻本の試みは、すでにその著『「学び」の復権——模倣と習熟』（角川書店、1999 年）において顕著な成果となって現れていたが、それ以後も引き続き積み重ねられた精緻な論攷の成果は、近著『思想と教育のメディア史——近世日本の知の伝達』（ぺりかん社、2011 年）に集約されるに至った。以下、主に同書に基づきながら辻本の所論の紹介する。

さて、同書での辻本の論攷は、「素読」に対するそれに限っても実に多角的である。例えば、貝原益軒の思想分析を通して、「素読」が東アジア世界の「気」の思想を背景とする身体的活動であったことが指摘される。それは音読を必須の要件とすることで、眼・口などの動作と呼吸や音の響き・リズムを伴った、身体全体を動員して行われる「テキストの身体化」(テキストを丸ごと身体に取り込む営為)であったというのである[31]。あるいは、「素読」が江戸社会における出版メディアの普及という歴史的背景に支えられたものであること、加えて、テキストに刻まれた漢文が東アジア世界で共有された「知的言語」(註82を参照)であったこと、に注意を促す。もちろん、「素読」が近代学校での一斉教授方式とは異なり、師匠による個別指導であったことにも重大な関心を寄せる。さらには、知識や概念を理論的に説明して理解させようとする、言語的に明示された近代の「知」とは異なり、「素読」によって身体に刻印された「知」とは、実践主体の生き方に確信を与えるような実践的な「知」であったことが、解き明かされる。

こうして、辻本によって新たな含意が見出された「素読」の評価は、

> 素読は、七、八歳の時から、意味もわからず経書をまるごと声に出して暗唱する。これが漢籍の読書力をつける方法だというが、それは近代とは全く異質な読書法であった。音読してテキストに習熟する素読の方法は、文のリズムの型が声の響きとともに幼い身体に刻印されるという意味で、身体性を動員した学習法である。ここではそれを〈テキストの身体化〉と表現しておこう。〈身体化されたテキスト〉は、「日常の言葉とは次元を異にする精神のことば」であり、ある種の「思考形式」の源泉となる。素読した経書は、やがて具体的な実践の場において実感的にテキストの意味が理解され、実践主体としての生き方に確信を与える。その意味で、儒学が目指しているのは、実践的な「知」にほかならない[32]。

という言葉に凝縮されている。儒学の求める知の特性(実践知)を十分に踏まえた「素読」の評価として、優れて説得的な理解がここには明示されている。

それでは、辻本の精緻な論攷を踏まえるとき、本稿に残された課題は一体どういう点に見出されるのか。筆者は先に、武田勘治『近世日本学習方法の研究』での「素読」評価を紹介した折に、①「素読」を通して養われる知の性格、

②その知を獲得することの人間形成的意義、を明らかにすることが本稿に与えられた重要な課題だと述べた（「素読」の評価として指摘される、語学学習の土台や、個別指導という側面も、①②の理解に基づいてより精密に把握されるはずである）。辻本の所論は、すでに、この両者に一定の明確な回答を用意するものと評し得る。すなわち最も端的には、①については、テキストが丸ごと身体に刻印された「身体知」であり、②については、実践主体の生き方に確信を与える「実践知」である、との回答である。

本稿では、「素読」の教育的含意を「身体知」や「実践知」という視点から読み解いた辻本の所論を踏まえつつ、その上で、改めて経書テキストに載せられた「言語」が「素読」の営為において果たしている役割を注視してみたい。「素読」が「身体」を動員した知の営みであることは辻本の指摘する通りであるが、その身体化は、経書テキストの「言語」を必須の要件として成り立っている。その意味で「素読」においても、「言語」の重要性は等閑視することができない。だとすれば、同じく「言語」を使用しながら、それを論理的・分析的に理解することが求められる近代学校での「知」のありようと、「言語」をそのまま身体の内部に刻印することが求められる「素読」での「知」のありようとでは、そこで果たされる「言語」の役割にどのような相違があるのか、を明らかにすることが必要だと考えられるからである。

こうして改めて、「言語」の果たす機能や役割に照明をあてることで、「素読」によって獲得される知が「身体知」であるということや、それが実践主体にとっての「実践知」たり得るということの含意を、より鮮明に捕捉することが期待される。以下での論攷が、これらの問題へのアプローチを意識して試みられるものであることは、指摘するまでもない。

2 「素読」という学習形態——幕府・諸藩学問所の諸規則から

上記の問題に直接的にアプローチするに先だって、本節では、「素読」の学習形態に関するより具体的なイメージを獲得しておきたい。だが、「素読」という学習形態は、今日の私たちにはほとんど伝えられていない[33]。「素読」は、この国の教育文化において儒学学習の必要の稀薄化が進行するとともに、衰退の一途を辿ったといえる。それは、この学習形態が儒学という学問と分かちがたく結ばれていたことを示唆している。逆にいえば、いわゆる漢学塾が依然として存在し、儒学が知識人にとって必須の教養と見なされていた明治初期までは、「素読」を経験した人々（士族や地方豪族層を中心とする）が少なくなかったのである。

例えば、安政四（1857）年に土佐藩士の家に生まれた植木枝盛は、十一歳にして文武館（藩校致道館の前身）に通学し、そこで「四書五経」の「素読」を授けられていた[34]。文久三（1863）年生まれで、肥後国水俣の豪農の出である徳富蘇峰も、自身の七、八歳の頃の記憶を「当時は、『論語』の素読を三村の外祖父——予の母の長姉の夫——に授かりに赴いたが、読方が田舎読でいけぬから、改めねばならんといわれて、頻りにその読方を正された」[35]と振り返っていた。蘇峰は、明治六（1873）年頃に熊本洋学校に入学（退校の後明治八年に再入学）する以前に複数の漢学塾で学んでいるが、そこでも「予等は朝からただ一回先生もしくは年長の塾生から素読を授り、その他は習字位であった」[36]と、素読体験を重ねていた。

これらに比べ、もう少しリアルな形で自らの素読体験を語ったものに、渋沢栄一（天保十一〔1840〕年生まれ）の

> 自分が書物を読み初めたのは、慥か六歳の時と覚えて居ます。最初は父に句読を授けられて、大学から中庸を読み、丁度論語の二まで習ったが、それから七八歳の時、今は盛岡に居る尾高惇忠に習う事になった。……毎朝、尾高の宅へ通学して、一時半か乃至二時程ずつ読んで帰って来ました。……尾高の句読を授ける方法というのは、一家の新案で、一字一句を初学の中に暗記させるよりは、寧ろ数多の書物を通読させて、自然と働きを付け、ここはかくいう意味、ここはこういう義理と、自身に考えが生ずるに任せるという風でありましたから、唯読むことを専門にして、四五年を経

過しましたが、漸く十一二歳の頃から、幾らか書物が面白くなって来ました[37]。

や、幸田露伴（慶應三〔1867〕年生まれ）の

手習ひの傍、徒士町の會田といふ漢學の先生に就いて素讀を習ひました。一番初めは孝經で、それは七歳の年でした。元來其頃は非常に何かが嚴重で、何でも復習を了らないうちは一寸も遊ばせないといふ家の掟でしたから、毎日〲〲朝暗いうちに起きて、蠟燭を小さな本箱兼見臺といつたやうな箱の上に立てゝ、大聲を揚げて復讀をして仕舞ひました。……毎日のことゆゑ文句も口癖に覺えて悉皆暗誦して仕舞つて居るものですから、本は初めの方を二枚か三枚開いたのみで後は少しも眼を書物に注がず、口から出任せに家の人に聞えよがしに聲高らかに朗〲と讀んで居るのです[38]。

などの述懐がある。

渋沢栄一は、江戸末期に幕臣に取り立てられ、維新後も第一国立銀行頭取に就くなど近代日本の実業界をリードした周知の人物であるが、もともとは武蔵国の豪農の出であった。彼の回想は、豪農層にあっては家長に「素読」を授けるに足る素養があったこと、「素読」の方法が必ずしも一字一句の暗誦という方法だけを採るものではなかったこと、などの示唆を与えている。また、幸田露伴の事例は、幕臣子弟の一般的な素読体験の様子を物語っているが、露伴は「学制」下の小学校（東京師範学校附属小学校）を経験しており、近代学校入学後も自宅では「素読」が続けられていたことが注目される[39]。

ただし、以上のような個々人の述懐・回想は、明治初期においては「素読」が教育的営為の中で依然として相応に重要な地位を占めていたことを窺わせるに十分であるが、しかしながら、「素読」がどういう方式に基づいて行われていたのかに関わる詳しい情報を、必ずしも私たちに伝えてくれるものではない。素読体験者の回想を通して、その実際的・具体的なありようを捕捉するのは、

それほど容易なことではないのである。

それゆえ、本節では「素読」が制度として行われていた事例の記録に着目することとし、主に文部省『日本教育史資料』（全九冊・附録一冊、冨山房、1890-92年。以下『史資料』と略称）に収録された幕府および諸藩の学問所の諸規則を拠り所として、「素読」という学習形態・方式の概要把握を試みることにする。その際、諸藩の学問所が幕府のそれの制法をモデルとしていたという前述の所説（註11参照）を踏まえ、幕府昌平坂学問所の「教則」（『史資料』第七冊、97-113頁、所収）に基づきながら「素読」の基本的な枠組みを捕捉するとともに、同「教則」には描出されていない「素読」の細部に関する理解については、これを『史資料』第一冊から第三冊に記された藩校関連記事を通して補うことにする。もちろん、これらの作業に諸先学の知見を交えることで「素読」理解の一層の明確化を図ることはいうまでもない。

さて幕府が、旧来の聖堂とその構内に存した林家の家塾を収公して、直轄学校としての「昌平坂學問所」を開設するのは寛政九（1797）年末のことであったが(40)、「素読」についてはそれ以前の寛政五年から考試（いわゆる「素読吟味」）が実施されていた(41)。だが、このことは昌平坂学問所が当初から「素読」段階の教育に熱心であったことを意味するものではない。むしろ、石川謙が指摘するように、その教育は入学前に習得した「素読」の点検と仕上げを主としたものと見るべきであろう(42)。少なくとも、同学問所寄宿生徒の入学資格の一つが、寛政以来「御目見以上ハ四書五經ノ素讀ニテモ入學差許ス、御目見以下ハ四書ノ講釋出來ナラテハ入學差許サス」(43)とされていたことからすれば、同学問所での教育課程は「素読」以後を主要な段階として組み立てられていたといえるからである。

昌平坂学問所が「素読」段階の生徒を本格的に受け入れるようになるのは、八歳（旗本・御家人の子弟）入学を制度化した慶應三（1867）年からのことであった(44)。この八歳入学制の導入は、当時において「素読」の開始年齢がほぼ七、八歳前後であったことを示唆するものである(45)。さらに翌明治元年正月には「學問所修業次第」を定め、同学問所での学問修行を「素讀所」「復習所」「初學所」「講釋」「諸會業」「諸試業」という六つの段階に分けた。このうち「素読」に直接関わるのは「素讀所」と「復習所」の段階といえるが、ここでは「素讀所」の規定を以下に引用する。

> 幼年之者四書五經小學素讀稽古相始候者は、先此場所え罷出候事。大學より小學に至迄七等に分け一等毎に十人程を一纏めに致し、幹事役壹人并佐壹人つゝ相立脩業の儀其外作法之取締等惣而爲致候事。幹事役并佐は五經素讀致し候年倍之者にて人躰相撰み申渡候事。十人程一纏に相立候上は素讀之成熟に寄座順等相定候事。但座順は勤惰に寄上下致候儀も有之候事(46)。

この規定には登校時間に関わる記述は見られないが、「當時學科諸會業其外稽古仕譯」によれば素讀所の開講時間は「朝五半時より夕八時迄」(すなわち今日の午前九時より午後二時まで)と定められていた(47)。つまり、今日の学校(初等・中等)のようにすべての生徒が同一時間までに一斉登校するのではなく、一定の時間内であれば各自随意に登校してよいものとされていたのである(48)。なお、登校にあたっては、すでに寛政十二年の規則に「通ヒ稽古并寄宿願候共、林大學頭且掛リ御目付并御儒者ノ内へ申通シ候上、自身御學問所ノ玄關へ罷越姓名短冊差出可申候」(49)とあるように、所定の短冊に姓名等を記した稽古願を学問所玄関に提出することが求められていた(短冊による稽古願の提出は、安政二年の「幕府學問所規則」にも同趣旨の規定があり、学問所に一貫する方針であったと見ることができる)。

では、実際の授業はどのように行われていたのか。上記「素讀所」の規定から窺えることは、①テキストは「四書五経」と『小学』であった、②テキストの進み具合に応じて、一組十名程度から成る等級別クラスを七等に編成した、③幹事役と補佐各一名ずつが実際の「素読」指導を担当した、④幹事役と補佐は五経の「素読」を終えた年長者の中から選ばれた、⑤一組の生徒の座順は「素読」の進度や勤惰に応じて決定した、などの諸点である。「四書五経」と『小学』を中心とするテキスト(これら以外には『孝経』)、多数の授読者に対応するためのクラス編成、句読師や助教が直接の担当者となって行われる指導、などは概ね各藩の藩校でも一般的に認められた方式といってよい(50)。だが、昌平坂学問所「素讀所」のこの規定は、「素読」の実態を描出したものとしては、必ずしも委細を尽くしているわけではない。

そこで、諸藩の学問所（藩校）の方に眼を転じてみると、『史資料』第一冊から第三冊までに載せられた245藩を数える許多の関連記事の中で、「素読」の教授方法を最も詳細に描出している事例の一つとして、備後国福山藩の藩校誠之館（安政元年設立）の教則を取り上げることができる。

同教則の「授業ノ方法順序等」によれば、まず「句讀ハ孝經四書五經ニ限リ其序ニ從ヒ多ヲ貪ラス熟讀自然口ニ上ルヲ要ス」(51) と、「素読」テキストが『孝経』と「四書五経」に限定され、その文言が自然に口を突いて出るようになるまで習熟することが目指される。そして具体的な教授方法の細目が次のように紹介されている。

> 毎日敎授二人助敎二人句讀師五人句讀掛五人朝五時出席、敎授一人助敎二人一二ノ間ニ在テ講義ヲ始ム。敎授一人ハ三ノ間ニ在テ句讀ヲ聽ク。句讀生來リ各敎授并己カ席ノ句讀師ノ前ニ一拜シ木牌ヲ掛ケ己ノ席ニ坐ス。既ニシテ敎授ヨリ創ムヘシト云ヘハ、句讀生其日出席ノ順次ヲ以テ各進テ句讀師句讀掛ノ書机前ニ就キ句讀ヲ受。各受畢テ敎授ノ前ニ往テ其章ヲ再讀ス。若未熟セサル者アレハ敎授指揮シテ其授ケシ者ニ還シ熟サシム。生多ク混雜ノ時ハ助敎之ヲ助ク。但五經句讀生ハ此再讀ニ及ハス、受ル章ヲ敎授ニ告クル而已。聽講生徒ハ一人宛次ヲ以テ敎授及助敎ノ前ニ進ミ講義ヲ聽ク、句讀既ニ畢ルノ後ハ句讀師句讀掛モ聽講ス。是ヲ午前ノ業ニ定ム(52)。

この記述に基づいて「素読」（句読）の様子を整理すると、①教授二名、助教二名、句読師五名、句読掛五名が毎朝五ツ時（午前八時）までに出勤する、②教授一名と助教二名とは「一、二の間」（教場）にて講義を行い、もう一名の教授が句読師と句読掛を従えて「三の間」で「素読」を授ける、③随時登校してきた句読生（素読段階の生徒）は、各教授と自分の席（組）の句読師に挨拶し、持参の木札を掛けて自席に着く、④教授の「始むべし」との声に従って、生徒はその日の登校順に進み出て、句読師もしくは句読掛の机の前に坐り、「素読」を受ける、⑤「素読」を受け終わった生徒は、次に教授の前に行って今教わった箇所を復読する、⑥もし十分に暗誦できない生徒がいれば、教授はその生徒を担当した句読師に戻し、習熟するまで指導させる、⑦生徒が多数出席している場合には、助教も「素読」の担当に廻って教授に助力する、⑧ただし、『孝経』と「四書」の「素読」を終えた「五経」句読生は、教授の前で復読する必要はなく、句読師から授けられた「素読」箇所を報告するだけでよい、というように理解することができる。

以上は、午前の授業の概要を記したものであるが、誠之館では、

> 午后教授一人助教一人復讀掛二人出席、生徒復來テ復讀掛ノ前ニ進ンテ復讀ス（割註：朝受ル章ヲ再閲ス五經生亦然リ）、教授助敎亦之ヲ助ク。教授以下句讀寮ニ出席シ生ノ順次ハ出席ノ次ニ從フ、復讀既ニ畢テ助敎講義ヲ聽講生及ヒ十五歳以上ノ生徒へ授ク。書ハ皇朝史畧十八史畧元明史畧ヲ循環ニ講ス、教授ハ質問ニ應シ或ハ午前ニ講義ノ殘リアレハ之ヲ了ス。是ヲ午後ノ業ニ定ム(53)。

という具合に、午後も引き続き授業が行われていた。すなわち、⑨午後は、教授一名、助教一名、復読掛二名が担当する、⑩生徒は午後再び登校し、復読掛の前に出て午前中に授かった箇所を復読する、⑪教授と助教も、復読の指導に助力する、というものである。

誠之館の教授スタッフは、教授・助教・句読師・句読掛という陣容からなっていたが、実際に「素読」を授けるのは、句読師や句読掛（復読掛）であった。『史資料』における福山藩校の「職名及俸祿職員概數」の項目を見ると、「句讀師」「復讀掛」の他に「孟子句讀掛」「論語句讀掛」「孝經學庸句讀掛」という職掌が載せられている。そこには、「復讀掛以上ハ教授密ニ人品ヲ選擧シ官ヨ

リ命セラルヽ也。孟子以下三掛ハ教授ノ裁斷ヲ以テ幼童ノ生徒中ニテ擇ヒ、其業ノ進ニ從ヒ授讀ノ任ヲ命ス。初ハ孝經學庸句讀掛見習トシ毎日教授ノ前ニテ孝經四書ヲ凡十葉許ツヽ復讀セシメ、其能慣セル者ハ復讀一周ノ後見習ヲ改テ本役トス。夫ヨリ漸々學力ニ從テ論語孟子句讀掛ニ轉進セシム」(54) とあり、彼等が教授スタッフの中では下級の地位に置かれ、句讀掛については成績優秀な生徒がこれを務めていたことがわかる。「齋長」「世話掛」（摂津国三田藩）、「素讀方」「寮用掛」（彦根藩）、「正授讀」「佐授讀」「生長」（佐倉藩）など、呼称は様々であるが、句読師や句読掛に相当する職掌は、諸藩の藩校が素読教授を実施する限りにおいて、一般的に設けられていたものであったといえる（上述の昌平坂学問所における「幹事役」や「佐」も、ほぼこれに相当する職掌であったと見ることができよう）。

その句読師によって授けられる「素読」の具体的要領についてであるが、それは例えば

> 一、凡そ典句は須く句讀を明らかにし字音を審らかにすべし。若し審らかならざること有らば、則ち之を學士に質し、潦草意を用ゐずして小生の誤りを重ぬること勿れ。其の句讀を授くる所、音清朗に、徐々と讀過し、疾聲急遽を得る勿れ。句讀を授くるの多寡は生徒の敏鈍に隨ひ、十字二十字より四五十字に至る。質怜悧なる者と雖も、四百字許を過さず、誦讀反復必ず之をして口に上るに通熟せしめて止む。若し質魯にして容易に功を得ざれども、呵責を加ふること勿れ、必ず諄々として之を敎ふ。
> 一、凡そ句讀を授くる、必ず昨日授くる所をして誦せしむ。授くる所、失無ふして新書を授く。若し遺忘し熟せざるは、之を責めて習讀せしめ、新書を授くることを得ず。
> 一、生徒は朝夕復誦す。典句二人は輪番覽視し、其の紕繆を正し其の不熟を督す(55)。

という具合に説かれていた。これは弘前藩校稽古館の「典句教授規」（寛政十

一年）の一部であるが、ここには「素読」指導の最も基本的な方針が示されている。すなわち、①文字の読み方や発音を明確に把握することが必須の要件である、②授読に際しては、明朗な発音でゆっくりと読み進め、速く読めることを求めてはならない、③一度に授ける文字の量は、生徒の能力に応じて、通常十、二十字から四、五十字の範囲に留める（能力の特に優れた生徒であっても四百字を超えてはならない）、④誦読を幾度も繰り返し、授かった箇所が自然に口を突いて出るようになるまでに習熟させる、⑤能力に恵まれず容易に暗誦できない生徒がいても叱責することなく、繰り返し篤実に教える、⑥必ず昨日授けた箇所を誦読させる（昨日授けた箇所を諳んずることができなければ、それができるようになるまで繰り返し誦読させ、決して新しい箇所には進まない）、⑦生徒は午前・午後ともに繰り返し復習し、句読師はそれを点検、習熟へと導く、というものである。

この「教授規」からは、「素読」が何を学習上の眼目とするものであったのかが示唆される。その一つは、「素読」が「朗誦」[56]を必須の前提とすることに伴う学習上の含意である。上記のように、授読については、テキスト文字をゆっくりと、しかも発音を明朗にして読むことが何よりも求められた。授読は「つけ読み」とも呼ばれ、その様子は一般的には、師匠がテキストの一字一字を「字突き（指し）棒」で指し示しながら声に出して訓読し、それを生徒が鸚鵡返しするものとして描出されるが[57]、こうして「素読」は、テキスト文字をその音の響きやリズムとともに丸ごと身体に刻印する作業として展開されるのである。

もう一つは、「素読」が「復読」（誦読の徹底的な反復・繰り返し）を必須の要件とすることに基づく含意である。一度に授ける文字量を四、五十字程度に抑えることや、前回習った箇所が暗誦できるまで新しい箇所には進まないようにすること、さらに朝な夕な復読を繰り返すことが求められたのは、授かった箇所の完全な暗誦とその着実な前進が目指されたからに他ならない。復読は「温習」とも呼ばれるが、この反復・繰り返しの自己学習も、テキスト全体を自らの身体に取り込むための工夫なのであった。

もちろん、弘前藩の事例だけをもって「素読」の眼目を安易に一般化することには慎重を要するが、他の諸藩の学規に見られる所説、例えば、「朗誦」については「素讀の儀、字音字訓たしかに讀覺へ聲靜に讀み、返讀跡讀無間斷、何とそ空に覺候様讀可被申候。一時に早く仕廻度存、讀聲せわしく粗騒にて失念に及被申間敷候事」（福岡藩）[58] という所説、「温習」については「誦讀は多過を貪らす習熟せんことを專思すへき事……復讀は常につとめておろそかにすへからす、定日は猶更句讀の正誤を請ひ明日にして精愼を專とすへき事」（松本藩）[59] や「素讀之者前日學候所を復し能々覺候上にて先を學ひ、授業之者相許候上にて相仕廻可申候。若前日相傳候處忘却多候はゝ先を傳申間敷候事」（佐倉藩）[60]、あるいは「童子の書を讀むや、授者之と共に讀むこと三遍、然る後童子獨り讀む。其の才性に隨ひ、或は五遍、或は十遍、二十三十にも至る。習熟以て期と爲す」（相馬中村藩）[61]、などの所説を踏まえれば、「素読」の眼目が「朗誦」と「温習」を通じてのテキストの身体化に置かれていたと理解することができるだろう。

なお、武田勘治が指摘するように、「素読」の課程には「授読」（つけ読み）と「復読」（温習）との二つの段階に、さらに「自読」の段階を付け加えるべきかもしれない。実際、例えば安中藩の「文學校告示」（明治三年）に見える「素讀を受くる者は、四書五經を以て限りと爲す。五經を讀み了て左國史漢を讀み得ざる者は、當に幾回五經を復讀すべし。敢て他書を教ふること有る無し。五經全部を熟讀し得る者は、當に自から左國史漢を素讀し、其の疑文難字を質問すべし」[62] という文言は、「五経」の「素読」が完了していれば、『左伝』『国語』『史記』『漢書』等の歴史書を「自読」することができる、と説いている。「素読」という学習段階の内部に「自読」が包摂されることを示唆しているのである。

だが、上記に挙げられたような歴史書は、通常は「素読」以後の学習段階において使用されるテキストである。例えば、前出の昌平坂学問所「學問所修業次第」（明治元年正月）でいえば、「素讀所」「復習所」の次段階に相当する「初學所」の規定に「素讀相濟候者は此場所え罷出左傳國語史記漢書等順に獨り讀み致し疑字等相尋、或は蒙求十八史畧等習讀致し疑義質問、或は小學等講釋承り又は詩文之點削等致し遣し候事」[63] という文言が見える。それゆえ、「自読」とは「素読」の学習方式の一部というよりも、むしろ「素読」によって絶えず目指されている学習の一定の到達地点として、これを捉えておくことが穏当であろう[64]。重要なのは、「朗誦」と「温習」によって、漢籍を自力で読むことのできる素養を培うことが期待されたということであり、その意味で「素読」があくまでも「自得」[65] のための姿勢や能力を養うことを目指すものであった、ということである。この意味において（絶えずそれが目指されているという意味において）、「素読」の眼目に、「朗誦」と「温習」に加えて、「自得」を付け足すことも十分に了解され得ることであろう。「テキストの身体化」とは、すでに身体化された漢籍の素養が、新たな漢籍の身体化を促進するような学びのありようをも含意しているのである。

「素読」段階の修了はどのように判定され、またそれはどの程度の年齢段階のことであったのか。一般的には、これは『小学』『孝経』と「四書五経」に習熟することをもってと理解され、それゆえ、一定の年齢でこれを区切ることは困難である。ただし、「素読」の考試が実施され、卒業者に賞賜が授けられる場合に、報償授与に関する年齢の目安が設定されていたことには注意を向けてもよかろう。例えば、再三紹介する福山藩では「句讀考試并賞賜」に関する制度を「復讀考試ハ四時ノ季月八日ヲ定日トス……凡子弟ノ句讀年齢ヲ以テ讀書ノ課業ヲ定ム。故ニ其賞賜モ亦之ニ従フ」[66] と定め、復読卒業年齢の目安を『孝経』八歳、『大學』『中庸』九歳、『論語』十歳、『孟子』十一歳、『易経』『詩経』『書経』『春秋』十二、三歳、『礼記』十四歳、とした上で、「十四歳迄ノ内ハ既ニ復讀卒業スルモ獨五經ヲ循環シテ二冊宛考試ヲ受シム」[67] と定めている。同藩の事例を性急に一般化することはできないものの、十四、五歳を「素読」修了の一定の目安とすることは、「諸藩の学校資料を見ると、多くは十五六才までに五経を卒えることになって」[68] いたとする武田勘治の所論と、ほぼ認識を一致させるものといえる。

昌平坂学問所についていえば、幕府は「素読吟味」の対象年齢を寛政九年に

「十七歳より十九歳まで」と改めたが（註41を参照）、同吟味が最初に実施された寛政五年の翌年の布達では「總領二男三男厄介迄一統十五歳已下之者、四書五經之内何レ之部ニ而も素讀出來之分御書出可有之候」(69) という認識が示されていた。幕府学問所の「素読吟味」の対象年齢が、当初は「十五歳以下」と定められていたことも、「素読」という学習段階の修了年齢を示唆する一つの認識として受け止めておくべきだろう（ただし、それゆえに寛政九年の規定改正の意図を精査する必要がある）(70)。

3 「素読」の教育的含意――「素読」の学習論から

以上、幕府や諸藩の学問所の諸規則を通して、「素読」という学習方式の概要理解を図った。それは、概ね七、八歳頃から十四、五歳頃の年齢層を対象に、主に『小学』『孝経』と「四書五経」をテキストとして行われる営為であり、テキスト文字の「朗誦」を通して、それを文字としてのみ記憶するに止まらず、その文字を、誦読される音の響きやリズムをも含め込んで身体に刻印する作業であった。師匠（句読師）から一回に授けられる文字数はせいぜい四、五十字ほどであるが、幾度も繰り返される「温習」によって、テキスト全体の身体への刻印を確実なものにすることが求められ、さらに、「朗誦」と「温習」の体験を重ねることで、いわば儒学知の内実を「自得」することが期待される、そうした学びの含意が認められる営為であった。

では、「朗誦」「温習」「自得」を眼目とする「素読」の営為に、どのような教育上の意義を読み取ることができるのか。この問題を探る上での本稿の分析視点は、「素読」という学的営為に果たした「言語」の役割に据えられるが、これを、江戸時代の主要な学習論に依拠しながら探ることにする。前節で取り上げた幕府・諸藩学問所の規定がほぼ江戸後期（ほぼ寛政年間以降）のものであったのに対し、ここで紹介する学習論は江戸前・中期のものであり、それゆえ前節との関係でいえば時系列を度外視することになるが、それを承知の上で、敢えて江戸時代に広く通行した学習論から、「素読」に果たす「言語」の役割に関する最も一般的な認識を吟味してみたい。

まず「朗誦」と「言語」との関係についてである。「朗々」と誦読することの必要については、例えば江邨北海（1713-88）が『授業編』の中で、

> 聲ヲ發シテ誦スルヲ、讀書ト云、聲ヲ發セズシテ讀ヲ、看書ト云、少ノ違ハアレドモ、スベテコレヲ讀書ト云、讀書ハ、學業ノ柱礎ニシテ、學文トイフモ、讀書ノ外ニ仕方ナシ、經學ト云ヒ史學ト云ヒ、文學詩學、何レカ讀書ニヨラザラン、今時學生多ケレドモ、學業ノ成就セザルハ他ナシ、讀書ノタラザル故ナリ。往年朝鮮ノ聘使ニ、東郭トイヘルハ、前後ノ韓使ノ中ニ、スグレタル學殖才豪ナリシト、今ニ至テ世人ノ云出ス事ナリ、此邦ノ人、東郭ト筆談ノツイデニ、イカニ勤ムレバ、足下ノ如ク博豪ニハナル事ゾト問シニ、東郭其答ヲナサズ、タヾ口ヲ開キ舌ヲ出シテ見セシニ、其舌縱横ニヒヾレタル筋アリ、舌ノカホドニナルマデ、書ヲヨムベシトノ義トカヤ[71]

と論じている。ここで北海は「読書」（いわば広義のそれ）を、声を発する「読書」（いわば狭義のそれ）と、声を発しない「看書」とに区別した上で、それを「學業ノ柱礎」と説く。それに続けて、以前に朝鮮通信使の中に東郭という学識・人格ともに優れた人物がいたが、この人物は舌に「縱横ニヒヾレタル筋」ができるほど「読書」（この場合は狭義のそれであったといえよう）を重ねていた、との逸話を紹介している。「聲ヲ發シテ誦スル」読書の人間形成的意義を極めて端的に説いたものといえる。

北海はまた、「聲ヲ揚テヨムナラバ、字音ヲ正シ、句讀ヲ分チヨムベシ、……スベテ聞ヨカラヌ音聲、マタビロウ（尾籠）ナルヨミナドヲ、ズイブン心ヲツケ、タシナミテ讀ベシ」[72] と、誦読については字音の発し方や句読の切り方などに細心の注意を払うべきことを訴えている。経書テキストの「身体化」とは、字句を単なる「文字」としてではなく、正しく発音された「言葉」として身体に取り込む作業であることが、ここに示唆されている。

貝原益軒（1630–1714）もまた、「書を讀には、必句讀を明にし、よみごゑを詳にし、清濁を分ち、訓點にあやまりなく、てにはを精しくすべし」(73) と述べ、テキストの誦読において、字句を明朗に読み、発声を詳らかにし、発音の清濁を明確にするとともに、訓点や助詞などに注意して、字句のリズムや流れを精確に身につけるべきことを力説する。益軒は、記憶力が旺盛な年少期に読書体験を重ねることの大切さを説くのであるが、それは、「素読」の目指すところが「必心到り、眼到り、口到るべし。此三到の中、心到を先とす」(74) と、経書テキストを眼や口に刻印するに止まらず、まさに心に刻み込むことに置かれていたからであった。この場合の「心」が、心身二元論的立場ではなく、まさに心身一体論的立場から説かれ、いわば「身体の内奥」を意味するものであったことには注意を要する(75)。益軒においても、「素読」とは経書テキストの文字を「文字」として記憶する作業ではなく、それをまさに聖人の「言葉」として身体の内奥に取り込む作業であった。読みの明朗さ、発音の正確さが細心に注意されたのは、テキストの「文字」を「言葉」に置き換えながら身体化することが意図されたからに他ならない。

「素読」が、眼や口・舌、顎や喉はもちろん、呼吸の仕方や身体の姿勢などを含め合わせて、身体全体を使用する活動であったことは先にも指摘した通りであるが(76)、その過程で身体内部に浸透させることが目指されたのは、経書テキストに記された「文字言語」というよりも、むしろテキストに載せられた「聖人の言葉」（その意味での「音声言語」）なのであった。「素読」が「朗誦」を必須の要件の一つに据えたのは、聖人の言葉をその言葉のままに身体の内奥に埋め込むことが目指されたからであった。もちろん、「素読」段階の初学者に「聖人の言葉」の意味が理解できたとは考えにくい。しかし、「素読」で訓まれた文体、すなわち訓読体の漢文は、読誦しやすいようにリズム・抑揚や言い回しなどに工夫が凝らされた独特の（日常言語とは距離を保った）言語であった(77)。初学者には、「聖なる言葉」の意味理解は困難であったにせよ、まずは「聖なる言葉」そのものがリズム・抑揚や言い回しとともに身体内部に融け込んでいくことが求められたのである。

第二に、「温習」と「言語」との関係についてである。「温習」の意義や効果を語る所論には、枚挙に暇がない。昌平坂学問所の儒官佐藤一齋（1772-1859）が初学者の学習課程の大綱を記した「初學課業次第」には、「句讀ハ、多ク貪ルニアラズ、唯覆讀ヨリ力ヲ得ルモノナレバ、兔角習讀シテ、暗誦スル程ニ至ルベシ」[78]とあり、上述の江邨北海も「トカク遍カズ（數）多カラザレバ記憶セズ、記憶セザレバ、文字ノ業ナリ難シ」[79]と、讀書において遍数を重ねることの意義を強調する。貝原益軒も、「多く遍數を誦すれば、自然に覺えて、久しく忘れず。遍數を計へて、熟讀すべし。一書熟して後、又一書をよむべし」[80]と、復読・復誦の意義を説いて已まない。益軒は「四書」を毎日百字のペースで熟誦すべきことと、そのペースで進めばほぼ一年半で「四書」の「素読」が修了することを力説する（註55を参照）。「四書」を熟誦し、それに習熟することは、「義理の學問の根本となるのみならず、又文章を學ぶ法則となる」[81]というのである。

もちろん、この「温習」もまた、授けられた字句や文章の意味の理解を前提に、あるいはその理解と並行しながら進行するものではない。学習者には、自らが誦読するテキストの文意は不透明なまま、とにかくテキストに載せられた「聖人の言葉」を幾度も繰り返し「朗誦」し、それを着実に身体の内奥に刻み込むことが求められるのである。そこで期待されたのは、いわば江戸時代の「知的言語」[82]としての漢文の形式が学習者の身体に埋め込まれることであり、身体に埋め込まれた言語形式がやがて学習者自身の言葉や思考形式と一体化することであった。それについて前田愛は、

> 漢籍の素読はことばのひびきとリズムとを反復復誦する操作を通じて、日常のことばとは次元を異にする精神のことば——漢語の形式を幼い魂に刻印する学習課程である。意味の理解は達せられなくとも文章のひびきとリズムの型は、殆ど生理と化して体得される。やや長じてからの講読や輪読によって供給される知識が形式を充足するのである[83]。

と論じている。身体化された「聖人の言葉」は、その埋め込みが始められた初学の時点では、漢文の音声形式としての含意しか有していないかもしれない。だが、その埋め込みが着実に積み重ねられ、習熟が進むにつれて、「聖人の言葉」が自分自身の言葉と化し、それを自らの思考や活動のために自在に活用し得るようになることが期待されたのである。「温習」によって繰り返し誦読される「言語」とは、普遍的な価値を有する「聖人の言葉」であり、その言葉を身体に蓄えることが、同時に、普遍的価値とは何かを論ずる聖人の「思考様式」を身体に埋め込むことを含意した、と評することができるだろう。

最後に、「自得」と「言語」との関わりについてである。以前に指摘したように、「素読」には「授読」「復読」に加えて、「自読」の段階を含めることができる。「自読」には、例えば貝原益軒が「既に字をしり、句をおぼへば、小兒をして自（みづから）讀（よま）しむべし」[84]と説くような、一つひとつの字句の誦読のおさらいとしての「自読」と、「四書をそらんぜば、其ちからにて義理に通じ、もろ〳〵の書をよむ事やすからん」[85]と語るような、既習の漢籍への習熟に基づいて未習の漢籍を自在に読みこなすこととしてのそれ、との含意が認められる。後者の意味での「自読」には、「素読」以後の「講釈」「会読」「独看」という学習段階[86]の基礎としての意義が与えられるが、実は、「素読」を起点とし、「講釈」「会読」「独看」へと発展的に進行する儒学学習それ自体が目指していたものこそ、前述の「自得」という学びの境地なのであった。それは例えば、貝原益軒の「學は道を知るを以て本と爲す。道を知るは自得に非ざれば、則ち能くせざる也。蓋し自得を能くせざれば、則ち古に博く今を知ると雖も、道を知ると爲すべからず。此れ學は自得を貴ぶ所以なり」[87]という所論に象徴されている。

それゆえ、上述のような「朗誦」と「温習」を必須の要件とする「素読」、すなわち機械的にも見える誦読の繰り返しに基づく「テキストの身体化」という学びの営為が、常に学習者の「自得」を要請するものであったことに、改めて注目しておきたい。学びにおける「身体化」と「自得」とが不可分の関係に結ばれているとの認識は、同じく貝原益軒の、學を講ずるは精深を尚ぶ。蓋し初學の知る所、俗學の記す所は其の皮膚に止まる而已。君子の知る所は皮自りして肉に到り、肉自りして骨に到り、骨自りして髓に到る。其の間幾重の界限を隔つることを知らず……苟も學んで自得すること能はざる者は、卽ち是れ口耳の學、訓詁記誦の習ひのみ(88)。

という主張にその典型を見出すことができる。ここには、テキストに載せられた知の内容が、皮膚から肉、肉から髄へと浸透していくような学びのありようが描出されている。

この「自得」の境地とは、一定の知の内容が言語や概念を通して論理的・分析的に理解されていくような学びによって達成されるものではあり得ない。知を伝える言語をひたすら暗誦し、かつその暗誦を時間をかけて幾度となく繰り返すことで、まさに体得されるような境地なのである。それは、模範としてのテキスト（人間の生き方の模範を記した経書テキスト）をひたすら反復・暗誦し、身体的にそれに習熟することを求める営為として、むしろ伝統芸能や職人の世界における「わざ」の学び——すなわち模範としての師匠や親方の「わざ」をひたすら模倣し、それを「身体で覚える」ことを求める営為——に相似するような学びのありようと見ることもできる(89)。単なる文字的な理解を、皮膚に止まるような「口耳の学」として退けようとする点も、「自得」の含意をよく言い表している。儒学学習における「自得」とは、まさに「身体知」の獲得を前提に据えるものなのである。

だが、ここで注意を要するのは、繰り返しになるが、「素読」における「身体知」とは、経書テキストの「言語」の存在を不可欠の要件としていた、ということである。上述の伝統芸能や職人の世界における「身体知」が、言語化できない「わざ」の身体化を意味するのに対し、「素読」（儒学学習）における「身体知」とは、まさにテキスト言語それ自体の身体化をいうものだからである。では、上記のように単なる文字的理解を退けながら、しかし、テキスト言語への習熟を必須の要件とするという「素読」の含意をどう理解すればよいのか。ここで、この問題に示唆的な言及を加えている荻生徂徠（1666–1728）の所論に着目してみよう。

徂徠は、「蓋し先王の教は、物を以てして理を以てせざればなり。教ふるに物を以てする者は、必ず事を事とすること有り。教ふるに理を以てする者は、言語詳にす。……言の盡くす所の者は、僅僅たる理の一端のみ。且つ身ら事に従はずして能く立談に瞭然たるは、豈能く深く之を知らんや」[90] という言葉に象徴されるように、言語に基づく教授活動を排し、聖人が作為した具体的事物（礼楽）に習熟することの必要を説くという、独自の教授論を展開した儒者であった。ただし、徂徠の説く「習熟」には、二種類の相異なるありようが想定されていたことには注意を要する。すなわち、徂徠は

> 禮の體爲るや、天地に蟠り細微を極めて、物ごとに之が則を爲し、曲さに之が制を爲す。而して道在らざる莫し。君子は之を學び、小人は之に由る。學の方は習ひて以て之に熟し、默して之を識る。默して之を識るに至りては、則ち知らざる所有る莫し。豈言語の能く及ぶ所ならんや。之に由れば則ち化し、化するに至りては則ち識らず知らず帝の則に順ふ。豈不善有らんや。是れ豈政刑の能く及ぶ所ならんや[91]。

と述べ、君子と小人とでは「習熟」のありように相違があることを指摘する。

徂徠にとって、小人（ここでは一般民衆のこと）とは「之に由る」べき存在とされ、その小人の習熟とは民衆教化を前提に据えるものである。そこでは「民ニ孝弟ヲ教ル事第一ト云ルモ、儒者ナトニ講釋ヲサセテ民ニ聴セ、民ノ自発得シテ孝弟ニ成様ニスル事ト心得ルハ大ナル誤也……其町村ノ睦ク民ノ風俗ノ善ナル様ニ奉行ノ仕込事ヲ孝弟ヲ教ルトハ云也」[92] と説かれるように、まさに言語による教授活動と人々の自主的な学習活動は退けられ、専ら支配者の側が良俗を整え、それに人々を馴染ませることが肝要とされる。一般民衆には言語による教授は不要であり、それとともに一般民衆が自律的な行為主体であるこ

とも無用のこととされているのである。

一方、君子（ここでは武士身分を指す）は「之を學ぶ」存在であり、その習熟とは「自得」を目指す学的営為のことを想定するものである。そこでは「其の教の法は、詩には誦すと曰ひ、書には讀むと曰ひ、禮樂には習ふと曰ふ。春秋は教ふるに禮樂を以てし、冬夏は教ふるに詩書を以てす。假（か）すに歳月を以てし、陰陽の宜に隨ひて以て之を長養し、學者をして其の中に優柔厭飫（えんよ）せしめ、藏し、脩し、息し、游し、自然に德立ちて知明らかなり」[93]と論ぜられるように、永続的な「経書」誦読の必要が強調される。まさに経書テキストの身体化を通して、「皆其自得スルヲ待事」[94]が求められるのである。君子の習熟は経書テキストの「言語」を通して行われ、それが自律的な実践主体に相応しい学びの営みとして理解されているのである。

徂徠のこれらの所論は、必ずしも「素読」への直接的な論及ではないが、儒学学習という観点からは、後者の「君子の学び」の中に、「素読」から「自得」への昇華に果たす「言語」の役割が示唆されている。徂徠は、武士身分であれ一般民衆であれ、人々に対する教育活動の文脈において単なる言語的教説を排した。それは、言語的教説では断片的な道理しか提示し得ず、事実に基づかない表層的な知識を与えるだけだ、とする認識に基づくことであった。徂徠にとって、先王の教えとは、先王が遺した具体的な事実・事物（すなわち「物」）をそのまま学ぶことが求められるものなのであり、そうした具体的事物に習熟することで「道」を体得することが、儒学という学問の本旨なのであった。

ただし徂徠にとって、一般民衆が「物」へとアプローチすることはほとんど不可能であるとともに、その必要も認められていなかった。民衆とはあくまでも「由らしむ」べき存在であり、それゆえ彼らの「身体化」とは良俗への「習慣化」と等差なきものとして論ぜられたのである。それに対し、武士身分の場合には、為政者として自律的な実践主体であることが必要であり、そのための学的営為として「物」に習熟することが何よりも求められた。そして「物」に習熟するには、「物」を言語的教説に置き換えた理解（すなわち教師による註釈・註解などを通しての理解）ではなく、「物」そのものを身体に埋め込むことが必須と考えられた。ここで重要なのは、徂徠にとって「経書」に載せられた「言語」とは「物」そのものであり（つまり、経書テキストの「言語」と、教授活動での「言語」的教説とは明確に区別される）、その意味において経書テキストの「言語」に習熟することは、先王が制作した「物」に習熟することと同一の意味を有した(95)、ということである。

徂徠にとって、「習熟」とは必ずしも自覚化された学びへの取り組みではなかった。それは反復体験を重ねることで知らず識らずのうちに体得されていく知の営みであった。しかしながら、こうした身体・体験・習慣などを契機とする学びこそが、やがて「自得」という主体的な学びを生み出すとともに、自律的な実践主体の形成に寄与するものだと期待されたのである。このような理解の最も重要な背景をなすものは、まさに「経書」の由来をなす聖人存在の超越的権威であり、「経書」に載せられた聖人の言葉の普遍的価値であった。徂徠の、

> 夫れ言なる者は、固より人を喩す者なり。然れども古の善言は、必ずしも人を喩さずして、人自ら喩る。先王の道は爾りと爲す。是れ何の故ぞ。蓋し古の教なる者は、我を信ずる者に施す。彼乃ち思ふて之を得。爾らずんば、以て之を知るに足らず(96)。

という言葉は、経書テキストの「言語」（すなわち「古の善言」）とは人々が「自ら喩」らずにはおれないような必然的な誘引力をもつものだ、とする認識を最も雄弁に説くものである。「古の善言」への絶対的な信頼は、その「善言」を自分のものとすることで、学習者の自律性・主体性を促進するものと考えられたのである。徂徠学において、「言語」を要しない庶民教化が「自得」から切り離され、「言語」の身体化を必須の要件とする君子の学びが「自得」と不可分の関係に結ばれていたことに、最も重大な視線を投ずる必要があるだろう。

少なくとも、以上のような徂徠の所論を前提に「素読」における「身体知」の含意を読み解くならば、それと「自得」との関係性を次のように理解するこ

とができる。すなわち、「素読」における「身体知」とは、「聖人の言葉」への揺るぎない信頼を必須の前提とするものであり、それは単なる文字情報を記憶に留めることとは全く異質の意味をもつ知のありようであった。「素読」とは超越的権威・普遍的価値を有する「言語」を自らの身体の内奥に埋め込むことに、独自の教育的意義が認められる学びの営為なのであった。そして、身体に埋め込まれた「知的言語」は、学習者が様々な実践体験を重ねるにつれて、実感的に理解され、リアリティーをもって蘇ってくる言葉でもあった。この意味で、「素読」によって養われた「知」とは、行為主体にとって絶対的・普遍的な価値規範として機能するとともに、様々な生活場面における実践的判断のための「思考形式」を行為主体に提供する役割をも果たすような「知」であったと評することができよう。

ともあれ、「素読」が常に「自得」を目指して行われる知の営為であり得たのは、身体化される「言語」が、普遍的価値を指し示す（それゆえ揺るぎない信頼の対象である）とともに、それ自体が学習者の「自得」を必然的に誘引するような働きをもつ「聖人の言葉」であったから、といえるのである。

むすび

「素読」によって獲得される「身体知」の含意を捕捉するには、実証的・科学的な「近代学知」の枠組みから抜け出た地点に立つことが必要であろう。なぜなら、「近代学知」の基本的立場は、デカルト（René Descartes, 1596–1650）の心身二元論に象徴されるように、「心（精神）」と「身体（物質）」とを分析的に区分する傾向を有し、それゆえ、「心」と「身体」とは、自己のあり方において主体と客体との関係において理解されるからである[(97)]。その場合、自己の主体はあくまでも「心」に見出されるため、儒学学習の前提をなす「身体知」（身体で知る）という発想は、基本的には生まれにくいはずだからである。

それに対し、「素読」という学的営為は、「心」の働きと「身体」の動作とを一致させ、その両義性を実践的に克服することを目指すものと見ることができる。それは、まさに「身体」を主体化していく営為であることを意味する。いわば、「心」（頭脳）で知的に理解したことは忘れても、「身体」で体得したことは忘れない、というような「身体」のもつ安定性への信頼を、益軒や徂徠たちは、率直に表明していたのである。

これに加えて私たちが注視すべきは、「素読」に果たした「言語」の役割についてである。マクロな視線から概括すれば、近代学校教育において使用されるテキスト言語と、江戸時代の儒学学習の場面で用いられたそれとでは、教育的機能は同じではない。すなわち、前者が西洋起源の近代学知を背景とし、それゆえ検証・実証可能な真理・真実を伝達する文字通りの「学習媒体」として機能しているのに対し、後者は儒学思想の根本認識に基づいて、その言語自体が普遍的価値を語る「聖人の言葉」を意味している。前者において、テキスト言語は知的に理解されるべき対象として常に学習者の外部に所在するのに対し、後者において、それはそのまま学習者の内部に取り込まれるべきものである。前者において、真理・真実の所在は言語の背後に置かれているのに対し、後者においては言語そのものに真理・真実が包摂されているのである。

繰り返しになるが、「素読」によって養われる「身体知」とは、「経書」の「言語」（ただし、これは「聖人の言葉」という特殊な知的言語であることに注意を要す）に「知を伝える媒体」としてではなく、「知そのもの」としての含意を与えるような「知」なのであり、しかも、自らの身体の内奥に埋め込まれた「聖人の言葉」であるが故に、学習者の様々な実践場面における行動指針として揺るぎない信頼を勝ち得た「知」でもあるのである。

上記のような「心身一体論」や「言語の教育的機能」に関わる儒学の根本認識について、その科学的な真偽を検証することは、筆者の能力の及ぶところではない。だが、普遍的価値を有する「言葉」の存在や、それを「身体」に埋め込むという学びのありよう、そうして「身体」に刻印された「知」が自律的な実践主体の基盤となるという確信、などがこの国における教育的思惟の伝統をなしてきたことは紛れもない事実といえる。その教育伝統にも絶えず目を開いておく姿勢が、教育のあり方を多様な回路から吟味する道を担保してくれることだけは間違いないだろう。

注

(1) 例えば、松本藩崇教館学則の「句讀受業條約」にある「素讀は讀書の素功にして、學問の基なれば、第一に出精あるへく……」(文部省『日本教育史資料』第壱冊、冨山房、1890年、514頁)や、久留米藩明善堂への口達控にある「素讀授方第一肝要ノ義ニ候……」(同書第参冊、1890年、33頁)などの文言に、この種の認識が反映されている。なお、『日本教育史資料』からの引用については適宜句読点を補う。以下も同じ。

(2)「素読」のありようを伝える文献については本文中で後述するが、その要点を最も的確に叙述したものとして、近年における辻本雅史の述作を紹介しておかねばならない。例えば、辻本『「学び」の復権——模倣と習熟』角川書店、1999年、61-75頁、同『教育を「江戸」から考える——学び・身体・メディア』NHK出版、2009年、91-104頁、および、同『思想と教育のメディア史——近世日本の知の伝達』ぺりかん社、2011年、第7章、などを参照されたい。

(3) 湯川秀樹に「素読」を授けたのは、母方の祖父小川駒橘であった。駒橘は築地鉄砲洲時代の慶應義塾に学んだ経験(すなわち洋学の学習経験)もある人物だったが、紀州藩士の出として漢学の素養を有していた。だが、湯川の五人の兄弟(芳樹、茂樹、秀樹、環樹、滋樹(ますき)。他に姉二人)が「素読」を受けるようになったのは、父小川琢治(田辺藩の儒者浅井南溟の次男)の発案によるものであった。小川家は明治41年、琢治の京都帝国大学転任に伴って京都に居を構えたが、隠居生活に入っていた祖父駒橘が同43年の春から孫たちに漢籍の「素読」を授けるようになった。まず当時小学3年生の長兄芳樹が『大学』と『論語』を、次いで翌年正月から次兄茂樹が『大学』を教わるようになったという。その経緯については、貝塚茂樹『わが歳月』中央公論社、1983年、37-39頁、を参照のこと。なお、湯川秀樹の素読体験については、湯川『旅人——ある物理学者の回想』朝日新聞社、1958年、55-58頁、に詳しい記述がある。

(4) 前掲『旅人——ある物理学者の回想』、55頁。

(5) 同上、56頁。

(6) 同上。

(7) 同上、57頁。

(8) 同上、58頁。

なお、湯川の次兄貝塚茂樹も「漢籍の素読を年若いとき課せられたおかげで、今でも『論語』『孟子』などの四書はもちろん、『詩経』『書経』の本文でもかなり暗誦している。そのせいで漢籍を身近く感じることができる。これは早期素読のもたらした最大の贈り物であったと断じてもよいであろう」(前掲『わが歳月』、

39頁）と、湯川と同様の評価を「素読」に与えている。

(9) これについて例えば、武田勘治は「漢学は、漢学修行を目的とする者ばかりでなく、一般的な教養を得ようとするにも、また国学や洋学を学ぶにも、まず学ばねばならぬものとされていた。その意味で漢学学習は、諸学のための基礎教養でありまた今日の意味の一般教育科目でもあった」（武田『近世日本学習方法の研究』講談社、1969年、17頁）と指摘している。

(10) 前掲『教育を「江戸」から考える――学び・身体・メディア』、40頁。

(11) 高橋俊乗『日本教育史』教育研究會、1929年増訂改版（原本は1923年）、329頁。

(12) 佐藤誠實編『日本教育史』巻下、大日本圖書、1891年、51-52頁。

なお、同書（上下二巻、1890-91年。なお、1903年に一冊に纏められた修訂版が同じく大日本圖書より刊行される）が明治・大正期を通して標準的な教育史教科書としての役割を有していたことは本文中にも記した通りであるが、それは、海後宗臣がこの書に「すでに明治二十年代の初期において日本教育史に一つの標準を置いた」（海後宗臣『日本教育小史』講談社、1978年〈原本は1940年〉、14頁）や、「我々はこの教育史によって最初の整った教育史を持つこととなった」（同書、22頁）という評価を与えていることからも、知られるところである。

(13) 推測の域を出ないが、同書での関心の重点が、「素読」よりもむしろ「講釈」「会業」「試業」などに向けられていた理由として、「素読」よりも「講釈」「会業」「試業」などの方に近代学校での教授法との親和性が認められた、という点を挙げることができるように思われる。同書が近代学校での教員養成に資することを目的に編まれたことは確かであり（同書巻上の緒言に「此書ハ、師範學校等ニ於テ、本邦教育史ヲ授クルノ用ニ資センガ爲ニ、編纂シタル者ナリ」と記されている）、そのことからすれば、近代学校での教授法に連なる方式を、前近代の学校に発見することにこそ教育史上の意義が与えられていたものと考えられるからである。

因みに、我が国最初の教育史書とされる『日本教育史略』（文部省、1877年）も、その「概言」の中で「兒童初歩ノ教科書ハ簡易ノ經典ニシテ之ニ其字音ト字義トヲ教ヘ其進歩スルニ従テ一層高尚ノ書籍ヲ授ケ止（タダ）其文章ヲ習讀スルノミナラス通語ヲ以テ其文意ヲ講明セシム……兒童齡九歳迄ハ文章ノ義理ハ主トシテ講セシメス」（同上、9頁）と、「素読」に関する記述を載せているが、同書では「兒童在學中ハ専ラ此書法ト用法トヲ學ブガ爲ニ歳月ヲ要スコト多シ」（同上）という具合に、旧来の初学段階の学習のあり方に対し、やや否定的な見解を示している。同書に示される「歐學ノ創メテ日本全國ニ感動ヲ起セシ」（同上、15頁）や「歐洲ノ開化ノ已レニ超越セル」（同上）などの西洋優位の認識を踏まえれば、これも西洋流の近代学校を尺度とする教育史観の反映と見ることができるだろう。

(14) 前掲、高橋俊乗『日本教育史』、321頁。

(15) 同上、322-323頁。

(16) その全体的傾向を最もよく表しているものとして、例えば、吉田熊次『本邦教育史概説』目黒書店、1922年、を取り上げることができるが、同書第七章「江戸時代の教育」の中で紹介された「素読」(同書では「句讀」と表記されている)に関する記述は、短い言及に止まっている。

(17) 春山作樹の「江戸時代の教育」について、本稿では春山『日本教育史論』国土社、1979年、所収のものを参照した。引用箇所は同書、175頁。

(18) 同上。

(19) 前掲『近世日本学習方法の研究』、47頁。

なお、「素読」に対する武田の評価は、「土台がため」の他に、この学習方式にも「自学啓発的方法」が包摂されていた、という点にも向けられていた。それは彼の「近世日本の学習方法といえば、もっぱら無理な注入法により、暗誦させる形のものだと考えられている。もっとも初歩的な素読学習——ことにその拙劣な仕方には、そうした傾向が著しいが、ただそういう方法だけではなかった。素読課程においてすら、かなり進めば自読・質問といわれた自学啓発的な方法が行なわれた。すでに普通の意味で読書力がやや進めば、会業(会読・輪講など)や独看・質問を主たる学習方法として、意欲的に活発な学習が行なわれたのである。良教師の指導を受け得た青少年にとっては、決して退屈な学習ではなかったはずである」(同上、6-7頁)という言葉に明示されている。

(20) 石川謙『日本学校史の研究』小学館、1960年、211頁。

なおこの引用文と同様の認識はすでに、石川謙『學校の發達』岩崎書店、1953年、161-162頁、にも示されている。

(21) 実際に、石川は『日本学校史の研究』の中で、「昌平坂学問所の使った学習様式の最初の段階——素読・読書のしくみを、やがてくる小学校設置への道程として調べよう」(同上、211頁)と、「素読」に寄せる自身の基本関心を吐露している。

(22) 同上、212頁。

(23) これについては、永原慶二『20世紀日本の歴史学』吉川弘文館、2003年、199-202頁、を参照されたい。

(24) R.P. ドーア/松居弘道訳『江戸時代の教育』岩波書店、1970年、117-118頁。

(25) 同上、119頁。

(26) 同上。

(27) 同上、121頁。

(28) 同上、120頁。

(29) 同上。

(30) 同上、122頁。

ただし、同書は必ずしも「素読」の意義を全面的に否定していたわけではない。すなわち同書は、「一つの救いは、個人指導方式のために各生徒のペースをその能力に合せることができたということである。……一人の教師に対して、それぞれ個人指導を受ける生徒約二〇名というのが理想的な比率とされていたようである。また、大抵の学校では、一五歳までは基礎的経典の素読を漢学課程の——全部でないまでも——主体としていたが、優秀な生徒なら一一、二歳までに、より高度な課程に進むことができた」(同書、122–123頁)と述べて、「素読」の個別指導方式については積極的にこれを評価するのである。

(31) それについて、辻本は「テキストの暗唱は、心を集中して書の文字を見て、それを繰り返し声に出して唱えることでなされた。『心』『眼』『口』という身体を動員して繰り返す行為が『素読』である。……いわばテキストをみずからのうちに完全に獲得し、〈身体化〉する過程であるといってもよい」(前掲『思想と教育のメディア史——近世日本の知の伝達』、128頁)と論じている。この所論の背後に、西洋近代の心身二元論とは異なる、東アジアの「気」の思想に基づく心身一元論的理解に基づいて「素読」の含意を探ろうとする辻本の姿勢があったことに注意されたい。

(32) 同上『思想と教育のメディア史——近世日本の知の伝達』、299頁。

(33) 今日に「素読」を伝える一つの試みとしては、ドイツ・北欧文学者安達忠夫の著述を紹介することができる。詳しくは、安達『感性をきたえる素読のすすめ』カナリア書房、2004年(旧版は『素読のすすめ』講談社、1986年)、を参照されたい。

(34)「植木枝盛自叙伝」には、「十一歳に及び始めて文武館《土州文武講習の場所なり。後其の武を講ずることを廃するに及びて改て致道館と称す》に通学し、先づ句読席に於て《文武館其課を大別して文学、武芸の二つと為し、文課の中又其席を分ちて二段となす。一を句読席と為し二を独看席と為す》四書五経等の句読を為し、次で独看席に入り更に経史を講究し、習字は十四歳の終りに至りて之を廃し、十五歳の時夏七月よりは県庁の為めに公費を以て致道館入塾生を申付られ……」(「植木枝盛自叙伝」〈『植木枝盛集』第10巻、岩波書店、1991年、所収〉、6頁)と記されている。

(35) 徳富猪一郎『蘇峰自伝』(『日本人の自伝』第5巻、平凡社、1982年、所収)、29頁。

(36) 同上、36頁。

(37) 渋沢栄一『雨夜譚』(『日本人の自伝』第1巻、平凡社、1981年、所収)、227–228頁。

(38) 幸田露伴「少年時代」(『露伴全集』第29巻、岩波書店、1954年、所収)、200頁。

(39) 明治8(1875)年、東京深川の材木商の家に生まれた長谷川如是閑は、同15年から17年にかけて下谷の私立本島小学校に通うが、その小学校は純然たる寺子屋風で、教員も校主の本島明山とその長男・次男との三名だけであり、しかも「大先生(本島明山のこと。筆者註)は寺子屋の師匠で漢学の一点張りだった」(長谷川如是閑『ある心の自叙伝』〈『日本人の自伝』第4巻、平凡社、1982年、所収〉、247頁）と伝えられている。明治初期においては、近代学校たる小学校にも伝統的な漢学学習の方式が色濃く残存していたのである。

（40）『昌平志』寛政九年の項目中の「十二月、黌制を改革す」という記事に拠る（『昌平志』巻第二、事實誌〈黒川真道編纂『日本教育文庫――学校篇』日本図書センター、1977年復刻版〔原本は同文館より1911年刊〕、所収〉、90頁）。これに基づき、幕府は翌寛政十年二月に「今度聖堂御主法被相改、御目見以上以下ノ子弟御教育可有之、タメ學問所夫々御取建被仰付候間、寄宿候トモ又ハ通候テ學候トモ勝手次第可有修行候」という布達を発している（前掲『日本教育史資料』第七冊、1892年、80頁）。ただし学問所の学舎が完成し、学規が定められたのは、寛政十二年のことであった（同上同頁の「同十二年三月幕府令ヲ出シテ曰ク……此度昌平坂學問所御普請出來ニ付、當夏中ヨリ兼テ被仰出候通御家人ノ輩御教育可有之候間、學問修行ノ志有之モノ共ハ勝手次第可有入学候……四月又令ヲ出シテ曰ク、學問所稽古ノ儀御目見以上并以下共通候テ學候儀可爲勝手次第候、部屋住厄介等ノ内修行ノ志厚寄宿候テ稽古イタシ度願候モノモ候ハヽ、可任其意候」という記述に基づく)。

なお、この学校が「昌平坂學問所」を公称するようになったのは、さらに後年のことで、天保十四（1843）年八月の「昌平坂學問所之儀古來ハ聖堂と相唱候得共、右ハ大聖殿と別稱ニ付寛政以後學問所と計相唱候筈之處、其節別段達之趣も無之候間、爾後其段不相弁向も有之候、向後ハ都而學問所と相唱候様向々江可被達之事」（司法省藏版『德川禁令考』第三帙、巻二十四、1895年、273頁）という幕府令に基づくことであった。なお『德川禁令考』からの引用についても適宜句読点を補うことにする。以下も同じ。

（41）前掲『日本教育史資料』七冊の「寛政五年素讀ノ試始ル、十五歳以下十歳以上ハ四書五經小學近思錄ノ素讀試ヲ受ク、十歳以下ハ大學論語孝經三字經ノ類素讀試ヲ受ク」（同書、119-120頁）という記述に基づく。「素読吟味」は当初、このように「十五歳以下十歳以上」と「十歳以下」との二つの科に分けられていたが、その後寛政九年十一月に「自今素讀吟味可受輩ハ從十七歳十九歳迄之者ニ而其年齢も書出吟味可受候」（前掲『德川禁令考』第三帙、279頁）と改定され、「十七歳より十九歳まで」が試験対象者の年齢となった。

（42）前掲、石川謙『學校の發達』、163-164頁。

（43）前掲『日本教育史資料』第七冊、161頁。

なお、この規定は天保十二（1841）年五月の「寄宿諸取扱之議定」において、「寄宿之儀者御目見以上之惣領二男三男厄介共四書素讀濟、志厚者不苦候。御目見以下者凡て講釋會讀詩作等出來、心掛厚者に無之候ては寄宿願不相成候……但年齢十四五歳より三十歳位迄者不苦候得共、教授方可爲差圖次第候」（同書、163頁）と改められている。

(44) 同『日本教育史資料』第七冊の「慶應三年正月幕府令ヲ出シテ曰ク……向後御旗本并ニ御家人ノ面々當主ハ勿論次三男厄介ニ至ル迄、年齢八歳ヨリ以上ノ者ハ學問所へ罷出讀書可致旨被仰出候間、親共ハ勿論頭支配ニオイテモ御趣意相心得厚ク世話可被致候」(同書、89頁)という文言に基づく。

なお、慶應年間から明治当初にかけての幕政の混乱期に、昌平坂学問所がこうした規定通りに機能していたかについて、これを自明視することはできないことは、指摘するまでもない。

(45)「素読」の開始年齢がほぼ七、八歳前後とされていたことについては、例えば、貝原益軒の「小兒の記性をはかつて、七歳より以上入學せしむ」(貝原益軒『和俗童子訓』巻之三〈益軒会編『益軒全集』第三巻、国書刊行会、1973年復刻版〔全八巻。原本は1910-11年刊行〕所収〉、198頁)や、江邨北海の「ヤヽ八、九歳ニモナリテ、更ニ素讀ヲ習フニナリテ、其父兄モトヨリ學事ニナラヒテ、子弟ニ素讀ヲモ教エンハ論ナシ」(江邨北海『授業編』巻之二〈前掲『日本教育文庫——学校篇』、所収〉、585頁)などの所論によって知られる。

なお、石川謙『我が國における兒童觀の発達』(青史社、1976年復刻版)によれば、江戸時代における藩校の入学年齢(享保以前から慶應に至る数字を単純に合算したもの)は、調査対象の147藩中八歳入学が59藩で最多であり、これに七歳入学8藩、七・八歳入学19藩、八・九歳入学8藩を加えると、全体の約64%(147校中94校)が七歳から八・九歳の間に藩校に入学していたことになる(同書、150-176頁)。このことから、藩校入学年齢も「素読」開始年齢とほぼ符合していたものと見ることができる。

(46) 前掲『日本教育史資料』第七冊、101頁。

なお、復習所は「素讀稽古罷出候者、是迄讀習之書物復習爲致候事。復習之節勤惰相改次第に寄、夫々之品等上下致候事」(同上)と規定され、二・七・三・八・五・十の日に開講されていた。

(47) 同上、102頁。

この規定によれば、素讀所は「五節句八朔五十ノ日并釋奠習禮より御當日翌日迄」(同上)以外は、毎日開講されていた。なお、安政二年の「幕府學問所規則」(学問所規則として最も長く適用されたとされる)では「毎日朝六半時ヨリ晝九時迄稽古所ニ於テ素讀教授有之、並會讀質問等勝手次第候」(同上、88頁)と、素読教授の時間は朝六半時(午前七時)より昼九時(正午)までと定められていた。

(48) 武田勘治によれば、諸藩の学問所(藩校)の登校時間には、一定の時間内で各自随意に出掛けるものと、始業時間までに一斉に出席させるものとの二つのタイプがあり、後者は新しいタイプであったとされる(さらには、例えば丹後宮津藩、大和郡山藩、松江藩、鳥取藩などのように二部教授方式を採用したものもあった)。詳しくは、前掲『近世日本学習方法の研究』、73-84頁、を参照されたい。

(49) 前掲『日本教育史資料』第七冊、80頁。

なお、安政二年の規定では、通い稽古の願について、「布衣（ほい）」身分以上の者は不要とされていた。

(50) これについては、前掲『近世日本学習方法の研究』、94-126頁、において詳細な論攷が展開されている。

(51) 前掲『日本教育史資料』第弐冊、1890年、638頁。

(52) 同上。

(53) 同上。

なお、引用文に登場する「復讀掛」とは、「句讀師及孟子句讀掛ノ内ニテ勤仕無キ者此職ヲ兼、午後一人當直、句讀生ノ復讀ヲ聽。一六ノ日ハ二人當直ナリ」（同上、651頁）と定められている。

(54) 同上、651頁。

ただし、この「職名及俸祿職員概數」は、「福山ニ關スルモノハ詳ナラス」（同上、650頁）という理由から、江戸藩邸内の藩校に関わる調査結果を纏めたものである。

(55) 前掲『日本教育史資料』第壱冊、710頁（原漢文）。

なお、この引用文中には「句讀を授くるの多寡は生徒の敏鈍に随ひ、十字二十字より四五十字に至る」とあるが、例えば江戸前半期の大儒貝原益軒は「四書を、毎日百字づゝ百へん熟誦して、そらによみ、そらにかくべし。……四書すべて五萬二千八百四字なり。一日に百字をよんでそれに記（をぼ）ゆれば、日かず五百廿八日におはる。十七月十八日なれば、一年半にはたらずして其功おはりぬ。はやく思ひ立て、かくの如くすべし。これにまされる學問のよき法なし」（前掲『和俗童子訓』巻之三、203頁）と述べ、毎日百字のペースで熟誦すべきことと、そのペースで進めばほぼ一年半で「四書」の「素読」が修了すること、を力説している。

(56) テキストを声に出して読むことは、通常「音読」として理解されるが、前田愛は、「音読」を伝達手段として（または理解の補助手段として）の「朗読」と、文章のリズムを実感するために音吐朗々と誦する「朗誦」とに区分し、「素読」を後者の読書形式として論じている。本稿でも前田の指摘に従い、「素読」の読書形式を「朗誦」として理解しておく。詳しくは、前田愛『近代読者の成立』岩波書店、2001年、178頁、を参照のこと。

(57) 前掲、辻本『「学び」の復権——模倣と習熟』、64頁、および、同『教育を「江戸」から考える——学び・身体・メディア』、95頁。

(58) 前掲『日本教育史資料』第参冊、15頁。

(59) 同『日本教育史資料』第壱冊、514頁。

(60) 同上、281頁。

(61) 同上、664頁。

(62) 同上、623頁。

(63) 前掲『日本教育史資料』第七冊、101頁

(64) 辻本雅史が指摘するように、「素読」において師匠に直に習うのは比較的短時

間であり、一度に進む字数も多くはなかったが、生徒には、その後、その何倍もの時間をかけて習った箇所の自己学習を繰り返すことが求められた（前掲『教育を「江戸」から考える――学び・身体・メディア』、95頁）。だが、この自己学習は「自読」というよりも、むしろ「復読」として理解されるべきであろう。

(65)「自得」とは、例えば貝原益軒の「自得とは何ぞや。自然に之を得る也。自得する所以の者は其功を急にせず、其等を躐せず、深く造るに道を以てし、力を用ゐること久しふして、自然に之を得る也。臆度して強て求むる可からず。又偶然として頓悟す可からず」（『愼思錄』巻之一〈前掲『益軒全集』第二巻、所収〉、8頁）という言葉に象徴されるように、成果を急がず、順序を踏み、時間をかけて、深く道に至る努力を重ねることで、自然に獲得される知の境地といえる。それは、無理強いの臆断や偶然の悟りでは決して達することのできない境地でもある。この「自得」が「身体知」としての含意を有することについては、前掲『教育を「江戸」から考える――学び・身体・メディア』、123-127、の詳細な論攷を参照されたい。

(66) 前掲『日本教育史資料』第弐冊、640頁。

(67) 同上、641頁。

同規定には「十二歳ニシテ孝經四書ノ復讀卒業セシ者、金百匹ノ賞賜アリ。其以下二百匹ヲ賜。復讀考試ノ月多失ノ者ハ其次再考試ヲ受シム」（同上）などの文言が見えている。なお、同藩には「家中ノ子弟八歳ニテ入學文學ヲ修メ、十歳ヨリ漸々武術ヲ修メ、十五歳ニシテ所好ノ藝ヲ定メ主トシテ之ヲ修メシム。退學期ハ一定ノ則ナシ」（同上、640頁）と、退学の規定はないものの、十五歳をもって「所好の藝ヲ定メ」る年齢の目安としていたことが注目される。

(68) 前掲『近世日本学習方法の研究』、149頁。

(69) 前掲『徳川禁令考』第三帙、276頁

(70) 註41にて紹介した寛政九年十一月の布達には、引用箇所に続けて「幼年ニ而出精之者十七歳に相成候ハヽ早速撰吟味に加候事ニ候間、夫迄之修行猶更無油斷出精有之候様ニ可致候事」（前掲『徳川禁令考』第三帙、279頁）とあるが、石川謙はこの政策的意図を幕府による初等学校公営への道程と解釈し、「素読吟味は学問吟味とともに『もう一つの異学の禁』であった」（前掲『日本学校史の研究』、196頁）と論ずる。だが、石川のこの見解にしても、「素読吟味」対象年齢引き上げの理由を鮮明に論じたものとはいえない。

(71) 前掲『授業編』巻之二、594頁。

(72) 同上、599頁。

なお、北海は「書ヲヨムニ、聲ヲアゲテヨムガヨキヤ、黙シテヨムガヨロシキヤト問フ人アリ、コレハ各得失アリテ、一方ニ定テハイヒ難シ」（同上）と、音読・黙読の得失とは一定できるものではないとした上で、「意義ヲクハシク求ムルニハ、黙シテ書ヲミルガヨシ」（同上）と、文章の意味理解については黙読の有効

性を認めている。

（73）前掲『和俗童子訓』巻之三、201 頁。

（74）同上、198 頁。

年少期における記憶力の旺盛さに関して、貝原益軒は「少年の時は記性つよくして、中年以後數日におぼゆる事を、只一日半日にもおぼえて、身をおはるまでわすれず、一生の寳となる」（同上、202 頁）や「年わかく記憶つよき時、四書五經をつねに熟讀し、遍數をいか程も多くかさねて記誦すべし」（同上）と述べ、江邨北海も「兒童ノコロハ記憶ツヨク、我モ人モ、幼少ノ時ヨミタル書ハ、老後ニ至リテモ忘レヌモノナリ」（前掲『授業編』巻之二、585 頁）と論じている。こうした認識が、上記（註 45）に紹介した、益軒の「小兒の記性をはかつて、七歳より以上入學せしむ」や、北海の「ヤヽ八、九歳ニモナリテ、更ニ素讀ヲ習フ」という「素読」の開始時期に関する所論、と結びついていることはいうまでもない。

（75）益軒学の心身一体論については、辻本雅史の前掲書『思想と教育のメディア史——近世日本の知の伝達』、26-29 頁、を参照されたい。

（76）「素読」が身体活動といわれる場合、それは一個人の身体内部的活動に止まらず、周囲に働きかけて身体のありようを正す活動としての意味合いも含め込まれる。貝原益軒が「凡書をよむには、必先手を洗ひ、心につゝしみ、容（かたち）を正しくし、几案のほこりを拂ひ、書冊を正しく几上におき、ひざまづきてよむべし」（前掲『和俗童子訓』巻之三、198 頁）と説いたのも、このことを指し示している。

（77）前掲『思想と教育のメディア史——近世日本の知の伝達』、184 頁。

これ以外では、中村春作「『素読』という習慣」（『古田敬一教授頌寿記念中國學論集』汲古書院、1997 年、所収）や、齋藤希史「読誦のことば——雅言としての訓読」（中村春作他編『続「訓読」論——東アジア漢文世界の形成』ぺりかん社、2010 年、所収）なども参照されたい。

（78）佐藤一齋「初學課業次第」（前掲『日本教育文庫——学校篇』、所収）、747 頁。

（79）前掲『授業編』巻之二、601 頁。

（80）前掲『和俗童子訓』巻之三、198-199 頁。

引用文は、テキスト誦読の場面での益軒の主張を紹介したものであるが、このいわばスモール・ステップの学習方式は、初学段階から説かれていることである。例えば、益軒は「小兒に初て書を授くるには、文句を長くおしゆべからず。一句二句をしゆ。又一度に多く授くべからず。多ければおぼえがたく、おぼえても堅固ならず。其上厭倦（いとひう）んで學をきらふ、必たいくつせざるやうに、少づつ授くべし。其をしえやうは、はじめは只一字二字三字づゝ字をしらしむべし。其後一句づつをしゆべし。既に字をしり、句をおぼへば、小兒をして自（みづから）讀（よま）しむべし。兩句をおしゆるには、先一句をよみおぼえさせ、熟讀せば、次の句を又右のごとくによましめ、既熟讀して、前句と後句と通讀せしめてやむべし。此の如くする事數日にして、後又一兩句づゝ漸（やうやく）に從て授くべし」（同上、200-201 頁）と述べ、初学段階での「復読」がスモール・ステップの学習方式と不可分の関係にあることを強調している。

(81) 同上、202頁。

この「文章を學ぶ法則」について、やや詳しくは「文章のつゞき、文字のおきやう、助字のあり處をも、よくおぼえてしれらば、文章をかくにも又助となりなん」(同上、203頁) と述べられている。

(82)「素読」は漢籍を訓読体に変換された漢文で読む作業であったが、この訓読体漢文は、口語として発せられる日本語とも、文語として綴られる日本語 (江戸時代の公用文は「候文」であった) とも異なる言語であった。それゆえ訓読体漢文が、江戸社会において通行したのは知的・学問的な文章を使用する世界に限られていたといえる。訓読体漢文が「知的言語」だというのは、まさにこの意味においてである。より詳しくは、前掲、辻本『思想と教育のメディア史――近世日本の知の伝達』、182-186頁、を参照されたい。

(83) 前掲『近代読者の成立』、180頁。

なお前田は、「素読」の意義を、漢文という知的言語の獲得に止まらず、「素読」の訓練を経て等質の文章感覚と思考形式とを培養された青年たちが、「知的選良」としての連帯感情を通わせ合うことを可能にした、という点にも認めている。

(84) 前掲『和俗童子訓』巻之三、200頁。

(85) 同上、203頁。

(86) 儒学の学習方式を「素読」「講釈」「会読」「独看」の課程として理解するのは、前出の佐藤一齋「初學課業次第」に基づくことである。

(87) 前掲『愼思錄』巻之一、8頁。

なお、「自得」を最重要視する江戸儒学の学問観については、これ以外にも伊藤仁斎の「余毎に學者に教ふるに、文義既に通ずるの後、盡く宋儒の註脚を廢して、特に語孟の正文を將て、熟讀翫味すること二三年ならば、庶くは自得する所有る當きを以てす」(「同志會筆記」第二十二則〈三宅正彦編『古学先生詩文集』近世儒家文集集成第一巻、ぺりかん社、1985年、所収〉、110-111頁) や、荻生徂徠の「總シテ聖人ノ教ヘハ、ワサヲ以テ教ヘテ、道理ヲ説カス、偶(たまたま)ニ道理ヲ説ケトモ、カタハシヲ云テ、其人ノ自得スルヲ待ツ事也」(『太平策』〈『荻生徂徠全集』第六巻、河出書房新社、1973年、所収〉、148頁) などの文言を紹介しておくことができる。

(88) 前掲『愼思錄』巻之四、83頁。

(89) 伝統芸能や職人の世界における「わざ」の模倣と習熟について、詳しくは、生田久美子『「わざ」から知る』東京大学出版会、2007年新装版、を参照のこと。

(90) 荻生徂徠『辨道』(『荻生徂徠全集』第一巻、河出書房新社、1973年、所収)、21頁。

なおこれと同趣旨の主張は「蓋し先王、言語の以て人に教ふるに足らざることを知るや、故に禮樂を作りて以て之に教ふ。政刑の以て民を安んずるに足らざることを知るや、故に禮樂を作りて以て之を化す」(『辨名』上・「禮」第一則〈同『荻生徂徠全集』第一巻、所収〉、52 頁)という言葉にも認められる。

(91) 前掲『辨名』上・「禮」第一則、52 頁。

本稿では、徂徠の説く「知の身体化」を「習熟」という表現で理解するが、この引用文で君子の学びが「習ひて以て之に熟し、默して之を識る」と語られ、小人については「化する」と表現されていることからすれば、「習熟」という学びの様態は「君子」(武士身分)に限定されたものと見る方が正確であるかもしれない。なお、徂徠学における「君子の学び」と「庶人の教化」という二重の思想的態度については、拙著『仁斎学の教育思想史的研究』慶應義塾大学出版会、2010 年、本論終章第二節、を参照されたい。

(92) 荻生徂徠『政談』巻一(『荻生徂徠全集』第六巻、河出書房新社、1973 年、所収)、21 頁。

(93) 前掲『辨名』下・「學」第一則、114 頁。

(94) 荻生徂徠『太平策』(前掲『荻生徂徠全集』第六巻、所収)、147 頁。

(95) 徂徠は「夫れ六經は物なり、道具(つぶさ)に焉(ここ)に存す」(『學則』三〈前掲『荻生徂徠全集』第一巻、所収〉、75 頁)と述べ、「六経」という中国古代の「経書」が「物」だと明言する。この立論の背後には、例えば、『詩』『書』をもって聖人の足跡の事実を伝える書とし、『礼』『楽』をもって聖人の制作した事物を知らせる書とする認識があったといえる。

なお、単なる言語的(文字的)教説と「聖人の言葉」とを峻別する思想的態度は、「古昔聖賢の教を立つるや、本(もと)言語文字を以て之を人に教ふるに非ず。將に以て後の學者をして同じく聖賢爲らしめんと欲する而已。苟も聖賢爲らんと欲するの志有つて、而る後聖賢の書を讀むときは、則ち其の志今古相符し彼此相應ず」(「同志會籍申約」〈前掲『古学先生詩文集』、所収〉、116 頁)と述べて、「言語文字」と「聖賢の書」とを区別した伊藤仁斎にも認めることができる。

(96)『徂徠集』巻二十七・書牘十八首「與竹春庵」(元文元〔1736〕年、書林松本新六版)。

(97) 近代学知における心身二元論については、湯浅泰雄『身体論――東洋的心身論と現代』講談社、1990 年、序説、を参照されたい。

漢代画像石研究より見た魏晋画像磚の図像解釈についての二・三の憶説

桐本東太

I

漢代の画像石は、当時の社会や文化を知るうえで、なくてはならない存在である。またこれと同様に、魏晋期の河西地方、なかんずく敦煌と酒泉で造営された画像磚墓群も漢代画像石と同様に文化史の研究にあたって、重要な役割を果たしていることは、改めて言うまでもないことである。

しかし關尾史郎氏が的確に指摘しているように、従来の研究にはいささかの欠陥があったことも事実である。

> 多様な内容を有する画像磚のうち、史料として用いられるものは、墓主の生前の日常生活の一端を描いたと思われるそれに限定されており、非日常的あるいは形而上的な要素の強い画像磚が取り上げられることはほとんどなかったと評しても過言ではない(1)。

そして、こうした状況に大きな突破口を開いたのが北村永氏の一連の業績であった。氏の執筆された論文は多数にのぼっているが、ここではそのエッセンスを大まかにまとめた「敦煌佛爺湾西晋画像磚墓および敦煌莫高窟における漢代の伝統的なモチーフについて」(2) および「河西地方における魏晋画像石墓の研究」[3] を取りあげる。北村論文は、この分野の研究における嚆矢とも呼ぶべきものであるから、以下は氏の論文を再検討してゆくという手順を採用して論を進めてゆくことにしたい。

Ⅱ

北村論文は大部におよんでいるが、そのエッセンスをまとめると、以下のようになる。

(1) 画像磚墓に西王母と東王公の両者をあわせて描かれたものがある。
(2) 墓の入口に、牛頭の人物と鶏頭の人物の双方を描いたものが存在する。
(3) 上記の二項目を概観すると河西の画像磚は、かつて陝西省の北部、つまり陝北で作成された画像石と顕著な類似が認められる。

ざっと以上のような結論になるが、これらの諸点について、一つずつ検討を加えてみることにしよう。

まず一番目。西王母と東王公の問題である。これは北村論文にとりつく前に心得ておかねばならないことであるが、画像石に描かれた女性を私たちが西王母と認定する場合、彼女は次のような条件を備えていることが要求される。内的表象として、巨大なかんざしを挿していること、次に外的表象として九尾のキツネ、臼をつくウサギ、三本足のカラスなどが侍っていることである。しかし北村氏が「西王母」の一例として挙げた写真（図1）の中の女性は、このうちのどの条件も満たしていない。もっとも小南氏が指摘されているように、漢代も時代がくだると、西王母とかんざしの縁故はすっかり影をひそめてしまい、以後かんざしを挿さない西王母の姿が出現するようになってはくる[4]。なってはくるが、かんざしという小道具もなく、外的表象を一切欠落した女性を私たちは、果たして西王母と呼べるのであろうか。答えは「否」である。そこで素人の考えとして何か言ってみろ、と問われれば、彼女はこの墓に葬られた女性

図1

図2

（妻）であるとするのが最も自然である。すると、彼女と対になっている男性の方（図2）も墓への被葬者（夫）とするのが妥当であろう。しかし「ちょっと待ってくれ。男の方は背中から羽根がはえているじゃないか。この点はどう説明するつもりなんだ」という批判の声が聞こえてきそうである。

この疑問に対する返答は比較的容易である。視野を漢代の画像石まで広げてみると、たとえ死後の神様ではなくとも、高貴な生まれ育ちをした生前の人物に、羽根が生えている場合があるのである。図3をご覧いただきたい。これは有名な、幼少時の周の成王を描いた画像石であるが、彼はけなげにも背中から、明らかに羽根とみなせるものを突出させている。つまり羽根があるからと

図3

いって、その人物が仙界の神様、この場合には東王公である必然性はないのである。

しかし読者は言うかもしれない。図1の画面を見るかぎり、女性の右側からは雲氣が立ち上っている。これは彼女の女神としての性格を保証するものではないか、と。実はこれも違うのである。後漢代の明器を一瞥すると明らかなように、それらの中のあるものは、雲氣紋をびっしりと描き連ねてある。これはなにもその明器が神聖なものだという証しではなく、要するにその明器が冥界に属するものであることを、明示しているにすぎないのである。だから女性の右側にうずまく紋様は、彼女が死者であることを示す単なる記号にすぎないと見た方が妥当であろう。

以上の点から、私はこの図面の両者を西王母と東王夫と解した北村氏の解釈に与することはできない。しかし錯誤をおかしつつも、氏は非常に興味深い発言をしている。それはこれらの図像から見る限り、男性の方が女性より地位が上であろう、という一点である。確かに男性の背中から生え出ている羽根は、彼が神様であるということを立証する材料にはならないが、死後の世界で一定の位置をしめていたことを示す証しである事実は否定できない。

このことは北村氏が若干のためらいを見せながら図4を東王公であろうと推測された事実とも関連する。北村氏がこの図4を東王公であると解釈されたのは、氏の論理の範囲内では必然的な結論である。しかし私の解釈学の俎上

図４

にあっては、これはまさしく墓主人に他ならない。そうすると、この画像磚墓では、被葬者の男性と死後も添い遂げる覚悟でいるはずの妻の姿が描かれていないことになる。いささか話題が飛躍するようだが、儒教の倫理規範が骨の髄まで浸透しているとされる山東の画像石では、女性が登場する場面が、夫とならんで宮殿に座っている場合以外は、極めて少ない。つまり妻に課された「女性」としての特別な役割というものが、ほとんど示されていないのである。図1にみえる河西の画像磚の場合も、被葬者の女性は一応描き出されてはいるものの、夫と違って羽根が描かれていないことなど、山東の画像石と同じく、彼女の立ち位置は、あまり高くなかったのではあるまいか。つまり妻の姿を描かなかった画像磚墓のケースも想定しておかねばならない、という結論に達するのである。この、男女間の格差という点については後述する。

補足になるが、私は図１・２で真に問題にすべきは、そこに描かれた男女二人がともに地べたに座っていることだと思う。両方の図面において、男女の左側に（男性の場合には右側にも）わざわざ樹木が描かれているのは、この場面が大地の上であることを示す記号であるとしか考えられない。なにせ「七年にして男女席（むしろ）を同じうせず」（『礼記』内則）のお国柄である。古代の中国人にとっ

図5

図6

て直接地面と接触することは許されない行為だったのである。さらに漢代の画像石に表現された御先祖様は、先述したように、ちゃんと建物の中に鎮座ましましている。だが、男女が二人ともじかに大地に触れているというこの重大な問題を解明するのに必要な手がかりを、現在の私はあまり持ちあわせていない。しいて言えば、後漢期の副葬品である緑釉大壺で、釉薬が壺の底部ではなく、フタの部分にたまっているのを見ることがある。これは明らかに、壺をわざわざ上下さかさまにして焼成したことを示しており、少なくとも漢代人が、生者の世界と死者の世界を「さかさま」であると考えていた可能性を示唆している。つまり死者は直接地べたにすわっても何らさしつかえないということだ。しかしこれだけでは決定的に資料不足である。そこで、このテーマは次回に議論すべき課題として、残しておこう。

さて、次に二点目であるが、これは視覚の問題であるので、まさに一目瞭然である。図5が河西地方のもの、図6が陝西省の画像石であるが、両者ともに同じモチーフを描いていることに疑問の余地はない。

ただし本当に議論すべき問題は次にある。つまり、なぜこのように奇怪な妖怪を、墓に塗り込めたのか、という疑問である。これは、時間的な前後関係からいって明らかに古層に位置する陝北画像石から検討をはじめるのが、妥当な手続きであろう。

その際留意しておくべきことは、菅野恵美氏が的確に指摘されているように、陝北画像石の大部分が、墓門に配置されているという事実[(5)]である。端的に言って門とは、現世と彼岸を隔てる境界を示す装置なのである。

もしもそうだとすれば、小南一郎氏が牽牛・織女の伝承について考察を加えつつ、「牛は犠牲として殺されることによってはじめて、その儀礼上での機能を発揮したからだと推定される。（中略）牛を犠牲にする祭祀の、最も本質的な機能は、天と地とを疎通させることにあったのである」[(6)]とされているのは卓見ではなかろうか。そして氏がこの解釈をさらに敷衍し、陝北画像石の牛も、これと同様の役割をになったものとされているのは、一つの見識として重視するにあたいする。しかし氏が、画像石上において牛と対置される鶏について、「桃都樹や扶桑樹の頂上にいる天鶏と関係を持つものであろう」[(7)]とされたのは、いささか勇み足にすぎた感なしとしない。一般に文化史上の事象にあっては、対等、あるいは並列しておかれているものは、両者ともに同様の性格を持っているのが通例だからである。すると「門」という境界線上におかれた鶏もやはり、犠牲として屠られたものではあるまいか。

中国古代において牛が犠牲獣であったことは、牛が太牢の一つに加えられていることから、疑問の余地はない。しかも太牢の中でも、牛は最高のランクに位置づけされた動物である。これに対して鶏はどうか。そもそも鶏を犠牲獣として用いる習慣はあったのであろうか。このような疑問は、『周礼』春官・雞人の条に「雞人は雞牲を井（＝供）することを掌る」とあるのを一読すれば、一瞬にして雲散霧消する。そして再度、図6に目を凝らしていただければ明らかなように、牛頭人身・鶏頭人身の二人は、同じモチーフの、神木とでも言うべきものに座っているという一点において、「平等」そのものである。私はこの不公平感の欠如が、牛と鶏がともに、犠牲として用いられた動物であると推定する、根拠の一つになると考えている。

さて、話が唐突に飛躍するようで読者には大変申し訳ないが、ここで、漢代の祀堂画像をテーマに設定しながら、佐原康夫氏が次のように述べているのに注目していただきたい。

> 楽園で接待される墓主の画像は、子孫が酒食を供える壇の前にあたる。祠堂に墓主の霊魂を招いて行なわれる墓祭は、画像中の楽園で行なわれる宴と重なり合うことになる。地上の祭祀は仙界の饗宴の再演であった。画像中で行われる楽舞や百戯といった芸能も、実際に祭祀の場で上演されていた可能性が高い(8)。

もしも、この仮説を敦煌・酒泉の墓制に適応することが許されるならば、かつてこの地で画像磚墓を造営し続けた人々は、被葬者を墓中にほうむった時点、あるいは毎年めぐりきたる墓祭の時に、墓前において黙々と、牛と鶏を犠牲としてささげ続けたのかもしれない。

こうした事態を想定した場合、問題になるのは、犠牲獣という意味では牛と鶏は同等であるにしても、現実の動物としての牛と鶏の間に横たわる、激しい格差である。こういうことを書くと全国のフェミニストに厳しい非難を浴びる失態を演じることになるかもしれないが、男尊女卑が日常の生活規範であった中国古代の常識を考慮に入れるならば、牛が男性用、鶏が女性用の犠牲獣であったことはおそらく間違いないであろう。ここに見いだされるのは、ただ一点、尊いオトコと卑賤なオンナという「越えることの許されない暗渠」である。いまさら改めて言うまでもなく、敦煌・酒泉の画像磚には、毎日コツコツと自分に与えられた労働をこなしてゆく多くの男女の姿が描かれている（いささか話が逸脱するが、漢代の画像石は四川のそれを除いて、ほとんどすべてが墓主の日常に題材をとっている。つまり支配者の絵画展なのである。この点は、漢の画像石と異なり、庶民の姿を多くのこした魏晋の画像磚の大きな特色である。しかし管見のおよぶ限り、この相違について明快に解きほぐした回答はいまだ出現していない。今は今後の研究に関わる一つの課題として、問題提起をしておくにとどめておきたい)。

本題にもどる。そうした労働風景を写した画像を一つ一つ点検していっても、男女の間で格別に理不尽な差別が見いだされるわけではない。あるいは画像磚を造営できるだけの財力を持った地方豪族たちには、辺境の地という、いささか不安定な秩序構造、つまり先住民族との争いがあって[9]、実際に武器を持って戦かう男性の優位が確立したのかもしれない。

もっとも「実際に」以下は私の恩師が、すぐれた論文と劣った論文の分水嶺として常日頃口にされていた、イケナイ論文の手本、すなわち「結論のみあって論証なし」の恰好の適例であるから話はここまでで打ちどめとする。

図7

さて、もう少し議論の歯車を回してゆこう。言うまでもなく、この牛首あるいは鶏首の神怪に対して、小南氏以外、どの先学も口をふさいで沈黙を守っていたわけではない。たとえば趙呉成氏は彼らが「守門」あるいは「守衛」の役割を果たしていたと述べている[10]。この解釈は私の見解と全く相いれないように見えるが、実はそうではない。

というのも漢代の画像石の中には、図7のように闕の前に立っている門番が多数描かれているからである(ここでは南陽画像石から一例を引いておいた)。つまり犠牲獣はこの世と神界との疎通を助力するとともに、現実と黄泉の国の間に、はっきりとした一線を引くための役割をも果たしていたのであろう。

以上、枝葉末節だけをピックアップした細事たる考察のみに終始してしまったが、写真の引用、あるいは言葉での言及の両者を一瞥すると、取り扱った漢代画像石の分布範囲は、山東・南陽・陝北・四川という具合に、中国全土の画像石造営地をすべて網羅している。後漢に続く魏晋の画像磚は、こうした全国の画像石群から様々な影響を受け、それらの特色を吸収しながら描かれたものであろう。しかし画像石受容の在り方にはおのずから軽重があり、先に北村説を紹介した時に氏が述べていたように、私も陝北画像石の影響が一番大きかったのではないかと考えている。その理由はひとえに、両者がともに牛と鶏を頭にすえた面妖な存在を副葬しているという一点につきる。

だが仮にそうだとしても、いまだ解明できない問題は無数ある。まず第一に、漢代の画像石は全国に「一万石をはるかに超える」とされている(11)が、そのほとんどすべては石材を彫りこむか、彫刻したものである。ところが河西の画像磚はその大半が、文字通りレンガの上に筆で彩色をほどこして作品を完成させている。これは敦煌・酒泉に彫刻に耐える石材が存在しなかったということで、ひとまずは納得されよう。

だが疑問は果てしなく続く。言うまでもなく、河西は移民社会である。そしてその移民たちが画像磚を描いた。問題は移住者の故郷である。この点については關尾氏が、著書の中でかなりのページを割いて真相に肉薄している(12)が、そこに陝西省から入植した人々の記述はない。当たり前である。そもそも陝北自体が移民社会であって、後漢の中期には匈奴の攻撃を支えきれず、漢族はその居留地を放棄している。つまり陝北に生活をいとなんだ人々と、河西の住民たちとの間には、かなりの時間的ギャップが存在しているのである。

こうした諸点について、いかに整合的な解釈を導き出せるか。われわれの眼前に広がる「謎」という迷路は、まだまだ複雑な要素をかかえこんでいることを自分なりに再確認しつつ、この研究ノートの幕を閉じることにする。読者諸兄の御批判を請う次第である。

注

(1) 關尾史郎「甘粛出土、魏晋時代画像磚および画像磚墓の基礎的整理」(『西北出土文献研究』第 3 号、2006 年) 5 頁。

(2) 北村永『仏教芸術』(2006年)。
(3) 同上 (2009年)。
(4) 小南一郎『西王母と七夕伝承』(平凡社、1991年) 270頁。
(5) 菅野恵美「陝北画像石の地域的特徴」(『学習院大學人文科学論集』12号、2003年) 76頁。
(6) 小南一郎『西王母と七夕伝承』(平凡社、1991年) 270頁。
(7) 同上、165頁。
(8) 佐原康夫「漢代祠堂画像考」(『東方学報』63冊、1991年) 31頁。
(9) 關尾史郎『もうひとつの敦煌』(高志書院、2011年) 18頁。
(10) 趙吴成「河西墓室壁画中"伏犠、女媧"和"牛首人身、鶏首人身"図像浅析」(『考古与文物』2005年第4期) 69頁。
(11) 信立祥『中国漢代画像石の研究』(同成社、1996年) 5頁。
(12) 同上、序章。

図版出典

図版1　北村、2006年、28頁。
図版2　北村、同上。
図版3　『四川漢代石闕』(文物出版社、1992年) 106頁。
図版4　北村、2006年、64頁。
図版5　北村、同上、34頁。
図版6　『陝北漢代画像石』(陝西人民出版社、1995年) 9頁。
図版7　『南陽漢代画像石墓』(河南美術出版社、1998年) 168頁。

伝統中国の官僚道徳規範とその変容

山本英史

はじめに

1997年、当時の中国共産党中央委員会総書記であり、かつ中華人民共和国国家主席であった江沢民は第15回党大会において次のような報告を行った[(1)]。

> 腐敗と戦うことは党と国家の生死存亡に関わる重大な政治闘争である。改革・開放の全過程で、腐敗に反対し、警鐘を鳴らす必要がある。引き続き指導幹部の廉潔・自律、大型・重要事件の調査、処分、官庁や業界の悪しき風潮の是正に取り組むべきである。各級党委は是非とも旗印を鮮明にし、確固たる態度で、うまずたゆまず努力し、改革の深化を通じて、腐敗が生まれ広がる土壌を次第になくし、反腐敗闘争と党組織の純化を結びつけ、決して党内に腐敗分子の居場所を作ってはならない。

江沢民のいう指導幹部による「腐敗」とは、すなわち「貪汚」と呼ばれるもので、職権や地位を濫用して賄賂をとる不正行為を意味した。いうまでもなく、このような問題は世界の至るところで発生したが、中国では“悪しき伝統”とでもいうかのように時代を超えて顕著であり、官僚制の歴史とともに古くから存在するものとして歴代政府はその撲滅に腐心してきた。そして、とりわけ

1992年以降、改革・開放政策の再開によって市場経済化がさらに進むと、それに伴い「腐敗」は以前にも増して深刻な状況に至った。そのため1997年の党大会では反腐敗闘争の強化が求められたのである。

ところで、これに前後して伝統中国の政書、なかでも官箴書とよばれる古典籍の復刻出版が中国大陸で始まった。その代表的なものに陳生璽編『政書集成』全10輯（鄭州、中州古籍出版社、1996年）と官箴書集成編纂委員会編『官箴書集成』全10冊（合肥、黄山書社、1997年）が挙げられる。前者は伝統的に蓄積されてきた管理行政の研究を目的に編まれ、秦漢代より明清代に至る51種の政書を影印したもので、そのなかには『作邑自箴』をはじめとする十数種の官箴書が収められている。また後者は唐代より民国時代に至る101種の政書を集めた叢書で、現在よく知られている官箴書のほとんどがここに含まれている。加えて1990年代後半になると、これと並行して官箴書に関わる研究が活発化した(2)。

このように伝統中国の官箴書を復刊し、それらを対象とする研究を行う目的は何にあるのだろうか。郭成偉は官箴文化の研究には以下の四つの重要な価値があるという(3)。

1. 社会主義の精神・物質の両文明を創造する過程においては社会主義倫理道徳の形成、とりわけ幹部自身の道徳修養活動を強化しなければならない。幹部自身の道徳修養を絶えず強化しさえすれば、腐敗を防ぎ、誘惑に負けない力を生み出し、全身全霊で人民に奉仕する気概を保つことができる。
2. 中国の伝統的な官箴文化を真剣に研究し、「滓（かす）を捨てて粋を取り」、そこに示された中華民族の優秀な積極精神を貴重な遺産としなければならない。その上でそれらを参考として取り入れ、我々が直面する社会主義の民主と法制を強化し、腐敗に反対するために役立てなければならない。
3. 中国の伝統的な官箴思想を参考にすることは、国家の大局に着目し、現実の必要から出発し、国家公務員の思想教育活動を強化することでなければならない。目前の社会主義経済建設の潮流から回避離脱すれば、それはひたすら個人的で枝葉末節の修養をはかるだけになる。

4. 中国の伝統的な官箴思想を参考にすることは、幹部の道徳形成を強化するにあたり、長期計画のもと、次第に公平無私かつ全身全霊で人民のために奉仕する精神を打ち立て、さらにそれを自覚された信念と行動に絶えず高めていくことである。

以上から明らかなように、中国大陸の古典籍としての官箴書への関心の高まりはすぐれて現代的な課題を背景にしたものであり、とりわけ官箴書が説く伝統的な道徳規範が現代の指導幹部の修養強化に役立つと見なされたためにほかならない。さらに郭成偉は、「中国古代数千年来に形成されてきた優秀な官箴文化は現在と同様に重要な参考機能を具有している。伝統中国の官箴文化の核心は官僚に対して告戒と覚醒を行い、彼らに自己修養と自己規制を重視させることにある」(4) と述べ、その後も一貫して官箴書の現代における道徳実践書的な役割を強調している。

しかしながら、伝統中国の官箴書とはそもそもそのような道徳規範の伝達に主眼を置いた書物であったのであろうか。本章はこのような疑問のもと、各時代に刊行された主要な官箴書を紹介するとともに、その内容の検討を通じて「地方官教育メディア」としての官箴書がもつ本来の目的と意味、さらにそれぞれの官箴書が生まれた時代背景を問うものである。

1　官箴書とは何か

まず官箴書の「官箴」とはどんな意味か。郭成偉は「“官”の字は従政（政治に携わること）であり、“箴”の字は忠告・告戒の意味であり、二つ合わせて官僚に対して有益な助言を与え、廉潔な政治を行い、民衆への対処を期すことをいう」と説明している(5)。すなわち「官箴」とは「官僚に対する忠告･告戒」であり、その意味で「官箴」は中国の官僚制の誕生とともに出現したものといえよう。1975 年に湖北省雲夢県西郊で発掘された『睡虎地秦墓竹簡』には始皇帝の全国統一以前の戦国秦における官僚規範をまとめた「為吏之道」と称する訓戒がすでに存在したことが知られる(6)。

それに対し、いわゆる官箴書という書物が広く出版され、一般に普及したのは宋代をもって嚆矢とする。関志国は、「宋代の官箴は新たな変化を出現した。理学の興起は官箴に対して重要な影響をもたらした。宋代の著名な理学家はまた傑出した政治家でもあり、彼らは政治に従事した体験を総括し、そこに濃厚な理学思想を浸透させた。そのため宋代の官箴は官吏の修身の一面をいっそう強調した」といい(7)、宋代における官箴書の普及には新儒教の精神に基づいた官僚道徳規範の提唱がその背景にあったことを指摘している。さらに郭成偉は、「官箴は清代において一つの高峰に達した。清代官箴の意識は強まり、著された数量も前代に比べて格段に多く、州県司法行政に大きな影響を与えただけでなく、後世の貴重な研究史料を残すことになった」といい(8)、官箴書のそのような一貫した流れが清代における隆盛となって発展したことを強調している。

しかしその一方で、宮崎市定が、「もしも士大夫が誠実に責任ある政治を行はうとすれば、胥吏政治の実際に通暁する必要があった。このために現はれたのが諸の官箴書であると云へる」といい(9)、仁井田陞が、「官箴〔書〕は、主として役人への薬言であり、実際政治への指針であり、宮崎博士のいわゆる「官吏心得」であり、体裁のよい役人指南書でもある」と語るように(10)、歴代の官箴書には官僚の道徳規範を説くだけでなく、官僚が実際に地方行政を行うに当たっての金言や忠告、実務便覧、文書書式などがふんだんに盛り込まれており、いわゆる実用書的な一面が同時にあったことが挙げられ、それもまた官箴書の大きな特徴であったといえる。

それゆえ『官箴書集成』は官箴書について以下のように定義している。「官箴書とは官の箴言である。これは秦代に濫觴し宋代に形成し清代に大盛した今日の「幹部読本」に似た形式の書で、四庫全書では史部職官類に属している。著者には帝王や大官僚を含むが、多くは長期間地方行政業務に携わった中小の官吏や幕友である。その内容は大体二つである。一つは官吏としての道徳を論じたものであり、もう一つは政治の経験を総括したものである。その形式は、訓戒格言、政績実録、公牘文集、あるいは三者の総合などである。目的が新任および候補の地方官吏に官吏の道と管理術を伝授することにあったため、それはもとより「牧民宝鑑」とか「宦海指南」と呼ばれた」[11]。またピエール・エティエンヌ・ヴィルは、官箴書を内容としては「行為（the behavior of officials）類」と「技巧（the technical aspects of administrative work）類」の二種に大別し、形式としては「公牘選編」、「州県官入門書」、「幕学書」の三種に分けており、その系統分類を試みている[12]。さらに周保明は、明清時代の官箴書を、内容としては“説教型”と“専業型”に、形式としては“自己の体験の総括”と“他人の政蹟や言行の採録”に、性質としては“道徳忠告”と“具体政務指導”のそれぞれ両類に分けている[13]。

筆者自身は、一般に官箴書とよばれる書物の内容には、前述のように文字通りの官箴を並べた道徳規範に加えて、撰者自身の実体験から得た実務行政における形式と内容の解説およびその実践に関する教訓と助言からなる実務指南、さらに現場において想定されるそれぞれの人間に対する付き合い方を伝授した対人指南の大きく分けて三種があると考えている。このうち道徳規範は、『官箴書集成』のいう「官吏としての道徳を論じたもの」、ヴィルのいう「行為類」、周のいう“説教型”および“道徳忠告”におおむね該当する。また実務指南は『官箴書集成』のいう「政治の経験を総括したもの」、ヴィルのいう「技巧類」、周のいう“専業型”および“具体政務指導”である。対人指南は実務指南に包摂される場合もありうるが、後述のように、ほとんどの官箴はわざわざ項目を設けて対人交際術を説いており、その意味で固有の位置を占めている。読者である士大夫官僚にとっては対人交際の具体的方法に対して特別な関心を抱いた者も少なくなかったに違いない[14]。

19世紀にはこのような官箴書に類似した書物が東アジア周辺地域にも出現した。例えば、日本の『牧民金鑑』、朝鮮の『牧民心書』、ベトナムの『仕宦須知』などがそうである[15]。これらは書名から判断しても明らかに中国の官箴書の影響を受けて刊行されたものである。だが、その種類や数量は限られており、官箴書が著しく普及したという点では中国がやはり群を抜いている。それゆえ、これはすぐれて中国の特色を具備した「地方官教育メディア」であったといって過言ではない。

そこで以下、中国の歴代官箴書の主なものを取り上げ、その内容を再点検し、併せてそれらの官箴書が官僚の道徳規範、なかでも「清廉」に関してどのような意見をもち、その実践をいかに説いたかについて概観していきたい(16)。

2　宋元時代の官箴書と官僚道徳規範

作邑自箴 10 巻　宋李元弼撰。刊年は定かでない。その序文によれば撰者が政和 7 年（1117）に「郷老先生から聞いた」とされる〈為政之要〉130 余とそれを敷衍した〈規矩〉100 余を併せて一書としてまとめたものといわれる。北宋期の代表的な官箴書である。〈為政之要〉は巻 1 の「正已」、「治家」および巻 1〜4 の「処事」であり、また〈規矩〉は署内諸規定について説明した巻 5 の「規矩」と巻 6〜9 の「勧諭民庶牓」以下の勧諭や触文がこれに当たる。巻 10 にはさらに赴任途中の注意事項をまとめた「登途須知」が収められている(17)。

本書は宋元時代の官箴書のなかでも「全体としてきわめて実務的な官箴書」(18) とされる。内容のほとんどが実用マニュアルだといってよく、とりわけ巻 10「登途須知」は他の宋元時代の官箴書には珍しいほど詳細な記述になっている。例えば、季節の贈答品の受領に関しては、「丁重に礼を述べるも受け取ってはならない。同僚からの珍味や医者が納める薬品なども気軽に家に持ち帰ってはならない。贈答の品は、すべて官署の下役に検閲させるべきだ」(19) といい、仔細な注意を与えている。これは本書が後世においてもなお実用書として高い評価を受け続けた理由の一端を示していよう。

本書ではどのような道徳規範が説かれているのだろうか。それはまず、「先生は、およそ人を治めようとするなら、まずわが身を正さなければならないと語った。孔子も「其の身正しければ、令せずとも行はる。其の身正しからざれば、令すと雖も従はず」(20) と言っている」と、『論語』子路篇の一節を引き、「わが身を正すこと」の意義を強調する。そして、「謙」「和」「廉」「謹」「勤」の五つの徳目を挙げ、「これを推し広めればうまくいくが、杓子定規では難しく、民衆の心を先取りしようとしても逆になってしまう」(21) として、為政者はこれら五つの徳目の推進実行を呼びかけている。ただし、いかにしてわが身を正し、徳目を推進実行するのかを具体的に語っているわけではない。

州県提綱４巻　本書の著者は北宋の陳襄との説もあるが、『四庫全書総目提要』では否定されており[(22)]、実際は詳らかでない。県政の仕組みに通じた士大夫の手によって南宋に刊行されたものと思われ、全116項には知県の心得が列挙されている[(23)]。

道徳規範は冒頭の「潔己」「平心」「専勤」「奉職循理」などの項目に見られる。うち「潔己」では、「官職についている者は「廉」について語らない。なぜなら「廉」は当然だからだ。「廉」を知らずに人を信服させられようか。だが自覚がなければ、利を前にして簡単に動じてしまい、公金を窃取し、財を民からは貪ることになる」と、「廉潔」が官僚の属性であることを説いている。さらに「人の一生にはもとより定められた分がある。分を越えればどこかで損するものだ。ましてや世のなかには法があり、ひとたび貪官の汚名が着せられたら一生洗い落とせない」と因果関係で貪汚を戒め、それゆえ官僚たる者は「廉」を優先すべきであると主張する[(24)]。

ただし、本書はこのような道徳規範を最初に掲げているものの、以下、「節用養廉」「勿求虚誉」「防吏弄権」「同僚貴和」「防閑子弟」「厳内外之禁」など、どちらかといえば実務政治の要領や胥吏対策、人間関係対処法といった実用マニュアルが列挙されている。

官箴１巻　宋呂本中撰。宝慶３年（1227）の跋（ばつ）がある。撰者は江南寿州（安徽鳳台）の人、紹興６年（1136）に進士となり、官は中書舎人兼直学士院に至る。本書は居官格33則からなる[(25)]。冒頭の第１則で『小学』外篇、嘉言の一節を引き、任官に当たっての三つの要訣、すなわち清（潔白に身を保つこと）、慎（執務を慎み、礼儀作法に従うこと）、勤（職務に勉励であること）を挙げ、その筆頭に「清」の重さを語っている[(26)]。この一節は後世の官箴書にも広く援用されるため、『官箴』全体が道徳規範の書のような印象を受けるが、他の条則には実用マニュアル的なものが大半を占めている。

西山政訓 1 巻　宋真徳秀撰。撰者は建州蒲城（福建属）の人、西山と号す。慶元 5 年（1199）に進士となり、官は湖南安撫使、知潭州、知泉州、知福州から翰林学士、参知政事に至った。本書は明の刑部尚書彭紹が真徳秀『政経』から抜粋したもので、嘉定 15 年（1222）の知潭州、紹定 5 年（1232）の知泉州の際の文章を主とする。

ここでは「官僚としてみずから勉めるべき四事」として、「律己以廉」「撫民以仁」「存心以公」「涖事以勤」を挙げ、このうち「律己以廉」では、「士大夫というものは万事廉潔なものであり、廉潔は小さな善行に過ぎない。他方、貪汚は大悪である。不廉の官僚がもし不潔の評価を受ければ他によいところがあっても埋め合わせがきかない」と、「律己以廉」を筆頭に挙げた理由を説明している[27]。さらに「廉とは士の美節である。汚とは士の醜行である。士の廉でないのは女の潔でないのと同じである。潔でない女は絶世の美女でも埋め合わせがきかない。廉でない士は他に美点があっても評価するに足りない」[28]と説いている。

昼簾緒論 1 巻　宋胡太初撰。端平 2 年（1235）の自序、宝祐元年（1253）の自跋がある。撰者は浙江天台の人、嘉熙 2 年（1238）に進士となり、官は淳祐間に処州太守に任じた。本書は端平 2 年（1235）に外舅が出仕する際に求めに応じて著した知県の心得とされ、〈尽己〉〈臨民〉〈事上〉〈寮寀〉〈御吏〉〈聴訟〉〈治獄〉〈催科〉〈理財〉〈差役〉〈賑恤〉〈行刑〉〈期限〉〈勢利〉〈遠嫌〉の 15 篇からなる[29]。

〈臨民〉〈事上〉〈寮寀〉〈御吏〉はいわば対人指南であり、〈聴訟〉以下の 10 編はすべて実務指南に属する。本書では道徳規範が〈尽己〉に集約され、「廉」に関しては「官僚の要は廉と勤である。これは知県だけのことではないが、知県は民と最も親しく接する。それゆえ廉・勤が少しでも欠ければ政に大きな害となる」[30]との意見を述べ、地方官における「廉」と「勤」の大切さを語っている。ただ、いずれもどのような実践が「廉」であり、「勤」であるのかが説明されているわけではない。

牧民忠告2巻　元張養浩撰。至正15年（1355）の序がある。撰者は山東済南の人、県尹から監察御史、中書参議、礼部尚書等の職を歴任した。本書は撰者が堂邑県尹の体験に基づいて著した執務心得であり、『風憲忠告』（御史の心得）と『廟堂忠告』（宰相の心得）とともに併せて『為政忠告』または『三事忠告』という。『牧民忠告』は上下二巻からなり、巻上には〈拝命〉〈上任〉〈聴訟〉〈御下〉〈宣化〉が、巻下には〈慎獄〉〈救荒〉〈事長〉〈受代〉〈居閑〉の合計10類74項目を収める(31)。

〈御下〉と〈事長〉が対人指南であり、〈拝命〉以下大半は実務指南に属する。道徳規範は〈拝命〉のいくつかの条にあり、そこでは「清廉」について、「官僚たる者、公廉の心を保てないのは自愛できない者である」といい、欲心はみずからを損なう結果、「ひとたび罪に及べば、国恩に叛き、親戚に汚点を残し、さらに郷隣朋友に恥をかかせることになる。千金を積んだとて一夜の収監の苦しみを補えるものではない。失敗を歎くくらいなら未然に防ぐことに心掛けるべきである」と、『州県提綱』の趣旨に似た説き方でもって官僚たちの自戒を促している(32)。ただ、ここでも「廉」の中身は具体的に説明されていない。

以上、宋元時代に刊行された代表的な官箴書のいくつかを紹介し、その内容を概観するとともに、そこで述べられている「清廉」についての所見をまとめた(33)。

伝統中国の官箴書が清廉を尊び、貪汚を戒めるものであったことは多くの指摘がある。とりわけ彭忠徳はその意義を強調し、「官員を正面から奉公守法に導こうとする官箴書は清廉を官員の最も重要な資質と見なした」という(34)。また賈俊侠は官箴書の特徴として「清廉を大いに提唱し、清廉をもって居官の基本原則と見なした」ことを挙げる(35)。さらに張勇は官箴書に共通する特徴の一つとして、「真正面から宣伝・教育すること」を挙げ、「官箴書には官吏が官箴書の閲読を通して訓戒を学び取ることを主目的にした教材の性質がある」という。そして、もう一つの特徴として、多くの儒家の経典、とりわけ孔子の語句を引用するため、それは「儒家精神を体現している」という[36]。この点からいえば、宋元時代に刊行された官箴書の、とりわけ道徳規範を説いた諸論にはまさしく張勇の挙げる特徴が顕著に見られる。これは宋代における官箴書の普及が新儒教の誕生や科挙の制度改革による士大夫官僚の創出と色濃く関わり、読者対象の力点が士大夫官僚に向けられるようになった表象として考えることができよう。元代に刊行された『牧民忠告』も全体として「行政事務の手引き・心得よりも、むしろ儒教倫理の観点に立つ徳目化の傾向が強い」とされる[37]。その理由は「元朝は漢族文化のある種の伝統や制度を尊重せず、任官治民において混乱をもたらした。この状況のもと、張養浩は腐敗政治の改革を唱え、率先して「清廉愛民」の範を垂れ尊敬される官僚になることに努めただけでなく、官僚がみなこれを実行することを主唱した」[38] ためという。これもおおむね妥当な見解であろう。

しかしながら、以上の宋元時代に書物の形態で一般に普及した官箴書の全体内容を通して確認できるのは、そのような道徳規範もさることながら、地方官にとって具体的に役立つ情報により多くの紙幅が割かれていることである。その点では、宋元時代の官箴書は、純粋な箴言のための道徳規範の書というよりは、むしろ地方統治の要領を説いた実用書的な性格が強く、それに多少の箴言が加えられているといってよい。他方、宋元時代の官箴書が説く「清簾」の奨励はおおむね観念的・抽象的な説諭の範囲に止まり、「清廉」を実践するには何をどう具体的に行えばよいかといった点にはあまり詳しく触れていない。これもまたこの時代の官箴書の大きな特徴といえる。

3　明清時代の官箴書と官僚道徳規範

明清時代になると官箴書の刊行は宋元時代にもまして盛んになった。ここでは以下に明清時代に刊行された主な官箴書を紹介し、その内容がどのように変化したかを見ることにする。

牧民心鑑２巻　明朱逢吉撰。永楽2年（1404）の序がある。撰者は浙江嘉興の人、官は直隷河間府寧津県知県から湖広僉事に任ず。本書は寧津県知県の体験に基づいた執務心得であり、『牧民忠告』に示唆されて編纂したという。上下二巻からなり、上巻には〈謹始〉〈初政〉〈正家〉〈莅事〉〈宣化〉〈聴訟〉を、下巻には〈徴科〉〈営繕〉〈事上〉〈馭下〉〈交人〉〈備荒〉〈善終〉の計13類を収める[39]。

本書もまた〈謹始〉の一部以外は実用マニュアルがほとんどを占める。さらにそのうちの〈事上〉〈馭下〉〈交人〉は対人指南である。道徳規範は〈謹始〉の一部に収められている。そこではまず、「そもそも国恩を受けて指導者になった者は、その上下にいる者がともども仰ぎ慕うものである。その違いは志を立てることにある」として、呂本中の『官箴』が説く官僚の三大心得の「清(廉)」「慎」「勤」に「公」を加えた四つの要訣を説き、「廉」であれば他人は何もできないという[40]。一般的な宋元時代の官箴書と異なる点は、「廉」の具体的方法を以下のように挙げていることである。「人が進物を届けて礼を行うのは自分に敬意を表すためである。よしんばその心は誠実でも決して受け取ってはならない。受け取る意思を一度でも示すと、賄賂で付け込まれる道が必ず開かれる。たとえそれがわずかであっても、広がればその押し寄せる勢いは防げない。……人の贈り物を受け取ることは人の頼みを聞き入れ、是を非とすることである。そうなれば国家の法令は実行されず、わが身に受ける禍も結局は免れない。清廉潔白を貫き、強い意志を示すべきである。さすれば皆は自分を敬う。官職にある者はこの点を重く考えよ」[41]。これは安易な贈答品の受領が隙を作り、やがては禍が己が身に降りかかるとするもので、『作邑自箴』が説く内容と似ている。

薛文清公従政録１巻　明薛瑄撰。明万歴刊本。撰者は山西河津の人、謚は文清。永楽19年（1421）の進士。官は礼部尚書兼翰林院学士に至る。本書は撰者の従政経験の総括として著されたもので、項目を立てることなく98条の短文にまとめた小論である。全体としては観念的な道徳規範が列挙されている。「正」「廉」「忠」「恭」「信」「寛」「敬」もって居官の七要とする[42]。「廉」を「理の明らかなるを見て妄りに賄賂を取らない者」、「名節を尊び、賄賂を掠め取らない者」、「法律を畏れ、禄位を保つため賄賂をあえて取らない者」の三種に分け、「理の明らかなるを見て妄りに賄賂を取らない者」をもって最上としているのが独創的である[43]。

官箴集要２巻　明汪天錫撰。嘉靖14年（1535）刊本。後序によれば、撰者は浙江仁和県の教諭であったというが、詳細は不明である。本書は上下2巻に分かれ、巻上には〈正心〉〈正己〉〈持廉〉〈正内〉〈職守〉〈宣化〉〈接人〉〈馭下〉〈臨民〉〈慎獄〉の10類が、巻下には〈聴訟〉〈救荒〉〈賦役〉〈造作〉〈盗賊〉〈商賈〉〈公規〉〈礼儀〉〈処置事宜〉〈克終〉の10類がそれぞれ収められている。

〈正心〉〈正己〉〈持廉〉〈正内〉〈職守〉〈宣化〉などが道徳規範に、〈接人〉〈馭下〉〈臨民〉が対人指南に、〈慎獄〉以下、〈聴訟〉〈救荒〉〈賦役〉〈造作〉〈盗賊〉〈商賈〉〈公規〉〈礼儀〉〈処置事宜〉〈克終〉などは実務指南にそれぞれ属すると見られる。巻上〈持廉〉、律己以廉、には『西山政訓』の「律己以廉」を、同じく巻上〈持廉〉、戒貪、には『牧民忠告』巻上、拝命第一、戒貪の文をそのまま引用して士大夫の廉潔の大切さを説く。さらに、巻上〈持廉〉、正身修己、では、『作邑自箴』が引く『論語』の「其の身正しければ、令せずとも行はる。其の身正しからざれば、令すと雖も従はず」に加えて「己を脩めて以て人を安んず」（憲問篇）と「己に克（か）ちて礼に復（か）へるを仁と為す」（顔淵篇）を引き、「これらは聖人のみずからを修め、心を正しくする道であるから、政治を行う者は「正」を基本とし、「廉」を率先しなければならない」とする。そしてその「廉」とは何かについて次のようにきわめて具体的に語っている。「そもそも廉とは賄賂を受け取らないだけでは済まない。小人がつけ届けをしようとすれば往々にして珍しいものを揃え、相手が喜ぶものを贈るものだ。その官僚が酒好きなら美酒を贈り、色を好めば美女を用意する。文章好きなら詩文詞章を献じ、骨董好きなら器皿書画を届ける。植物好きなら奇花異草の類を持ってくる。小人はひたすらその嗜好が何かを伺い知ろうとする。己を正しくする者は私情に偏ることがないが、少しでも私欲があれば、その計略に陥る。廉正でありたいと思っても無理である」[(44)]。

国子先生璞山蒋公政訓1巻　明蒋廷璧撰。明刊本。撰者は貴州普安県の人、嘉靖初に四川青神県教諭であった。本書は〈謹始〉〈治己〉〈処人〉〈御下〉〈治体〉の五編をもって構成され、〈謹始〉の一部には、初任の官僚に対して「廉以律己」「公以処事」「仁以愛下」「敬以事上」「寛以処衆」の五つの要訣を説く「道徳規範指南」を含むが、他は実用マニュアルであり、〈処人〉や〈御下〉には対人指南が詳しく語られている。

初仕録1巻　明呉遵撰。嘉靖33年（1554）刊本。撰者は浙江海寧県の人、湖比長楽県知県を経て河南道監察御史に至る。本書は〈崇本〉〈立治〉〈無弊〉〈吏属〉〈戸属〉〈礼属〉〈兵属〉〈刑属〉〈工属〉の九篇からなる。

〈立治〉篇には「入境」「上任」「須知」「視学」「看監」「交盤」「公座」「印信」「門禁」「読律令」「査旧案」「国朝律令」の諸項目が、〈無弊〉篇には「置紀籍」「重文移」「謹僉押」「考銷繳」「図地理」「承上司」「処僚属」「防吏書」「馭門隷」「別善悪」「審権機」の諸項目がそれぞれ立てられ、すべて実務指南や対人指南といった実用マニュアルである。また〈吏属篇〉以下には各部局に応じた対応が説かれ、より詳細な記述が施されている。

道徳規範は〈崇本〉篇に集約されている。そこではまず、「赴任当初は地元住民の耳目に触れ、廉汚賢否が判断される。それゆえ仕事はよく調べて決めるべきであり、すぐに新しいやり方に着手すべきではない。人情に適さなければ後から改めることが難しくなる。持身においては勉めて清潔に注意し、人と軽々しく付き合ってはならない。ひとたび悪に染まれば、ともすれば圧力を受ける。賄賂だけが人を汚すのではない。もし自分が技芸を好めば天文算術、医学、易学などの書が届けられる。骨董を好めば古書や奇画が来る。花草を好めば奇花異草が贈られることがある。嗜好が偏っていれば落とし穴にはまることもある。詩文の交わりといえども、入れ込みすぎて失敗することがあるので注意しないわけにはいかない」[45]と、最初が肝心であることを説き、後半は『官箴集要』巻上、持廉、正身修己、にきわめて近い表現でもって付け入る隙を与えてはならないと忠告する。続いて、「「清」と「慎」はもとより官僚たるものの要点であるが、「清」が基本である」といい、前述の『西山政訓』「律己以廉」の一節を引いて「士が己を失うは女の己が身を失うのと同じだ。他に良い所があっても終身贖えない。無能でも廉であれば、なお過ちを救うことができるが、有能で貪であると、それは必ず知れわたり、隙だらけになってついには破綻する。衣食の外はみな長物である。微々たる一身が享受するものはどれほどのものか」[46]との教訓を垂れている。

実政録7巻　明呂坤撰。撰者は河南寧陵県の人、万暦2年（1574）の進士、襄垣県、大同県知県から山西巡撫、刑部侍郎に至った。本書は撰者が山西按察使・巡撫の在任中に吏治の要点を下僚に説明するため配布した「明職」「民務」「郷甲約」「風憲約」「獄政」の五編を門弟趙文炳が万暦26年（1598）に合刻して命名したものであり、主に「明職」が地方官の心得を説いている[47]。

このなかで道徳規範は唯一「知府は州県の領袖であり、知州・知県の総督である。今の知府たる者は、廉・愛・厳・明・公・誠・勤・慎をもってみずからを好官という。また知府を任命する者もその能力を見て好官と称える。この八つは知州・知県の職の要訣であり、知府の職の要訣でないことがわかっていない。知府でこれら八つが備わっていない者はもとより不肖であるが、これらが備わっているだけでは少しまともな知州・知県を一人増やすのと変わりない」[48]とあり、「廉」が州県官の要訣の一つとして言及されているに過ぎない。

治譜10巻　明佘自強撰。中国社会科学院歴史研究所蔵の崇禎10年（1637）刊本が現存では最も古い。撰者は四川銅梁県の人、万暦20年（1592）の進士、官は山西布政使から延綏巡撫に至る。本書は〈初撰〉〈到任〉〈堂事〉〈詞訟〉〈銭糧〉〈人命〉〈賊盗〉〈獄囚〉〈待人〉〈雑事〉の10門に分かれる。10巻とこれまでに紹介した官箴書に比べて大部であるが、全篇実用マニュアルであることが特徴である。とりわけ〈待人〉は細部にわたって地元の人間との交際術を説いている。本書の本文においては道徳規範の記事は皆無である。ただし補遺として『初仕録』崇本篇の〈謹始〉以下13編を収めているが、貪汚を諫めた〈持廉〉はなぜか省かれている。

未信編6巻　清潘杓燦撰。康熙23年（1684）刊本。撰者は浙江銭塘県の人である。本書は康熙14年（1675）に自身の体験に鑑みて口述した内容を後にその門弟たちが整理・編纂したもので、その内容は〈銭穀〉〈刑名〉〈幾務〉に分かれ、巻1〈銭穀〉上に「交盤」「編審」、巻2、〈銭穀〉下に「徴比」「収貯」「運解」「放給」「雑課」が、巻3〈刑名〉上には「章程」、巻4〈刑名〉下には「権衡」が、巻5〈幾務〉上には「筮仕」が、巻6〈幾務〉下には「庶政」「陞遷」をそれぞれ設けている。すべて実務指南であり、道徳規範はない。

福恵全書32巻　清黄六鴻撰。康熙33年（1694）序刊本。日本では小畑行簡が訓点を施して嘉永3年（1850）に刊行した和刻本が広く知られている[(49)]。撰者は江西新昌県の人、順治8年（1651）の挙人、康熙9年（1670）に山東郯城県、康熙14年（1675）に直隷東光県の知県を歴任し、礼科と工科の両給事中を最後に康熙32年（1693）、郷里に引退して翌年この書を著した。本書は個々の内容が具体的なことが特徴で、折に触れて紹介した体験談や例文に採用した報告書なども実際的である。また、その篇別構成は次の通り。巻1〈筮仕部〉、巻2～5〈涖任部〉、巻6～8〈銭穀部〉、巻9〈編審部〉、巻10〈清丈部〉、巻11～20〈刑名部〉、巻21～23〈保甲部〉、巻24〈典礼部〉、巻25～26〈教養部〉、巻27〈荒政部〉、巻28～29〈郵政部〉、巻30～31〈庶政部〉、巻32〈陞遷部〉。『未信編』の影響が見られるといわれるが、それぞれの項目はさらに詳細でかつ具体的である。また『治譜』の三倍以上の巻数を有す。しかも『治譜』や

『未信編』と同様にほぼ実用マニュアルで尽くされていて道徳規範の項目は一切立てられていない。

賄賂については次のような意見を開陳している。「賄賂を用いた頼みごとは正直者はやらないが、佞人はつてを求めて見返りを期待する。地方官がそれに応じて裁判に手心を加えると、正直者は馬鹿を見て上司に訴えることになる。地方官の貪廉は上司のおのずから知るところであり、厳しい上司であれば弾劾するのでたちどころに名声を失う。強欲な心は権力で民の財を骨の髄まで吸い取るので、怨みを一心に浴びてしまう」[50]。

これもまた地方官が賄賂を受け取ることで結局は破滅の道を歩むことになるといった他の官箴書と同じ論法を踏襲するものだが、その賄賂と同じ意味で用いられる「陋規」に関して独自の考えを披瀝する。すなわち、「陋規とは民間で長年続けられてきた慣行であり、官から設けたものではない。しかし、官僚というもの、禄は限られる一方、出費は限りない。もしすべての陋規を一律に廃止すれば、それは理想かもしれないが、その後の出費を維持できなくなる。財政困難になってやり方を変えても無限の責めを免れない」[51] といい、陋規には①必ずしも廃止しなくてもよいもの、②その間を斟酌して沿革相半ばするもの、③断固廃止しなければならいもの、の三種があるとの意見を述べる。このうち、①については、「納税者の大きな負担にならない火耗や商取引の余剰から徴収する牙税・雑税の諸税をいい、これを取っても貪とはいえない」とし、②については、「繁華な地域は出費が多く、輸送費用は地方に負っているが、これらはやむを得ないものである。ただそれに借りて苛斂誅求を行えば、民に非協力の口実を与えてしまうので、その間を斟酌しなければならない」と述べ、窮民の負担となる郷村役の官への付け届けなどの断固廃止すべき③とは明確に区別すべきことを主張する[52]。

撰者には賄賂は陋規、すなわち悪習であり、禁止することが基本であるとの認識があるものの、一方では一概に禁止することによって生じる弊害について言及している点が大きな特徴であり、一切の賄賂をかたくなに禁じてきたこれまでの官箴書とは明らかに一線を画すものが感じられる。

為政第一編８巻　清孫鋐撰。康熙41年（1702）の欽天監邵泰衡の序を載せる。撰者は浙江銭塘県の人、経世に通じた著名な幕友として活躍した人物と見られる。本書は〈時宜〉〈刑名〉〈銭穀〉〈文治〉の四項目を上下に分けて各2巻ずつに収める。巻1〈時宜〉上に「授任」「交盤」、巻2〈時宜〉下に「立政」「待人」が、巻3〈刑名〉上には「刑獄」「招議」が、巻4〈刑名〉下には「聴訟」が、巻5〈銭穀〉上には「徴比」「収拆」「解運」が、巻6〈銭穀〉下には「支給」「雑論」「清丈」「編審」を、巻7〈文治〉上には「詳験」「稟議」を、巻8〈文治〉下には「告諭」「参看」を、それぞれ設けている。これもまた実務指南と対人指南のみで構成されており、後者が収められた「待人」は『治譜』巻9、待人門、を下敷きにしている。

図民録４巻　清袁守定撰。乾隆21年（1756）自序刊本。撰者は江西豊城の人、雍正8年（1730）の進士、湖南洪江県知県、桂陽州知州、直隷曲周県知県、礼部主事などを歴任した。本書は篇別構成をとらず全257条からなる訓戒を無作為に列挙したものである。

官僚の要訣として「敬」「寛」「簡」「謙」「忍」「倹」の六つを挙げ、とりわけ「寛」と「簡」を重んじて民政の安定を主張している。ただし、「廉」に関しては『周礼』の「廉善」「廉能」「廉敬」「廉正」「廉法」「廉辨」の六計を挙げ、「六つの善はみな廉をもって基本とする。清廉でなければ他によいところがあっても書き留める価値がない」(53) といい、決して軽視しているわけではない。

賄賂に関しては以下のようないくつかの意見を述べている。「魯の宰相公儀休は魚が大好きだった。しかし、ある国人が魚を献じても受け取らなかった。「魚が好きなのになぜ受け取らないのですか」と弟が尋ねると、彼は「だからこそ受け取らないのだ。受け取れば宰相を首になり、自分で魚が買えなくなる。受け取らず宰相を首にならなければ長く自分で魚が買える。君（くん）の禄を食（は）むなら人の賄を受けてはいけない。人の賄を受ければ君の禄を食んではならない。これは禄をもって賄に変えることになる。禄をもって賄に変えれば、必ず賄をもって身に変える。禄を失い、身を失って、賄も失うことになる。愚かなことである」(54)。「紳士富室が季節になると食物を地方官に贈ることはどこでもある。以前、ある地方官が最も安価なものを選んで受け取り、厚意に背かない気持ちを示したが、贈った者は我が意を得、結果として地方官は己を失うことになる。知県が赴任地の食物を受け取れば、贈った者は必ず影響力を増すことになる。たといそれがわずかなものであっても影響は甚大なので、一切謝絶するにしくはない。さすれば内外粛然として、しばらくすれば誰もやって来なくなる」(55)。「地方官に赴くと、必ずなかなか改められない案件がある。それを陋規という。胥吏や同僚は旧例であり、歴来こうしてきたという。しかし弾劾文に挙げられる罪状はみな旧例を踏襲することにあるのだ。それは発覚するか、発覚しないかだけの違いだ。発覚すれば賄賂となる。これをなお旧例といえようか」(56)。

これらはみな何気ない贈り物を受け取ることで、結果として収賄につながり、やがては「己を失う」ことになるのを戒めたもので、従来の官箴書の論法をより詳しく、かつわかりやすく述べている点が特徴といえよう。

学治臆説２巻　学治続説１巻　清汪輝祖撰。前書は乾隆 58 年（1793）自序刊本。後書は乾隆 59 年（1794）の刊行になる。撰者は浙江蕭山の人、号は龍荘、江蘇、浙江各地において 34 年間に及ぶ幕友生活を経て、乾隆 40 年（1775）、46 歳の時に初めて進士となり、湖南寧遠県知県となる。前書は上下 2 巻からなり、巻上には 63 条、巻下には 61 条を収める。また後書は 48 条を収める。撰者が幕友のために著した『佐治薬言』とともに地方官吏必携の指南書とされた(57)。

両書には道徳規範の項はなく、ほとんど実用マニュアルで占められている。そこでは「陋規」について以下のように言及している。「財賦繁重の土地に地方官が赴任すると、倉庫を預かる胥吏のなかには陋規を届けるものがままいる。彼らはおおむね裕福ではなく、その元手はたいてい銭糧を流用したものだ。そのため、いったん陋規を受け取ると手玉に取られる。その弊害を摘発できないだけでなく、摘発してもまた強制を受け、事実に基づいて究明できなくなる」[58]。「俗に美缺といわれる地はだいたい陋規が盛んである。赴任する者たちは毎年の陋規収入をあらかじめもくろむことができる。しかし、陋規の収支がうまくできるのは才人だけである。収入がうまくいかなくても支出はしないわけにいかない。結果、赤字が生じる。赤字を恐れて収入をはかるが、謹しまなければ禍はまたやってくる。禍を懼れて収入を控えても、陋規を求める他人の要求に応えるには足りなくなる。それゆえ美缺は楽ではない。自愛する者は誘いに乗って眼前の利に垂涎してはならない」[59]。

ところで、汪輝祖は「陋規」の是非について『福恵全書』同様、以下のような独自の見解を示している。「陋規を裁つことはよいことだ。しかし官の収入だけでは支払いに不足が生じる。そこで地域の事情によって適宜の処置をとることになる。突然陋規を廃止すれば、さしあたり廉名を得られても、出す金がなければ、勢いまたこれを民から集めることになる。さらに本来のものを改めて以前よりいっそう悪くなり、貪風を広め、訟端を開くことになって、害はますますひどくなる。陋規が復活できなければ公事は困難に遭う。自愛しない者はこのため苛税を課すことに手を尽くし、悪人は言いがかりをつけ、そのため、善良な者は安らかな生活を送れなくなる。これは誰の責任か。陋規の種類は各所で異なるが、吏役の供するものは絶対に受けてはならない。ただ余った手当などは各地方の状況に応じて斟酌すればよく、軽々に改廃を唱えてはならない」[60]。

蜀僚問答 1 巻　清劉衡撰。道光 10 年（1830）の自序がある。撰者は江西南豊県の人、号は簾舫、嘉慶 5 年（1800）の貢生、広東、四川等の知県、知州を歴任し、河南開帰陳許道に至る。他に『庸吏庸言』、『読律心得』などを著す。本書は道光 3 年（1823）以降、四川の任官の際に属僚と交わした治民に関する 24 の問答を集めたものである。

本書では伝統的に語られてきた官僚の三大要訣である「清」「慎」「勤」のなかで最も大切なのは「勤」であるとの独自の意見を持ち[61]、陋規についても以下のように『福恵全書』や『学治続説』と同様の見解を示している。まずは、「陋規には受け取っていいものと、絶対に受け取ってはならないものとがある。大概民から出るもの、あるいは訴訟に関わるものは絶対に受け取ってはならず、ことごとく革除しなければならない。訴訟に関わりがなくても銭法に関われば、同様に受け取ってはならない。民の出費にあらず、訴訟にも関わらなければ、問題はなく、受け取って公費に当てても構わない」といい、陋規には状況に応じて必ずしも廃止しなくてもよいという見解を示し、一律に廃止して失敗した巴県知県時代の苦い経験から、「もし問題のない陋規をにわかに廃止すると、必ず財政難になる。将来切羽詰まったときに復活させようとしても、民は驚き、ために怨みが沸騰する。ましてや陋規を廃止することは容易でない。地方官が陋規を廃止しようとすれば、周知徹底がないとならず者がこれに乗じて民に金を強要することとなり、民はかえって出費が多くなる」との実情を地方官になって深く知ったという(62)。

以上、明清時代に刊行された主だった官箴書を刊年順に紹介し、「清簾」に言及した内容を検討した。明清時代の官箴書には次のような傾向がおおむね見て取れる。

『牧民心鑑』『官箴集要』『初仕録』など、明初より16世紀中葉に至るまでの官箴書には道徳規範について独立した項目が立てられており、その内容はより具体的で詳細な記述になっているとはいえ、宋元時代の官箴書のそれを継承している感がある。加えて、『官箴』『西山政訓』『牧民忠告』などの宋元時代の官箴書に示された文章を下敷きにしたものが多く見られ、系統的には宋元時代の官箴書の延長線上にあるといってよい(63)。

それに対し、17世紀以降に刊行された官箴書には顕著な変化が現れる。それは道徳規範を独立した項目を立てて論じることがほとんどなくなり、その内容が実務指南や対人指南に重点を置いた実用マニュアルに特化する傾向を一段と強めていくことである(64)。

例外は『図民録』であり、「廉」の項目がなお独立して設けられているが、ここでは「廉」は官僚が重んじるべき六つの要訣の外に置かれている。また陋規を禁じた文章も、教訓を観念的に垂れるというよりは、いかにして陋規に手を染めずに済むかを伝授したきわめて実践的な内容であることが特徴になっている。

興味深いのは、『福恵全書』『学治臆説』『蜀僚問答』には他の官箴書には見られない陋規に対するある種の寛容さが見られることである。現場の行政を預かる地方官たちにとって一切の陋規をかたくなに禁じた他の官箴書に比べ、『福恵全書』などが説く内容ははるかに説得力があり、かつ共鳴できるものであったと思われ、それはこれらの官箴書が同時代において広く読まれた一つの理由であったといえる。

官箴書は文字通り官僚に対する箴言から出発したとしても、宋元以来の官箴書の本来の機能は実用マニュアルにあり、道徳規範が箴言の書としての一翼を担ったとしても、記載全体に占める割合は少なかった。16世紀中葉以前の明代の官箴書は宋元時代の内容と形式を踏襲し、道徳規範書の体裁を辛うじて保っていたが、17世紀になると実用マニュアル的傾向がさらに強まり、相対的に観念的な訓戒は後退・消滅するに至った。むしろ官箴書は具体的な実用マニュアルに特化することで、士大夫官僚から多くの支持を得るという皮肉な結果をもたらした。これもまた清代において官箴書刊行が隆盛になった背景と思われる[65]。

4　民国時代の官箴書と官僚道徳規範

清朝が滅び、中華民国が成立して新しい政治体制に変わった1912年以降においても官箴書は刊行され続けた。無論、その内容には時代に対応した新たな変化が見られた。そこで最後に民国時代に刊行された官箴書のいくつかを取り上げ、それらに示された内容とその時代的背景について検討したい。

将吏法言8巻　徐世昌撰。民国8年（1919）排印本。撰者は河北天津の人、北

洋軍閥の巨頭、袁世凱政権のもとで北京政府の国務卿を務め、1918年には大総統に就任した。本書の巻1には〈督軍〉、巻2〜3には〈省長〉および〈道尹〉、巻4以下には〈知事〉に対する訓戒や政治要領が説かれており、それぞれに「崇儒」「戒貪」「尚廉」「懲貪」「貴廉」などの独立した項目が並んでいる。

居官金鑑2巻　知至山人輯。輯者は湖南長沙の人とあるが、詳細は明らかでない。民国10年（1921）刊本。巻1には「救命」「戒殺」「慎刑」「察獄」「聴訟」「教化」「賑荒」「革弊」「勤官」「徳政」「廉潔」「節倹」「御吏」「息兵」「緩徠」「将兵」「知命」「賢幕」「欧美善政」「救荒策」「息訟策」が、巻2には「殺掠」「酷虐」「枉獄」「枉叛」「徇情」「疎忽」「悞国」「貪冒」「奢僭」「讒謗」「傾陥」「掊克」「陰険」「蔽賢」「家蠹」「諸過」「傲命」「劣幕」「幕窗悔過記」「文昌帝君罪福報応文」が、それぞれ収められている。

本書の特徴として、これまでの伝統的な官箴書には見られない斬新な項目が並べられていること、とりわけ「欧米善政」などには時代の変化が象徴されていることが挙げられる。他方、「徳政」「廉潔」など、これまでの伝統的な官箴書に示されてきた道徳規範が独立した項目として復活している。

治邑便覧4巻　李翰如撰。民国10年（1921）石印本。撰者は河北晋県の人とあるが、詳細は明らかでない。本書は第1冊〈治己篇〉29則、第2冊〈接人篇〉35則、第3冊〈行政篇上〉29則、第4冊〈行政篇下〉29則からなり、〈治己篇〉には「居官要清」「居官要勤」「居官要慎」「存心貴誠」「存心貴信」「存心貴恕」「尽心」「戒貪」「戒驕」「戒奢」「戒剛愎」「戒盛怒」「戒多疑」「功不可邀」「名不可沽」「志趣宜正」「節倹宜崇」などの訓戒を主とした諸項目が並ぶ。そのなかの「戒貪」には次のように説かれている。「県令は「廉」を基本とする。たとえ自分が正しくとも、官署の内外にいる丁役が人民に言いがかりをつけて金品を騙し取ることで官の名声に瑕を残すことになる。ましてや賄賂をいったん受け取れば貪婪な官吏であるとの悪評が周りに広がり、紳士や上司・同僚の謗りを常に恐れることになる。夜来自省すれば恐ろしさに耐え切れない。幸いにしてそれを免れたとしても、手に入れた金で子孫を養ったためしはない。『大学』(伝十章)の「貨悖って入る者は、亦た悖って出づ」をどうして妄言といえよう」[66]。

牧令亀鑑1巻　呉孟龍編。民国13年(1924)鉛印本。編者は湖南桑植県知県経験者と思われる。本書は「河西疇常言」以下、「顧亭林日知録」「于清端親民六戒」など、宋—清時代15名の文章から抽出したもので、内容に大きなまとまりはない。

知事幕僚模範行政全書6編　劉再蘇撰。民国15年(1926)6月、上海世界書局刊行。本書は〈要則〉〈職務〉〈文件〉〈法令〉〈表冊〉〈政規〉の五編からなる。〈要則〉以下、実用マニュアルが大半を占め、とりわけ〈文件〉〈法令〉〈表冊〉などには具体的な例文が多数掲載されている。他方、「政規」には「前人従政の言論事実を集め、現代の政治民情に適合するものを「格言政規」と「実事政規」の二類に分けたが、各省の県知事がそれらを少しでも参考にすれば、その福国利民は浅からぬものがある」として高攀龍責成州県約以下明清時代の官箴書などに示された訓戒を多数引用している。

官幕必携県政全書12巻　許天酔・趙繍嵐・華緒之・印洪声撰。民国16年(1927)鉛印本。本書は〈県知事服官要則〉2冊と〈県公署各科文件〉10冊の二編から成り、布告の例文には「布告厳申烟禁」「布告禁止婦女纏足」など、近代ならではのものもある。第1編には「叙官分発」「領憑到省」「出差」「得缺」「接印視事」「掾属薪金」「辦事雑則」「接交」「銀」「漕契税」「雑税雑捐」「公款公産」「警察」「防務」「禁煙」「祭祀」「交渉」「選挙」「編査戸籍」「清丈」「公債」「褒奨」「災歉」「兼理訴訟」「監獄」「県参両会」「商農教育会」「市郷公所」「教育」「実業」「工程」「風俗」「衛生」「慈善」「備蔵」「会計」「庶務」「応酬」「監盤」「請仮」「交卸」などの実用マニュアルの項目が並ぶが、そのうちの「接印視事」には、「知県は親民官であり、その要点は治体を知得し、民情に精通することであり、この他にないことは明らかである。いま官吏となる者はややもすると自分は勤であり廉であるというが、不明にして勤かつ廉であると多くの仕事をやろうとするため貧者も富者もすべて苦境に立たされることがわかっていない」や「知事とは一県のことを知る者である。知して為さざるは、知というを得ず、辦理よろしからざるはことを為したことにならない。清廉を自任したとしても、何かに遇うと出鱈目を行い責任逃れをするようでは地元において何の利益にもならない。木偶で官吏を作った方がまだましである」(67) などの訓戒を記すことを忘れてはいない。

以上に紹介した民国時代の官箴書に見られる大まかな傾向として、新しい時代に対応した実用マニュアル項目が目立つ一方で、17 世紀以降の官箴書にはほとんど見られなくなった儒教的・観念的な道徳規範が復活していることが挙げられる。

周知のように清末の光緒 31 年（1905）に科挙が廃止され、民国時代には儒教的素養を要件としない新しい価値観を備えた官僚たちが地方行政を担うことになった。ならば、そうした官僚層を対象としたはずのこれらの官箴書においてなにゆえに儒教的色彩を帯びた復古調の道徳規範が再び蘇ったのであろうか。その理由を三つの序文から探ってみたい。

まずは『牧令亀鑑』の呉孟龍自身の 1914 年 4 月の序には次のようにある。「革命が起こったばかりで、州県官の質が悪く、人民の生活は疲弊するも、それを訴えるすべがない。多少のまともな地方官がいたとしても経験が浅く、教養が足りないため熱意があっても着手できず、結局その地方や民衆に福利をもたらすことができない。政治が衰えることは憤慨に耐えない。本書は地方官の指針となるであろう」(68)。

また『将吏法言』の徐世昌自身の 1918 年の序には次のようにある。「我が国は改革以来、民衆は戦争や盗賊に苦しみ、自然災害や疫病で命を落とす者はかくの通りである。官吏の貪財や国家の税負担もかくの通りである。絶え間ないその苦しい状況は告げようもない。専制時代に比べてもさらに酷いのではないか」[69]。

さらに『治邑便覧』に載せる河南省長張鳳台の1921年の序には次のようにある。「民国が成立して10年になるが、盗賊や軍馬、気候不順に民は苦しんでいる。権力を奪い取った者たちは民の膏血を搾り取って私利を謀り、異説を唱える輩は世間を惑わせ、五常の道に叛いている。民はこれにも苦しんでいる。世道の衰退は今日よりひどいものはない。志ある者はどうして安閑としておれようか」[70]。

これら三つの序文から判断する限り、革命後の秩序混乱に対して官箴書の著者ないし彼らに共鳴した序文の提供者は現状に批判的であり、その憂世と義憤によって在りし日の秩序ある地方統治への回帰を求めたことが官箴書を執筆する動機になったものと推測される。

では、そこに儒教的色彩を帯びるのはなぜか。この点については『牧令亀鑑』に載せる劉鳳章の以下の序（1915年2月14日）が参考になる。「世はまさに競って法治を唱え、法家の言で溢れている。しかし有史以来、世のなかを憂えることの最も切なる者は孔子である。『論語』の記載を見れば、政治を語るものが多いが、それは心構えを詳しく説く一方で、政治の方法についてはあらまししか語っていない。近世の法治の効果もまたいくぶんかは見られるが、三年来、混乱が絶えない。廉恥の大切さを知らずして道徳を問題にできようか。父子の結びつきを知らずして、人民を論じられようか。「公益」とは民間から財物を巻き上げることであり、「合羣」とは徒党を集めることである。読書人は堯舜の治を語ることを羞じ、学校は孔孟の書を読むのを禁じる始末だ。そのため邪説が横行して止まることを知らない」[71]。

中華民国は建国を果たしたものの、政権の不安定に由来する当初の政情不安から行政の混乱が続いていた。また李宝嘉の『官場現形記』や劉鶚の『老残遊記』に活写された清極末における官場の腐敗や賄賂の横行の状況は新しい時代になってもなお旧態のままだった。それゆえ一部の人々にあっては、「これならば清朝の統治の方がましである」との感を抱くようになり、伝統的な秩序体系としての儒教の復活を思慕することになった。要するに、民国時代の官箴書の著者たちは少なからずこのような範疇に属する人々であって、共和制を法家のあり方に、伝統的な体制を儒家のあり方に見立てる限り、訓戒が儒教的色彩を帯びるのは至極当然だった。

もっとも民国時代の若手官僚がみなこのような考えを共有していたとは限らない。官箴書もそのような道徳規範がすべてだったわけではない。むしろ伝統中国の官箴書と同様、実用マニュアルのなかに道徳規範が付帯されていたに過ぎなかった。新しい体制下において官僚ないし官僚をめざす読者たちが官箴書に求めたものはひとえに新しい体制への対応に役立つ実用マニュアルだったことは間違いない。その意味では民国時代の官箴書がいかなる意図をもって執筆されたにせよ、官箴書が官箴書であるためには他の時代と同様に実用マニュアルが不可欠な要素であった。言い換えれば、道徳規範は官箴書が官箴書であるためだけに必要な一種の“御題目”だったのである。

おわりに

以上、伝統中国の「地方官教育メディア」として宋代以降に普及した官箴書の主なものを各時代に分けて検討した。

結論から言えば、伝統中国の官箴書とはそもそも道徳規範に主眼を置いた書物ではなかった。「官箴」という名称が示すように、本来は官僚に対する道徳規範であったとはいえ、宋代以来の科挙官僚制の成立とあいまって官箴書には地方官の政務手引書としての役割が求められた。したがって、ここで取り上げた官箴書のいずれもが実務指南や対人指南といった実用マニュアルで占められた。読者である士大夫官僚にとって道徳規範もさることながら、現実の地方行政に対する実際的かつ具体的な情報を得ることは切実な要求であり、その需要がこのような書物を世に普及させた大きな原因であったことは疑いない。

とはいえ、官箴書もまた時代的な変化によってその態様を少しずつ変えていった。宋元時代の官箴書の多くは冒頭に道徳規範を掲げ、特別な項目を設けてそれを奨励する姿勢を示した。そこではとりわけ士大夫官僚の理想的行動規範としての清廉が強調された。官箴書が道徳規範に主眼を置いた書物であり、「廉を尊び、貪を戒める書」と見なされた理由はここにある。明清時代になると官箴書の体裁や内容に変化が現れる。それでも16世中葉以前の官箴書は体裁・内容とも宋元時代の官箴書のそれを踏襲していたが、記載そのものは観念的・抽象的なものから実際的・具体的なものへと変化していった。17世紀以降の官箴書になると観念的な道徳規範はなくなり、実用マニュアルとしての姿を一層鮮明にした。

民国時代にも官箴書が少なからず刊行された。この時代の官箴書の特徴として、新しい時代に対応した実用マニュアルが加えられたことはもちろんであるが、その反面、宋元時代の官箴書に見られた道徳規範の項目が復活した。それは伝統的な秩序体系への回帰を望む執筆者たちの意向を反映するものであったが、民国時代の官僚たちに大きな影響を与えるものではなかった。

ところで、1999年、一冊の中国共産党党員手冊が刊行され、そのなかで党幹部の行動規範として、「幹部審査の基準と内容は、才徳兼備の原則を堅持し、各類の幹部たちが担当する職能が具備する条件に照らして、「徳」「能」「謹」「績」の四つの方面から審査を行うことが必要だ」[72] と述べられた。これは道徳規範を観念的・抽象的に語っている点で宋元時代の官箴書に極めて類似しており、また民国時代の官箴書にも通じるところがある。しかし、上述の如く官箴書の説く道徳規範が単なる“御題目”にすぎないのであれば、その効果が期待し得ないであろうことは想像に難くない。そう思うと、「官箴書が説く伝統的な道徳規範が現代の指導幹部の修養強化に役立つ」として近年盛んになった官箴書の復刊と研究の方向は、官箴書の実態からすればどう見ても正鵠を射たものでないような気がしてならない。

注

(1) 江沢民「高挙鄧小平理論偉大旗幟、把建設有中国特色社会主義事業全面推進二十一世紀」1997年9月12日（『江沢民文選』第2巻、北京、人民出版社、2006年）。

(2) 中国大陸では市場経済が実行に移される以前にも官箴書に関する研究がなくはなかったが、1990年後半以後、「官箴」を主題に含む研究が急増し、以下のような

ものが現在に至るまで陸続として公にされている。陶建平「清代官箴中的地方官的初仕原則与方法」『広西民族学院学報』（哲学社会科学版）1995年2期、張金蘭「《官箴》要義及其現実意義」『嘉応大学学報』（哲学社会科学版）1995年4期、彭忠徳「古代官箴文献略説」『文献』1995年4期、徐梓主編『官箴―做官的門道』北京、中央民族大学出版社、1996年、彭忠徳「古代官箴書中反腐倡廉浅析」『晋陽学刊』1996年1期、陶建平「清代地方官場病及其救治之道―陳宏謀従政箴言探要」『学術論壇』1996年2期、時運生「中国古代的為官之道―古代“官箴”述論」『人文雑誌』1996年6期、葉大春『官箴』北京、社会科学出版社、1998年、鄭艶『古代的官箴』鄭州、中州古籍出版社、1999年、裴伝永「“箴”的流変与歴代官箴書創作―兼及官箴書中従政道徳思想」『理論学刊』1999年2期、郭成偉主編『官箴書点評与官箴文化研究』北京、中国法制出版社、2000年、周少元・韓秀桃「中国古代県治与官箴思想―以《欽頒州県事宜》為例」『政法論壇』2001年2期、彭忠徳「官箴論公・廉」『湖北大学学報』（哲学社会科学版）28巻2期、2001年、彭忠徳「古代官吏的職業道徳規範―官箴」『湖北大学学報』（哲学社会科学版）29巻3期、2002年、鄭頴慧「宋代官箴清廉思想論略」『河北大学成人教育学院学報』2002年4期、崔憲涛「関於中国古代官箴書的幾個問題」『理論学刊』2005年1期、龔汝富「略論中国古代官箴的政治智慧」『中国人民大学学報』2006年1期、彭忠徳・趙騫編『官箴要語』武昌、武漢大学出版社、2007年、賈俊侠「清廉：中国古代官箴之一瞥」『唐都学刊』23巻2期、2007年、周保明『官箴文献与古代地方行政研究』北京、北京図書館出版社、2008年、郭成偉・関志国『清代官箴理念対州県司法的影響』北京、中国人民大学出版社、2009年、周保明「明清官箴文献論略」『図書情報論壇』2010年2期、李玉閣「試論明代官箴勉廉」『哈爾濱学院学報』31巻2期、2010年、岑大利「清代官箴書的社会史資料価値」『文化学刊』2010年4期、郭成偉「中国古代官箴文化論綱」『政法論壇』2011年2期、杜金「明清民間商業運作下的“官箴書”伝播―以坊刻与書肆為視角」『法制与社会発展』2011年3期、など。なお、趙騫「三十年来我国古代官箴研究述論与展望」『中国史研究動態』2009年4期、は近30年の官箴研究の動向を略述している。

(3) 郭成偉「緒論」前掲『官箴書点評与官箴文化研究』6頁。

(4) 郭成偉「導論」前掲『清代官箴理念対州県司法的影響』2頁。

(5) 郭成偉「官箴文化研究」前掲『官箴書点評与官箴文化研究』417頁。

(6)『睡虎地秦墓竹簡』北京、文物出版社、1978年。なお「為吏之道」については、籾山明「雲夢睡虎地秦簡」滋賀秀三『中国法制史―基礎資料の研究』東京大学出版会、1993年、108頁、参照。

(7) 関志国「官箴的発展」前掲『清代官箴理念対州県司法的影響』113頁。

(8) 郭成偉「導論」前掲『清代官箴理念対州県司法的影響』6頁。

(9) 宮崎市定「序」佐伯富・荒木敏一編『官箴目次総合索引』京都、1950年。

(10) 仁井田陞「大木文庫私記―特に官箴・公牘と民衆とのかかわり」『東京大学東

洋文化研究所紀要』13冊、1957年。
(11)「前言」前掲『官箴書集成』所収。
(12) Pierre-Étienne Will 魏丕信(李伯重訳)「明清時期的官箴書与中国行政文化」『清史研究』1999年1期。
(13) 周保明前掲「明清官箴文献論略」67頁。
(14) 彭忠徳は、官箴の内容を「正己」(官僚の修養)、「接人」(官僚の人間関係)、「尽職」(官僚の勤務規範)の三つに分類しており、筆者の分類に対応するものだが、それぞれにおいて道徳規範が貫かれているとする(彭忠徳前掲「古代官箴文献略論」162、165頁)。
(15)『牧民金鑑』は22巻、荒井顕道撰、嘉永6年(1853)刊。御料地代官であった撰者が後任代官のために著したもの。『牧民心書』は48巻、丁若鏞撰、純祖21年(1821)刊。『仕宦須知』は不分巻、刑部奉勅撰、嗣徳8年(1855)刊。
(16) 現存する伝統中国の官箴書は80種あまりあり、広義のものを含めると数百種になるといわれる。本稿では、このうち地方官を主対象に著され、代表性があり、かつ体裁が似ていて比較可能なもの20種を選んだ。
(17)『作邑自箴』の解題については、佐竹靖彦「『作邑自箴』の研究—その基礎的再構成」東京都立大学人文学部『人文学報』238号、1993年、同「作邑自箴—官箴と近世中国の地方行政制度」前掲『中国法制史—基礎資料の研究』所収、がある。また『作邑自箴』の訳註に、佐竹靖彦「作邑自箴訳注稿」その1〜3『岡山大学法文学部学術紀要』33、35、37号、1973〜1977年、がある。
(18) 佐竹前掲「『作邑自箴』の研究」33頁。
(19)『作邑自箴』巻1、正己。
(20)『作邑自箴』巻1、正己。
(21)『作邑自箴』巻1、正己。
(22)『四庫全書総目提要』巻79、史部12、職官類2、官箴之属。
(23)『州県提綱』の解題については、古林森廣「南宋の官箴書『州県提綱』について」『兵庫教育大学研究紀要』10巻2分冊、1990年(同『中国宋代の社会と経済』国書刊行会、1995年、所収)がある。
(24)『州県提綱』巻1、潔己。
(25)『官箴』の解題については、韓西山「清、慎、勤:為官的基本准則—説呂本中的《官箴》」『安徽史学』2007年4期、参照。
(26)『官箴』巻1。
(27)『西山政訓』巻1。
(28)『西山政訓』巻1。
(29)『昼簾緒論』の解題については、古林森廣「宋の官箴書について」『吉備国際大学開学記念論文集・国際社会研究の視座』1990年(同『中国宋代の社会と経済』国書刊行会、1995年、所収)がある。

(30)『昼簾緒論』尽己篇第一。

(31)『牧民忠告』の解題には、古林森廣「元代の官箴書『牧民忠告』について」東洋経済史学会編『中国の歴史と経済』中国書店、2000年、がある。

(32)『牧民忠告』巻上、拝命第一、戒貪。

(33) 宋元時代の官箴書に関しては、王徳毅「宋代的官箴―公正廉明」、王平宇「承襲与調適―元代的官箴」(ともに『歴史月刊』124期、1998年、所収)を参照。また宋代の官箴書に見られた清廉思想については鄭顯慧前掲論文を参照。

(34) 彭忠徳前掲「古代官箴書中反腐倡廉浅析」104頁。

(35) 賈俊侠前掲論文86頁。

(36) 張勇「官箴清廉思想評析」前掲『官箴書点評与官箴文化研究』24～25頁。

(37) 古林前掲「元代の官箴書『牧民忠告』について」174頁。

(38) 張勇「官箴清廉思想評析」前掲『官箴書点評与官箴文化研究』19頁。

(39)『牧民心鑑』の解題については、林秀一『牧民心鑑』明徳出版社、1973年、がある。

(40)『牧民心鑑』第一、謹始、立志節。

(41)『牧民心鑑』第一、謹始、絶饋遺。

(42)『薛文清公従政録』巻1、第17条。

(43)『薛文清公従政録』巻1、第53条。

(44)『官箴集要』巻上、持廉、正身修己。

(45)『初仕録』巻1、崇本篇、謹始。

(46)『初仕録』巻1、崇本篇、持廉。

(47) 本書の解題は、日高一宇「明末の一官僚呂坤の体制批判と『実政録』―明末郷村統治政策の諸相」『北九州工業高専研究報告』93号、1975年、参照。

(48)『実政録』巻1、明職、知府之職。

(49)『福恵全書』の解題は、山根幸夫「『福恵全書』解題」和刻本『福恵全書』汲古書院、1973年、参照。

(50)『福恵全書』巻4、蒞任部、謹操守。

(51)『福恵全書』巻3、蒞任部、革陋規。

(52)『福恵全書』巻3、蒞任部、革陋規。

(53)『図民録』巻1、廉。

(54)『図民録』巻1、以禄易賄以賄易身。

(55)『図民録』巻1、謝絶饋送。

(56)『図民録』巻1、勿染陋規。

(57)『学治臆説』の解題については、エチアヌ・バラーシュ(澤谷昭次訳)「1793年に作製された地方行政実務提要―乾隆58年刊行のある官箴書」『山口大学文学会志』44巻、1993年(のち澤谷昭次『中国史書論攷』汲古書院、1998年、所収)参照。

(58)『学治臆説』巻上、勿受書吏陋規。
(59)『学治続説』巻1、美缺尤不易為。
(60)『学治続説』巻1、陋規不宜遽裁。
(61)『蜀僚問答』巻1、居官清慎勤三字訣以勤字為要。
(62)『蜀僚問答』巻1、陋規有必不可収者革陋規之法。
(63) 李玉閣は明代官箴書の特徴の一つとして「廉潔公正」を挙げるが（李玉閣前掲論文99頁)、そこで取り上げた明代官箴書はおおむね16世紀中葉以前のものである。
(64) 周保明はこの状況に関して、「明清時代、とりわけ清代の官箴文献はある種の専業性のきわめて強い政務指導書となった」と述べている（周保明前掲「明清官箴文献論略」67頁)。
(65) 杜金は17世紀以降の官箴書の傾向として「明代後期、とりわけ清代以降、官箴書は形式・内容ともに重大な変化を見た。一つは官箴書が数量において前代をはるかに超えたことである。とくに清代に入ると出版は最高潮に達した。もう一つは明清時代の官箴書は内容においてさらに豊富となり、ますますその実用価値を増したことである。具体的に言えば、明清以前の官箴書は基本的には官僚道徳に対して規範と訓戒を述べたもので、条目は抽象的、規範も原理的であり、文字通りの官箴であった。しかし、明代後期、とりわけ清代以降になると多くの官箴書が具体的な行政知識と司法知識の紹介と伝授を重視するようになり、実用性と操作性を強調し、そのために記載も非常に仔細になった。……言い換えれば、清代において我々が官箴書とよぶものは、その目的と内容から見れば、もはや官箴の範囲をはるかに超えている」と、本章の結論と極めて近い見通しを述べ、その原因は明清時期の地方行政の煩瑣、科挙官僚の行政と司法の知識の欠乏、さらには印刷技術の進歩に関係すると推測している（杜金前掲論文93頁)。
(66)『治邑便覧』巻7、戒貪。
(67)『官幕必携県政全書』第1編第5章、接印視事。
(68)『牧令亀鑑』自序。
(69)『将吏法言』徐世昌自序。
(70)『治邑便覧』河南省長張鳳台序。
(71)『牧令亀鑑』劉鳳章序。
(72)『領導幹部考察考核実用全書』北京、中国人事出版社、1999年。

ベトナム阮朝期初学教育テクストの中の国土・国史
――『啓童説約』の検討

嶋尾稔

はじめに

ベトナムの教育は、15 世紀に大きく転換する。明朝の短期の支配から独立した黎朝において中国式の官僚制国家がひとまずの完成を見、中央・地方の学校制度が整備され、三年に一度、郷試・会試・殿試の三段階の試験を行う科挙制度が定着する。試験科目は、中国の古典（四書五経、詩賦、史書）に関するものが主であり、教育制度もそれにあわせて整備されたものと思われる。科挙受験者の人物保証は村のリーダー層の役目であり、科挙制度が国家の末端まで包摂するものであったことは明らかであるが、15 世紀当時の村の教育については不詳である。近年の碑文研究は、18 世紀以降に村の学校の建設が進んだことを明らかにしている。退職した官吏、あるいは、科挙試験である水準の成績を残しながら正式の学位取得には至っていない士人が村々で学校を開き教育に従事した。村の学校で使われたであろう初学の教科書としては、『三千字』、『三字経』、『初学問津』などが知られている［嶋尾 2008］。

初学の主眼は、科挙受験の勉強の前提となる基礎知識を身につけることであった。しかし、それだけにとどまるものではなく、ベトナム固有の教育内容を含むものでもあった。この点について、従来の研究は十分な注意を払ってこなかった。それは、初学教育テクストの多くが、漢字の入門書、あるいは、中国的素養の基礎教本であったことによる。本稿で取り上げる『啓童説約』は、中国的素養ととともにベトナムの国土・国史について記述しているところに特徴が見られる。この著作の精査により、19世紀後半の初学教育におけるベトナム固有の知の伝達のあり方について検討したい。

1 『啓童説約』の概要

『啓童説約』については、従来ほとんど知られていないので、まず刊本の書誌、著者、構成を概観し、さらにこの初学教育テクストを用いて如何なるやり方で児童への知の伝達がなされたかを考察したい。

1.1 刊本

今回精査したのは、漢喃研究院（ハノイ）が所蔵する三種類の刊本（請求記号は、AB11、A889、VHv132）である[(1)]。

AB11本とA889本は、どちらも上集と下集の二部構成であり、一箇所を除いて、内容は同じである。この教材の中核は四字句からなる韻文の部分であるが、それは下集に置かれている。四字句を四句ずつ各行に記している。本文のあとには、小さな字で解説が記されている。上集は、本文の内容をより深く知るための補助資料である。すべて漢文で書かれている。

封面を見ると、両者ともに上部に横書きで「嗣徳辛巳（1881年）夏新鐫」とあり、その下は、中央に縦書きで「啓童説約」とある。ここまでは同じである。しかし、タイトルの左右が異なっている。AB11本は、右に「金江范復齋纂輯」とあり、左に「霊山寺蔵板」とある。これに対して、A889本は、タイトルの右に「金江范復齋纂輯A」とあり、左側には何もない。

内容に関して両者が異なるのは、上集14葉表～15葉裏に置かれた「歴代年号」の中の阮朝の記述である。AB11本では、嘉隆、明命、紹治という年号とその年数を記したあとに、嗣徳の年号のみを記している。すなわち、嗣徳年間中に刊行されたことが確認できる。これに対して、A889本では、嗣徳年間の年数を記し、さらに嗣徳以後の建福、咸宜、同慶の年号と年数を記し、成泰の年号のみを記している。これより、A889本は成泰年間（1889〜1906）中に刊行されたことが推測される。AB11本は確かに嗣徳34（1881）年に霊山寺が刊行した刊本であり、A889本は、それを模倣した一種の海賊版であろう。

一方、VHv132本は全く異なる刊本である。この刊本は、上集・下集に分けられていない。上集にあった補助資料は省かれている。また本文の後に付されていた解説部分も除かれている。この刊本が従来の刊本と比べて異彩を放っているのは、本文の漢字の右側および下側にその漢字に関する多くの情報を盛り込んでいる点である。右側には、字喃（漢字を応用したベトナム語表記のための文字）で漢字のベトナム語訳が記されている。漢字の下には、クオックグー（声調符号付ローマ字）で、その漢字のベトナム漢字音とベトナム語訳が示されている。ベトナム語訳は、漢字一字ごとの字義を一音節で示したものが大半であるが、固有名詞などの場合には、二字からなる語に対して釈義を二、三音節で示している場合もある。

封面は、中央に縦書きで「啓童説約」とあり、その右には上から「保大壬申（1932）年」「朱玉芝譯」とあり、左には「譯出國語」「福文堂蔵板」とある。すなわち、VHv132本は、保大7（1932）年に本文にベトナム語訳を付して刊行した刊本である。封面には福文堂の印が押してあり、その住所がハノイのハンガイ通り91番であることが知られる。

1.2　作者と著作の目的

上述のとおり、AB11本の封面には、このテクストを「金江范復齋」が編集したことが記されている。さらに、上集の最初の葉には、封面と同じく「金江范復齋纂輯」と記した隣に、「南真縣沛陽進士呉世榮潤色」とある。范復齋が編んだテクストを呉世榮が潤色したものであることが知られる(2)。

この刊本は范復齋の本名をどこにも記していないが、漢喃研究院の目録は、范復齋の本名は范望であるとしている［Trần & Gros 1993a: 6–7］。『國朝郷科録』によれば、范望は、北寧省武江県金堆社出身で、紹治元（1841）年に挙人に合格し知県を勤めている。「范復齋」の前に付された「金江」は出身地を示すと思われるが、范復齋が范望のことだとすれば、「武江県金堆社」を略したものであろう。一方、呉世榮（1803〜1856）は、南定省南真県沛陽社の出身で、1829年に進士に合格し、礼部郎中まで出世した人物である。彼の兄、甥、孫、ひ孫も科挙に合格しているような文人の一族である。教育活動にも意を注いだことが知られている［Ngô 1993: 660-661; 嶋尾　2008: 65］。嗣徳6（1853）年の范復齋の自序（下記）によれば、彼がこの本の執筆を行ったのは南真県に知県として赴任した期間である。彼が1853年に完成した原稿におそらくすでに引退して南真県に帰郷し教育活動に従事していた呉世榮が目をつけ潤色を施したのであろう。それは1853年から呉世榮の他界する1856年の間ということになる。

この著作の執筆の動機について范復齋は自序に次のように述べている。

私が子供のころ、父は通例に従いまず三字経や三皇諸史を私に読ませ、次に経書を読ませ学習させた。いつも高官になることを目指して科挙試験に通るような文章の勉強ばかりをしていた。上の天文、下の地理、中の人事、および本国の世次先後については一日も教えを受けることはなかった。幸いにも厳しい教えや父の庇護のおかげで紹治元（1841）年に郷試に合格することができたが、天地人三才のことはと言えば、児童同然であり、そのことを自ら深く悔やみ恥じていた。ちょうど南真県の知県に任じられたが、幸いにも県の規模は小さく役所の仕事も少なかったので、関連書籍を捜し求めることができた。若干のことを知りえたのみではあるが、ここに天文・地理・人事の概要と歴代の世次をとりまとめて三部構成の一書を編んだ。「誦讀」に便利なように、毎句を四字、四句を一セットとし、二番目の句の最後の字と四番目の句の最後の字が韻を踏むようにし、平仄も交代するようにした。啓童説約と題した。家童に習得させ、三才の知識の端緒に触れることができるようになればと思う。また、本国の要約も、子供が昔のことについての見識を自ら広げるためのものにすぎない。三才に通暁している人を儒と呼ぶというのであれば、私もどうして儒と言えようか(3)。

当時の初学の学習内容の欠を補うことが執筆の動機であることが述べられている。当時の児童の標準的な勉強は、まず、三字経で漢字を学び、中国古代史を読み、経書に進むという順であった。天・地・人三才やベトナム史については教えられることがなかった。これらの知識を習得することが重要であると著者は認識し、そのもっとも基礎的な部分を学習するための教本を編んだことが知られる。また、その試みに共感するもう一人の有力知識人が存在していることから、当時のベトナムの知識人にある程度の広がりを持つ共通感覚を彼が示していると見られよう。

ここで注意すべきことは、著者の立場が近代的な科挙批判ではないということである。范復齋は、文章中心の科挙の学問自体を決して否定してはいない。三才や歴代世系の知識の不足を嘆いているだけである。これは、この自序が書かれた10数年後、南部コーチシナがすでにフランスの支配下に置かれている状況下で、キリスト教系知識人であるグエン・チュオン・トが展開した科挙批判とは全く異なる。グエン・チュオン・トは科挙試験のごとき文章の勉強を否定し、実用的な学問の必要性を強く主張した。彼は、農政科、天文・地理科、工業技術科、法律科の設立を提案しているが、彼の言う天文・地理と范復齋が言う天地人三才とは全く別物である。グエン・チュオン・トの求めるのは、実証的・科学的な天文・地理の知識であり、西洋の天文学・地理学に基づくものである［Hoàng 2006: 208–214］。一方、范復齋が重視するのは伝統中国の易学的・陰陽五行的・風水的な天文地理観である。グエン・チュオン・トにとって、それらはまさに排除すべき時代遅れな知識であった。グエン・チュオン・トの提案は阮朝の採用するところとはならなかった。他方、范復齋の著作は、最初の保護国条約の結ばれる前年（1881年）に出版され、全土の植民地化後も版が重ねられている。

近代的科学教育という観点からすると、反動的で時代錯誤な教育書ということになろう。そうではあっても、19世紀後半、植民地主義に直面した時点のベトナム文人の懐古的な精神のありようを把握するためにこの著作は重要であるとは言える。しかし、この著作の中にベトナムにおける教育の停滞のみを見るのは間違いである。タイソン期から阮朝成立期にかけての大変動がベトナム知識人の国土に関するパースペクティブの拡大に無視できない影響を与えたことや新興国家阮朝における公定国史教育の不在（後述）という状況下でも最も初歩的なレベルで「建国」から「現在」までの連続的な国史が紡がれていたことをこのテクストの中に見ることができる。そして、それらの表象や知識が児童教育に導入され伝達されていたことは、近代国家ベトナム形成の前提条件として従来十分に認識されてこなかった。本稿の後半では、この問題について探求する。

1.3　構成

この教材の全体像を、目録の記述から見ておく。目録を適宜改行し、各項目に対応する本文の句数を括弧内に付した。

子開一

言、天及歳時、日月時刻、元会運世、星象三垣。（76 句）

　　與本国星分。（6 句）

附、九重天、四時、五行、八卦、五星、北斗、二十八宿、三垣諸図。

丑闢二

言、地勢、山嶽、河海。（16 句）

　　與本国地形、及省城府県総社、田土人丁。（44 句）

附、本国地図。

寅生三

言、人始胎ヵ生之始・成立之終。（84 句）

　　與本国之世次、歴代之年数。（208 句）

附、人身全図

歴代国号、歴代年号、

増補、本国山水人品宝貨之異、以便観覧[4]

この目録の記述は、上集・下集の配列順ではなく、下集に置かれている本文の三部構成を示し、各部の本文の内容を述べ、その後にそれに対応する上集の補助資料の内容を附録として記している。つまり、「附」の前が下集の内容であり、「附」以下が上集の内容である。

「子開一」「丑闢二」「寅生三」という三部構成は、邵雍『皇極経世書』（宋代）の天地開闢・人類創生の易学的な議論を踏まえている[5]。三才の知識の不備を恥じる范復齋の執筆動機を反映した構成と言える。これだけを見ると、このテクストが陰陽五行的な三才の知識を提供することを主とした著作であるかのごとき印象を受ける。しかし、分野ごとの記述の分量を計ると、簡単に三才の教育テクストとは言い切れないこの著作の独自性が浮かんでくる。

単純ではあるが、本文の句数を比べると、全434句のうち、ベトナムの星分・地理・世系に関する部分が268句で過半を占めている。天文の分野では、天文に関わる伝統中国的な議論が大半で、ベトナムに関する情報はほとんど無いが、地・人の分野では、ベトナムに関する議論が圧倒的に多いことは明らかである。地理の分野では、ユーラシア大陸の東方に関する概観が簡単に記されたあとに、ベトナムに関する情報がより詳しく記されている。人の分野では、受精後の子供の成長に関する東洋医学的な議論も比較的長く展開されているが、後に続くベトナムの世系に関する句数は、先行する東洋医学のそれの倍以上である。ベトナムの世系に関する記述は全体の五割弱を占め、分量だけであれば、この部分がこのテクストの主要部分と見ることもできよう。本稿の後半で検討する国土・国史をめぐる議論は、このテクストの中で決して周辺的な部分とは言えない。

1.4　教授法

ベトナムで使われていた初学教育テクストの中での『啓童説訳』の位置づけを考えることを通して、この著作がどのような対象に如何なるやり方で教育を施そうとしていたかを検討したい。

『啓童説約』の本文には、成長した子供が学問を始める年齢について次のように記されている。

七歳投書、学為人道、先礼後文、出悌入孝

七歳になると礼儀・道徳の本を読み始めることが知られる。序文には『三字経』が最初の教科書として挙げられていたが、おそらく、『三字経』に入る前に漢字を学ぶためにベトナムで作られた『一千字』、『三千字』、『五千字』などによって、まず漢字の字形と漢字音と意義を一字ずつ学んだのであろう。ズオン・クアン・ハムや岩月純一によれば、これらの教科書では、ある漢字について、漢字音と漢字の意義を表すベトナム語の音（一音節）を続けて読み上げて記憶することが想定されていた。天という字であれば、「thiên, trời」という具合である。字の書き方も同時に学んだはずである。いずれのテクストも韻を踏んだ構成になっており、とくに『一千字』、『五千字』の場合は、六八体と呼ばれる六字句・八字句を繰り返す字喃文学で用いられる韻文形式を取っている。『一千字』や『三千字』の場合は、句としては意味をなさないが、『五千字』になると句が簡単な意味を表現している。いずれにせよ、一字ずつ字形・字音・字義を把握しながら、一定の長さの句を続けて記憶していったものと考えられる［Dương 1943: 23–24; 岩月 2008: 111; 嶋尾 2008: 59–60］(6)。少なくとも『一千字』、『三千字』を学んだ後、三字句、四字句、五字句といった短いフレーズからなり、何らかの主題についてまとまった内容を述べている教科書に進んだのであろう。

三字句のテクストの代表は『三字経』である(7)。周知のとおり、宋代中国で作られた初学教育テクストをベトナムに導入したものである。358 句からなり、高度な学問に進むための入門書として多様な基礎知識を提供するものである。中心は礼や道徳である。四句を一組として、その二句目と四句目の最後の字が韻を踏み、平仄も同じである。さらに前の組の韻の平仄と後の組の韻の平仄が交代するスタイルを取っている。読んで覚えることが想定されており、初学の児童には高度であろうと思われる内容について理解させることよりまず句を記憶させることを優先している［Dương 1943: 28–30］。

四字句のテクストには、『啓童説約』以外には、『初学問津』、『天南四字経』がある。いずれもベトナムで作られたテクストである。『天南四字経』は、漢文字喃院の目録によれば、ベトナム史を内容とするもののようである［Trần & Gros 1993b: 234］が、詳細は不明である。ズオン・クアン・ハムによれば、『初学問津』は、全体で270句からなり、第一部は130句で古代から道光年間（1821～1850）までの中国史、第二部は64句で古代から阮朝までのベトナム史、第三部は76句で学生への勧告を内容とする。韻文体を取っていない［Dương 1943: 24–25］。このテクストの成立年は不詳である。漢文字喃院の目録には嗣徳27年（1874）の版本が載せられており、字喃でベトナム語訳が付されていると記されている［Trần & Gros 1993a: 711］が、原本を確認しておらず、どのような形で訳が付されているかは不明である。1877年にチュオン・ヴィン・キーがベトナム語訳を作成し、1884年に『初学問津国語演歌』と題して出版している。この訳本は、漢字の本文の右側に、ローマ字で漢字音、字義（ベトナム語とフランス語）を示している。漢字一字ごとに字音、字義が示されている場合が大半であるが、二字の語に対して釈義がなされている場合もある。それとは別に六八体で再構成されたベトナム語訳が付されている［Nguyễn 2003: 106–108］。

五字句のテクストには『幼学五言詩』がある。278句からなり、学生の状元合格の願望を述べたもので、『状元詩』の名でも知られている。長くベトナムで作られたテクストであると思われていたが、近年、中国の『神童詩』を導入したものであることが判明した［Dương 1943: 25; 嶋尾 2008: 63］。嗣徳16（1863）年の版本（学文堂蔵板、ベトナム国家図書館所蔵）を見ると、漢文の右側に字喃でベトナム語訳が付されている。一字ごとの釈義ではなく、句に対して訳文が付されている。

これらの同時代の諸初学教育テクストのあり方を踏まえて、『啓童説約』がどのように使われたかについて次のような推測ができよう。

まず『一千字』、『三千字』の学び方を踏襲し、漢字一字ごとの字音、字義を教えることから始まったのであろう。チュオン・ヴィン・キーの『初学問津』の越訳本（1884年）と『啓童説約』の保大7年（1932）本が、漢字一字ごとの字音、字義を示していることからも、それは窺える。続いて、句の音読と解釈が行われたのであろう。句ごとの解釈は、『幼学五言詩』の嗣徳16（1863）年本に見られるところである。漢字一字ごとの字義を並べても、達意のベトナム語にはならず、内容理解にはこの手順は必須である。しかし、むしろ重要であったのは全体の音読であろう。それは、『啓童説約』の序文において、「誦讀」に便利なように韻文体を採用したと明記されていることからも知られる。『啓童説約』が『三字経』の韻文スタイルを踏襲していることは明らかである。四句を一組として二番目と四番目の最後の漢字の韻と平仄をそろえている。序文は平仄の交代についても言及しているが、実際にはそうはなっていない。さらに、『啓童説約』には、本文のほかに豊富な解説と附録が付けられている。これらは教師用の補助資料と考えられる。教師が適宜各事項について補足説明を行ったのであろう。

このように本文の形式面では、『啓童説約』は同時代の初学教育テクストと同様の趣向を持つが、内容面では注目すべき新規性を示している。それは『初学問津』の内容との比較により明らかである。『初学問津』では中国史について述べた部分が大部分を占め（130句）、ベトナム史の記述は64句にすぎない。中国史の偏重は、当時の科挙試験の出題動向を反映している（この点は後に詳しく論じる）。これに対して、『啓童説約』ではベトナム史について述べた部分が208句あり、国史が尊重されていることは明らかである。これは、同時代の歴史叙述の中では異彩を放っている。

『啓童説約』が使われた時期について検討したい。筆者が目にすることができた最古の刊本の刊行年である1881年以降に使われていたことは明らかであろう。ただ、このテクストの潤色者である呉世榮は教育者として知られた人物であり、このテクストが完成したであろう1850年代から1881年まで20年あまりの間、この著作が日の目を見ることがなかったとも考えにくいが、今のところ、この間の状況について徴すべき資料はない。それでは、植民地化後、このテクストはいつまで使われたのか。保大7年（1932）に新たな刊本が出版されていることから、この時点でも何らかの需要があったことは間違いない。しかし、20世紀に入って植民地体制が整備される中で、ベトナムの教育制度は一大変化を経験している。1906年と1917年に二度の大規模な教育改革が行われ、近代的な公教育制度がベトナムにも導入されている。村にも小規模な公教育の学校が置かれることになった(8)。1907年には科挙制度も改革され、中国古典の試験に加えて近代的な科目が採用されるようになり、結局、この伝統的な官吏登用制度は1919年には廃止されている［Nguyễn 1990: 293–296; 嶋尾 2008: 57］。その後、1920年代に公教育を受けた都市エリートが成長し、新たな政治・社会運動が展開されたことは良く知られている。

そのような状況下で、このテクストにいかなる需要がありえたのか。村レベルでみた場合に、近代的な公教育制度が全国の村々すべてに浸透したわけではないことに注意が必要である。1922〜23年の時点で、ベトナム全土の村落（22565村）の中で、公教育の学校が建設されていたのは13％弱にすぎない。直轄植民地コーチシナを除くと、その比率は一割を割る。1941〜45年時点でも、初等学校の数は8575校であり、20年代と村落数が大きく変わっていなければ、学校を建設していない村が過半数である。もちろん、近隣の村の学校に行くことも可能であったから、この数字をどのように評価するかは簡単ではない。ここで指摘しなければならないのは、公教育の学校が建設された村においても伝統的な漢字先生（ông đồ, thầy đồ と呼ばれる）が、初学教育において重要な役割を果たしていたことである。近代教育が導入された村でも、そのような学校に行ける子供は少数であったようである。そうした状況は1945年の八月革命まで続いている［Nguyễn 1990:290–293, 296, 299 嶋尾 2008: 58–60］。このような漢字先生が、20 年代以降の新思潮の中で時代遅れと見なされながらも、『啓童説約』を教え続けていた可能性はあろう[9]。

2 『啓童説約』の中の国土・国史

『啓童説約』が児童に伝達しようとしたベトナム固有の知とは如何なるものであったのか。それは、話を先取りして言えば国土・国史に関する新しい知識である。ベトナム阮朝はベトナム史上初めて中越国境からシャム湾岸に広がる統一国家体制を確立した。18 世紀以前に形成されていた知識をどう再評価し新たな状況認識といかに接合すべきか。状況に対応した新たな教育の模索がなされていた。科挙受験のための高等教育はジレンマに陥っていた。そのような情勢において初学教育が如何なる適応を試みたのかについて考察する。

2.1 風水による国土把握――〈地脈〉の延長

『啓童説約』上集 9 葉裏 10 葉表には「本国全土」の図が載せられ全国 30 省と承天府の名が記されている[10]。また、10 葉表～11 葉裏には全国 30 省と承天府の名とそれらに属する下位行政単位の数が列挙されている。阮朝は、1831～32 年に地方行政制度の大改革を実施し、清朝モデルに倣った省制を導入している。『啓童説約』上集に記されているのは、このときに制定された省である。ここでベトナムの全国土が省の集合体として把握されていることは明らかである。19 世紀以降、植民地期、分断国家時代、統一ベトナム時代を通して、省の再編はめまぐるしく行われているが、現在でも全土を省の集合体として把握する 1830 年代に成立した国土観は変わっていない[11]。植民地期には、ベトナムの国土は、ラオス、カンボジアを含むフランス領インドシナ連邦の中のアンナン、トンキン、コーチシナの 3 邦に分断されるが、『啓童説約』の図や記述を目にする人々は、30 省・承天府の集合体が本来の統一的なベトナムの国土であるという表象を持ち続けたことであろう。

『啓童説約』「本国全図」の最初の半葉には霊江（ザイン河）以北の諸省が描

かれ、後の半葉には霊江・横山（ガン峠）以南の諸省が描かれている。南部の6省は後の半葉の左端に窮屈に描かれている。霊江・横山は17〜18世紀には鄭氏政権と阮氏政権の境界であり、その南北の統治範囲は南河（あるいはダンチョン）と北河（あるいはダンゴアイ）と呼ばれた(12)。阮朝の課題は、南河と北河を統一した国家を作ることであり、1830年代の省制の導入もそのような政策の一環である［嶋尾 2001b］。しかし、「本国全図」の構図は、南北分断期の空間意識の記憶を反映しているように見える。『啓童説約』の作者二人はいずれも北河の知識人である。

これらの点は極めて重要である。しかし、上記の認識を踏まえつつ、ここで検討したいのは別のことである。『啓童説約』本文には、全国30省の集合体としての国土観とも、国土を南河と北河に区別するそれとも異なる特異な空間意識が示されている。議論を先取りして言えば、それは富安省以南を捨象した空間を「竜脈」（気の流れる経路）の分岐する範囲として表象する国土観である。

ベトナムの風水書に注目して、近代的国民国家以前の近世的な独自の国土表象の成立とその知識の大衆化について論じたのは、桃木至朗である［桃木 2005; Momoki 2011］。ここでは桃木の独創的な議論を基礎として、『啓童説約』本文において新たな展開を見せている風水的国土観について検討したい。

桃木によれば、18世紀には高駢原作・黄福補訂とされる風水書群（『高駢遺藁』『地理高駢藁』『安南九竜経』）が北河の民間に普及しており、そこには、ゲアン以北の北部ベトナム全域（上記の北河にほぼ相当する）の龍脈と「穴」（気の地上に湧き出す地点）の分布が記されている。まず、骨格として中国の風水思想に倣い(13)「崑崙」（中国の崑崙山ではない）に発する三支が幹線として描かれている。さらに幹線から分岐した支脈が県や社といった下位の単位にまで広がってゆくことが記されている。このような「地理」知識をもとに人々は自分の生活空間を国土全体の表象の中に位置づけることが可能になったという指摘がなされている。この空間把握の骨格は14世紀〜15世紀（陳朝〜黎朝初期）に成立し、15世紀後半から18世紀初頭までに、県や村に及ぶ記述が付加されたと桃木は論じている。

さらに桃木は、19世紀初頭の范廷琥『雨中随筆』地脈人物条において、龍脈の一支を南河の順化・広南にまで延長する「地理」観が示されていることを指摘しているが、18世紀から19世紀にかけての空間意識の変容について論じてはいない。それは、『雨中随筆』地脈人物条のこの問題に関する記述があまりにも簡単であり、そこから何らかの議論を展開するのに十分な情報が得られないという資料的制約にもよるものであろう。

『啓童説約』本文は、19世紀の風水的国土観について若干詳しく記述している。その内容をまず概観した上で、19世紀半ばの北河出身のベトナム知識人が児童に伝達しようとした「地理」的知識・空間表象の特徴について検討したい。

まず、龍脈に関する本文の記述を以下に引用し、本文の後に置かれた解説を参照しつつ検討を加えたい。

南邦文献、地脈最奇、黄崑其祖、中散三支

左支太諒、至于安広、安山逆回、形如拱向
右支宣牢、至于占城、隘雲逆転、似作外屏
中支脱脈、起三島山、行経北省、海陽及安
天徳引脈、珥河交流、南昌一県、水面印符
四山二河、血脈最大、涸海脳池、火崗鎮海

まず、ベトナムが文化的に進んだ国家であることが示され[14]、その理由が地脈の卓越に求められる。ベトナムの地脈の祖は「黄崑」である。解説では、それは「黄崑崙」(引用箇所の前の解説)あるいは「崑崗」(引用箇所の解説)と記され、宣光から太原のあたりに広がるとの説明がある。上集の「本国地図」の宣光の右上に「崑崙」の名が見える[15]。どこから「黄崑」に地脈がやってくるのかについては『啓童説約』は説明していない。范廷琥『雨中随筆』地脈人物条は、中国地脈の三大幹線のうちの南幹について中国のオリジナルの風水思想とは異なる独自の見解を提示し、南幹が三方に分岐し、それぞれ東南アジア方面に流れ込むとしている。そのうち東側の地脈が雲南、貴州から湖南・両広を経て、老撾に入り「小崑崙」に至って「小祖」となると説明している。『啓童説約』本文の右横に付された補注に、ベトナムの中央の支脈が貴州から来るとの簡単な説明があるので、同様の見解を取っていた蓋然性は高い。

ベトナムにおいても地脈は中支、左支、右支に分岐する。中支は三島山を起点として紅河デルタを流れる。北寧（天徳）から海陽、興安方面と河内方面（南昌）に分岐する。左支は山地部の太原、諒山から東流して中越国境沿海部の安広に至り南に転じて安子山に行きつく。注目すべきは、右支である。宣光から西方の哀牢を経て「占城」に戻り、北上して隘雲山（広南、海雲山［ハイヴァン峠］か？）に行きつく。「占城」はかつて南河に存在したチャンパ王国のことであるが、『啓童説約』の執筆時点では既に消滅している。解説部分では「今の平定省」であると説明している。同時代の省名を使わずに、古風な名称で南河の土地を呼んでいるところに北河の知識人の南河への距離感を感じさせるが、にもかかわらず、北河に発する地脈が南河の中央まで到達しているとの「地理」認識が示されている点は画期的である。

解説においては、地脈の到達点である北河と南河の名山である安子山と隘雲山が海を隔てて遥かに対峙しているとの説明があり、この「地理」観が霊江・横山で国土を二分する空間意識を超えていることは確かであろう。ただし、血脈が最大となるとされた「四山二河」は、安子山（安広）、鴻嶺山（乂安）、傘円山（山西）、三島山（山西・太原）と珥河（紅河）と霊江であり、すべて北河の山河である。上集の「本国地図」にもこの四山二河および横山の名は明記されているが、隘雲山は記されていない。飽くまで北河中心の「地理」観であることは間違いないが、決して北河の範囲に閉じこもっていない点を見落とすべきではあるまい。上記引用の最後の二句では再び北河と南河の霊地である「涸海」と「火崗」を並べて記述している。この個所の解説は、「涸海」は「黄崑崗」の近隣にあり、「黄崑崗」は「火崑崗」（「火崗」）と対応していると説明している。「火崑崗」は「占城夾界」にあり、海に突き出し、「本国之水口」を鎮めていると述べられているが、具体的に何処を指すのかについては不明である。

ともあれ、ベトナムの地脈の祖である「黄崑崗」に対応する「火崑崗」(「火崗」)が南河の地にあると語られていることから、空間意識の拡大を明らかに見てとることができる。

ここに見てきた「地理」観では、平定省以北のみが語られ、富安省以南については捨象されている。しかし、ベトナムの国土がシャム湾岸(河僊)まで広がっていることを『啓童説約』本文は、簡単ではあるが、明記している。

我越沿海、四至提封、長於南北、短於西東
南至河僊、北極宣太、西接哀牢、東抵于海

范廷琥『雨中随筆』地脈人物条では、河僊は別の地脈の上に位置づけられている。先に述べた中国地脈の南幹の主流は吐蕃、雲南、緬甸を経て、河僊に至り、南海へ放たれると記述されている。『啓童説約』の著者たちが同じ見解を取っていた可能性もあろうが、文面上は定かではない。

ベトナムにおいて、地脈による国土認識は14世紀に始まり、18世紀には民間に普及するに至っていた。しかし、それは北河に限定されたものであった。それに対して、『啓童説約』が提示する新たな「地理」観は、霊江・横山で国土の南北を分断する空間意識を超えるものであった。阮朝において南河のフエを中心とする国家統一がなされた以上、それは当り前の展開のように見えるが、事はそう簡単ではない。阮朝の国家統一は、南河による北河の征服であり、国家の模範的中心のハノイからフエへの力による移転であった。従来の研究では、北河の知識人の中に、ハノイに都を置いていた前王朝黎朝の支持者が根強く残っていたことが指摘されている[Trần 1973: 223]。『啓童説約』の新たな「地理」観も北河に力点を置くものであった。南北統一が容易に進んだと見るのが間違いであることは明らかである。しかし、南北の差異・対抗を構造的・不変的なものと見なすのが、単純すぎる見方であることを、『啓童説約』の「地理」観の展開は示している。

空間意識の変化の背景にある事象を歴史的により丁寧に押さえておく必要が

ある。まず、第一に18世紀末のタイソン反乱のインパクトである。この時期に、霊江・横山を境界とする統治範囲のパターンが破壊される。タイソン反乱によりフエの阮氏政権が追われた後、鄭氏政権はフエ周辺を一時的にその統治範囲に包摂したし、その後タイソン朝の光中帝阮恵はフエを中心として北河を治めた。阮恵は北河の知識人の支持のもとに統治を行っている［嶋尾 2001a: 288–291, 296–298］。第二に、阮朝による科挙制度の整備である。高級官僚を目指す北河の士人は、地方の試験場(16)で郷試を受験し挙人（郷貢）に合格した後、さらに進士を目指すならば会試・殿試を受験するために霊江・横山を超えてフエに向かう旅に出ることになった(17)。あるいは、郷試に合格して、そのまま官途につく場合も、フエで見習い期間を過ごすことになった［嶋尾 2011: 293］。会試に失敗したのち勉強を続けたい場合は、フエの国士監に残ることができた。また国士監は地方の推薦する優秀な学生を受け入れていた(18)。さらに仕官後、地方官として赴任する土地が南河であるかもしれないことは当然想定されていたであろう［嶋尾 2011: 294］。

もとより、知識人であれば、阮朝が南北30の省の集合体であることは常識であったろうが、単なる客観的知識としてだけではなく、何がしか自分に関係のある土地として霊江・横山以南の土地を実感することが北河知識人に可能になっていったものと推測される。そのような趨勢が上記の「地理」観の新展開の背景にあるものと考える(19)。しかし、何故それが平定止まりでメコンデルタまでを含まないのかについては確たる答えが筆者にはない。15世紀の黎朝聖宗によるチャンパの都ヴィジャヤ（平定）の制圧、あるいは、タイソン反乱発祥の地といった歴史的記憶の強度によるものかもしれないが、この点については後攷に待ちたい。いずれにせよ、『啓童説約』が18世紀末から19世紀前半にかけての東南アジア大陸部の大変動と国家の再編によって芽生えた新たな空間意識を児童に伝達していることは確かであろう。

2.2 「南史」の基礎知識——〈世系〉の延長

『啓童説約』の後半は、ベトナムの統治者の系譜（「歴代世系」）の提示である。

このきわめて単純な歴史記述の特徴と意義を、同時代の阮朝の公定歴史叙述と対比しながら考察する。

冒頭に何故「歴代世系」を学ぶ必要があるのかを明快に説明する四句が置かれている。

我本南人、須詳南事、世次後先、載于南史

「南人」とは「北人」＝中国人に対応する言葉で、ベトナム王朝下の人々を指す[20]。「南人」である以上は「南事」を知らなくてはならない。知るべき「南事」とは「南史」に掲載されたベトナムの歴代の統治者とその事績である。逆に、「南事」、ベトナムの歴代統治者の事績を知っていることが「南人」の証である[21]。

『啓童説約』の提示する系譜の概要は次の通りである。まず神話伝説時代である「鴻厖」紀の諸王から始まる。北属期（中華帝国の支配期）については、短期であれ自律的権力を樹立した土着の統治者たちの名が挙げられている。中国から派遣された統治者の名前は一切挙げられていない。最初に皇帝を称した丁氏から黎朝までは、各王朝の統治者の代数が本文で述べられ、解説で諸皇帝の廟号と統治年数が示されている。「鴻厖」時代から黎朝までの統治者の系譜は、『大越史記全書』が独立した項（「紀」）を立ててその事跡を記述している諸君主をそのまま承認して並べたものである。十二使君以前を「外紀」とし、丁氏以後を「本紀」とする『大越史記全書』の大区分に従っている。

使君以前、並属外紀、正統之君、寔自丁始

「本紀」の君主のみを正統とみなしているが、「外紀」の君主を記す際に「正統」の君主と異なる記載の仕方をするような作為はなされていない。また、士燮と李賁については、ベトナムの文化国家の形成にとっての意義を明確に述べている[22]。

「簒奪」者と見なされた胡朝・莫朝・タイソン朝については、それが「偽朝」であると本文で明記し、解説では君主の廟号でなく本名が記されている。莫朝とタイソン朝については解説に年号も記されている。同時代の阮朝諸皇帝については、本文で各皇帝に言及している。既に他界している初代から3代までは廟号で、現皇帝は年号で指示されている。末尾の解説には、「鴻厖氏涇陽王の壬戌年から本朝の嗣徳帝の6年癸丑まで合わせて4749年」とあり、神話時代、北属期、「偽朝」も含めてベトナムの統治者の系譜をすべて提示することでベトナムの5000年近くの歴史の連続性を示している。

『啓童説約』の世系は単なる統治者の名前の羅列ではなく、諸王朝に関する明快な評価が本文に短く述べられている。評価が高いのは李朝・陳朝と阮朝である(23)。阮朝の初代・二代皇帝については次のように語られている。

建都富春、北南統治、日月重光、山河増媚
基圖光夏、宇宙回春、十有八載、傳位聖君
粉飾太平、恢張至治、我越文明、遠超陳李

阮朝は美しき国土の南北統一を果たし、李朝・陳朝が築きあげた「我越」の文化的な輝きを継承しさらに発展させ太平の世を築くことに成功したと大絶賛である（実際には国内外で戦乱が続いていたが）。この語りでは、北河の文化的伝統と南北統一を果たした阮朝とが自然に接合されている。

逆に、黎朝後期は衰退期として評価され、黎朝皇帝をないがしろにした鄭氏にも言及がある。

従此継治、凡十三君、雖除莫偽、更有鄭臣
君弱臣強、政帰帥府、酷似衰周、倒置冠履

「簒奪」者莫氏を排除したあとに臣下鄭氏が権力を壟断することになった中興黎朝の衰退を、やはり強臣が権力を握り君卑臣尊に陥った東周の衰退になぞらえており、本来のあるべき秩序を転倒させた鄭氏に対する批判を読み取ることができる。17～18 世紀に鄭氏と対抗関係にあった阮氏政権の後継者である阮朝の立場を反映した評価と言えよう。

対中国関係に関して明朝の支配への抵抗・撃退の重要性が明記されている。

後陳簡定、起義抗明、重光継立、祚運随傾
明人乗之、分理我宇、凡十四年、神怨民怒
天生黎祖、起義藍山、掃清北寇、民頼以安

一旦滅んだ陳朝を復興しようとした簡定帝の明朝への抵抗と黎朝を開いた黎利の明に対する蜂起の道義が「起義」という言葉の繰り返しで強調されている。明の支配の非道さは「神怨民怒」という端的な表現で鋭く提示されている。「南人」の知るべき重要な「南事」として、明の支配の酷薄さとそれに対する抵抗の正義が印象に残るように工夫してある(24)。

衰退期である中興黎朝と絶頂期である阮朝の間に置かれたタイソン朝は、阮朝の宿敵であり、「賊」と記されている。タイソン賊の衰退は予言により必然のこととして語られている。

纔及二載、兌宮隠星、我朝世祖、光復京城

タイソン朝最後の宝興年間はわずかに二年で終り、兌宮（西方）に星が隠れ、阮朝の世祖が都を回復したと記されている。「兌宮隠星」はタイソン（西山）朝の滅亡までを予言したとされる讖言の中の最後の句である(25)。

このように、『啓童説約』は、黎朝期に編纂された『大越史記全書』の枠組みを基本的に継承しながら、阮朝という新時代に適応させるべく一部を改変し、さらに『全書』に描かれていないタイソン以降の「近現代」史を付加して、建国から現在までの系譜を完成している。一方、阮朝の皇帝・トップエリートは、公定歴史叙述の必要性を切実に感じながら、大きな困難に直面していた(26)。

阮朝の公定歴史叙述は、16 世紀から 18 世紀までの南河の歴史、阮朝期の歴史、古代以来 18 世紀までの北河の歴史の順に完成した。紹治 4 年（1844）に阮朝の前身である阮氏政権の歴史を記録した『大南寔録前編』が完成し、阮朝の実録である『大南寔録正編』は、嗣徳元年（1848）に第一紀（嘉隆帝期）、同 19 年（1866）に第二紀（明命帝期）、同 32 年（1879）に第三紀（紹治帝期）が完成している。北河の歴史を再構成した『欽定越史通鑑綱目』は、阮朝が保護国化した後、建福元年（1884）になってようやく完成した。

阮朝は結局、北河の歴史、南河の歴史、阮朝の歴史を統合した歴史叙述を編むことができなかった。その最大の理由は、従来北河で記述されてきた北河の歴史（『大越史記全書』およびその続編、「旧史」と呼ばれる）を阮朝がそのまま受け入れることができず、かつ、それに変わる新たな歴史叙述を編纂することが容易ではなかったためである。阮朝の旧史批判のポイントは多岐にわたるが、神話批判、正統論、鄭氏政権・阮氏政権の君主の扱いなどが重要な論点である。『欽定越史通鑑綱目』巻首（嗣徳 8 年の諭および同 9 年の上奏文と諭）と『同』凡例に、詳しく論じられている［嶋尾 2008: 168–171］(27)。

北河の歴史の再構成の議論が最初に出されたのは、嘉隆 10 年（1811）のことであり、その後も史料収集は続けられたが、結局、嗣徳 8 年（1855）になってようやく越史編纂の諭が降り、完成を見るのは、上述のとおり、その 30 年後である(28)。欽定越史の編纂と平行して、より親しみやすいベトナム語の公定越史の編集も試みられたが、失敗に終わっている。嗣徳 11 年（1858）には、潘清簡・范輝らに、国音に精通したものを選んで、『史記国語歌』を監修させるように命じている(29)。その任務を任された黎呉吉は 1858～60 年の間に作品を完成したが、阮朝がこれを公定史書として刊行することは無かった。その後、この著述が写本で民間に流布するようになり、これを入手した范廷倅が改訂を加え、嗣徳 23 年に『大南国史演歌』の題で刊行している［Lê & Phạm 2008: 12–14］。『史記国語歌』編纂の基礎となったのは、阮朝による北圻の歴史書収集の動きに応じて嗣徳 10 年（1857）に北寧士人が王朝に寄贈した『史国語』である(30)。おそらく「旧史」と同様の性格を帯びるものであり、黎呉吉の監修後も、その色彩を払拭できず、阮朝の公認するところとはならなかったのではないかと推測する。

公定歴史書が作られないために、科挙試験においてもベトナムの歴史が出題されることはなかった。明命18年（1837）には、寧太道御史阮文達から南史を科挙試験で出題するようにとの上奏が出されたが、明命帝及び礼部は、前代の越史は黎朝後期の鄭氏の専横非道を直筆せず疵謬が多いので修正を加え、信頼のできる歴史（「信史」）を作る必要があり、慌てて南史を科挙試験の問題にするのはよくないという見解を示し、これを斥けている。嗣徳8年（1855）に嗣徳帝は越史編纂を指示する諭の中で、科挙に「国史之学」が出題されなかったために、士人たちはみな「北朝之史」を知るだけで、「本国之史」はよくわかっていないと指摘している[31]。この状況が改変されるには、植民化後の1906年・07年の教育制度・科挙制度改革を待たなければならなかった[32]。1906年以降に漢文で書かれた各種のベトナム史の本が出版されるが、いずれも従来の教育における北史の偏重・国史の不在を嘆いている。1919年にはクオックグーで書かれた最初のベトナム通史であるチャン・チョン・キムの『ベトナム史略』も同様の批判を繰り返している［嶋尾　2004］。

『啓童説約』の歴史記述は、科挙教育・高等教育レベルにおける国史不在という状況において、初学レベルで北河の歴史と統一国家阮朝の歴史を接合し、神話時代から「現在」までの国史の連続的系譜に関する新たな知を児童に伝達し、歴史的な自己認定を可能にするものであった[33]。

2.3　国号問題

最後に、阮朝期のベトナムにおいて国号についての認識・評価が混乱状態にあり、『啓童説約』の記述もそれを反映していることを見ておきたい。

ベトナム史上に現れる国号を、神話伝説時代を含めて、まず列挙すると以下のようになる。

赤鬼（涇陽王）、文郎（雄王）、甌貉（安陽王）、南越（前207年）、萬春（544

年）、南晋（951年）、大瞿越（966年）、大越（1054年）、安南（1174年、中国王朝より冊封）、大虞（1400年）、越南（1804年、中国王朝より冊封）、大南（1838年）

このうち、『啓童説約』本文が挙げているのは、赤鬼、文郎、甌貉という神話伝説時代の国号と北属期に短期の独立政権を形成した李賁の国号（萬春）のみであり、独立王朝の国号はいずれも述べていない。独立王朝に対して国号を使うことを避けている印象を受ける。その代わりに自国について言及する際に使われるのは、「南邦」あるいは「我越」という表現である。本文の後に置かれた解説では、李朝高宗の時代に宋から「安南国王」に冊封されたことを記し、冊封されたタイトルが「郡王」から「国王」に格上げになったことの意義を強調している。また、阮朝二代皇帝明命の時代に国号大南が定められたことを記している。この解説により、児童は同時代の国号を一応は学ぶことができる。

ここで特徴的なことは、第一に、依拠資料として『大越史記』の名に触れているにも関わらず、中国から冊封された国号とは別にベトナムの独立王朝が定め、18世紀まで使い続けた大越という国号の制定について一切言及していないことである。第二に、上記のとおり、「南」と「越」が19世紀ベトナムの自己認識の中心的な要素であることが窺われるにもかかわらず、それらを組み合わせた「越南」（現在の国名ベトナムの起源）という国号の制定についても述べていないことである(34)。

『啓童説約』上集「歴代国号」（十四葉表）はさらに混乱した認識を示している。下集の本文や解説の挙げる国号に加えて、「交趾郡（徵女王）」、「南晋国（後呉王）」、「交趾国（丁先皇）」、「大越国」（皇朝高皇）の名を記している。「交趾郡」は明らかに国号ではないにも関わらず、徵姉妹を国王とした以上、これを国号と見なすという無理な選択をしている。丁先皇（丁部領）の国号については、独自に制定された「大瞿越」を挙げずに、中国から冊封された「交趾」の名を提示している。しかも、中国から冊封されたタイトルは「交趾郡王」であって国王でないにもかかわらず「交趾国」としている。ベトナム最初の皇帝の国号「大瞿越」が挙げられていないのに、それに先立つ後呉王（呉昌文）一代限りの「南晋」の名が敢て記されているのも奇異である。さらに、皇朝高皇（阮朝初代嘉隆帝）の国号を「大越」とするのは不可解の極みである。上述のとおり、「大越」は11世紀に李朝が定めた国号であり、嘉隆が定めたのは「越南」である。理由は不明であるが、「大越」と「越南」という国号の扱いがぞんざいであることは窺える。

「大越」「越南」よりも「安南」「大南」を尊重する傾向は、同時代の『大南国史演歌』および、その嗣徳23年（1870）本の冒頭に付された「国号通考」からも窺える。『大南国史演歌』本文には、「大越」の名は出てこないのに、宋が「安南」に改封したことは明記し「国名はこれ以降炎方（南方）に光り輝いた」と記している。「国号通考」は李朝聖宗が「大越」という国号を制定したことを記しているが、その一方で、注記として李朝英宗期に宋が「交趾郡」を「安南国」に改めたことを述べ、「（ベトナムが）国を称するようになったのはこの時からである」とのコメントを付けている。『大南国史演歌』本文の記述は黎末までであるが、「国号通考」は阮朝期に言及している。しかし、明命年間に「大南」の国号が制定されたことだけを述べて、嘉隆期の「越南」の国号には触れていない。

このような混乱は植民地化以降、20世紀まで続いている。1911年に刊行された呉甲豆『中学越史撮要』の冒頭に付された国号についての論評においては、「安南」と「越南」を否定し、「大越」と「大南」を肯定する立場が示されている。「安南」は宋人が強制したものであり、「越南」は清人がベトナム側の要望を斥けたものである（ベトナム側は「南越」を要求したが、清に「越南」に変えられた）というのが否定の理由である。「越南 Việt Nam」という国号が定着するのは第一次大戦後のことではないかと思われる。チャン・チョン・キム『ベトナム史略』は、国号について、「我が国の国号は何度も変わってきた。今日でも習慣に従って安南 An Nam を使っているが、この二字は、中国に臣服しなければならないという意を含んでいるので、我々は、必ず越南 Việt Nam という名で国を呼ぶべきである」と述べている［Trần 1999: 15］。

このような混乱状況の中で、『啓童説約』を教わる児童は、「大南」が「現在」の国号であることを知ることはできたであろうが、その正式の国号よりは、むしろ「南」「我越」という自己表現（同類意識）に慣れ親しんだのであろう。

結びにかえて

19世紀中葉ベトナムの初学教育テクストは、時代錯誤な既成の中国的素養のおおまかな祖述を基盤とするものではあったが、それだけにはとどまらず、新時代に適応したベトナム固有の内容を含むものであった。阮朝はベトナム史上初めて南北の国土を統一した国家をつくり、その中心を11世紀以来の古都ハノイから古風な新都フエへと移した。それは、空間意識の変容を促し、歴史の再構成を要請した。『啓童説約』は、初学教育書の伝統的パターンを踏襲しながら、国土・国史に関する新たな独自の基礎知識（あるいは基礎的イメージ）を児童に伝達した。18世紀までに北河で成立していた地脈による国土記述は、従来北河の範囲のみにとどまるものであったが、『啓童説約』はその地脈を横山・霊江の先まで延長して旧来の南北を分断した空間意識を打破し、北河の児童に横山・霊江の向こう側も自分たちに関わりを持つ土地であることを実感させるものとなった。

国史に関して、『啓童説約』は旧来の越史の枠組みを基本的に踏襲し、タイソン朝・阮朝の記述を付加して神話時代から同時代までの5000年になんなんとする系譜を作成した。阮朝も、新しい公定歴史叙述編纂を目指したが、旧来の越史に種々の批判を投げかけ修正を図ったため、それは容易に完成しなかった。北河の歴史の再構築の完成は植民地化以後にずれこみ、北河の歴史と阮朝の歴史を接合した公定通史が作られることはついになかった。公定歴史が完成しないために科挙試験にもベトナム史は出題されなかった。高等教育における国史不在の状況の中で、『啓童説約』はベトナム史の悠久の連続性を児童に示し、自己の歴史的深度や真正さを自覚させることを可能にした。

長い歴史の中でベトナムの国号は単一ではなかった。『啓童説約』は、正しい国号について強い自覚を持つように読者に促すことはしていない。むしろ読者は「南」あるいは「越」という共通項で結ばれる同類表現を自然と身につけていったのであろうと推測する。

『啓童説約』は「国民」概念導入以前に編まれた著作であり、社会・国境・国民自治といった近代的要素を欠いている(35)。しかし、ベトナムのナショナリズムにおける知的次元（ベトナム国民とは何かを措定する）、想像的次元（いかなる国民社会に属しているかを人々に実感させる）、闘争的次元（独立・建設・防衛に人々を駆り立てる）に対応する先行諸形態をそこに見て取ることは可能であろう。「南」「越」という共通項の措定、自分と国土・国史との関わりを意識させる「地脈」や「世系」の提示、侵略者に対する「起義」の強調である。それが「国民」の萌芽や前駆であると言いたいわけではない。しかし、「国民」というモジュールが導入されるに当たって、これらの先行表象（の少なくともある部分）が果たした役割を見落とすべきではあるまい。

1906年に刊行された『大越史約（越史新約全編）』は、20世紀初頭の維新運動を支持した所謂開明的知識人層の一人陶元溥の著した国民教育のためのベトナム史（漢文）であるが、文明開化の時代に国史を学ぶ意味を次のように述べている［嶋尾　2004: 175］。

> いくら博識であっても、南史を知らず南事に詳しくなければ、南国に益するところはない。南国の国民と称することはできない。そうであれば、南史を読むことは当今の第一義である。断然そうである。およそ子弟を愛する者は真っ先に南史を授けるべきであり、口頭・念頭にいつも南国が存在するようにさせなさい。また、国粋を発揮し、国華を飾り、青年の性質を陶冶鍛錬しなさい。

「国民」「国粋」「国華」「青年」といった新奇な言葉であふれているが、「南国」のために「南事」を意識し「南史」を学びなさいという基本主張は『啓童説約』の読者には受け入れやすいものであったに違いない。

謝辞　漢文字喃院の『啓童説約』の版本の閲覧・複写に当たっては、漢文字喃院の Nguyễn Thị Oanh 氏のお世話になりました。記して謝意を表します。

文献

岩月純一. 2008.「ベトナムの「訓読」と日本の「訓読」:「漢文文化圏」の多様性」中村春作ほか編『「訓読」論：東アジア漢文世界と日本語』(東京：勉誠出版)：105-119.

川嶋孝周. 2006.『易学案内：皇極経世書の世界』東京：明徳出版社.

嶋尾稔. 2001a.「タイソン朝の成立」『岩波講座　東南アジア史 4』東京：岩波書店：287-312.

嶋尾稔. 2001b.「阮朝：「南北一家」の形成と相克」『岩波講座　東南アジア史 5』東京：岩波書店 : 25-48.

嶋尾稔. 2004.「20 世紀初頭ベトナムの通史について」根本敬編『東南アジアにとって 20 世紀とは何か：ナショナリズムをめぐる思想状況』(東京外国語大学アジア・アフリカ言語文化研究所)：167-189.

嶋尾稔. 2008.「ベトナムの伝統的私塾に関する研究のための予備的報告」『東アジア文化交渉研究』別冊第 2 号：53-66.

嶋尾稔. 2011.「ベトナム阮朝の辺陲統治：ベトナム・中国国境沿海部の一知州による稟の検討」山本英史編『近世の海域世界と地方統治』(東京：汲古書院)：273-330.

嶋尾稔. 2011.「ベトナム阮朝期のラオス方面ルートに関する覚書」科学研究費成果報告書『中・近世ベトナムにおける権力拠点の空間的構成』(課題番号：20320111、研究代表者：桃木至朗)：149-158.

陳慶浩，鄭阿財，陳義主編. 1992.『越南漢文小説叢刊　第二輯　5　雨中随筆・敏軒説類・会真編・新伝奇録』台北：学生書局.

水口拓寿. 2007.『風水思想を儒学する』東京：風響社.

桃木至朗. 2005.「ベトナム王朝国家における「国土」「歴史」「伝統」」『歴史評論』659：19-33.

Dương Quảng Hàm. 1943. *Việt Nam Văn Học Sử Yếu* quyển 1. Hà Nội: Nha Học Chính Đông Pháp.

Đồ Chiểu. (Nguyễn Thanh Tâm chú thích).1975. *Lục Vân Tiên*. Houston: Xuân Thu.

Đoàn Trung Còn ed. 1996. *Tam Tự Kinh*. Đồng Nai: Nhà Xuất bản Đồng Nai.

Hoàng Thanh Đạm. 2006. *Nguyễn Trường Tộ thời thế và tư duy cách tân*. Hà Nội: Nhà Xuất

bản Lý luận Chính trị.
Langlet, Philippe. 1990. *L'Ancienne Historiographie d'Etat au Vietnam tome 1: Raisons d'être, conditions d'élaboration et caractères au siècle des Nguyen*. Paris: EFEO.
Lê Ngô Cát & Phạm Đình Toái（Lã Minh Hằng ed.）. 2008. *Đại Nam Quốc Sử Diễn Ca*. Hà Nội: Nhà Xuất bản Văn học.
Lê Phước Dũng, & Thế Thị Phương ed. 2011. *Tập bản đồ hành chính Việt Nam*. Hà Nội: Nhà Xuất bản Tài nguyên môi tường và bản đồ Việt Nam.
Momoki Shiro. 2011. "Nation and Geo-Body in Early Modern Vietnam: A Preliminary Study through Sources of Geomancy." In *Southeast Asia in the Fifteenth Century: The China Factor*, ed. Geoff Wade & Sun Laichen, 126-153. Honkong: Honkong University
Ngô Đức Thọ. 1993. *Các nhà khoa bảng Việt Nam（1075-1919）*. Hà Nội:Viện Hán Nôm.
Nguyễn Danh Phiệt. 1990. "Về giáo dục ở làng xã Việt Nam thời cận đại."In *Nông dân và nông thôn Việt Nam thời cận đại tập 1*, ed.Viện Sử học: 290-317. Hà Nội: Nhà Xuất bản Khoa học Xã hội.
Nguyễn Thị Chân Quỳnh. 2003. *Khoa Cử Việt Nam（Tập Thượng）Thi Hương*. TPHCM: Nhà Xuất bản Văn học.
Sakurai Yumio. 2010."Trường Giáo Xuyên, or the School of Teacher Xuyên: Frenh-style Education in a Village in Northern Vietnam during the 1930s." In *The Changing Self Image of Southeast Asian Society during the 19th and 20th Centuries*, ed. Ishi Yoneo, 158-186. Tokyo: Toyo Bunko
Trần Nghĩa & Gros, Francois eds.1993a. *Di sán hán nôm Việt Nam: Thư mục đề yếu tập* 2. Hà Nội: Nhà Xuất bản Khoa học Xã hội.
Trần Nghĩa & Gros, Francois eds.1993b. *Di sán hán nôm Việt Nam: Thư mục đề yếu tập 3*. Hà Nội: Nhà Xuất bản Khoa học Xã hội.
Trần Trọng Kim. 1999. *Việt Nam Sử Lược*. Hà Nội: Nhà Xuất Bản Văn hóa Thông tin.
Trần Văn Giàu. 1973. *Hệ ý thức phong kiến và sự thất bại của nó trước các nhiệm vụ lịch sử tập 1 Sự phát triển của tư tưởng ở Việt Nam từ thế kỷ XIX đến cách mạng tháng tám*. Hà Nội: Nhà Xuất bản Khoa học Xã hội.
Trương Vĩnh Ký. 1875. *Cours d'histoire Annamite*. Saigon: Imprimerie du gouvernement.
Vũ Văn Sạch. Vũ Thị Minh Hương & Papin, Philippe eds.1997. *Văn thơ Đong Kinh Nghĩa Thục*. Hà Nội: Nhà Xuất bản Văn hóa.

注

（1）東洋文庫にも嗣徳辛巳（1881）刊の版本が所蔵されている。

（2）范復齋のオリジナルの著作の部分と呉世榮の潤色部分の区別について明確な指示はないが、次のような推測はできよう。まず、下集の四字句の本文と解説部分が密接な関係を持つことは明らかである。四字句の簡単な記述では読者は十分に理解できないことも多かったと思われる。この本の使われ方については 1.4 で取り上げるが、教師が解説部分を参照しながら児童に補足説明を施すことを前提にしていたと見られる。下集には、本文と解説部分のほかに、わずかながら本文の右側に解説部分よりさらに小さい文字で挿入されたごく短い補注がある。解説部分では説明されていないことをさらに後から付加したと思われる。この補注と上集の補助資料が連動している。たとえば、国内の城の数について、「三十余城」という四字句の補注として「内皇城承天城居其一、余三十省城、見上」とあり、確かに、上集には三十省の名前が列挙されている。上集の補助資料は、下集の補注とともに、本文とその解説部分に後から付加されたと見られる。下集の本文と解説部分が范復齋のオリジナルの著作の部分で、下集の補注と上集の補助資料が呉世榮の潤色部分ではなかろうか。

(3)「余童年、先君子従俗命之先読三字経及三皇諸史、次則読経伝習、時挙業文、字求合場、規取青紫而已。其於上之天文、下之地理、中之人事、及本国之世次先後、未有一日講也。幸蒙厳訓、承先蔭、紹治元年辛丑恩科預領郷薦、言乎三才則似童稺、深自慚悔。承乏南真、幸得県小民稀、琴堂少事、捜集群書。僅窺一二、爰摘取天文・地理與人事之大概、歴代之世次、編成一集、分為三部。毎句四字、四句二韻、平昃換更、俾便誦読。顔曰啓童説約、使家童習之、庶得略知三才之緒。余本国之要約亦以広疇嚢之見聞耳。若曰通三才而謂之儒則余烏乎敢。」

(4) この増補を誰が挿入したかは不明である。

(5) テクスト本文の各部の冒頭において、「子開一」「丑闢二」「寅生三」という表題の後に、それぞれ「取〈天開於子〉之義也」「取〈地闢於丑〉之義也」「取〈人生於寅〉之義也」という説明をつけている。『皇極経世書』の宇宙観では、一元(12万 9600 年)が天地人類の寿命であり、一元は十二会に分かれ十二支で表される。最初の子会に天が開け、続く丑会に地が闢け、寅会に人類が誕生したと考えられる。一会は三十運に分けられ、一運は十二世に分けられる。この宇宙論全体を「元会運世」説と呼ぶ[川島　2006：253-257]。この議論は、同時代の朱熹にも大きな影響を与え、後には『西遊記』の冒頭に置かれてよく知られている。阮朝期の知識人への『皇極経世書』の影響については、チャン・ヴァン・ザウが論じている[Trần 1973: 177-180]。

(6) ズオン・クアン・ハムはこれらのテクストの成立年について述べていない。岩月によれば、『三千字』は 18 世紀末に編纂されたものである。

(7)『三字経』は革命前のベトナムでも親しまれた本であり、近年になってベトナム語訳注つきの漢文テクストが出版されている[Đoàn 1996]。

(8) 南定省の一村落の事例では、一人の先生が一つの教室で初学要略の課程(1 年～3 年)を教えていた[Sakurai 2010]。

(9) 2005 年 12 月にニンビン省で行ったフィールド調査において、ある民家の漢文図書の蔵書に『啓童説約』の残簡が含まれていた。この家の先代も漢文先生としてこのテクストを教え続けていたのかもしれない。

(10) 阮朝の省の名は四角の線で囲まれている。承天府のみは二重の四角の線で囲まれている。北方の中国側は描かれていない。西方には、南掌（ルアンパバーン)、哀牢（ラオス方面の総称)、甘露（クアンチ西方の諸首長国)、萬象（ヴィエンチャン）の名が二重の花丸で囲まれている。19世紀のラオス方面をめぐる複雑な動きについてはとりあえず下記を参照、[嶋尾　2011]。興味深いのは暹羅（シャム）が阮朝の省と同じように四角の線で囲まれて記されていることである。暹羅をベトナムの省と認識していたわけではないことは、図に続く省名の列挙に暹羅が含まれていないことからも明らかである。1830年代以来、ベトナムと敵対関係にあったシャムを従属的存在として描くイメージ操作であろう。カンボジアの国名（真臘、高綿、高蛮）は記されていない。

(11) 現在ベトナムで最も普及している省別地図帳の表紙と挿絵に1830年代の省名が記された「大南一統全図」(1834) が掲げられていることは示唆的であろう [Lê & Thế eds. 2011]。

(12) 黎朝は名目的に存在していた。南河のベトナム人の居住圏や統治範囲は17世紀に入ってハイヴァン峠を越えて拡大し、18世紀後半にはメコンデルタを包摂する。

(13) 中国の龍脈の幹線3支については、次を参照、[水口 2007: 6-7]。

(14) 解説では、「中国人は、ベトナムの文章と朝鮮の礼儀は対等であると称賛している（北人称、交趾文章與高麗礼度相対)」と述べられており、東アジア文明の中でのベトナムの位置づけが与えられている。

(15)『大南一統志』巻32、宣光省（東洋文庫蔵）にも「崑崙山」の名がみえるが、地脈との関係は語られていない。

(16) [嶋尾 2001b: 37-39]

(17) 南河の士人にとっても科挙は最終的にはフエへの旅である。阮廷炤『陸雲僊』は架空の土地の物語ではあるが、作者の人生をもとに作られた話であり、それがサイゴンからフエへの科挙の旅を巡る物語であることは間違いない。主人公は旅の途中で受験生仲間と出会い、或いは裏切られ、或いは助けられ、艱難辛苦の末に進士に合格し、皇帝への忠義を全うする [Đỗ 1975]。黎文悦のようにサイゴンに自律的勢力を形成する動きもあったが、阮廷炤のようにフエへの忠誠を第一義とする南部人士が存在したことは間違いない。阮朝期には、サイゴン－フエの忠誠圏が一方に存在し、それに霊江・横山を超えてフエ以南へと視野を広げる北河知識人の動向が交わっていたと見ることができるのかもしれない。

(18)『欽定大南会典事例』巻102、国士監条。

(19) 資源の全国的な再分配の動向や沿海物流の新展開などのファクタが空間意識の変容に与えた影響も検討すべき課題となろう。

(20)「南河」の住民を「南人」、「北河」の住民を「北人」と呼ぶ場合もあるが、ここはそうではない。

(21) 君主—臣民関係を基盤としていることは確かだが、「南」という共通項で知的・想像的に結ばれた同類意識でもあろう。

(22) 士燮（2 世紀末～ 3 世紀初）については、本文に「世至士王、贏陵建邑、化以詩書、越知文習」とあり、解説では「我越有文風之習、始於此。」と評価されている。李賁（6 世紀）については解説に「我越年号、始此。」とある。

(23) 李朝については、「君明臣良、立経陳紀、修政愛民、開科取士／賢君相継、與宋抗衡、民安衾裼、世措太平。」とあり、陳朝については、「賢聖相承、凡十二帝、国泰民安、惟耽仏氏／東阿享国、僅二百年、文明之盛、遠過於前。」（東阿とは陳氏のこと）とある。

(24) ところが、奇妙なことに、対中国関係で明からの独立に劣らず重要なもう一つの事象、元寇の二度の撃退については、一切触れられていない。元寇撃退の英雄陳興道が神格化され、北部ベトナムで最も一般的な神位となっていることを勘案すると、この扱いは、不自然である。嗣徳帝が元寇撃退について低い評価しか与えていない（元の派遣した武将が弱かっただけとする）ことは夙に指摘されている（[Trần1973:190-191]、『欽定越史通鑑綱目』正編巻 8：6ab）が、このような見方が社会にも広まっていたのであろうか？

(25) 讖言の全文は李朝建国を記した本文の後の解説に載せられている。李朝の本貫である北寧の亭榜（もと古法）の木綿樹（カポックの木）の中にあったとされる。全文は、「禾刀木落、一八子成、東阿入地、異木再栄、震宮出日、兌宮隠星。」である。『啓童説約』による解釈は次のとおりである。「禾刀木」は「梨」の字を示し、同音の「黎」を表す。「一八子」は「李」を表す。前黎朝が滅んで李朝が起こることを指している。「東阿」は「陳」を表し、「異木」はまた「梨」=「黎」を意味し、陳朝が滅んで黎朝が起こることを指している。「震宮」は東方、「兌宮」は西方、ハノイに黎朝が復興することと西山が滅びることを予言している。

(26) ベトナム阮朝における国史編纂の困難について最初に指摘したのはフィリップ・ラングレーである［Langlet 1990］。

(27)「旧史」（呉士連『大越史記全書』）は、炎帝神農氏に由来する涇陽王—貉龍君—雄王の系譜をベトナムの王統の創始者とする建国神話をベトナムの歴史叙述に新たに付け加え、「鴻厖氏紀」と呼んでいる。この神話については、18 世紀末にはすでに北河の知識人の中にも疑問を呈する声があったが、阮朝もこれをそのまま容認することはできず、『資治通鑑綱目』が盤古三皇の神話を否定しつつ伏羲を祖にするのに倣い、雄王に先立つ涇陽王—貉龍君の正統は否定し、雄王を王統の創始者に置くことにしている。このような折衷的な改変に対しても異を唱え、「旧史」の立場を肯定する意見があったことが付記されている。

雄王を正統のはじめとした阮朝の越史は神話以後の歴史時代についても、「紫陽綱目書法」（朱熹撰『資治通鑑綱目』の書法）に倣い、「旧史」の記述スタイルを批判した。旧史は、ベトナムの王統を10世紀後半の独立王朝成立以前と以後に分けて、前者を外紀、後者を本紀と呼び、独立王朝成立以前においても中国に対して自立的勢力を形成した場合には、そこに国統の連続性を見て、その「王」の事跡を一つの記録（「紀」）として提示し、「王」の名を支配の開始時点において「大書」（割注で2行に分けて小さく書くのではなく一行分の大きさで記述）している。具体的には「蜀氏紀」、「趙氏紀」、「徴女王紀」、「士王紀」、「前李紀」、「趙越王紀」、「後李紀」、「呉氏紀」である。これに対して、『欽定越史通鑑綱目』は、雄王の正統をベトナム最初の皇帝、丁先皇（丁部領）が継承したという明快な立場を取り、その中間に存在した「王」たちを正統と認めていない。記述のスタイルでも、非正統の「王」の名は、「大書」せずに「分註」（割注）で記すというスタイルを取っている。凡例には、「安陽王、趙武王・文王・明王・哀王・趙王建徳、及前後李二帝、趙越王、南晋王昌文均非正統。旧史皆大書於干支横行之下、茲従列国例、分註其間。」、「徴氏起兵復讐、未成為国。士燮奉命来守、不曾称王。視安陽王・趙越王者有間。旧史各別書為一紀、茲削之。」とある。なお、丁部領以前は「前編」、以後は「正編」と呼ばれている。

旧史における鄭氏政権に関する記述の仕方こそ、阮朝が最も強く旧史に不満を抱いていた点である。阮氏はもともと鄭氏と対立し南に移らざるをえなくなり、17世紀には断続的に交戦を続けた。宿敵である。17世紀以降、正統王朝黎朝は実権を失って名目的存在と化し、鄭氏が黎朝皇帝をないがしろにして実権を握っていた。旧史がその鄭氏に阿った記述をしているとして、阮朝はこれを厳しく批判している。凡例は「旧史」の不備を縷々列挙している。黎朝の名は存続していたが、実質的には鄭氏が政策決定をしていたので、「旧史」が「命」「諭」という表現で皇帝の命令として記述しているものを、「遣」「令」という単なる命令を表す語で書き直す。また、鄭氏の称号についても、黎朝の名を借りて鄭氏の意志で決定しているのであるから、「自加」「自進」（自分で授与した）という書き方にする。鄭氏が黎朝皇帝を暗殺した事例につき「旧史」は婉曲に言及しているだけであるが、これを「弑」と明記する。

一方、阮朝の祖先阮氏は即位時や北河の事象に関わる場合にのみ言及がなされているだけであるが、「本朝列聖」と総称され、個々の君主は本名ではなく、阮朝期に入ってから定められた廟号・諡を用いて二字抬頭の形式で記されている。凡例は、『資治通鑑綱目前編』が商王朝の記述の中で周に言及し、『資治通鑑綱目』が後周の記述の中で宋に言及しているのと同様であると説明している。つまり、黎朝皇帝の名目的正統性を認めて、権力を壟断する鄭氏を批判するという構図を取りつつ、他方では黎朝に代わって次の時代に正統を継ぐ阮朝の神聖な祖先の出現を明示するものであった。

(28)『大南寔録正編』第一紀巻42：20b、『同』第二紀巻208：24a; 巻199: 10b-11b.『欽定越史通鑑綱目』巻首.

(29)『大南寔録正編』第四紀巻 18：20b.

(30)『同』第四紀巻 16：46b.

(31)『欽定大南会典事例』巻 106：2b-3a 礼部科挙・命題規式によれば、嗣徳 3 年（1850）の規定で、策問の試験について「国史世務」について問う時には事実に基づいた問題を出すようにとの指示が為されている。「国史」についての設問が全く無かったわけではないのかもしれないが、前代の歴史ではなく、むしろ「世務」（世情・時勢）に関する問いが主であったのであろう。

(32) 直轄植民地コーチシナでは、1875 年にチュオン・ヴィン・キーがフランス語で学生向けのベトナム通史を著している［Trương 1875］。

(33) ただし、南河の歴史を接合することに失敗している。北河の歴史、南河の歴史、阮朝の歴史をバランスよく統合した叙述は、チャン・チョン・キムの通史を待たねばならない。

(34) 地理・歴史の項では「越南」という国号は出て来ないが、天文の項で一か所のみ「越南星分」という句が出てくる。

(35) 近代ベトナムの「国民」概念導入については、『国民読本』上編「国民解」参照［Vũ, Vũ & Papin 1997］。

付記

脱稿後に次の論文を入手した。漢文・字喃で書かれた児童向けのベトナム史教育テクストの概要・変遷をまとめた有益な論考である。『啓童説約』にも言及があるが、具体的な歴史像の分析はなされていない。また、阮朝の旧史批判という重要な論点を見落としている。

Nguyễn Thị Hường. 2011."Văn bản sách dạy lịch sử Việt Nam viết bằng chữ Hán và chữ Nôm từ thế kỷ XIX đến đầu thế kỷ XX : Hiện trạng và đặc điểm." *Tạp chí Hán nôm*. 108.

Nguyễn Thị Hường. 2011."Sự hình thành và phát triển của sách dạy lịch sử Việt Nam viết bằng chữ Hán và chữ Nôm." *Nghiên cứu Lịch sử*. 427.

教育メディアから見るインドネシアのアラブ系住民による教育活動の変容
――20世紀前半におけるイルシャードの学校の教科書とカリキュラムを事例として

山口元樹

I　はじめに

19世紀から20世紀前半、西欧近代文明を前に伝統的なイスラームの在り方が揺らいでいく中で、様々な地域のイスラーム教徒たちによって改革主義運動が起こされた。その中で共通して取り組まれた課題の一つが、教育の在り方を時代の状況に合ったものに改革していくことである。インドネシア（1942年まではオランダ領東インド）の場合、改革主義運動の初期の段階においてアラブ系住民が顕著な活躍をし、教育の改革にも積極的に取り組んだことが特徴的と言えるだろう。本稿が取り上げるイルシャード al-Irshād（「導き」の意）は、20世紀初めにインドネシアのアラブ人によって結成された主要なイスラーム改革主義組織であり、近代的なイスラーム学校の運営を主な活動としてきた。

東南アジア島嶼部に少数ながら居住するアラブ人の大半は、アラビア半島南部、ハドラマウト地方（現イエメン共和国の東部の地域）に起源を持つ人々で、ハドラミー（Ḥaḍramī）と呼ばれる。オランダ統治期には、「ヨーロッパ人（Europeanen）」、「原住民（Inlanders）」、「外来東洋人（Vreemde-oosterlingen）」という住民区分が設けられ、アラブ人は、華人やインド人などとともに「外来東洋人」に分類された。そのため、「原住民」の大多数と同じくイスラーム教徒でありながら、アラブ人には異なる法律や社会制度が適用された[(1)]。インドネシアのイスラーム教徒の中で教育の改革にいち早く着手しつつも、大多数とは異なる特殊な立場にあったアラブ人に着目することは、インドネシアのイスラーム教徒による教育活動全体の動向を理解する上でも、一つの有効な視座になり得るだろう。

しかし、このような重要性にもかかわらず、アラブ人による教育活動は十分に考察されてきたわけではない。20世紀前半のインドネシアの歴史記述の中で、アラブ人の存在が脚光を浴びるのは概ね1910年代までであり、それ以降についてはほとんど言及されていない(2)。また、近年では、東南アジアのアラブ人の大多数を占めるハドラミーに対する研究者の関心が高まっており、イルシャードによる教育活動については、モビニ＝ケシェー N. Mobini-Kesheh やマンダル S. K. Mandal によって研究がなされている(3)。しかし、前者は、20世紀前半を「ハドラミーの覚醒 al-Nahḍa al-Ḥaḍramiyya」の時期として描き、イルシャードを「ハドラミーの組織」と見做している。そのため、イルシャードによる教育活動は、ハドラミーとしての自己認識の形成とのみ結びつけられ、インドネシア社会から完全に分離したものとして論じられている。他方、マンダルによる研究は、イルシャードが結成された直後の教育活動についてはある程度詳しく扱っている。だが、1924年という中途半端な時期までしか対象としていない上に、アラビア語の史料がほとんど参照されていない。さらに、いずれの研究においても問題なのが、イルシャードによる教育活動の変容を見過ごしてしまっていることである。

以上を踏まえ、本稿は、イルシャードの学校を事例として、20世紀前半におけるインドネシアのアラブ人による教育活動の変容を明らかにすることを目的とする。分析においては、とりわけ「教育メディア」である教科書とカリキュラムに着目したい。従来の多くの研究は、アラブ人による教育の改革について、漠然と近代化を指摘するのみであった(4)。しかしながら、教科書とカリキュラムを分析することによって、教育活動の内容をより具体的に論じることが可能になる。

本稿が依拠した主な史料は、イルシャーディー（Irshādī, イルシャードの会員や支持者）をはじめとするインドネシアのアラブ人が編集・発行した定期刊行物[5]とイルシャードが発行した冊子類である。教科書を調べる際には、マフムド・ユヌス M. Yunus による『インドネシアにおけるイスラーム教育の歴史 *Sejarah pendidikan Islam di Indonesia*』の中のイルシャードのバタヴィア（ジャカルタ）校の情報と、『イルシャード・スラバヤ支部：年次報告 1935–1936 年 *Al Irsjad Soerabaia: Verslag tahoenan 1935-1936*』を主に利用した[6]。前者は、どの時期に使用された教科書か明記されていないが、スラバヤ支部の年次報告と同時期の 1930 年代半ばのものと推察される[7]。

Ⅱ　20 世紀前半のインドネシアにおける教育

まず、議論の前提として、ここでは 20 世紀前半のインドネシアにおける教育の状況を瞥見し、その中におけるアラブ人の位置付けを示すことにしたい。当時の教育は、3 種類に大別できる。20 世紀になると、従来から行われていた伝統的なイスラーム教育に加え、新たに 2 種類の教育が普及するようになる。すなわち、オランダ植民地政府による公教育とイスラーム改革主義運動によって生まれた近代的なイスラーム教育である。

i．伝統的なイスラーム教育

インドネシアを含むマレー世界の伝統的なイスラーム教育は、しばしば 2 つの段階に分けて説明される[8]。児童への基礎的なクルアーンの読誦は、スラウ（surau）やランガル（langgar）と呼ばれる地域の礼拝所やイスラーム教育を受けた農民の家で教えられた。この学習をプンガジアン・クルアーン（pengajian koran）という。それ以上のイスラーム諸学の教育は、寄宿制の教育機関が担った。この教育機関の名称は地域により異なるが、「サントリ（santri, 生徒）のいる場所」を意味するプサントレン（pesantren）が現在では最も一般的である[9]。多くの場合、プサントレンは村落の外れに建てられ、高名なキヤイ（kiyai, 主にジャワにおける伝統的なイスラーム知識人の尊称）のもとに様々な地域からサントリが集まり、キヤイの家に隣接する宿舎で集団生活が送られた。

プサントレンの教育には特定のカリキュラムはなく、入学資格や修学年数も定められていなかった。教科書として用いられたのは、アラビア語やアラビア文字表記の現地語で書かれたイスラーム諸学の書物、キターブ（kitab）であり、その内容の暗記が学習の中心であった。多くのキヤイは、特定の学問分野、さらには特定のキターブを専門としていた。そのため、一冊のキターブを修得したサントリは、新たな知識を求めていくつかのプサントレンを遍歴することもあった。

プサントレンで学ばれたのは、基本的にイスラーム諸学のみである。もっとも、クルアーンやハディースの解釈が学習の対象となることは、20世紀以前にはあまりなかった[10]。主に学ばれたのは、①ナフウ（naḥw, 統語論）やサルフ（ṣarf, 形態論）といったアラビア語諸学、②神学（uṣūl al-dīn）、もしくは教義（ʻaqīda）、③タサウウフ（taṣawwuf, いわゆるイスラーム神秘主義）、④そして法学（fiqh）であった。これらのなかでも、特に重視されたのは法学である。ただし、法源学（uṣūl al-fiqh, 法解釈における方法論）が学ばれることはまれであった。

インドネシアは、スンナ派の中でもシャーフィイー学派が支配的な地域である。ブライネッセン M. van Bruinessen によれば、プサントレンでは主に4つの系統のシャーフィイー学派の法学書が用いられてきた。すなわち、①ナワウィー Yaḥyā b. Sharaf al-Nawawī（1277年没）による *Minhāj al-ṭālibīn* の系統、②アブー・シュジャーウ Abū Shujāʻ al-Isfahānī（1197年没）による *Al-Ghāya wa-l-taqrīb*（*Mukhtaṣar* ともいう）の系統、③マリーバーリー Zayn al-Dīn al-Malībālī（1567年頃没）による *Qurrat al-ʻayn* の系統、④アブドゥッラー・バー・ファドル ʻAbd Allāh b. ʻAbd al-Karīm Bā Faḍl（16世紀）による *Al-Muqaddima al-Ḥaḍramiyya* の系統である[11]。これらのうち、①の系統に含まれる、イブン・ハジャル・アル＝ハイタミー Ibn Ḥajar al-Haytamī（1567年没）とシャムスッディーン・アッ＝ラムリー Shams al-Dīn al-Ramlī（1595/6年没）がそれぞれ著した *Minhāj al-ṭālibīn* の注釈書（sharḥ）、*Tuḥfat al-muḥtāj* と *Nihāyat al-muḥtāj* が、インドネシアでは最も高い権威を有してきた。

以上のような教育内容は、大半のインドネシアのアラブ人の故地であるハドラマウトのものと共通点が多い。ハドラマウトもシャーフィイー学派が大勢を占める地域であり、法学書ではイブン・ハジャルの *Tuḥfat al-muḥtāj* とラムリーの *Minhāj al-ṭālibīn* が重要視されてきた(12)。さらに、インドネシアの伝統的なイスラーム教育には、ハドラマウト出身の学者の影響が見られる。例えば、法学書の系統④のバー・ファドルはハドラミーである。これには、イブン・ハジャルによる注釈書 *Minhāj al-qawīm* や、東ジャワのテルマス出身の学者、マフフッズ・アッ＝タルミシ Mahfudz At-Tarmisi（1919/20 年没）による注釈書 *Sharḥ ʿalā Bā Faḍl* があり、特に前者はジャワで広く用いられてきた(13)。ハドラミーの学者による他の著作としては、アブドゥッラー・ブン・ターヒル ʿAbd Allāh b. Ḥusayn b. Ṭāhir Bā ʿAlawī（1855 年没）による *Sullam al-tawfīq* やサーリム・ブン・スマイル Sālim b. Sumayr（19 世紀）による *Safīnat al-najāʾ* もプサントレンで使用された。

ⅱ. オランダ植民地政府による公教育

20 世紀なって普及する新しい教育の一つが、オランダ植民地政府による公教育である。「倫理政策 Ethische Politiek」(14)の開始以降、官吏や企業の事務員の育成を主な目的に学校制度が整備された結果、社会的上昇において学歴が大きな意味を持つようになっていった(15)。1930 年代末までに、オランダ領東インドの公教育制度は大体次のような形になる(16)。

まず、初等教育は、エリート教育と大衆教育からなり、とりわけ前者では、「人種」に基づく住民区分が強く反映された。エリート初等教育は、主にヨーロッパ人の子弟と一部の裕福な原住民や外来東洋人の子弟を対象とし、教授用語はオランダ語であった。後述の連鎖学校（schakel school）を除けば、エリート初等教育は、①ヨーロッパ人小学校（Europese lagere school, ELS）、②オランダ語原住民学校（Hollands-Inlandse school, HIS）、③オランダ語華人学校（Hollands-Chinese school, HCS）、④オランダ語アラブ人学校（Hollands-Arabische school, HAS）から構成された（いずれの学校も 7 年制）。これらの学校は、原則的にそれぞれヨーロッパ人、原住民、華人、アラブ人の生徒を対象としていた。エリート初等教育を修了すれば、ミュロー（MULO: meer uitgebreid lager onderwijs, 拡充高等初等教育）や中等教育に進むことができた。

他方、大衆初等教育は、原住民一般の子弟を対象としたもので、①5年制の二級小学校（tweedeschool）、もしくは標準学校（standaardschool）、②3年制の村落学校（desaschool）、もしくは国民学校（volksschool）、③村落学校の卒業生が進学できる3年制の継続学校（vervolgschool）の3種類から構成された。大衆初等教育を修了した者が主に進学できたのは、現地の言語を教授用語とする専門学校である。ただ、さらに4年制もしくは5年制の連鎖学校でオランダ語原住民学校修了と同等の教育を受ければ、ミュロー、中等教育機関、オランダ語を教授用語とする専門学校に進学することもできた。

中等教育以上になると、「人種」に基づく区分は設けられていない。主な中等教育機関として、①5年制の高等市民学校（hogere burgerschool, HBS）と②ミュローの卒業生が入学できる3年制の普通中学校（algemene middelbare school, AMS）がある。これらを卒業すれば高等教育機関に進むことができた。他に、3年制の高等市民学校もあったが、この学校の卒業生が進学できたのは上級の専門学校のみであった。ミュローは、制度的には初等教育と中等教育の間に位置するが、実際には一種の中学校の役割を果たした。最後に、高等教育機関は、バンドゥンの工科大学（technische hogeschool）、バタヴィアの法科大学（rechtshogeschool）と医科大学（geneeskundige hogeschool）の3校が設けられた。

ここで重要なのは、以上のような公教育がアラブ人にはあまり普及しなかったことである。一つの要因として、彼らが公教育を受けることに消極的であったことがあげられる。多くの者は、「キリスト教徒」である植民地政府の学校を自分たちの宗教を害するものだと考えた[17]。また、アラブ人の大半は自ら商業を営み、子弟は家業を継ぐのが一般的であったので、社会的上昇のために学歴を得ることに関心が低かった[18]。さらに、公教育を受けることを望んだとしても、アラブ人にとって障害となったのがエリート初等教育における「人種」の区分である。「人種」の違いから、アラブ人の生徒がヨーロッパ人小学校やオランダ語原住民学校に入学するのは非常に困難であった[19]。エリート初等教育を受け、中等教育や高等教育に進むには、自分たちの「人種」の小学校が必要となる。ところが、1940年の時点で、植民地政府は、公立のオランダ語アラブ人学校をソロとスラバヤの2校しか開設していなかった。これに対して、同年の統計で、公立のオランダ語華人学校は62校、公立のオランダ語原住民学校は186校開設されていた[20]。

iii．近代的なイスラーム教育

20世紀に普及するもう一つの教育、すなわち近代的なイスラーム教育は、マドラサ（madrasah）という教育機関に代表される[21]。マドラサという言葉は、元来は学校や教育機関一般を指すアラビア語であるが、インドネシアでは近代的なイスラーム教育機関を意味する。20世紀初めのインドネシアでは、イスラーム改革主義を掲げるカウム・ムダ（kaum muda,「若い世代」の意）と呼ばれる人々があらわれ、彼らの組織や個々人によって多くのマドラサが開設された。

マドラサには、プサントレンと異なるいくつかの特徴がある。最も顕著なのは、学校制度を取り入れたことである。教育にはカリキュラムが定められ、生徒は学年やクラスによって分けられた。机、椅子、黒板を備えた教室では、暗記よりも内容の理解を重視した授業が行われた。科目には、イスラーム諸学だけではなく、歴史、地理、算術、アラビア語以外の言語といった非宗教科目も設置された[22]。さらに、マドラサの中には、植民地の公教育制度に対応したものもあらわれた。例えば、インドネシア最大のイスラーム改革主義組織ムハマディヤ Muhammadiyah は、1923年にバタヴィアでオランダ語原住民学校を開設した。この学校では、公教育のカリキュラムに加え、宗教諸学やアラビア語諸学も教授された。それ以降、ムハマディヤは、オランダ語原住民学校、連鎖学校、ミュローなどを各地に多数設けている[23]。

イスラーム諸学の教育内容にも、伝統的なプサントレンとマドラサでは違いが見られる。一般的に改革主義者は、イスラームを純化すべく「クルアーンとスンナ（預言者ムハンマドの慣行）への回帰」を標語に掲げ、盲目的なタクリード（taqlīd, 法学者の見解に従うこと）を否定し、イジュティハード（ijtihād, 原典を自ら解釈し結論を得ること）の必要性を訴えた。そのため、多くのマドラサでは、クルアーン解釈学、ハディース学、法源学といった原典を理解する学問が重視された。また、改革主義者の多くは、既存の法学派の枠組みに囚われるべきではないと主張したため、シャーフィイー学派以外の法学書も学ばれた。教科書としては、古典的なキターブよりも、19 世紀末から 20 世紀初めにエジプトやシリアなどで作成された新しい教材や、インドネシア人によって著されたムラユ語（インドネシア語）の教材が積極的に取り入れられた。

多くのマドラサはカウム・ムダによって開設されたが、カウム・トゥア（kaum tua,「年をとった世代」の意）と呼ばれた伝統主義のキヤイや学者のすべてが、教育の改革に無関心だったわけではない。カウム・ムダとカウム・トゥアは、イジュティハードとタクリードの是非や既存の法学派の枠組みといった宗教的な側面では激しく対立した(24)。しかし、旧来のプサントレンの中にも、マドラサのように学校制度や非宗教教科を取り入れ、クルアーン解釈学、ハディース学、法源学といった教科を教授するなど、時代の変化に対応するものがあらわれた。

教育の改革の特に初期において、インドネシアのアラブ人は積極的な活動をしている。1901 年にバタヴィアのアラブ人によって結成されたジャムイーヤト・ハイル Jamʿiyyat Khayr（「慈善協会」の意）は、インドネシアで最も古い近代的なイスラーム組織であり、バタヴィアとバイテンゾルフ（現ボゴール）でマドラサを開設した(25)。1911 年頃には、スラバヤでも、類似した名前の組織ジャムイーヤ・ハイリーヤ Jamʿiyya Khayriyya がアラブ人によって結成された。これらの組織や後で見るイルシャードの他にも、プカロンガンのシャマーイル・アル＝フダー Shamāʾil al-Hudā（「導きの美徳」の意）や、ソロ（スラカルタ）のアラブ・イスラーム協会 al-Jamʿiyya al-ʿArabiyya al-Islāmiyya といったアラブ人の組織が 1910 年代に結成され、近代的なイスラーム教育に取り組んだ(26)。アラブ人が早い時期に教育の改革で活躍した理由として、現地のイスラーム教徒と比べて全般的に裕福で資金を持っていたことや、中東との関係を保持していたために、改革主義運動の影響を受けやすかったことが指摘できるだろう(27)。

Ⅲ　イルシャードによる教育活動

以上を踏まえ、イルシャードによる教育活動を分析していこう。イルシャードは、アラブ人によって結成された組織の中でも、多数の支部や学校を持つまでに発展し、ムハマディヤやプルシス Persis（イスラーム統一協会）(28)と並ぶ、インドネシアのイスラーム改革主義運動を牽引する主要な組織の一つになる。以下ではまず、イルシャード結成の経緯とその後の発展について概観する。その後、教科書とカリキュラムを分析して、1930 年代までの教育活動の変容を論じていくことにしたい。

ⅰ．イルシャードの結成と発展

イルシャードが結成された背景には、インドネシアのアラブ人社会内部で起こった対立がある(29)。前述のジャムイーヤト・ハイルは、ハドラミーの中でもアラウィー ʿAlawī（もしくはバー・アラウィー Bā ʿAlawī）という一族が指導的地位を占めていた。この一族は、サイイド（sayyid）やシャリーフ（sharīf）などと呼ばれる預言者ムハンマドの子孫で、ハドラマウト社会の中では高貴な血統によって特権的な立場を享受していた。ところが、1911 年にジャムイーヤト・ハイルがマッカから招聘した教師の一人、スーダン出身のアフマド・スールカティー Aḥmad b. Muḥammad Sūrkatī（1943 年没）は、血統に基づくアラウィーたちの権威を認めなかった。彼によれば、予言者の子孫であっても、イスラームにおいてすべての信徒は対等な立場に置かれているのである。ジャムイーヤト・ハイル内のアラウィーたちとの関係が悪化した結果、1914 年にスールカティーは教授職を辞め、「導きのためのイスラーム学校 Madrasat al-Irshād al-Islāmiyya」という私塾をバタヴィアで開いた。この学校を支援するために、彼の支持者たちは、「改革と導きのためのアラブ人協会 Jamʿiyyat al-Iṣlāḥ wa-l-

Irshād al-ʻArabiyya」を結成したのである。

このように、イルシャードという組織は学校と協会から構成されている。スールカティーは組織全体の指導者であったが協会の中では特定の役職に就かず、協会の運営に携わったのは、すべてハドラミーであった。協会の結成の中心人物の一人に、バタヴィアのアラブ人社会のカピタン（kapitein, 植民地政府が任命する少数派共同体の長）ウマル・マンクーシュ ʻUmar b.Yūsuf Manqūsh（1948年頃没）がいる。彼をはじめ初期の協会の会員の大半は、若い時にハドラマウトからインドネシアに移住した商人であった(30)。

結成後すぐさま、イルシャードはバタヴィア以外の都市にも支持者を獲得していく。1917年、最初の支部がトゥガルにつくられた。1919年までに、プカロンガン、ブミアユ、スラバヤといったジャワ島の都市に支部が開設された。1920年代には、ジャワ島以外の都市やアラブ人がいない都市にもイルシャードの活動は広まる(31)。1931年、イルシャードは24の支部を持ち、うち4つはアラブ人がいない都市に設立された(32)。オランダの統治が終了する1942年までに、支部の数は31にまで増加している(33)。

組織の発展に伴い、イルシャードの教育活動も多様になっていく。1917年、バタヴィア校は、初級クラス（klas permoelaän）のAとB及びその後の5学年の計7学年に分かれていたのみであった(34)。その後、バタヴィアやスラバヤなどでは、タハッスス（madrasat takhaṣṣuṣ, 成人向けの夜学）が開設された(35)。1930年代のバタヴィア校やスラバヤ校は、アウワリーヤ（madrasa awwaliyya, 初等学校の前半に相当）(36)、イブティダーイーヤ（madrasa ibtidāʼiyya, 初等学校の後半に相当)、タジュヒーズィーヤ（madrasa tajhīziyya, 予備学校）を備え、スラバヤにはムアッリミーン（madrasat al-muʻallimīn, 師範学校）も開設された(37)。また、イルシャードは女子教育も行っており、1920年代末には、スラバヤやプカロンガンでは女子向けの学校も開かれた(38)。

ii．教科書とカリキュラムから見る教育活動の変容

続いて、イルシャードの学校の教科書とカリキュラムに着目して、20世紀

前半における教育活動の変容を明らかにしていこう。イルシャードの教育活動は、必ずしも順調に発展していったわけではない。教科書やカリキュラムからは、①アラビア語教育、②法学派の規定、③非宗教科目の導入の 3 点について、特に重要な問題を抱えていたことが読み取れる。以下では、それぞれについて分析していくことにしたい。

1)　アラビア語教育

まず、アラビア語教育から見ていこう。アラビア語の能力はイスラームの原典を理解するために不可欠であることに加え、アラブ人の言語でもあったために、イルシャードの教育活動において特に重視されたと指摘される(39)。アラビア語諸学の授業に多くの時間が充てられただけでなく、その他の科目の授業も基本的にはアラビア語で行われた。そのため、中東アラブ地域出身の教師が多数雇われた(40)。さらに、授業以外の時間も校内では他の言語で会話することが禁止されていた(41)。

アラビア語諸学の教科書としては、特にアウワリーヤやイブティダーイーヤでは、近代に中東アラブ地域で作成された教材の使用が目立つ（表 1)。例えば、ヒフニー・ナースィフ Ḥifnī Nāṣif（1919 年没）らによる *Al-Durūs al-naḥwiyya* や、アリー・ジャーリム ʿAlī Jārim（1949 年没）らによる *Al-Naḥw al-wāḍiḥ* など、エジプトの教育者によって著された教材が使われている。1930 年代半ばには、イブン・マーリク Jamāl al-Dīn b. Mālik（1274 年没）による有名な古典的文法書 *Al-Alfiyya*、ムバッラド Abū al-ʿAbbās al-Mubarrad（900 年頃没）による *Al-Kāmil fī al-adab* やイブン・アブドゥッラッビヒ Abū ʿUmar Aḥmd b. ʿAbd Rabbih（940 年没）による *Al-ʿIqd al-farīd* といったアダブ（adab, 教養・文芸）作品など、古典も授業で学ばれていた。しかし、ムアッリミーンやタハッススだけに限られている。

イルシャードの学校では、教授用語が基本的にアラビア語であったため、アラビア語以外の授業でも中東アラブ地域から輸入された教科書が使用された。しかしながら、それらの教科書の使用は、アラブ人の組織だけの特徴とは言えない。インドネシアのアラブ人以外のイスラーム教徒が開設したマドラサでも、同じ教科書が取り入れられた(42)。

さらに、イルシャードの学校では、それらの教科書について注目すべき問題が起こっている。それは、生徒にとって教科書のアラビア語が難しすぎたことである。イルシャードの学校には、少なからぬ現地のイスラーム教徒の生徒も在籍していた(43)。また、アラブ人の生徒にしても、大半は現地の女性との混血者であり、アラビア語の能力は概して低かった(44)。

そのため、スールカティーは、1919年にイルシャードの協会に提出した学校の改革案の中で、「アラブ人でなかったり（a'ājim)、アラビア語が話せなくなったりした（musta'jim）ジャワの子供たち」に相応しい教科書を作成するべきだと論じている(45)。しかしながら、1930年代半ばになっても、この問題は十分に解決していない。1936年のスラバヤ支部の年次報告の中でも、当時使用されていた教科書の大部分は、「我々の生徒以外のために著されたものである」ため、「この国（インドネシア）の著者たちに、それ（この国）の子供たちの考え方や必要に合った書物を執筆していくように呼びかけなければならない」と述べられている(46)。

同様の問題は、インドネシアのアラブ人以外のイスラーム教徒の間でも認識されていた。スマトラのミナンカバウ地方にあったマドラサ・ディーニーア Madrasah Diniah では、当初エジプトから輸入した教科書をムラユ語に翻訳して使用していた。後になると、このマドラサの創設者ザイヌッディン・ラバイ Zainuddin Labai（1924年没）の手によって、初級者の向けのムラユ語の教科書も作成された(47)。1920年代末以降には、西スマトラ出身の教育者マフムド・ユヌスによってインドネシア人生徒向けのアラビア語・ムラユ語の教材が多数執筆され、多くのマドラサに普及していった(48)。イルシャードのスラバヤ校が法源学の授業に使用した *Al-Mudhakkirāt fī 'ilm uṣūl al-fiqh* もマフムド・ユヌスの著作である（表2)。

以上のように、アラブ人によって結成された組織であるイルシャードが、アラビア語教育に力を入れていたことは事実である。しかしながら、中東アラブ地域から輸入した教科書を使用したことはアラブ人以外のイスラーム教徒が開設したマドラサも同じであった。さらに、イルシャードも、やはりそれらの教科書のアラビア語が難解すぎるという問題を抱え、結局はインドネシアの状況に合ったアラビア語教育を進めていかざるを得なかったのである。

2） 法学派の規定

次に、法学派の規定についてである。前述のように、一般的にイスラーム改革主義者は、既存の法学派、インドネシアではシャーフィイー学派の枠組みに囚われることを否定した。ところが、改革主義組織であるイルシャードの内部にも、シャーフィイー学派に対する固執が見られたのである。1919年発表の協会の内規には、「この協会のすべての学校の公式の学派は、法学（al-fiqh）においては、イマーム・ムジュタヒド・ムハンマド・イドリース・アッ＝シャーフィイーの学派であり、教義（al-ʻaqāʼid）においては、スンナとジャマーアの民（Ahl al-Sunna wa-l-Jamāʻa, すなわちスンナ派）の学派である」と記されていた(49)。実際、1917年のバタヴィア校では、シャーフィイー学派のアブー・シュジャーウの法学書（前述の系統②）以外は使用されていない(50)。

イルシャードによるシャーフィイー学派への拘りには、「ハドラミーの組織」という性格があらわれている。イルシャーディーたちは、敵対してきたアラウィーたちとしばしば和解を試みている。それらの交渉のいくつかでは、「ハドラミーの法学派」であるシャーフィイー学派に従うことを和解の条件にすることが検討された。例えば、1928年、ハドラマウトの著名なアラウィーの学者、イブン・ウバイディッラー・アッ＝サッカーフ ʻAbd al-Raḥmān b. ʻUbayd Allāh al-Saqqāf（1956年没）がスラバヤにやってきて両派の仲裁を行った。彼が提示した和解条件の一つは、「すべてのハドラミーの法学派は一つであり、それはシャーフィイー学派である。何らかの見解が相違することについて彼らが立ち帰るのは、それ（シャーフィイー学派）のうちの信頼に足るもの（al-muʻtamad min-hu）である」であった。和解は成立しなかったものの、イルシャーディーの一部も、イブン・ウバイディッラーによる仲裁に好意的であった(51)。さらに、

1932年末には、イルシャード結成の中心人物であるウマル・マンクーシュが、アラウィー側の有力者アブドゥッラー・ブン・フサイン・アル＝アイダルース ʻAbd Allāh b. Ḥusayn al-ʻAydarūs と和解について協議をした。両者はシャーフィイー学派に従うことを条件とすることに合意し、一部のイルシャーディーたちも当初はこの和解に賛同していた(52)。

しかしながら、イルシャードの指導者スールカティーは、シャーフィイー学派に従うことを条件とした和解に反対している(53)。他の改革主義者と同様、彼は、盲目的なタクリードも、既存の法学派の枠組みに囚われることも認めていない(54)。改革主義者の考えでは、法学派が分裂している状態こそイスラーム共同体を停滞させている大きな要因であった(55)。スールカティーも、既存のすべての法学派は解体され、イスラーム世界全体で新しい一つの法学派に統合されるべきだと主張している(56)。

スールカティーの改革主義思想は、イルシャードのシャーフィイー学派に対する固執よりも次第に優位になっていく。このことは、1931年にバタヴィアで開かれたイルシャード大会において、学校の公式の法学派をシャーフィイー学派とする内規の規定が削除されたことに端的にあらわれている(57)。1930年代半ばのイルシャードの学校では、シャーフィイー学派以外の法学書も学ばれている（表2）。バタヴィアのタハッススの法源学の授業では、いずれも近代の改革主義運動に大きな影響を与えたハンバル学派の学者イブン・カイイム・アル＝ジャウズィーヤ Muḥammad b. Abī bakr b. Qayyim al-Jawziyya（1350年没）による *Iʻlām al-muwaqqi'yīn* と、マーリク学派の学者シャーティビー Abū Isḥāq Ibrāhīm al-Shāṭibī（1388年没）による *Al-Muwāfaqāt fī uṣūl al-sharīʻa* が学ばれている。

法学派以外の点でも、1930年代半ばに使用された教科書からは、改革主義の性格が強くうかがえる。スラバヤのイブティダーイーヤで使用された *Nayl al-awṭār* とバタヴィアのムアッリミーンで使用された *Al-Durr al-naḍīd* は、イジュティハードの必要性を唱えたイエメンの学者シャウカーニー Muḥammad b. ʻAlī al-Shawkānī（1839年没）による著作である(58)。同時代の改革主義者による著作としては、エジプトの著名な思想家ムハンマド・アブドゥフ Muḥammad Abduh（1905 年没）による *Risālat al-tawḥīd* とクルアーン解釈書 *Tafsīr juz' Amm*、彼と弟子のラシード・リダー Rashīd Riḍā（1935 年没）によるクルアーン解釈書 *Tafsīr al-Manār*(59)、シリア出身の教育者ターヒル・アル＝ジャザーイリー Ṭāhir al-Jazā'irī（1920 年没）による *Al-Jawāhir al-kalāmiyya*、そしてイルシャードの指導者スールカティーによる *Al-Masā'il al-thalāth* が教科書として用いられている。

また、法学や法源学の授業でも、近代に中東アラブ地域の作成された教材が取り入れられている。バタヴィアのイブティダーイーヤで使用された法学の教科書 *Durūs al-fiqh* は、ベイルートで活躍した知識人ハイヤート Muḥīy al-Dīn al-Khayyāṭ（1914 年没）の著作である。バタヴィアのタハッススでは、エジプトのダール・アル＝ウルーム Dār al-'Ulūm で学んだフダリー Muḥammad b. 'Afīfī al-Khuḍarī（1927 年没）による法源学の教科書 *Uṣūl al-fiqh* が学ばれた。

イルシャードの中で改革主義の性格が強まっていった要因として、組織内の世代交代が指摘できる。イルシャードの協会の結成に携わった者の多くは、ハドラマウトから移住してきた商人であった。彼らのほとんどは近代的なイスラーム教育を受けておらず、改革主義運動の宗教的な理念を理解していたわけではない。マンクーシュが、シャーフィイー学派に従うことを条件にアラウィー側と和解交渉を行ったのはそのためだと考えられる。他方、より若い世代の指導者たちは、イルシャードの学校で学び、スールカティーから教えを受けた。彼らが組織内で主導権を握ることによって、スールカティーの改革主義思想が支配的な影響力を持つようになったのである。

ただし、1930 年代になっても、一部のシャーフィイー学派の法学書は学ばれている。前述のアブー・シュジャーウの系統に属する *Kifāyat al-akhyār* や *Fatḥ al-qarīb*、ラフビー Muḥammd b. al-Mutaqqina al-Raḥbī（1181 年没）によるファラーイド（farā'id, 遺産の分割に関する法規）に関する *Bughyat al-bāḥith*（*Al-Raḥbiyya* という書名で知られる）、アブー・イスハーク・アッ＝シーラーズィー Abū Isḥāq al-Shīrāzī（1083 年没）による *Al-Muhadhdhab* が教科書として使用されている。なかでも、アブー・シュジャーウとラフビーの法学書は、1932 年に作成されたイルシャードの学校のカリキュラムで学習内容として指定されている[60]。もっとも、これらが学ばれたのは、「ハドラミーの法学派」の法学書であったためというより、教育内容をある程度インドネシア社会の状況に合わせる必要があったためだと考えられる。アブー・シュジャーウの系統の法学書は、イブン・ハジャルやラムリーの著作ほど権威は高くないが、インドネシアのイスラーム教育においてより一般的に使用されてきた[61]。ラフビーの法学書は遺産の分割を扱っており、実用性が高かったのであろう。

3) 非宗教科目の導入

最後に、非宗教科目の導入について見ていこう。他のマドラサと同じく、イルシャードの学校も宗教諸学やアラビア語諸学以外の科目を教授しており、その種類は次第に増加していく。1917 年のバタヴィア校では、非宗教科目として、「礼儀作法」、算術（berhitoen）、歴史（tarich）（予言者ムハンマドの伝記とイスラーム史）、地理（ilmoe bumi）（ジャワ島の地理とヨーロッパの地理）、幾何学（vormleer/ilmoe oekoer）、論理学（mantiq）、オランダ語、ムラユ語が教えられていた[62]。1924 年には、簿記（qānūn mask al-dafātir/boekhouding）、化学（al-kīmīyā' al-ṣinā'ī/ilmoe pisah jang penting）、英語が加えられる[63]。さらに、1932 年作成の学校のカリキュラムでは、歌唱（anāshīd wa-aghānin）、絵画（rasm）、保健（'ilmu al-ṣiḥḥa）、教育学（'ilm al-tarbiya）、体育（al-riyāḍ al-badaniyya）、手工芸（al-ashghāl al-yadawiyya/al-ashghāl wa-l-ḥiraf）もあげられている[64]。

非宗教科目の導入に関して注目すべきなのは、ムハマディヤなどと同様、イルシャードも植民地の公教育制度に対応した学校を開設したことである。前述の 1919 年に協会に提出した学校の改革案の中で、スールカティーは、「政府の初等教育のプログラム（brogrām madāris al-ḥukūma al-ibtidā'iyya）」を取り入れるよう提案している[65]。この提案は、この時点では協会の同意を得られなかったものの、しばらく後に実現していく。1927 年にバタヴィアで開かれた第 1 回イルシャード教師会議において、イブティダーイーヤを 2 種類に分け、一方を公教育制度における連鎖学校にすることが決定された(66)。だが、同年及び1929年にスラバヤで連鎖学校が開設されたが、いずれも短期間で閉鎖されてしまう(67)。しかしながら、その後も公教育制度に対応した学校の開設は続けられている。1930年代末までに、イルシャードは、バタヴィアでオランダ語アラブ人学校を、トゥガルでオランダ語原住民学校を開設していた(68)。

アラブ人の間では関心が低く、制度的に困難であったにもかかわらず、イルシャードが公教育制度に対応した学校を開設した理由の一つは、現地のイスラーム教徒の生徒を受け入れることであった(69)。1919年の改革案の中で、スールカティーは公教育に対応させる理由として、卒業生に「政府の証書(shahādat al-ḥukūma)」を発行し、役所や企業への就職を保証できるようにしなければ、現地のイスラーム教徒の生徒が集まらなくなってしまうことをあげている。インドネシア社会の中で学歴が社会的重要性を増していく中で、イルシャードの学校は、現地のイスラーム教徒の要望に応えていこうとしたのである。

非宗教科目の教科書の多くは、当時のインドネシア社会で一般に普及していたものである。1930年代半ばのオランダ語の教科書としては、ニューヴェンハイス G. J. Neuwenhuis とファン・デル・ラーク H. P. van der Laak による *Nederlands taalboek*、この両者とモハンマド・シャーフェイ Mohammad Sjafei による *Djalan ke Barat: Weg tot het Westen*、ドハーエンス L. J. D'Haens とメイエル H. Chr. Meyer による *Ons eigen boek*、ド・マン＝ソニュース A. M. de Man-Sonius とファン・デル・ラークによる *Voor jong Indië* が使用された。これらはすべて、オランダ語原住民学校やオランダ語華人学校のために作成された教科書である(70)。その他の科目でも当時の社会で普及していたものが使用されている。簿記の授業では、植民地政府の機関バライ・プスタカ Balai Poestaka(国民文化出版局)から出版された *Peladjaran memegang boekoe dangan* が用いられた。

ただし、1930年代半ばのスラバヤ校の地理の教科書は、おそらくインドネシアのアラブ人向けに作成されたものであった。それは、サーリフ・アリー・アル＝キンディー Ṣāliḥ ʿAlī al-Kindī が著した *Jughrāfiyya jazāʾir al-Hind al-*

Sharqiyya というアラビア語で書かれたオランダ領東インドの地理の教科書であり、カイロで出版された[(71)]。このような教科書が使用されたのは、アラビア語教育を重視しつつ、内容をインドネシア社会に合わせるためであろう。

Ⅳ　おわりに

以上のような20世紀前半のイルシャードの学校における「教育メディア」である教科書とカリキュラムに焦点を当てた分析からは次の点が指摘できる。

第一に、法学派の規定に関する問題から、組織内の世代交代が進み、イスラーム改革主義組織としての性格が強まることによって、「ハドラミーの法学派」であるシャーフィイー学派に対する固執がなくなっていったことが分かる。この点において、改革主義の宗教的な側面は、イルシャード内の「ハドラミーの組織」としての性格を否定していったと言えるだろう。したがって、イルシャードによる教育活動をハドラミーとしての自己認識の形成とのみ結びつけて論じることはできない。

第二に、イルシャードの教育活動からは、インドネシア社会に対応しようとする動きが読み取れる。非宗教科目の内容は、当時の社会で一般に普及してものであったし、その種類は次第に増加している。また、現地のイスラーム教徒の要望に応えるために、植民地の公教育制度に対応した学校が開設された。さらに、アラブ人によって結成された組織の特徴として指摘されるアラビア語教育についても、結局はインドネシアの状況に合ったものにしていかざるを得なかった。イルシャードによる教育活動は、インドネシア社会から分離していたわけではないのである。

そして、第三に、これら2つの点において、イルシャードの指導者でありながらハドラミーではないスールカティーが中心的な役割を果たしたことに注目すべきである。スールカティーの影響によって、イルシャードの教育活動は、インドネシア社会から分離してハドラミーとしての自己認識の形成を促すものではなく、改革主義の宗教的な理念に従いつつ、インドネシア社会の状況に適応したものに変容していったと言えるだろう。

最後に、イルシャードの事例に見られるように、インドネシアのイスラーム教徒の中で教育の改革に早くから取り組んだアラブ人も、次第に植民地の公教育に対応した学校を開設していった。このことから、20世紀のインドネシアのイスラーム教育全体にとっても、公教育制度を取り入れることの重要性が高まっていったのではないかと考えられる。しかし、これについて考察を深めるためには、イルシャード以外のアラブ人や現地のイスラーム教徒による教育活動も分析していく必要がある。今後の研究の課題として取り組んでいきたい。

注

(1) オランダ領東インド政府がアラブ系住民にとった政策の概要については、Huub de Jonge, "Dutch Colonial Policy Pertaining to Hadhrami Immigrants," in Ulrike Freitag and William G. Clarence-Smith (eds.), *Hadhrami Traders, Scholars, and Statesmen in the Indian Ocean, 1750s–1960s* (Leiden: Brill, 1997), 94–111に述べられている。

(2) 例えば、Deliar Noer, *The Modernist Muslim Movement in Indonesia, 1900-1942* (Singapore: Oxford University Press, 1973), 56–69; Karel A. Steenbrink, *Pesantren madrasah sekolah: Pendidikan Islam dalam kurun moderen* (Jakatra: LP3ES, 1986), 58–62; R. Michael Feener, *Muslim Legal Thought in Modern Indonesia* (Cambridge: Cambridge University Press, 2007), chapter 1を見よ。

(3) Natalie Mobini-Kesheh, *The Hadrami Awakening: Community and Identity in the Netherlands East Indies, 1900-1942* (Ithaca: Cornell Southeast Asian Program Publications, 1999), chapter 4; Sumit K. Mandal, "Challenging Inequality in a Modern Islamic Idiom: Social Ferment amongst Arabs in Early 20th-century Java," in Eric Tagliacozzo (ed.), *Southeast Asia and the Middle East: Islam, Movement, and the Longue Durèe* (Singapore: NUS Press, 2009), 156–175. ハドラミー移民やハドラマウトに関する近年の研究動向については、新井和広「ハドラマウト及びハドラミー移民研究展望」『イスラム世界』65 (2005): 28–36を参照せよ。

(4) 例えば、Mobini-Kesheh, *The Hadrami*, 84では、イルシャードによる教育は、「伝統的なハドラミーの教育制度とエジプトを経由した西欧近代教育の折衷」と要約されている。

(5) 20世紀前半にインドネシアのアラブ人によって編集・発行された定期刊行物については、Natalie Mobini-Kesheh, "The Arab Periodicals of the Netherlands East Indies, 1914–1942," *Bijdragen tot de Taal-, Land- en Volkenkunde* 152/2 (1996): 236–256; 'Abd Allāh Yaḥyā Zayn, *Al-Nashāṭ al-thaqāfī wa-l-ṣuḥufī li-l-Yamaniyyīn fī al-*

mahjar: Indūnīsiyā-Mālīziyā-Singapūra, 1900-1950（Damascus: Dār al-Fikr, 2003）で紹介されている。

（6）Mahmud Yunus, *Sejarah pendidikan Islam di Indonesia*, 2nd ed.（Jakarta: Mutiara, 1979）, 307–314; Al-Irsjad Soerabaja, *Al Irsjad Soerabaia: Verslag tahoenan 1935-1936*（Surabaya: n.p., 1936）, 14-23. マフムド・ユヌスについては、注 49 を見よ。

（7）マフムド・ユヌスがあげている情報は、イルシャードからの報告に基づく。ただし、バタヴィアにムアッリミーン（師範学校）があったとしている点には疑問が残る。いずれにせよ、この情報は当時のものではなく、イルシャードの「黄金期（zaman keemasan）」のものと記されていることや、ムアッリミーンが開設されたのは 1934 年から 1936 年であることから、1930 年代半ばのものと判断できる。Ahmad Mahfudz, "Al–Ustadz Umar Hubeis: Ulama dan pejuang Islam Indonesia," *Khazanah* 1（May/July 1990）: 29–30 によれば、ムアッリミーンはスラバヤに開設されていた。

（8）以下のインドネシアにおける伝統的なイスラーム教育に関しては、Yunus, *Sejarah pendidikan Islam*, 33–52; Steenbrink, *Pesantren madrasah sekolah*, 7–25; 西野節男『インドネシアのイスラム教育』（勁草書房、1990）、32–48；小林寧子『インドネシア：展開するイスラーム』（名古屋大学出版会、2008）、第二章の記述に基づく。

（9）同様の教育機関は、マレー半島ではプサントレン、アチェではムウナサ（meunasah）、ダヤ（dayah）、ランカン（rangkang）、ジャワではポンドック（pondok）やプサントレンと呼ばれる。

（10）マフムド・ユヌスは、伝統的なイスラーム教育でもクルアーン解釈学が学ばれ、*Tafsīr al-Jalālayn* が使用されたと述べている。しかし、ブライネッセン M. van Bruinessen が説明するように、20 世紀以前、タフスィール学はそれほど重視されていなかったと考えられる。Martin van Bruinessen, "Kitab Kuning: Books in Arabic Script Used in the Pesantren Milieu," *Bijdragen tot de Taal-,Land- en Volkenkunde* 146/2-3（1990）: 253.

（11）Bruinessen, "Kitab Kuning," 244–250. ここでいう系統とは、法学書自体とそれの注釈書（sharḥ）や脚注（ḥāshiya）を含めたものである。①の系統は、ラーフィイー ʿAbd al-Karīm al-Rāfiʿī（1226 年没）の *Kitāb al-muḥarrar* から始まるが、説明を分かりやすくするためにナワウィーの系統とした。また、③の系統では、*Qurrat al-ʿayn* 自体は、プサントレンではあまり用いられず、その注釈書が学ばれている。

（12）ハドラマウトにおける伝統的な教育については、Linda Boxberger, *On the Edge of Empire: Hadhramawt, Emigration, and the Indian Ocean, 1880s-1930s*（New York: State University of New York Press, 2002）, 164–167 において簡潔に述べられている。

（13）Bruinessen, "Kitab Kuning," 247–248.

（14）「倫理政策」とは、オランダ政府が 20 世紀初めから 1920 年代半ばまで採用した開明的政策のことで、住民福祉の向上、地方分権化の促進、キリスト教の布教を目的とした。

(15) 深見純生「「印欧人」の社会政治史」『東南アジア研究』35/1 (1997) : 49-52 ; 弘末雅士『東南アジアの港市世界：地域社会の形成と世界秩序』(岩波書店、2004)、180。

(16) 以下の20世紀前半のオランダ領東インドにおける公教育制度の概要については、*Algemeen verslag van het onderwijs in Nederlandsch-Indië over het schooljaar 1936-1937*, vol.2 (Batavia: Landsdrukkerij, 1939), iv-vi; M. C. Ricklefs, *A History of Modern Indonesia, 3rd ed.* (Stanford and California: Stanford University Press, 2001), 199-203 に基づく。

(17) Hamid Algadri, *Politik Belanda terhadap Islam dan keturunan Arab di Indonesia* (Jakarta: CV Haji Masagung, 1988), 19.

(18) Mobini-Kesheh, *The Hadrami*, 82.

(19) "Khawāṭir-nā," *Al-Dahnā'* 2/16 (August 1929): 10-11.

(20) S. L. van der Wal, *Some Information on Education in Indonesia up to 1942* (The Hague: Netherlands Universities Foundation for International Cooperation, 1961), 14; id., *Het onderwijsbeleid in Nederlands-Indië 1900-1940* (Groningen: J. B. Wolters, 1963), 695-696. 公教育を行う学校には公立と私立がある。ヴァルの統計には公立のオランダ語アラブ人学校の数しか載せられていないが、実際には私立のものも開設されていた。最初の公立のオランダ語アラブ人学校は、ソロ（スラカルタ）のアラブ・イスラーム協会 al-Jam'iyya al-'Arabiyya al-Islāmiyya のマドラサが改編されたものである。Ṣalāḥ al-Bakrī, *Ta'rīkh Ḥaḍramawt al-siyāsī*, vol.2 (Cairo: Dār al-Āfāq al-'Arabiyya, 2001 [1936]), 346.

(21) 以下の近代的なイスラーム教育についての説明は、Yunus, *Sejarah pendidikan Islam*, 63-77; Steenbrink, *Pesantren madrasah sekolah*, 26-58 に基づく。

(22) ここでいう歴史には、一般的な歴史とともにイスラーム史も含まれる。これも、伝統的なイスラーム教育では教えられなかった教科の一つである。Bruinessen, "Kitab Kunin," 260.

(23) Alfian, "Islamic Modernism in Indonesian Politics: The Muhammadijah Movement during the Duch Colonial Period," (PhD dissertation, University of Wisconsin, 1969): 308-310, 404-406; 利光正文「植民地期アチェのムハマディヤ運動」『東南アジア：歴史と文化』24 (1995); 87. ムハマディヤは、アフマド・ダフラン Ahmad Dahlan (1923年没) によって1912年にジョグジャカルタで結成された。

(24) これらの問題は、1920年代から1930年代初めに開催された一連の東インド・イスラーム会議 Congres Al-Islam Hindia において重要な争点となった。Noer, *The Modernist Muslim Movement*, 227-228.

(25) ジャムイーヤト・ハイルがマドラサを開設したのは1906年頃のこととされる。

この組織の歴史や活動については、'Alī b. Aḥmad al-Saqqāf, *Lamaḥāt t'arīkhiyya 'an nash'a Jam'iyyat Khayr*（n.p., 1953）を見よ。

（26）アラブ人によって開設されたこれらの組織については、Noer, *The Modernist Muslim Movement*, 59 footnote79, 60 footnote 82; Mobini-Kesheh, The Hadrami, 37 を参照。

（27）19 世紀末、インドネシアのアラブ人社会には、海外で出版されたアラビア語の定期刊行物が流通していた。その中には、アフガーニー Jamāl al-Dīn al-Afghānī（1897 年没）とムハンマド・アブドゥフ Muḥammad 'Abduh（1905 年没）によって編集・発行された有名なイスラーム改革主義の雑誌『固き絆 *Al-'Urwa al-wuthqā*』もあった。L. W. C. Van den Berg, *Le Hadhramout et les colonies arabes dans l'archipel indien*（Batavia: Imprimerie du Gouvernement, 1886）, 174.

（28）プルシスは 1923 年にバンドゥンで結成されたイスラーム改革主義組織。小規模であるが、アフマド・ハッサン Ahmad Hassan（1958 年没）ら著名なイスラーム指導者が輩出した。

（29）イルシャード結成の要因となったアラブ人社会内の対立は、様々な研究において論じられている。具体的な争点となったのは、対立が発生した当初は、アラウィーの娘と予言者の子孫ではない一般のイスラーム教徒との婚姻の是非と、予言者の子孫への挨拶として手に口づけをする慣習であった。1930 年代になると、"サイイド" という称号を一般的な敬称として使用することの是非や、アラウィーの系譜の妥当性が主に争われるようになる。拙稿「アラウィー・イルシャーディー論争と中東の指導者たち：1930 年代前半における東南アジア・ハドラミー移民社会の内紛と仲裁の試み」『オリエント』49/2（2007）：91–109 を参照されたい。

（30）ウマル・マンクーシュの経歴およびイルシャードの協会の初期の会員については、Mobini-Kesheh, *The Hadrami*, 27–28, 61–62 を参照せよ。

（31）Mobini-Kesheh, *The Hadrami*, 60–62.

（32）Secretariaat Vereeniging Al-Irsjad, *Gerakan Al-Irsjad*（Batavia: n.p, 1931）, 100.

（33）Mobini-Kesheh, *The Hadrami*, 62 footnote 52.

（34）"Correspondentie," *Pertimbangan* 2/30（February 7, 1917）: 2.

（35）"Ta'līm laylī lil-kibār," *Al-Irshād* 21（November 11, 1920）: 3.

（36）アウワリーヤには、大体 6 歳以上の児童が入学した。バタヴィア校の基礎クラスに入学する児童の年齢も 7 歳くらいであった。"Correspondentie," *Pertimbangan* 2/30, 2; Al-Irsjad Soerabaja, *Al Irsjad Soerabaia*, 10.

（37）これらの学校の修学年数は、変更が多かったためか情報が一定しない。マフムド・ユヌスによれば、バタヴィア校は、アウワリーヤが 3 年、イブティダーイーヤが 4 年、タジュヒーズィーヤが 2 年、ムアッリミーンが 4 年、タハッススが 2 年であった。しかし、バタヴィア校の卒業生、アブドゥッラー・アル＝アンサーリー 'Abd Allāh al-Anṣārī は、イブティダーイーヤとムアッリミーンが 5 年制だったとする。Mobini-Kesheh, *The Hadrami*, 82, footnote 49. 一方、1932年に作成されたイルシャードの学校のカリキュラムは、アウワリーヤを3年、イブティダーイーヤを7年としている。“Minhāj al-dirāsa al-ibtidāʾiyya fī madāris al-Iṣlāḥ wa-l-Irshād al-Islāmiyya al-ʿArabiyya fī Jāwa,” *Al-Irshād* 2 (October 1933): 17-18. 1936年の年次報告によれば、スラバヤ校は、アウワリーヤが3年、イブティダーイーヤが6年であるが、1938年のスラバヤ校の情報では、イブティダーイーヤは通常は5年で、タジュヒーズィーヤとして1年が追加されるとなっている。”Lamḥa qaṣīra ʿan Jamʿiyyat al-Irshād Sūrābāyā,” *Al-Murshid* 2/13 (September 1938): 12-14. ムアッリミーンについては注6を参照。

(38) “Bushrā li-l-sayyidāt,” *Al-Dahnāʾ* 2/9 (mid-April, 1929): 12-13; “Madrasat al-banāt al-ʿArabiyya Sūrābāyā,” *Al-Dahnāʾ* 2/18 (September, 1929): 16. 女子学校では男子学校とは異なる教科書が使用されていたようであるが、不明な部分が多いため以下の教科書の分析からは除外した。

(39) Mobini-Kesheh, *The Hadrami*, 77.

(40) イルシャードの学校の教師には、スールカティーをはじめハドラミー以外のアラブ人が多かった。スールカティーはジャムイーヤト・ハイルの学校で教師をしていたとき、同僚や親類のスーダン人を教師として招いた。後に彼らはイルシャードの学校に移っている。Hussein Abdullah Badjerei, *Al-Irsyad mengisi sejarah bangsa* (Jakarta: Penerbit Presto Prima Utama, 1996), 28, 32.

(41) John Muhammad Rasuly Suaidy, Indria Fernida Alphasonny, and Baihaqi (eds.), *Memerdekakan Islam: Jejak perjuangan H. M. Slaleh Suaidy (1913-1976) Ulama perintis kemerdekaan Indonesia* (Jakarta: Prakarsa Media Visindo), 33.

(42) 例えば、Yunus, *Sejarah pendidikan*, 77などにあげられている教科書の書名を見よ。

(43) 1917年に『報評 *Pertimbangan*』に掲載されたイルシャードの学校の広告によれば、アラブ人が70名、現地のイスラーム教徒の生徒が80名であった。例えば *Pertimbangan* 2/36 (15 February 1917): 1を見よ。特に初期のイルシャードの学校には、スマトラやカリマンタン出身の生徒が在籍していた。Noer, *The Modernist Muslim Movement*, 66.

(44) Berg, *Le Hadhramout et les colonies arabes*, 214.

(45) Aḥmad Ibrāhīm Abū Shawk (ed.), *Taʾrīkh ḥarakat al-Iṣlāḥ wa-l-Irshād wa-Shaykh al-Irshādiyyīn al-ʿAllāma al-Shaykh Aḥmad Muḥammad al-Sūrkittī fī Indūnīsīya* (Kuala Lumpur: Research Centre International Islamic University Malaysia, 2000), 270.

(46) Al-Irsjad Soerabaja, *Al Irsjad Soerabaia*, 11.

(47) Yunus, *Sejarah pendidikan Islam*, 66. マドラサ・ディーニーアの歴史や教育活動については、服部美奈『インドネシアの近代女子教育：インドネシア改革運動の中の女性』(勁草書房、2001) を見よ。

(48) Eka Sri Mulyani, *Mahmud Yunus' Islamic Educational Thought: Tracing and Contextualizing the Islamic Educational Reform in Indonesia* (Banda Aceh: Ar-Raniry Press, 2008), 23–25. マフムド・ユヌスは、1899年に西スマトラのバトゥサンカルで生まれた。1920年代から30年代初めにエジプトに留学してアズハル al-Azhar とダール・アル＝ウルーム Dār al-ʿUlūm で学び、インドネシア独立後は宗教省や国立イスラーム大学（IAIN）などで活躍した。

(49) Jamʿiyyat al-Iṣlāḥ wa-l-Irshād al-ʿArabiyya bi-Batāfiyā, *Qānūn Jamʿiyyat al-Iṣlāḥ wa-l-Irshād al-ʿArabiyya: Al-Asāsī wa-l-dākhilī* (Surabaya: al-Maṭbaʿa al-Islāmīya, 1919), 12–13.

(50) "Correspondentie," *Pertimbangan* 2/30, 2.

(51) al-Bakrī, *Taʾrīkh Ḥaḍramawt*, vol.2, 336–338.

(52) "Aml jadīd: Al-Ṣulḥ bayna al-ʿAlawiyyīn wa-l-Irshādiyyīn ʿalā asās al-madhhab al-Shāfiʿī," *Ḥaḍramawt* 378 (December 22, 1932): 1.

(53) Ibid.: "Fī sabīl al-ṣulḥ," *Ḥaḍramawt* 379 (December 26, 1932): 2.

(54) イジュティハードとタクリードに関するスールカティーの見解については、Aḥmad Muḥammad Sūrkatī, *Al-Masāʾil al-thalāth* (Batavia: n. p., n. d.), 9–30 を見よ。

(55) 小杉泰『現代中東とイスラーム政治』（昭和堂、1994）、115–118.

(56) この主張は、スールカティーが1924年に自身が主宰する雑誌『イスラームの至宝 *Al-Dhakhīra al-Islāmiyya*』に発表したカリフ制をめぐる論考の中で示されている。"Al-Khilāfa," *Al-Dhakhīra al-Islāmiyya* 8–9 (May 1924): 415, 418.

(57) "Tida akan turut madhhab Shāfiʿī," *Al-Huda* 2/9 (April 15, 1931): 455–457.

(58) ただし、ボックスバーガー L. Boxberger によれば、シャウカーニーの *Nayl al-awṭār* はハドラマウトの伝統的なイスラーム教育でも学ばれた。Boxberger, *On the Edge of Empire*, 167

(59) マフムド・ユヌスは、*Tafsīr al-Manār* をアブドゥフの著作としているが、実際にはアブドゥフの講義をもとにラシード・リダーによって著された。

(60) "Minhāj al-dirāsa al-ibtidāʾiyya," *Al-Irshād* 2, 19.

(61) Bruinessen, "Kitab Kuning," 244, 246.

(62) "Correspondentie," *Pertimbangan* 2/30, 2. ここでは、"prihal keadaban"、"atoeran beradab"、"perihal kelakoean" といったものを「礼儀作法」としてまとめた（綴りは原文のまま）。

(63) Aḥmad Muḥammad Sūrkatī, *Bi-sm Allāh al-Raḥmān al-Raḥīm: Iʿlān ʿan Madrasat al-Irshād al-dākhiliyya* (*Internaat "Al-Irsjad School"*), 1924. ここでは、「礼儀作法」、歴史、地理、論理学はあげられていない。

(64) "Minhāj al-dirāsa al-ibtidāʾiyya," *Al-Irshād* 2, 18.

(65) Abū Shawk (ed.), *Taʾrīkh ḥarakat al-Iṣlāḥ wa-l-Irshād*, 271–272.

(66) "Muʾtamar al-muʿallimīn," *Al-Maʿārif* 1 (May 12, 1927): 1-2; "Qarār muʾtamar al-

mu'allimīn," *Al-Maʿārif* 6 (June 16, 1927): 4.

(67) "Ijtimāʿ al-Irshād," *Al-Miṣbāḥ* 5–6 (May 1929): 111; "Khawāṭir-nā," *Al-Dahnāʾ* 2/16 (August 1929): 11; Al-Irsjad Soerabaja, *Al Irsjad Soerabaia*, 11.

(68) *Handelingen van den Volksraad* (July 25, 1938): 413–415.

(69) この点についての詳細は、拙稿「オランダ領東インドにおけるアラブ人協会イルシャードの教育活動：アフマド・スールカティーの改革主義思想とその影響」『東洋学報』93：3 (2011)：33–35を参照されたい。

(70) Kees Groeneboer, *Weg tot het Westen: Het Nederlands voor Indië 1600-1950* (Leiden: KITLV, 1993), 261–276. オランダ語原住民学校とオランダ語華人学校のカリキュラムで指定された教科書は、例えばG. J. Nieuwenhuis and H. P. van der Laak, *Nederlands Taalboek,* 12 vols. (Groningen and Batavia: J. B. Wolters, 1929–1933) の裏表紙にあげられている。

(71) この本の広告が、Al-Irsjad Soerabaja, *Al Irsjad Soerabaia*, 7に掲載されている。筆者は、この本の現物を、イルシャードのスラバヤ校の卒業生であるアフマド・マフフーズAhmad Mahfoez氏に見せていただいた（2009年2月19日、スラバヤ）。2巻本で1935年と1937年に出版された。

表1　アラビア語諸学の教科書

書名	著者	使用校	注記
アウワリーヤ			
Ḥikāyāt al-aṭfāl	Kāmil Kīlānī (d. 1959)	スラバヤ校	
Mabādiʾ durūs al-lugha al-ʿArabiyya	Muḥīy al-Dīn ʿAbd al-Ḥamīd	スラバヤ校	
Mabādiʾ al-qirāʾa al-rashīda	Muḥammad ʿUbayd	バタヴィア校	
Al-Muḥādāthāt al-awwaliyya	(?)	スラバヤ校	
Al-Muṭālaʿat al-awwaliyya	ʿAbd al-Ḥamīd al-Sharqāwī (d. 1897)	スラバヤ校	
Sullam al-lugha	(?)	スラバヤ校	
イブティダーイーヤ			
Aḥsan al-Qiṣaṣ	ʿAlī Fikrī (d. 1953)	スラバヤ校	
Al-Durūs al-naḥwiyya	Ḥifnī Nāṣif (d. 1919) et al.	バタヴィア校・スラバヤ校	
Al-Durūs al-naḥwiyya al-Miṣriyya	(?)	スラバヤ校	女子校のみ
Al-Fatāt wa-l-Bayt	(?)	スラバヤ校	女子校のみ
Al-Ḥasanāt fī muṭālaʿat al-banāt	(?)	スラバヤ校	女子校のみ
Al-Inshāʾ al-ʿArabī	(?)	バタヴィア校	
ʿIẓat al-Nāshʾīn	(?)	スラバヤ校	
Miftāḥ al-khiṭāb wa-l-waʿẓ	Muḥammad Aḥmad al-ʿAdawī	スラバヤ校	
Musāmarāt al-Banāt	ʿAlī Fikrī (d. 1953)	スラバヤ校	女子校のみ
Al-Naḥw al-wāḍiḥ	ʿAlī al-Jārim (d. 1949), Muṣṭafā Amīn	スラバヤ校	
Al-Qirāʾa al-rashīda	ʿAbd al-Fattāḥ Ṣabrī Bek, ʿAlī ʿUmar	バタヴィア校・スラバヤ校	
Safīnat al-bulaghāʾ	(?)	スラバヤ校	
Safīnat al-nuḥāt	(?)	スラバヤ校	
Samīr al-Aṭfāl	Muḥammad al-Hirrāwī (d. 1939)	スラバヤ校	女子校のみ
Al-Samīr al-muhadhdhib	ʿAlī Fikrī (d. 1953)	スラバヤ校	

書名	著者	使用校	注記
Ta'līm al-inshā' al-'Arabī	(?)	スラバヤ校	
Al-Tarbiya al-ijtimā'iyya	(?)	スラバヤ校	
タジュヒーズィーヤ			
Al-Naẓarāt	Muṣṭafā al-Manfalūṭī (d. 1924)	バタヴィア校	
Nuzhat al-Qāri'	Aḥmad al-Iskandarī	バタヴィア校	
Qawā'id al-lugha al-'Arabiyya	Ḥifnī Nāṣif (d. 1919) et al.	バタヴィア校	
Safīnat nuḥāt	(?)	バタヴィア校	
ムアッリミーン			
Jamī' al-durūs al-'Arabiyya	Muṣṭafā al-Ghalāyīnī (d. 1944 or 45)	—	
Al-Alfiyya	Jamāl al-Dīn b. Mālik (d. 1274)	—	古典
Majma' al-amthāl	Abu al-Faḍl Aḥmad al-Maydānī (d. 1124)	—	古典
Sharḥ al-mu'allaqāt	Abū 'Abd Allāh Ḥusayn al-Zawzanī (d. 1093)	—	古典
Al-Naẓarāt	Muṣṭafā al-Manfalūṭī (d. 1924)	—	
Nahj al-balāgha	'Alī b. Abī Ṭālib (d. 661)	—	古典
Baḥr al-adab	(?)	—	
タハッスス			
I'jāz al-Qur'ān	(?)	バタヴィア校	
'Ilm al-manṭiq	Aḥmad Khayr al-Dīn (d. 1938)	バタヴィア校	
Al-'Iqd al-farīd	Abū 'Umar Aḥmd b. 'Abd Rabbih (d. 940)	バタヴィア校	古典
Al-Kāmil fī al-adab	Abū al-'Abbās al-Mubarrad (d. 898)	バタヴィア校	古典

出典：Mahmud Yunus, *Sejarah pendidikan Islam di Indonesia*, 2nd ed. (Jakarta: Mutiara, 1979), 307–314; Al-Irsjad Soerabaja, *Al Irsjad Soerabaia: Verslag tahoenan 1935-1936* (Surabaya: n.p., 1936), 14–23 を基に筆者作成。著者名と没年は確認できたもののみ。ムアッリミーンがあった場所については不明であるため空欄とした。

表２　宗教諸学の教科書

書名	著者	使用校	注記
アウワリーヤ			
Juz' 'Amm	—	バタヴィア校・スラバヤ校	
イブティダーイーヤ			
Bulūgh al-marām	Ibn Ḥajar al-Asqalānī (d. 1449)	スラバヤ校	ハディース学
Al-Durr al-naḍīd	Muḥammad b. 'Alī al-Shawkānī (d.1839)	スラバヤ校	
Durūs al-fiqh	Muḥīy al-Dīn al-Khayyāṭ (d. 1914)	バタヴィア校	
Fatḥ al-qarīb	Ibn Qāsim al-Ghāzzī (d. 1512)	スラバヤ校	シャーフィイー学派
Al-Jawāhir al-kalāmīya	Ṭāhir al-Jazā'irī (d. 1920)	スラバヤ校	
Kifāyat al-akhyār	Taqī al-Dīn Dimashqī (d.1426)	スラバヤ校	シャーフィイー学派
Al-Masā'il al-thalāth	Aḥmad Sūrkatī (d. 1943)	スラバヤ校	
Al-Mudhakkirāt fī 'ilm uṣūl al-fiqh	Mahmud Yunus (d. 1982)	スラバヤ校	法源学
Al-Qur'ān	—	バタヴィア校・スラバヤ校	
Al-Qur'ān al-Karīm wa-l-dīn	(?)	スラバヤ校	
Al-Raḥbīya	Muḥammd b. al-Mutaqqina al-Raḥbī (d. 1181)	スラバヤ校	シャーフィイー学派
タジュヒーズィーヤ			
Fatḥ al-qarīb	Ibn Qāsim al-Ghāzzī (d. 1512)	バタヴィア校	シャーフィイー学派
Al-Qur'ān	—	バタヴィア校・スラバヤ校	
Subul al-salām	Ibn al-Amīr al-Ṣan'ānī (d. 1769)	バタヴィア校	ハディース学
Tafsīr juz' Amm	Muḥammad 'Abduh (d. 1905)	バタヴィア校・スラバヤ校	クルアーン解釈学
ムアッリミーン			
Al-Muhadhdhab	Abū Isḥāq al-Shīrāzī (d. 1083)	—	シャーフィイー学派
Musṭalaḥ al-Ḥadīth	(?)	—	ハディース学
Nayl al-awṭār	Muḥammad b. 'Alī al-Shawkānī (d.1839)	—	
Risālat al-Tawḥīd	Muḥammd 'Abduh (d. 1905)	—	
Subul al-salām	Ibn al-Amīr al-Ṣan'ānī (d. 1769)	—	ハディース学
Tafsīr al-Manār	Muḥammd 'Abduh (d. 1905), Rashīd Riḍā (d. 1935)	—	クルアーン解釈学
タハッスス			
I'lām al-muwaqqi'īn	Ibn Qayyim al-Jawziyya (d. 1350)	バタヴィア校	法源学（ハンバル学派）
Al-Muwāfāqāt	Abū Isḥāq Ibrāhīm al-Shāṭibī (d. 1388)	バタヴィア校	法源学（マーリク学派）
Tafsīr al-Jalālayn	Jalāl al-Dīn al-Maḥallī (d. 1459), Jalāl al-Dīn al-Suyūṭī (d. 1505)	バタヴィア校	クルアーン解釈学
Tafsīr al-Manār	Muḥammd 'Abduh (d. 1905), Rashīd Riḍā (d. 1935)	バタヴィア校	クルアーン解釈学
Uṣūl al-fiqh	Muḥammad b. 'Afīfī al-Khuḍarī (d. 1927)	バタヴィア校	法源学

出典：Mahmud Yunus, *Sejarah pendidikan Islam di Indonesia*, 2nd ed. (Jakarta: Mutiara, 1979), 307-314; Al-Irsjad Soerabaja, *Al Irsjad Soerabaia: Verslag tahoenan 1935-1936* (Surabaya: n.p., 1936), 14-23 を基に筆者作成。著者名と没年は確認できたもののみ。ムアッリミーンがあった場所については不明であるため空欄とした。

アラブのインド洋航海技術書の成立

栗山保之

はじめに

前近代のインド洋におけるアラブの航海技術を研究する者たちは、その史料として、15世紀後半から16世紀前半のインド洋において活躍したアラブの航海技術者（muʻallim）であるイブン・マージド（Aḥmad b. Mājid al-Najdī）やスライマーン・アルマフリー（Sulaymān al-Mahrī）が著した、インド洋航海に関わる著作を利用、検討してきた。その一方で研究者たちはまた、それぞれが用いた著作をさまざまに表現してきた。たとえば、フランスの東洋学者G. フェラン（G. Ferrand）はそれらを「航海術説明書（instructions nautiques）」とし、イギリスのG. R. ティベッツ（G. R. Tibbetts）は「航海技術に関する理論的論文（theoretical treatises on navigation）」、あるいは「パイロット・ガイド（pilot-guides）」と表わし、さらに近年では、ダウ船を精力的に研究するD.A. アギウス（D. A. Agius）が「航海マニュアル（marine manuals）」と表現している(1)。このように先行研究では、イブン・マージドやスライマーン・アルマフリーの著作を、前近代のインド洋におけるアラブの航海技術を検討するうえでの必須史料としているにもかかわらず、それらには上記に見えるように統一的な呼称すらなく、その史料自体の性格について、いまだに十分な考察もなされていないのが現状である。

そこで本稿では、知の伝達媒体の一つとしての「教育メディア」に関する問題を考察するにあたって、イブン・マージドが著した『海洋の学問と基礎に関する有益の書（*Kitāb al-Fawā'id fī Uṣūl 'Ilm al-Baḥr wa al-Qawā'id*）』（以下、『有益の書』と略記）をとりあげ、それがどのような性格の著作で、なぜ執筆されたのかについて考えてみたい。

1　航海技術書以前

本章では、イブン・マージドの『有益の書』の分析に先だって、『有益の書』以前に著されていたと推測される、インド洋の航海に関する書について考察する。

ペルシャの船乗りたちは、アラブに先んじて前イスラーム期から、大海にのり出していた。それは、今日に伝来するインド洋の航海技術用語に、ペルシャ語を語源とする用語が多用されていることからも分かる。たとえば、港を意味するバンダル（bandar）や、船舶の航行・安全の総責任者としてのナーフーザ（nākhūdha）などがそれにあたる[(2)]。ところが、それにもかかわらず、ペルシャ語で著されたインド洋の航海に関わる書は、現在までのところいまだに発見されていない。

ペルシャやアラブなどの船乗りたちがインド洋の航海について何らかを書き記していたと推測されるものが文献史料によって確認できるのは、10 世紀になってからのことである。著名なアラブの地理学者ムカッダシー（al-Muqaddasī）が著した地理書には、アラビア半島南西端に位置するイエメン（al-Yaman）の国際貿易港アデン（'Adan）[(3)] に自身が立ち寄った際の見聞として、つぎのようにある。

> この私（ムカッダシー）についてですが、私はそこを 2,000 ファルサフ（farsakh）ほど航海して、この島（アラビア半島）にそってクルズム（al-Qulzum）[(4)] からアッバーダーン（'Abbādān）[(5)] まで、ぐるりと回りました。

また、われわれと共に船はあちこちに針路をかえて、そこの海にある島々(jazā'ir) や入江 (lujaj) を巡りました。そして私は、その海で生まれ育った長老たち (mashāykh)、たとえば沿岸航海者 (rubbāniyyūn)、輸送船の船頭 (ishātima)、海防監視員 (riyāḍiyyūn)、交易代理人兼代理店長 (wukalā') や大商人 (tujjār) とも知り合いになりました。その結果として私は、彼らが人びとのなかでも、この海のこと、海の寄港地 (marāsī)、海の風やその島々について、最も精通していることを知りました。そこで私は、彼らにこの海のことやこの海の諸条件、海の最果ての地について質問しました。また私は、彼らがいつもその海に関わる複数のダフタル (dafātir) を所持していて、その内容を相互に詳しく検討し、それによって彼らが根拠や拠りどころとしていることを知りました(6)。

上の史料には、アデン港を訪れたムカッダシーが、同港に集散する海の民たちの所持する「複数のダフタル」を実際に目にしたことが記されている。アラビア語で一般的にノートを意味するこの「複数のダフタル」が、ペルシャ語で著されたものなのかあるいはアラビア語によるものなのかは判然としない。またその具体的な記載内容も分からない。しかしながら、海での活動を生業とする人びとがこの「複数のダフタル」を常に所持して、その内容を詳しく検討し、拠りどころとしていたことから判断すると、おそらく「複数のダフタル」には、航海時期や天体情報などインド洋の航海に関わる何らかの情報が記されていたと推測される。

続く 11〜12 世紀には、異なる複数のインド洋航海に関する書が著されるようになる。イブン・マージドの『有益の書』には、以下のように記されている。

この（アッバース朝）時代においてよく知られた 3 人の男がいたが、彼らはムハンマド・ブン・シャーザーン (Muḥammad b. Shādhān)、サフル・ブン・アッバーン (Sahl b. Abbān)、そしてライス・ブン・カルハーン (Layth b. Kalhān) ――彼はイブン・カーミラーン (Ibn Kāmilān) ではない――であった。私（イブン・マージド）はかつて、〔ヒジュラ暦〕580（1184/5）年の日付のあるラフマーニー（rahmānī）において、彼（ライス・ブン・カルハーン）の孫の筆によるこのこと（上記の3人の著作）を見たことがある。彼らは、《さてさて、われわれはあなたに開示する》という言葉ではじまるこのラフマーニーの執筆に尽力したものの、それ（ラフマーニー）にはラジャズ［調の航海詩］（urjūza）はなく、またよく創作された書にある［もの］以外に、それには記録（qayd）もなく、またそれには結び（ākhir）もなければ、正しさ（ṣiḥḥa）もないし、さらにそれには［記述内容の量が］増えてもいなければ、減ってもいないのである。［したがって］彼ら（上述の3名）は［ラフマーニーの］編纂者たち（mu'allifūn）であって、［新たなラフマーニーの］著述者たち（muṣannifūn）ではなかったのである。また彼らはシーラーフ（Sīrāf）(7) からマクラーン（Makrān）(8) の海岸を除いて海を航行したことはなく、彼らはシーラーフからマクラーン［の海岸］まで7日間かけて進んだ。また［彼らは］マクラーンからホラーサーン（Khurāsān）まで1カ月かけて［進んだ］。それゆえ彼らはその道程——それは［従来、］バグダード（Baghdād）から3カ月行程［の道程］であった——に近さを見いだそうとして、彼らは全ての海岸についてそれぞれの海岸の［地に居住する］人びとに尋ね、そしてそれを記録したのである。また彼らの時代には、イブン・アブド・アルアジーズ・ブン・アフマド・アルマグリビー（Ibn ʿAbd al-ʿAzīz b. Aḥmad al-Maghribī）やムーサー・アルカンダラーニー（Mūsā al-Qandarānī）、マイムーン・ブン・ハリール（Maymūm al-Khalīl）といったよく知られた航海技術者たちがいた。そしてアフマド・ブン・タブルーヤ（Aḥmad b. Tabrūya）は彼らの前に［何らかの著作を］著していたが、彼ら（前述の3名）は彼（タブルーヤ）の複数の著作（mu'allifāt）や、［ヒジュラ暦］400（1009/10）年かそれに近い年にインド人のダバワカラの船（markab Dabawakara）で航海していたハワーシル・ブン・ユースフ・ブン・サラーフ・アルアリーキー（Khawāshir b. Yūsuf b. Ṣalāḥ al-Arīkī）という航海技術者［の著作］から［航海関連の］記事を引用したのだった。また彼らの時代にはアフマド・ブン・ムハンマド・ブン・アフド・アッラフマーン・ブン・アブー・アルファドル・アルムガイリー（Aḥmad b. Muḥammad b. ʻAbd al-Raḥman b. Abū al-Faḍl al-Mughayrī）というよく知られたナーフーザの一人がいた。［上述の］彼らの［航海に関わる］知識の多くは諸々の海岸やそれらの海岸の航路についてであり、その多くはベンガル湾（taḥt al-rīḥ）やシナ（al-Ṣīn）の海岸に関することであった(9)。

上に引用した史料には、イブン・マージド以前に、すでにインド洋の航海に関連する情報を収載した書物を著していたと考えられる人物たちが描かれている。彼らを年代順に整理すると、ヒジュラ暦400（1009/10）年前後にインド人の船で航行していたアリーキーやアフマド・ブン・タブルーヤの著作から航海に関わる記事を、ムハンマド・ブン・シャーザーン、サフル・ブン・アッバーン、そしてライス・ブン・カルハーンらが引用して「ラフマーニー」を著し、最後のライスの孫がヒジュラ暦580（1184/5）年に書写した祖父ライスのラフマーニーをイブン・マージドが実見していたとなるだろう。イブン・マージドが実見した「ラフマーニー」の記述内容とは、ヒジュラ暦400（1009/10）年前後に著されたアリーキーらの著作がもとになっていることからすると、「ベンガル湾やシナの海」の海岸や航路に関するものであり、さらにこれらの情報に「シーラーフからマクラーンまで」の、いわばペルシャ湾とアラビア海のイラン沿岸の情報が加えられたものであったと考えられる。フェランはこの「ラフマーニー」について、ペルシャ語の「ラフマーナジ（rahmānaj）」のことであって、「道程の書（book of the route）」であると解釈している(10)。11～12世紀のインド洋の船乗りたちの間に見いだされる「ラフマーニー」あるいは「ラフマーナジ」には、上の引用にあるように、ベンガル湾やシナの海の海岸や航路、ペルシャ湾とアラビア海のイラン沿岸の情報などが記されていたので、フェランによる記載内容の解釈は適切であると考えられる。さらに、この「ラフマーナジ」に関しては、13世紀の南アラビアに詳しいイブン・アルムジャーウィル（Ibn al-Mujāwir）が、アラビア海に浮かぶソコトラ島（Jazīrat Suqṭrā）に関連する記述として、つぎのように記している。

ラフマーナジの書の著者（mu'allif kitāb al-rahmānaj）は、この［ソコトラ島付近の］海域を旅する者が深い海において7羽の鳥を見たとしたら、彼（旅する者）はソコトラ島に向かい合っていることを知るだろう、と記している(11)。

上の記事に見られる「ラフマーナジ」とは、すでに確認したように、「ラフマーニー」と同種の書であるが、この記事によって13世紀の段階における「ラフマーナジ」には、7羽の鳥に見られるような、いわばインド洋航海の陸標の類が記されていたことも確かめられるのである。

以上が、『有益の書』以前のインド洋の航海に関わる情報を書き記したものについてである。航海の諸情報を書き記したものは、ペルシャ語かアラビア語かは明らかではないものの、10世紀ごろには海の民たちの間で大事にされていた「複数のダフタル」によってその存在を確認することができ、11〜12世紀にはナーフーザや航海技術者たちによって「ラフマーニー」または「ラフマーナジ」が著されたり編纂されたりした。そして13世紀には、陸標が記載された「ラフマーナジ」も著されていたのである。これらの「複数のダフタル」や「ラフマーニー」または「ラフマーナジ」の記述内容は、以上に確認したように、ベンガル湾やシナの海、あるいはペルシャ湾とアラビア海のイラン沿岸などの諸々の海岸や、航路、あるいはアラビア海のソコトラ島近海の陸標など、インド洋航海に必要な諸情報であった。今日の航海学では、こうした海岸の様子や陸標、航路、水路など船の航行や停泊に必要な諸々の情報をまとめた書誌を、「水路誌」(12)と定義している。したがって、イブン・マージドの『有益の書』以前に著された、インド洋の航海に関わる書としての「複数のダフタル」、「ラフマーニー」、あるいは「ラフマーナジ」はいずれも、この「水路誌」に類する性格を有するものであったと特徴づけることができるだろう。

2　イブン・マージドの航海技術書

インド洋の航海やその航海技術を研究する場合、第一にとりあげられる重要な史料の一つが、イブン・マージドの『有益の書』であることは言を俟たない。イブン・マージドは、15世紀後半から16世紀初頭頃にかけてインド洋で活躍した著名なアラブの航海技術者である。彼の生誕地は、今日のアラブ首長国連邦の一つである、ラアス・アルハイマ首長国（Ra's al-Khayma）のジュルファール（Julfār）であったと考えられ、彼の祖先はその名称からアラビア半島中央高原部のナジュド（Najd）居住の遊牧民であったが、いつの頃からか、ペルシャ湾岸へと移動し、その後、同湾沿岸部に定着したと推測されている(13)。生没年に関しては諸説あり、いまだに定かではないものの、彼の著作のなかで最も古い航海詩『海洋の知識の諸原理に関する要約集（*Ḥāwiya al-Ikhtiṣār fī Uṣūl ʻIlm al-Biḥār*）』（以下、『要約集』と略記）がヒジュラ暦866（1462）年に執筆され(14)、最も新しい航海詩『海洋の知識に関する三つの精華（*Thalāth Azhār fī Maʻrifat al-Biḥār*）』内の記述にヒジュラ暦906（1500）年と見えることから判断すると(15)、ヒジュラ暦866（1462）年以前に生まれ、ヒジュラ暦906（1500）年以降に死亡したと思われる。『有益の書』によると、彼の父および祖父はいずれも、紅海を航海圏とする「二つの海岸の航海者（rubbān al-barrayn）」であったと伝えられている(16)。彼は多くの著作を発表し、その総数は研究者によって多少の異同はあるものの、ティベッツの研究によれば、40篇にのぼると考えられ、その多くは、航路、天体、陸標などインド洋航海関連の諸情報を詩歌の形式によって詠み込んだ航海詩であった(17)。

ところで、イブン・マージドが著した『有益の書』は、全12章より構成されている(18)。

第1章(19)は、ノア（Nūḥ）からイブン・マージドの時代までの著名な航海者の歴史を略記し、あわせてイスバ（iṣbaʻ）(20)やティルファ（tirfa）(21)といった航海技術に関わる事柄に言及する。

第2章[22]は、インド洋を航海するうえで必須の技術的な要素として、月宿（manāzil）[23]、羅針方位（akhnān）[24]、航路（dīra）[25]、東西距（masāfa）[26]、バーシー（bāshī）[27]、天体高度測定による緯度計測あるいはその値（qiyās）[28]、陸標（ishāra）[29]、太陽と月の運行、風、航海時期（mawsim）[30]、船の装備（ālāt al-safīna）などをあげ、さらに航海技術者に必要な資質を記す。

第3章[31]では、月宿について28の月宿[32]を提示し、それぞれを解説する。

第4章[33]では、羅針方位に関して叙述する。インド洋を航行するアラブの船乗りが用いる羅針方位は全方位を32等分に区分して示す点数式区分がとられ、度数式区分ではない[34]。各羅針方位を示す名称には、よく知られた天体の名称が用いられていた。それらは16の天体[35]を用いて、それぞれの天体名の冒頭に「のぼること（maṭla‘）」、そして「沈むこと（mughīb）」を付して32の羅針方位を示す[36]。イブン・マージドはこの章で、各羅針方位に流用されたそれぞれの天体の名称や別称、名称の由来、故事、羅針方位上の位置などを説明している。

第5章[37]では、イブン・マージドが参照した地理学や天文学関連の著作を列挙した後、ユダヤ教徒（al-yahūd）やキリスト教徒（al-naṣārā）、ムスリムたちの紀年（tawārīkh）について述べ、その後、土星（Zuḥal）、木星（al-Mushtarī）、火星（al-Mirrīḥ）、太陽（al-Shams）、金星（al-Zuhara）、水星（‘Uṭārid）、月（al-Qamar）のそれぞれの動きなどを簡単に説明する。

第6章[38]は、航路に関する解説である。船の前後左右のいずれかに陸地あるいは陸標を視認しつつ航海する航法をとる沿岸航路（dīrat al-mul）、大洋を横断して出発地と目的地とを結ぶ直行航路（dīrat al-maṭlaq）、そして大洋航行中に天測などによって針路を複数回変えて目的地へと航海する大洋航路（dīrat al-iqtidā）の三つの航路を解説する。

第7章[39]では、バーシーとキヤースをとりあげる。北極星高度は月宿の一つであるサルファ（al-Ṣarfa）の正中時において最小となる。そこで、このサルファの正中時における北極星高度の修正値を0として、サルファ以外の27の月宿がそれぞれ正中する時の北極星高度を計測すると、各月宿の正中時の北極星高度とサルファの正中時のそれとの間にはその数値に差異が生じる。この差異の値、すなわち修正値がバーシーである。イブン・マージドはこの章で各月宿の正中時における北極星高度のバーシー値を記し、さらにアラビア海やベンガル湾あるいは南シナ海に浮かぶ島々や諸々の海岸のキヤース値も詳細に提示している。

第8章[40]は、出航や航海時の注意、陸標などについて叙述する。出航前におけるコンパスやその設置場所、舵などの船の装備や、乗員や乗客への注意事項、気配りの必要などを述べ、その後、台風（ṭūfān）や海蛇（māriza）、竜涎香（'anbar）、鳥といった陸標や、カンバーヤ（Kunbāya）、ムライバール（Mulaybār）、ダーブール（Dābūl）など、よく知られたインド西岸の諸地域についての陸地初認（natakhāt）に関して具体的に論述する。

第9章[41]は、諸海岸の記述や航海技術者の類型などを論じる。この章の冒頭では、インド洋、紅海、ペルシャ湾、南シナ海、地中海などに面する諸々の海岸について、それぞれの海岸線にある港や岬、あるいは島、海峡などの位置や緯度、産物などを記す。とくにアラビア海のアラビア半島南岸、インド西岸、ペルシャ湾の両岸の情報が詳しく記されている。また航海技術者の類型については、第一は可もなく不可もなく、時には安全にしかし時には安全ではない航海をする者で、最も程度が低い航海技術者であり、第二はその知識、経験、能力の点で優れているものの、その死後は人びとに忘れ去られてしまう者であり、第三は誰よりも経験のある著名な者で複数の著作をもち、死後すらもその著作によって人びとに知られる者であるとする。

第10章[42]は、インド洋の島々を紹介する。人が居住する、よく知られた島々として、アラビア半島、マダガスカル島（Jazīrat al-Qumr）、スマトラ島（Jazīrat Shumṭra）、ジャワ島（Jazīrat al-Jāwa）、グール島（Jazīrat al-Ghūr）[43]、セイロン島（Jazīrat Sīlān）、ザンジバル島（Jazīrat Zanjibār）、バフライン（al-Baḥrayn）、イブン・ジャーワーン島（Jazīrat Banī Jāwān）[44]、ソコトラ島（Jazīrat Suqṭra）をあげ、それぞれの島の位置、特産品、居住者、歴史などを概観する。

第11章[45]では、航海時期を説明する。モンスーン（季節風）に依存するインド洋の航海において、モンスーンが吹き付ける時期はその風を利用して航海する船乗りたちにとって重要な事項であった。イブン・マージドはここで、アラビア半島のイエメン、ジェッダ、バーブ・アルマンダブ海峡（Bāb al-Mandab）からの出航時期、インドの海岸からアラビア半島の海岸への出航時期、シンド地方（al-Sind）からの出航時期、アラビア半島の海岸から東アフリカへの出航時期、モルディブ諸島からの出航時期などを具体的に記す。

第12章[46]は、紅海の航行に関する解説。ジェッダ〜サイバーン（Saybān）間航路、サイバーン〜ズカル（al-Zuqar）間航路、イーサー堆（Sha'b Īsā）やファラサーン群島（Juzr Farasān）などについて詳述しており、他書に類を見ない紅海の詳細な情報が記載されている。

さて、上で概観した『有益の書』の内容は、二つに大別することができる。一つはインド洋航海に関わる情報であり、もう一つはインド洋の航海技術である。前者の航海の情報はとくに、第8章から第12章にかけて述べられており、たとえば第8章の陸標や第9章の海岸に関する部分がこれに該当する。これらの記述は、前章で検討した「複数のダフタル」、「ラフマーニー」、「ラフマーナジ」に見いだされるような、インド洋の航海に必要な諸情報と同種の内容であると言える。したがって『有益の書』は、「複数のダフタル」や「ラフマーニー」、あるいは「ラフマーナジ」などの、いわゆる「水路誌」と同様に、インド洋を航海するうえで必要な諸情報を収載した書という点で、これらの書と同じ性質を有していると見なすことができるのである。

ところがその一方で、『有益の書』のもう一つの特徴であるインド洋の航海技術に関わる記載は、「複数のダフタル」や「ラフマーナジ」などには見いだせない、『有益の書』に初めて記された事項である。ここで言う航海技術とは、航海をする際に必要な技術のことであり、この技術がなければ、「水路誌」に記載された航海に関わる諸情報を有効に活用し、安全かつ迅速に航海することができない、基本的かつ重要な技術であることを意味する。このような航海技術に関連してイブン・マージドは、『有益の書』の第2章において、以下のように記している。

知れよ。求める者よ。航海には多くの手段（asbāb）がある。それらを理解し、学び、努力して、熟知せよ。それらの第一は月宿であり、そのつぎは羅針方位であり、そしてそのつぎは航路の知識であるが、それは沿岸航路と大洋航路であり、そしてそのつぎは東西距、バーシー、キヤース、陸標、太陽と月の運行、風、風の吹く時期と航海時期、船の装備とそれに必要なもの、それを害するもの、それを益するもの、そして船の航行において強いられるものである[(47)]。

このように、イブン・マージドはインド洋の航海には、月宿、羅針方位、航路、東西距、バーシー、キヤース、太陽と月の運行などに関するさまざまな知識が必要であると述べている。事実、イブン・マージドは、『有益の書』の第2章以降の各章において、月宿（第3章）、羅針方位（第4章）、航路（第6章）、バーシーやキヤース（第7章）などに関して詳述しており、これらの知識がインド洋航海技術の根幹に関わる基本的かつ重要な知識であったことは明白である。『有益の書』に記されたインド洋航海技術に関わるこれらの知識は、イブン・マージドの少し後に登場したもう一人の著名な航海技術者スライマーン・アルマフリーの著作にも認められる。彼の著作の一つである『贈物』では、天球・天文、羅針方位、航行距離、航路、天体高度測定にもとづく緯度計測、東西距、風の7つの知識を提示し、それらにもとづいてインド洋の航海技術を論述しているのである[(48)]。したがって『有益の書』とは、前章で検証した「複数のダフタル」、「ラフマーニー」、あるいは「ラフマーナジ」などインド洋航海の情報を掲載した「水路誌」と同様の性格を備えつつ、その一方で従前の「水路誌」には見られない、インド洋航海技術の根幹を占める知識についての重要な事項をも詳述しているのである。インド洋の航海技術に必要不可欠なこれらの知識は、一般的な船乗りならば修得しているはずであると考えられるが、それが『有益の書』においてはあえて文字化され、文字による知識の伝達がなされていたのである。その理由は次章において考察するが、いずれにせよ、このようなインド洋航海全般に関わる技術と、その技術を確かなものにすることによって初めて有効に利用できる航海情報を包含した書を今、航海技術書と定義するならば、イブン・マージドが著した『有益の書』こそ、初めての航海技術書であると言えるだろう。上に確認した『有益の書』の記載事項や構成は、スライマーン・アルマフリーなどの後代のアラブの航海技術者たちの著作に踏襲されている(49)。つまり、アラブによってアラビア語で著されたインド洋の航海技術書とは、このイブン・マージドの『有益の書』によって成立したと言えるのである。

3　航海技術書の成立と急変する15世紀末のインド洋西海域情勢

それではつぎに、インド洋の航海技術と航海情報を集成した航海技術書としてのイブン・マージドの『有益の書』がなぜ、執筆されたのかを考えてみたい。この問題についてはすでにティベッツが『有益の書』の記載内容を分析し、同時代や後代の船乗りたちにインド洋の航海技術を伝えるために執筆されたとしている(50)。もちろん、その記述様式から『有益の書』がその内容を第三者に教授する目的であったことは認められるところである。しかしながら、イブン・マージドが自身の航海技術をなぜ第三者に伝授しようとしたのか、換言すれば、そもそも一般的な船乗りならば習得しているべき航海に関わる技術をあえて文字化してテキストを作成した理由が、ティベッツの解釈では説明されておらず、この執筆動機こそ明らかにされるべき問題であろう。

インド洋においてイブン・マージドが活躍していた時代はまさに、ポルトガルがインド洋に来航する時期と一致していた。以下に引用する史料は、ポルトガルのインド洋来航を伝える重要史料としてよく用いられる、16世紀の歴史家ナフラワーリー（Quṭb al-Dīn Muḥammad b. Aḥmad al-Nahrawārī）の『オスマン征服に関するイエメンの閃光（*al-Barq al-Yamanī fī al-Fatḥ al-Uthmānī*）』所収の一節である。

［ヒジュラ暦］10世紀初頭に、責められるべきフランク（al-Firanj）の一団に属する、非難されるべきポルトガル（al-Furtqāl）によるインドの地（Diyār al-Hind）への到来という、珍しく不幸な出来事の一つが生じた。当時、ポルトガルの一団はセウタ（Sabta）のジブラルタル海峡（Zuqāq）から海路を航行し、不案内さに耐えながら、クムルの山々（Jibāl al-Qumr）、それはナイル河（Baḥr al-Nīl）の源のことであるが、その付近の地点を通過して東の地（al-Mashuriq）へと達し、そして彼らは東アフリカ（al-Sāḥil）の近くにある、とある海峡を航行していたが、その海峡の一方には一つの山（jabal）があり、そしてもう一方には暗黒の海があって、波の多い場所にあり、［それゆえに、］ポルトガル人たちの複数の船はそこ（波の多い場所）にとどまることができず、彼らの船は破壊され、彼らのうちの誰一人として助からず、彼らはしばらくこのことに固執し、彼らポルトガル人たちはこの場所で滅び、そして彼らのうちの誰一人インドの海へ達することはできなかったのだが、ついに彼らのなかの一隻のグラーブ船（gurāb）がインドへ到達したのであった。というのも、アフマド・ブン・マージド（Aḥmad b. Mājid）と呼ばれるある有能な男が、彼らポルトガル人たちを案内するまで、彼らはこの海の情報の獲得をやめていなかったからであるが、アルミランディ（Alī Milandī）と呼ばれていたフランクの司令官が彼（アフマド・ブン・マージド）と知り合いになって、酒［を一緒に飲むこと］によって彼と親しくなり、その結果、彼は酩酊状態になって、ポルトガル人たちに対して、「この場所から東アフリカ［の海岸］へ近づくな、そして海をつっきれ、その後、戻れ。そうすれば波はお前たちに達し得ない」と言った。さて、彼らポルトガル人たちがこのことを実行すると、彼らの船の多くが損壊を免れ、その結果、インド洋において彼らは多くなったのである(51)。

上記のナフラワーリーによる記事はヒジュラ暦900年初頭の出来事で、西暦1498年4月にポルトガルが東アフリカのマリンディに到着後、インドへ向けてインド洋を横断したことを示している。ポルトガルがインド洋に来航した当時の状況を伝える上記の引用において注目すべき部分の一つは、ポルトガルにインド洋を横断する方法を伝えた人物として、イブン・マージドの名が記されている点である。このイブン・マージドが『有益の書』の著者と同一人物であるか否かについてはすでに、いくつかの研究が報告されている。フェランは上記史料のイブン・マージドなる人物がまさに『有益の書』の著者と同一人物であると主張し[(52)]、また『イブン・マージド』という研究書において彼の生涯や著作について詳しい研究を発表したI. フーリー（I. Khūrī）は、ポルトガルのインド洋来航時にイブン・マージドは相当な高齢であったことから、本人であるかは疑わしいとの見解を示している[(53)]。

『有益の書』を執筆したイブン・マージドと、ナフラワーリーに記述されたイブン・マージドが同一人物か否かを、にわかに判断することはできないものの、ポルトガルのインド洋来航に対してムスリムが脅威を抱いていたことは、上記の引用から十分に読みとれるだろう。このポルトガルの来航に対するインド洋の船乗りの危惧については、イブン・マージドの最初期の著作『要約集』に注目すべき記述がある。すでに記したように、この『要約集』はポルトガルの来航より20年ほど前のヒジュラ暦866年ズー・アルヒッジャ月18日（1462年9月13日）に著された航海詩であるが、その第5章に見えるザンジュの海岸の航路に関する部分には、つぎのような記述がある。

> …フランクたち（al-Ifranj）の言によると、昔日においてフランクたちの複数の船（marākib al-Ifranj）がマダガスカル島（al-Qumr）へ到来し、また［東アフリカの］ザンジュの海岸（Barr al-Zanj）やインドへ到来したと言われている[(54)]。

上記のフランクたちは地中海北岸のヨーロッパの地に居住する人びと一般を指すと思われるが、この記事によれば、イブン・マージドは『要約集』の執筆時のヒジュラ暦866（1462）年の段階にはすでに、ヨーロッパの人びとがマダガスカル島や東アフリカに到来していたという話を伝え聞いていたのである。このヨーロッパ人のインド洋到来の真偽は別にしても、上に引用したヒジュラ暦866（1462）年の『要約集』の記述から、イブン・マージドがヨーロッパ人のインド洋到来を意識していたことは認められるだろう。

ところで、1498年のヴァスコ・ダ・ガマのインド到着以前の1488年に、バルトロメウ・ディアスは喜望峰の回航に成功しているが、この喜望峰回航に見られるポルトガル人の海洋活動について、イブン・マージドが『有益の書』を執筆する時点ですでに知っていたのではないかと推測できる記事がある。『有益の書』に見える、東アフリカ南端付近のソファーラ（Sufāla）沿岸海域に関する記述には、つぎのようにある。

> あなたがこの場所（ソファーラ）に到達し、さらにあなたの左舷にマダガスカル島を通過すると、[東アフリカの］海岸はあなたの右舷から離れ、そうしてその海岸は北西へと向きを変えてゆくのである(55)。

このように、マダガスカル島を通過して南下してゆくと陸地がなくなり、その後はその海岸線が北西方向へと進んでゆくとしていることから、イブン・マージドは、後にポルトガル人によって命名される喜望峰の周辺海域の海況や、そこへ至る航路情報をすでに持っていたと考えられる。

また、同じく『有益の書』には、以下のような記述も見える。

> アイユーク（al-ʻAiyūq）とベガ（al-Wāqiʻ）の高度計測は現実的には、二つのクルズムの海［すなわちアラブのクルズムの海とアジャム、すなわちアフリカのクルズムの海のことであるが、それらと］、地中海、シナの海、あるいは北の気候帯においてだけ適していたが、とりわけフランク諸国（Balad al-Ifranj）や地中海（Baḥr al-Rūm）から複数の戦闘船（qatāʼiʻ）や輸送船（mismāriyāt）が航海してきた時［に適していた］(56)。

上記は緯度計測の際に利用される天体高度計測に関する記述の一部であるが、ここで注目されるのは、「フランク諸国から複数の戦船や輸送船が航海してきた」という記事である。イブン・マージドの航海圏は言うまでもなくインド洋であるが、そのインド洋へ向けてフランク、すなわちヨーロッパから航行してきたのは、イブン・マージドが活動していた時期によって判断するならば、明かにポルトガルであると考えられる。したがって仮に、上に引用した記事がポルトガルの海洋活動を述べたものであるとするならば、それはヴェルデ岬の通過（1445年)、シエラレオネ到達（1460年)、コートジボアール到達（1470年）といった、ポルトガル船団による西アフリカ沿岸の航海を伝えたものであると見なすことができるだろう。つまりイブン・マージドは、西アフリカ沿岸におけるポルトガルの海洋活動に関して、『有益の書』の執筆段階ですでに知っていたことを、上記の記事は明瞭に示しているのである。

本章の冒頭において引用したナフラワーリーに見える、15世紀末のポルトガルのインド洋来航は、インド洋の船乗りたちにとって衝撃的な出来事であった。ナフラワーリーの記事に現れる人物がイブン・マージド本人か否かを今、明らかにすることはできないものの、イブン・マージドは、『要約集』を執筆した1462年の段階ですでにヨーロッパ人の到来を強く意識しており、1490年執筆の『有益の書』に見える喜望峰周辺海域の海況に関わる記載や、ポルトガル人の西アフリカ沿岸における海洋活動についての記述内容から、1488年の喜望峰回航の成功とそこに至るポルトガル人の海洋活動をすでに知っていたと考えられるのである。このようなことから、1490年に著された『有益の書』の執筆動機とは、西アフリカ沿岸を南下し喜望峰の回航を果たしたポルトガルが、遠からずインド洋に到来することによって、アラブの船乗りたちが有するインド洋航海の技術と情報が途絶するかもしれないという危機感を、イブン・マージドが抱いたからではないかと考えられるのである。このような点から見れば、『有益の書』という航海技術書の成立とは、ポルトガルの来航によって急変する15世紀末のインド洋西海域の不穏な情勢が、その背景にあったとすることができるのである。

むすび

インド洋の航海に関わる書は、遅くとも10世紀には船乗りたちの間で共有されていたが、それはおそらく、海岸の状況、航路、陸標といったインド洋を航海するうえでの必要な情報を記載した、いわば「水路誌」であった。ところが、15世紀末に執筆された、イブン・マージドの『有益の書』は、上記の「水路誌」としての側面を持ちながら、それと同時にインド洋の航海技術そのものに関わる知識を収載していた。このような、インド洋の航海技術と航海情報に関する事項を記した書は『有益の書』以前には確認することができず、それゆえに本稿ではこの技術と情報を初めて収載した『有益の書』を航海技術書とした。この航海技術書の構成や記載事項は、イブン・マージド以降のアラブの航海技術者たちの著作にも踏襲されていることから、アラブによってアラビア語で著されたインド洋の航海技術書とは、イブン・マージドの『有益の書』をもって成立したということができるだろう。そして、この『有益の書』が著された理由とは、ポルトガルの来航によって、伝統的なインド洋の航海技術と航海情報が途絶することを、イブン・マージドが危惧したからであると考えられるのである。

以上の本稿での考察をもとに、「教育メディア」としてイブン・マージドの『有益な書』を捉えるならば、同書は、15世紀末におけるポルトガルのインド洋来航によって、それまでアラブをはじめとする船乗りたちが培ってきた航海技術および航海情報が途絶えることを危れた、当代随一のアラブの航海技術者たるイブン・マージドが、同時代ないし後代の船乗りたちにその技術や情報を確実に伝えるために著した航海技術書であったとみなすことができるだろう。この意味において『有益な書』とはまさに、急変する15世紀末のインド洋西海域の情勢によって生みだされた、インド洋の航海技術と情報を教育、伝達するための「教育メディア」なのであった。

参考文献

史料

al-Dimashqī, *Nukhbat al-Dahr fī 'Ajā'ib al-Barr wa al-Baḥr*, ed. A. Mehren, Leipzig, 1923.

Ferrand, G. *Instructions nautiques et routers arabes et portugais des XVe et XVIe siècles*, 3vols., Paris, 1921–1928.

Ibn Ḥawkal, *Kitāb Ṣūrat al-Arḍ*, ed. M. J. de Goeje, BGA, II, Leiden, 1967.

Ibn Khurdādhbih, *kitāb al-Masālik al-Mamālik*, ed. M.J.de Goeje, BGA, VI, Leiden, 1967.

Ibn Mājid, *Kitāb al-Fawā'id fī Uṣūl 'Ilm al-Baḥr wa al-Qawā'id*, In Ferrand G., *Instructions nautiques*, tome.1,ff. 1b–88a.

Ibn Mājid, *Ḥāwiya al-Ikhtiṣār fī Uṣūl 'Ilm al-Biḥār*, In Ferrand G., *Instructions nautiques*, tome. 1, ff. 88b–117a.

Ibn Mājid, *Thalāth Azhār fī Ma'rrifat al-Biḥār*, In Shumovsky, T. A., *Tri neizvestnie lotzii*.

Ibn al-Mujāwir, *Ṣifat Bilād al-Yaman wa Makka wa Ba'ḍal-Ḥijāz al-Musammāt al-Ta'rīkh al-Mustabṣir* (*Descriptio Arabiae Meridionarlis*), ed. O. Löfgren, 2vols., Leiden, 1951–1954.

al-Idrīsī, *Kitāb Nuzhat al-Mushtāq fī al-Ikhtirāq al-Āfāq* (*Opvs Geographicvm*), ed. Instituto Universitario di Napoli, 9vols., Leiden, 1970–1984.

al-Iṣṭakhrī, *Masālik al-Mamālik*, ed. M. J. de Goeje, BGA, I, Leiden,1967.

al-Muqaddasī, *Kitāb Aḥsan al-Taqāsīm fī Ma'rifat al-Aqālīm*, ed. M. J. de Goeje, BGA, III, Leiden, 1967.

Quṭb al-Dīn Muḥammad b. Aḥmad al-Nahrawārī, *al-Barq al-Yamanī fī al-Fatḥ al-Uthmānī*, Lubnān, n. d.

Serjeant, R. B. *The Portuguese off the South Arabian Coast*, Lebanon, 1974.

Shumovsky, T. A. *Tri neizvestnie lotzii Aḥmad ibn Mājidjida*, Moscow. 1957

Sulaymān al-Mahrī, *Minhāj al-Fākhir fī 'Ilm al-Baḥr al-Zākhir*, In Ferrand, G., *Instructions nautiques*, tome. II, ff. 59b–92a.

Sulaymān al-Mahrī, *Tuḥfat al-Fuḥūl fī Tamhīd al-Uṣūl*, In Ferrand, G., *Instructions nautiques*, tome. II, ff4a–11b.

Sulaymān al-Mahrī, *'Umdat al-Mahrīya fī Ḍabṭ al-'Ilm al-Baḥrīya*, In Ferrand, G., *Instructions nautiques*, tome. II, ff. 11b–58b.

Ya'qūbī, *Kitāb al-Buldān*, ed. M. J. de Goeje, BGA, VII, Leiden, 1967.

研究書・論文

Agius, D. A. 2005 *Seafaring in the Arabian Gulf and Oman*, London.

Ferrand, G. 1923 "L'élément person dans les yexts nautiques arabes", *JA*, t. 204, pp. 193–

257.
Fūrī, I. 1989. *Ibn Mājid*, Markaz al-Dirāsāt wa al-Wathā'iq al-Dīwān bi-Ra's al-Khayma, 4vols.
Tibbetts, G. R. 1981 *Arab Navigation in the Indian Ocean before the Coming of the Portuguese*, London (Reprint: originally published in Great Britain 1971).
栗山保之 2008「13 世紀のインド洋交易港アデン」『アジア・アフリカ言語文化研究』75 号、5-61 頁。
栗山保之 2010「前近代のインド洋におけるアラブの航海技術」『アジアの文人が見た民衆とその文化』(山本英史編著)、慶應義塾大学言語文化研究所、175-211 頁。
日本航海学会 1993『基本航海用語集』、海文堂。
家島彦一 1993『海が創る文明　インド洋海域世界の歴史』、朝日新聞社。

注

＊本稿の作成にあたっては、家島彦一先生より数多くのご助言を賜りました。ここに記してお礼申し上げます。

(1) Ferrand 1928: I; Tibbetts 1981: xi; Agius 2005: 165.

(2) Ferrand 1924: 238-239.

(3) インド洋における国際貿易港としてのアデンに関する研究は多数あるが、とりあえず、栗山 2008 を参照されたい。

(4) al-Qulzum：今日のスエズ湾 (Gulf of Suez) 内奥部にあった港町。ヤークービーは、それは海に沿った大きな町であり、エジプトからヒジャーズやイエメンへ商品を発送する商人たちがいて、そこには船の投錨地があったとしている (Ya'qūbī, *Kitāb al-Buldān*: 340)。Cf. al-Dimashqī, *Nukhbat*: 165; Ibn Khurdādhbih, *al-Masālik*: 153, 155; Ibn Ḥawkal, *Ṣūrat al-Arḍ*: 44; al-Idrīsī, *Nuzhat* : 347-348. al-Muqaddasī, *Aḥsan*: 195-199.

(5) 'Abbādān：ペルシャ湾最奥部に位置する今日のアーバーダーン (Ābādān)。かつてはチグリス川河口部であったが (al-Iṣṭakhrī, *Masālik*: 12)、上流から運ばれ堆積した土砂によってペルシャ湾が次第に後退し、今日では陸域になっている。Cf. Ibn Ḥawkal, *Ṣūrat al-Arḍ*: 48-49; al-Muqaddasī, *Aḥsan*: 118: *E. I.* 2nd ed., I: 5 ('ABBĀDĀN).

(6) al-Muqaddasī, *Aḥsan*: 10. なお、史料の引用にあたって、(　) は同意語を意味し、[　] は達意のために筆者が補ったものを意味する。以下、同様。

(7) Sīrāf：ペルシャ湾のイラン沿岸にあったインド洋貿易の一大中継港。とくに 8 世紀から 10 世紀にかけて大いに繁栄した。今日はその港市遺跡が残るのみ。シーラーフの隆盛および衰退については、家島 1993: 86-146 に詳しい。

(8) Makrān：今日のイランとパキスタンとの境地域地帯に位置する、バルチスターン南部のアラビア海沿岸地域。Cf. al-Dimashqī, *Nukhbat*: 175; al-Idrīsī, *Nuzhat*: 174;

E. I. 2nd ed., VI: 192–193（MAKRĀN).

（9）Ibn Mājid, *al-Fawā'id*: ff. 3b–4a.

（10）*E. I.* 1st. ed., VII: 366（SHIHĀB AL-DĪN).

（11）Ibn al-Mujāwir, *Ṣifat*: 267.

（12）船舶の航泊に必要な諸々の情報を海域別にまとめた書誌。Cf. 日本航海学会 1993: 68.

（13）Tibbetts 1981: 7.

（14）Ibn Mājid, *Ḥāwiya*: f. 116b.

（15）この航海詩のなかに記された年代はヒジュラ暦906（1500）年であり、他にヒジュラ暦920（1514）年とあるが、その時期には明らかにイブン・マージドが死亡した後であるとティベッツは考えており（Tibbetts 1981: 22)、筆者も彼の意見に従った。

（16）Ibn Mājid, *al-Fawā'id*: f. 78b.「al-Barrayn」とは二つの海岸を意味するが、それは紅海のアフリカ側の海岸とアラビア半島側の海岸の海岸を意味していたと考えられている。Cf. Tibbetts 1981: 8.

（17）Tibbetts 1981: 18–22.

（18）ここで章としたのは、原文では「有益なこと」を意味する「fā'ida」である。したがって、原文通りに訳出すれば、12の「有益なこと」となるが、ここでは章とみなした。

（19）Ibn Mājid, *al-Fawā'id*: ff. 2b–6b.

（20）インド洋の航海技術では、腕を水平線上に伸ばして指1本分の幅を1イスバとする。天体高度や緯度などを表わす際に用いる単位。Cf. Tibbetts 1981: 333–334.

（21）ティルファとは、自船の緯度を1イスバ上げるためにあらかじめ定めた方位へ自船を航行させる際のザーム数、またはその値を求める計算のこと。Cf. Tibbetts 1981: 299.

（22）Ibn Mājid, *al-Fawā'id*: ff. 6b–7a.

（23）pl. manzal.『有益の書』第3章参照のこと。

（24）pl. khann.『有益の書』第4章に詳しい。また、スライマーンの『諸原理の簡易化について精力的な人びとの贈物（*Tuḥfat al-Fuḥūl fī Tamhīd al-Uṣūl*)』（以下、『贈物』と略記）の第2章はこの羅針方位を解説する章である（Sulaymān, *Tuḥfa*: f. 5a–b)。Cf. Tibbetts 1981: 294; 栗山 2010: 183–186.

（25）pl. diyārāt.『有益の書』第6章で詳説されている。また、『贈物』第4章では航路の種類が詳細に説明されている（Sulaymān, *Tuḥfa*: f. 7a–b)。Cf. Tibbetts 1981: 273; 栗山 2010: 190–193.

（26）pl. masāfāt.『贈物』第6章に詳しい（Sulaymān, *Tuḥfa*: ff. 8b–9a)。Cf. Tibbetts 1981354–360; 栗山 2010: 197–199.

（27）pl. bāsīyāt.『有益の書』第7章参照。Cf. Ttibbetts 1981: 331–338.

(28) pl. qiyāsāt.『有益の書』第 7 章参照、および『贈物』第 5 章で詳説されている。Cf. Tibbetts 1981: 312–354; 栗山 2010: 193–197.

(29) pl. ishārāt. スライマーンは、イブン・マージドが「陸標」を意味する用語として用いているイシャーラの代わりに、その著書『海洋の知識に関する優良なる指針（*Minhāj al-Fākhir fī ʻIlm al-Baḥr al-Zākhir*)』（以下、『海洋の知識』と略記）において、ʻalāma, pl. ʻalāmāt を用いている（Sulaymān, *Minhāj*: ff. 84b–85b)。

(30) 複数形は mawāsim。『有益の書』第 11 章を参照のこと。なお、モンスーンの根源である風については、『贈物』第 7 章に詳しい（Sulaymān, *Tuḥfa*: ff. 9a–10a)。

(31) Ibn Mājid, *al-Fawā'id*: ff. 7a–27a.

(32) 28 の月宿は、つぎのとおり：シャラターン（al-Sharaṭān：おひつじ座 α β γ 星)、ブタイン（al-Buṭayn：おひつじ座 ε δ ρ 星)、スライヤ（al-Thurayya：プレアデス)、ダバラーン（al-Dabarān：アルデバラン)、ハクア（al-Haqʻa：オリオン座 λ 星)、ハナア（al-Hanʻa：ふたご座 ε γ ζ λ δ 星)、ジラーアン（al-Dhirāʻān：こいぬ座 α β 星とふたご座 α β 星)、ナスラ（al-Nathra：かに座 ε 星)、タルフ（al-Ṭarf：しし座 ε μ λ κ 星)、ジャブハ（al-Jabha：しし座 ζ γ η α 星)、ザブラ（al-Zabra：しし座 δ θ 星)、サルファ（しし座 β 星)、アッワー（al-ʻAwwā：おとめ座 ε γ δ η 星)、シマーク（al-Simāk：スピカ)、ガルファル（al-Gharfar：おとめ座 ι κ λ 星)、ズバーナーン（al-Zubānān：てんびん座 α β 星)、イクリール（al-Iklīl：さそり座 β δ π 星)、カルブ（al-Qalb：アンタレス)、シューラ（al-Shūla：さそり座 ε-ν 星)、ナアーイム（al-Naʻāʼim：いて座 γ δ ε η σ ψ ζ τ 星)、バルダ（al-Balda：いて座 π 星)、サアド・アッザービフ（Saʻd al-Dhābi：やぎ座 α β 星)、サアド・アルブルウ（Saʻd al-Bulʻ：みずがめ座 μ ε 星)、サアド・アッスウード（Saʻd al-Suʻūd：みずがめ座 β ξ 星)、サアド・アルアフビーヤ（Saʻd al-Akhbīya：みずがめ座 γ π ζ η 星)、ファルウ・アルムカッダム（al-Farʻ al-Muqaddam：ペガスス座 α β 星)、ファルウ・アルムアッヒル（al-Farʻ al-Muʼakhkhir：ペガスス座 γ 星とアルフェラッツ)、バトン・アルフート（Baṭn al-Ḥūt：アンドロメダ座 β 星）である。

(33) Ibn Mājid, *al-Fawā'id*: ff. 27a–43a.

(34) アラブやペルシャ、インド、ザンジュの航海技術者たちは羅針方位を 32 に区分していたが、地中海の船乗りたちは 16 区分、中国は 24 区分であった。Cf. 栗山 2010: 184.

(35) それらは、ジュダイ（al-Juday：北極星)、ファルカダーン（al-Farqadān：こぐま座 β γ 星)、スルバール（al-Sulbār：エリダヌス座 α 星)、ナアシュ（al-Naʻsh：北斗七星)、スハイル（Suhayl：カノープス)、ナーカ（al-Nāqa：カシオペア座 β 星)、ヒマーラーン（al-Ḥimārān：ケンタウルス座 α β 星)、アイユーク（al-ʻAiyūq：カペラ)、アクラブ（al-ʻAqrab：さそり座 α 星)、ワーキウ（al-Wāqiʻ：ベガ)、イクリール（al-Iklīl：さそり座 β δ π 星)、シマーカーン（al-Simākān：スピカとアルクトゥルス）35、ティール（al-Tīr：シリウス)、スライヤ（al-Thrayya：プレアデス)、ジャウザー（al-Jawzā'：オリオン座 δ ζ ε 星）、ターイル（al-Ṭā'ir：アルタイル）である。

（36）Tibbetts 1981: 297.

（37）Ibn Mājid, *al-Fawā'id*: ff. 43a–47a.

（38）Ibn Mājid, *al-Fawā'id*: ff. 47a–48a.

（39）Ibn Mājid, *al-Fawā'id*: ff. 48a–57a.

（40）Ibn Mājid, *al-Fawā'id*: ff. 57a–62a.

（41）Ibn Mājid, *al-Fawā'id*: ff. 62a–67a.

（42）Ibn Mājid, *al-Fawā'id*: ff. 67b–71a.

（43）Tibbetts 1981: 500.

（44）キシム（Qisim）とブルフト（Burkht）のこと。Cf. Tibbetts 1981: 447.

（45）Ibn Mājid, *al-Fawā'id*: ff. 71a–78a.

（46）Ibn Mājid, *al-Fawā'id*: ff. 78a–88a.

（47）Ibn Mājid, *al-Fawā'id*: f. 6b.

（48）Sulaymān, *Tuḥfa*: ff. 4a–11b.

（49）たとえば、スライマーン・マフリーの著書『航海科学の精密なる知識におけるマフラの支柱（*'Umdat al-Mahrīya fī Ḍabṭ al-'Ilm al-Baḥrīya*）』と『海洋の知識』の構成は、以下のとおりである。前者の『航海科学』は、第 1 章は羅針方位、天体、ザーム（航行距離）、ティルファ、ディーラ（航路）、キヤース、第 2 章は天体の名称、第 3 章はアラブ、非アラブの地の航路、第 4 章はインド洋の島々、第 5 章はキヤース、第 6 章は季節風、第 7 章はインド洋を往還する複数の航路について述べる。また後者の『海洋の知識』は第 1 章でアラブの地以外の航路、第 2 章はキヤースについて、第 3 章はインド洋の島々、第 4 章は東西距、第 5 章は風と風に起因する危機について、第 6 章は陸標、第 7 章は若干の天体についての記述である。

（50）Tibbetts 1981: 17–18, 38.

（51）al-Nahrawārī, *al-Barq al-Yamanī*: 18–19.

（52）*E. I.* 1st ed., VII: 366（SHIHĀB AL-DĪN）. Cf. Tibbetts 1981: 9–10.

（53）Khūrī 1989, I: 46, 264.

（54）Ibn Mājid, *Ḥāwiya*: f. 100b.

（55）Ibn Mājid, *al-Fawā'id*:f.64a.

（56）Ibn Mājid, *al-Fawā'id*:f.35a. なお、戦闘船や輸送船と訳出した、qatā'i' や mismāriyāt に関しては、Serjeant 1974:135, 174 を参照した。

メディアとしての「預言」、「宣教」、そしてヒエラルキア
——初期イスマーイール派思想家スィジスターニーの著作からの邦訳二題

野元晋

解題

I　はじめに——メディアとしての「預言」と「宣教」

イスラームにおける預言とは聖典クルアーンに見られるように預言者が神のメッセージを受けて伝える、また人間も神のメッセージに対応するという形態をとると考えられる(1)。これに加えて、メッセージの伝達ということに的を絞れば、預言者は勿論、預言という現象自体が神の教えを伝達する「メディウム」(媒体)、一般的な概念としてのメディアとしても考えられるであろう。

預言者が神からのメッセージの伝達を行う「媒体」であるとすれば、本稿が扱うシーア派イスラームの重要な流れであるイスマーイール派は、その「媒体」をさらに拡大し、精緻に組み立てられた天上のヒエラルキアとそれに対応する地上のヒエラルキア、つまり神の教えを伝える巨大な宣教共同体(daʿwah)(2)という存在を考えた。ではこのようなヒエラルキアの概念はどのような思想に支えられたのか？

本稿は天上のヒエラルキアの一部分を成す諸天使についてアブー・ヤアクーブ・スィジスターニー Abū Yaʿqūb al-Sijistānī（361/974年以降に歿）による、また彼に帰せられるテクストを二篇訳出し、それを解説し、ヒエラルキア、すな

わち神が人間を教導するための「媒体」の思想の一端を紹介しようというものである[3]。

II　スィジスターニーとその著作――『誇りの書』と『諸秤の論考』

1. スィジスターニーについて

スィジスターニーと、ここで取り上げるその『誇りの書』(*Kitāb al-Iftikhār*) は既に二回、本言語文化研究所の公募研究プロジェクトの論集で取り上げており、詳細はそちらを見られたいが[4]、以下に簡単にスケッチしてみよう[5]。まずスィジスターニーの生涯については数点の史料から断片的にしか知られず、その生歿年も確定し難い。恐らくその生涯について多く知ることが出来ないのは、イスマーイール派はスンナ派体制下においては常に宗教的かつ政治的には反体制派として迫害下にあり一次資(史)料が残り辛く、さらにスィジスターニーは、ファーティマ朝の成立後体制下したイスマーイール派主流派との関係が微妙なものとなったためであろう[6]。ここでの歴史的背景としては、第一に第七代イマーム、ムハンマド・ブン・イスマーイール Muḥammad b. Ismāʻīl が救済者的人物マフディー(Mahdī「正しく導かれた者」)またはカーイム(Qāʼim「立てる者」)として現れるとするイスマーイール派最初期の信仰を堅持したカルマト派とそれに反してイマーム位を主張したファーティマ朝との間の分裂、そして第二にスィジスターニーはその中でカルマト派の側に立っていたことを明記しておきたい[7]。

スィジスターニーのおおよその活動年代は 320/930 年代頃から 4/10 世紀の後半にかけてのものと推定出来、イスマーイール派の思想書を執筆し、同派の宣教組織の、北西イランの大都市ライイを中心とした地域の活動、さらには 330/940 年代以降は中央アジアのマーワラーアンナフル(トランスオクシアナ)地域における活動を指導していたと考えられる。またその歿年についてであるが、現今の学界では、393/964～5 年以後と考えられている。これは後代の著名な歴史家ラシードゥッディーン Rashīd al-Dīn Faḍl Allāh (647-717～8/1249～

50–1318）による、彼はイラン東部に勢力があった第二次サッファール朝（311–393/923–1003）のハラフェ・アフマド・スィジズィー Khalaf-i Aḥmad Sijzī（在位 353–393/964～5–1003）の治世下に処刑されたとの報告に基づくものである(8)。

スィジスターニーは 4/10 世紀に新プラトン主義の影響を受けた初期イスマーイール派思想家たちの中でも代表的と言える存在で、上に記したように関連文献が残るのには困難な状況下にあってさえ、数多くの著作が現在まで伝わっている(9)。彼の思想は、恐らくは 3/9 世紀に成立した新プラトン主義的偽書『アリストテレスの神学』の諸文献などが伝えたプロティノスの一者・知性・魂という三位格を中心とした宇宙論を持つが(10)、さらにその人間の魂は全て地上に降下していないという霊魂論を継承していると考えられる(11)。この霊魂論は他の宇宙論、人間論、預言論などとの問題とともに、新プラトン主義の影響下にあったイスマーイール派思想家たちの間で大きな論争点となった(12)。また論争点の一つである「第一代の告知者（大預言者）アダム Ādam は聖法（sharīʿah）をもたらしたか否か」という問題は、カーイムであるムハンマド・ブン・イスマーイールは聖法なき「アダムの楽園」をもたらしたとするカルマト派の主張との関連が問題となる(13)。スィジスターニーはそこではアダムは聖法をもたらさなかったとする説に与する。つまりこの説によれば人類史上に既に聖法なき時代が実現したことになり、ひいてはこれからも歴史の次元で律法廃棄主義の現実化はより可能であることになる(14)。イスマーイール派史には律法廃棄主義の問題は影のようについてまわるが、そのことは、この派が現世的秩序の転覆を狙うメシア主義として始まったことを思えば、運動史と思想史の自然な流れの一つであったと考えられ、スィジスターニーなど初期の思想家たちにも大きな問題だったであろう(15)。

2.『誇りの書』と『諸秤の論考』について

さて『誇りの書』がどのようなものか短く記したい。なお本稿では以前の翻訳に引き続き、I. K. プーナワーラー Poonawala の校訂版を底本とする。『誇りの書』は、神の唯一性（tawḥīd）の問題に始まり、神の創造の命令の言葉（「在れ！」Kun！）、宇宙論の位格としての知性と魂などの神と宇宙の原理の成立に関わる問題、使徒職、権限受託者職、イマーム職、復活、報酬と応報、さらに清めと清浄性・礼拝・喜捨・断食・巡礼など宗教の儀礼と実践に関わる問題を扱い、全17章からなる。各章では冒頭から、恐らくはスンナ派を（時に哲学者たちも）相手にする論争の調子が明らかである。ここで訳出した第四章「ジャッド・ファトフ・ハヤールの認識について」（Fī Maʻrifat al-Jadd wa-al-Fatḥ wa-al-Khayāl）(16)は、知性と魂に次ぐ地位の三存在を扱うもので、これら三存在はそれぞれガブリエル（Jabrāʼīl）、ミカエル（Mīkāʼīl）、セラフィエル（Isrāfīl）の三大天使に喩えられ、天使的存在と言ってもよい。上述の神と宇宙の原理について論じた問題群のうちに含まれるものと言えるが、ここでは預言者に授けられた心的機能・能力として解釈されている。

またもう一つのテクスト『秤の論考』（*Risālat al-Mawāzīn*）であるが、P. E. ウォーカー Walker はこのテクストは『宗教における諸秤』（*Al-Mawāzīn fī al-Dīn*）とも呼ばれるとし、さらにそれはファーティマ朝第6代カリフ、ハーキム al-Ḥākim（在位 373〜4–411〜2/984–1021）の時代に成立したものでスィジスターニーの真正な著作ではないであろうとしている(17)。またプーナワーラーもこのテクストを自らのイスマーイール派文献目録（1977年刊行）でスィジスターニーのテクストとして記載したが、同じく自身が校訂した『誇りの書』の版（2000年刊行）の文献一覧では、このタイトルを受動分詞による句「彼に帰せられる」（mansūb ikay-hi）で修飾し、少なくとも後者の準備の時点ではスィジスターニーのテクストではない可能性を示唆している(18)。これら両者の説に従い、本稿ではこのテクストの著者を「伝スィジスターニー」とする。

さてここに訳出した『秤の論考』の「第十二の秤：二大根源者より分かれた三つの分枝者の存在肯定について」（Al-Mīzān al-thānī al-ʻAshara: Fī Ījāb al-Furūʻ al-thalāthah al-Mutafarriʻ［ah］min al-Aṣlayn）についてである。プーナワーラーが『誇りの書』の校訂本のテクストの後に付した章ごとの解説があるが、その第四章「ジャッド・ファトフ・ハヤール」に関連文献として校訂して付したテクストを用いる(19)。内容としては、後で詳述するが、二大根源者から分かれて発出した三つの存在を表題とすることで、ジャッド・ファトフ・ハヤールの三存在がその主題であることが示唆され、その内容は上の『誇りの書』第四章に近く、その説明ともとらえられるのである[20]。

Ⅲ 「預言」、「宣教」と否定神学

さてイスマーイール派の神の教えを人間に伝える、いわば「媒体」としての「宣教」の機構の概念は、「Ⅰ　はじめに」でも記したように、ヒエラルキア、つまり位階秩序の思想を持っていた。つまりスィジスターニーの時代のイスマーイール派は、天上には五つの位階からなるヒエラルキアとそれに対応する形でやはり五つの位階からなるヒエラルキアがあるとする[21]。

このような位階秩序を通して教導がなされるという説の背景には、聖典、信仰内容、信仰実践すべてに外面（ẓāhir）と内面（bāṭin）の二次元を認め、後者を秘説化・秘教化し、それの接近にはまず前者の充分な習熟を必要とし、かつ順々に高度の内容に至らねばならないという思想があったと考えられる[22]。この背景にはさらに当然、イスマーイール派には宗教運動的・政治的に反体制的な運動として秘密保持の必要性があったことが挙げられよう。

また位階秩序論の背景としては、否定神学が挙げられると考えられる。否定神学とは、被造存在から隔絶した偉大な神は、否定表現（「神は……ではない」）によってしか語り得ないとする思想であるが、それは唯一の神の絶対性と超越性を強調するイスラームの分脈では魅力あるものと考えられ、少なからぬ思想家たちを惹き付けてきた。これが新プラトン主義の階層的流出論と否定神学思想と結びつき、イスマーイール派の否定神学思想が作り上げられていくことになる[23]。この否定神学思想と階層的流出論の影響下に、把握し難い神から教えを受けるには、まず天上の位階秩序を経ねばならないとする思想が次第に発展した可能性がある[24]。

そのイスマーイール派の否定神学思想では、被造存在の知覚による神の把握は不可能であり、かつ神に属性を帰することも不可能であり、また否定表現もその理解には無益である。そのような神は二重否定（「……ではなく……ではないことでもない」）によってのみかろうじて接近しうる存在なのである[25]。この神はそのただ一回の「創出」（ibdāʿ）と呼ばれる創造行為（創造の「御言葉」（kalimah）、「在れ！」によって、全存在界を包括する知性（al-ʿaql）——位格としての知性であり普遍的知性（al-ʿaql al-kullī）とも呼べる——を創り出す[26]。これがイスマーイール派によれば真の神の唯一の存在宇宙との関わりである。このような唯一の、完全に被造存在者から隔絶し、超越した「隠れた神」からの教えを受けるために、普遍的知性がいわば「顕われた神」となり、預言がそれ以下の位階秩序を通して展開することになる[27]。

普遍的知性から魂（al-nafs）——位格としての魂であり普遍的魂（al-nafs al-kullīyah）ともいう——が発出（inbiʿāth）し、さらに普遍的魂から自然（ṭabīʿah）が発出し、これ以降、自然世界が形成・展開していくことになる。ここから普遍的知性・普遍的魂・自然とその世界というヒエラルキアの系が成立するが、これは自然世界を含む宇宙の構造を示すものであり、この他に教導を行うヒエラルキアの系があり、これが本来であれば把握不可能な神の教えと、普遍的知性と普遍的魂を介して、人間をつなぐ媒体となるものである[28]。その天上のヒエラルキアを構成する存在は、普遍的知性・普遍的魂・ジャッド（Jadd）・ファトフ（Fatḥ）・ハヤール（Khayāl）となるが、これに対応して、地上に五位階からなるヒエラルキアがあるが、その上位三者が告知者（nāṭiq「大預言者」）・告知者の後継者である基礎者（asās）・さらにその後に七人、次々と代を追って続くイマームとなる。その下に来るのがイマームに続く、付属する者という意味で属僚（lāḥiq）と言い、これは 12 人いる。その下に来るのが宣教員（dāʿī）となる[29]。

神からの教えは、天上のヒエラルキアから預言者へ、そして預言者から基礎者、そしてイマームには、日常言語によらない「霊的助力」（taʾyīd）というコミュニケーションの在り方で伝えられる。そしてイマームからそれ以下の位階には日常言語を通した「教導」（taʿlīm）によって教えは伝達される[30]。これら伝達のあり方について具体性のある記述は得難いのだが、宣教共同体という宗教的媒体の中での教え・知の伝達が理論化されたものと考えることが出来る。

上述の「霊的助力」において預言者と普遍的知性と普遍的魂——この二存在は二大根源者（Aṣlān）とも呼ばれる——との間を仲介する役割を期待されるのが、ここで紹介するスィジスターニー、伝スィジスターニーの二点のテクストの主題、つまり天上のヒエラルキアの下位三者、ジャッド、ファトフ、ハヤールである。スィジスターニーによれば、ジャッドは預言者に与えられる霊的な能力であり、預言者の魂が異界である高次の世界に参入するためのいわば「乗り物」（maṛkab）に喩えられる[31]。またジャッドの助けによって預言者には以下のことが可能となる。

> ジャッドは彼らを主の嘉するところへ、主の認識へと導くのである。また…（中略）…諸音声と諸文字から明らかな指導を与えるべく、神の法を制定（waḍʿ nāmūsi-Hi）し啓示を成文化する（ta'līf tanzīli-Hi）に際しては彼が必要とするものを理解させるものとなる。また、それが彼らへの教義の宣言となるべく、彼らの言葉で法と啓示の成文化を容易にするもの、主の使信を彼らに伝えるものとなり、彼の力は強くなり、その範囲は遠くに及ぶ[32]。

つまりジャッドの助力をもって預言者にはまた、神からの啓示を己れの民族の日常言語に翻訳すること（これを ta'līf（「成文化」または「構成」）と呼ぶ）[33]と人々への伝達が可能となるが、ジャッドはまた天使のガブリエルに喩えられる[34]。またジャッドは預言者となる人物には誕生時に既に共にあり、彼が成人すると知性と統治権を得るのを助け、さらに死に際しては後継者（つまり基礎者）の指名の成功を助ける。この生涯における三つのことがジャッドの字義的な意味である「幸運」が意味するところである[35]。このようにしてジャッドは預言者をして彼の預言者職（イスマーイール派的に言えば告知者職）を生涯を通して全うさせる。

さて次にファトフであるが、これは預言者＝告知者も与えられる能力であるが、預言者がその後継者に託すものである。この能力は天使名のミカエルでも呼ばれ、これによって後継者は「ジャッドが纏めて結んだものを説明的にではなく、解くのである（fataḥa）」という[36]。テクストはそれ以上の詳細は語らないが、基礎者の使命の一つに、預言者、つまり告知者のもたらした聖法を解釈（ta'wīl）によってその内面的意味を明らかにすることがあり、恐らくは「解く」（字義通りには「開く」）とはそのことを意味するのであろう。

最後のハヤールであるが、それは「想像」または「想像力」と訳しうるもので、哲学の分野では霊魂論で魂の持つ表象機能を指す術語ともなるが、スィジスターニーは、これはイマームに与えられる霊的能力であるとされる。また具体的にはそれは預言者の死後に起ること、さらに彼の美徳として継承される「清浄さや繊細さ」（ṣafwatu-hu wa-laṭāfatu-hu）のことを想像出来る、あるいはそれらがありありと目の当たりに現れる能力のことであるとされる[37]。共同体を指導するための一種の予見能力のことであろうか。

以上のように、スィジスターニー、また伝スィジスターニーの二点のテクストは、神の教導を伝える天上のヒエラルキアのうち、天使に喩えられる三つの存在について、それを預言者（告知者）とそれに準ずる基礎者、イマームに備わる能力としている。ここで預言者たちは普遍的知性と普遍的魂からのメッセージの受け手なのであるが、これら三つの能力（天使的存在）は天上と地上をつなぐ、いわば神の教導を伝える二つのヒエラルキアの、つまり二つの媒体の、天上のそれに属してはいるが、結節点として機能していると言ってよいであろう。

使用文献一覧（解題部分及び翻訳部分共通）

［一次資料］（翻訳を含む）

Al-Nawbakhtī, 1931: *Firaq al-Shīʻah*, ed. by H. Ritter, Istanbul（English transl. by A. Kadhim *as: Shīʻa Sects*（*Kitāb Firaq al-Shīʻa*). London, 2007）.［Al-Nawbakhtī, *Firaq*］

プロクロス 1976:『神学綱要』田之頭安彦訳、田中美知太郎編『プロティノス・ポルピュリオス・プロクロス』（世界の名著・続 2）所収、中央公論社.［プロクロス『神学綱要』］

Rashīd al-Dīn, 1338A.H.S./1960C.E.: *Jāmiʻ al-Tawārīkh*. ed. M.-T. Dānishpazhūh and M. Mudarrisī, Tehran.［Rashīd al-Dīn, *Jāmiʻ*］

Al-Rāzī, 1377A.H.S./1998C.E.: *Kitāb al-Iṣlāḥ*. ed. Ḥ. Mīnūchehr［and］prepared for publication by M. Moḥaghegh, Tehran.［Al-Rāzī, *al-Iṣlāḥ*］

Al-Sijistānī, 1340 A.H.S./1961C.E.: *Kitāb al-Yanābī*, ed. H. Corbin in *Trilogie ismaélienne*. Tehran/Paris（English translation by P. E. Walker as *The Wellsprings of Wisdom: A Study of Abū Yaʻqūb al-Sijistānī's* Kitāb al-Yanābīʻ *including a complete English Translation with Commentary and Notes on the Arabic Text*（Salt Lake City, 1994）; Partial French translation by H. Corbin as "Le livre des sources" in *Trilogie ismaélienne*）.［Al-Sijistānī, *al-Yanābī*］

Al-Sijistānī, 1982: *Ithbāt al-Nubūʼāt*. ed. ʻĀrif Tāmir, Beirut.［Al-Sijistānī, *Ithbāt*］

Al-Sijistānī, 2000: *Kitāb al-Iftikhār*. ed. I. K. Poonawala, Beirut.［Al-Sijistānī, *al-Iftikhār*］

Al-Sijistānī（?）, 2000: *Risālat al-Mawāzīn*. partially edited and incorporated by I. K. Poonawala into his edition of Al-Sijistānī, *al-Iftikhār*.［Al-Sijistānī（?）, *al-Mawāzīn*］

［二次資料］

Canaan, Tewfik 1937–8: "The Decipherment of Arabic Talisman," *Berytus* 4（Beirut 1937）: pp. 69–110; 5（Beirut, 1938）: pp. 141–151.

Corbin, Henry 1986²: *Histoire de la philosophie islamique*. Paris（旧版（Paris, 1964）の邦訳：黒田壽郎・柏木英彦訳『イスラーム哲学史』岩波書店, 1974）

Daftary, Farhad 2004: *Ismaili Literature: A Bibliography of Sources and Studies*. London.

Daftary, Farhad 2007: *The Ismāʻīlīs: Their History and Docrines*, 2nd Revised Edition. Cambridge.

De Smet, Daniel 2009: "Adam, premier prophète et législateur?: La doctrine chiite des *ulū al-ʻazm* et la controverse sur la pérennité de la šarīʻa," in M.-A. Amir-Moezzi, M. M. Bar-Asher, and S. Hopkins（eds）, *Le Shīʻisme Imāmite quarante ans après: Hommage*

à Etan Kohlberg. Turnhout, Belgium, pp. 188–202.
EI[2]: *Encyclopaedia of Islam*. New Edition, ed. H. A. R. Gibb, J. H. Kramers, et al. 12 vols. Leiden/London, 1960–2002.
EQ Encyclopaedia of the Qur'ān, ed. J. D. McAuliffe, et al. 6 vols. Leiden, 2001–2006.
Ess, Josef van 1996: "Verbal Inspiration?: Language and Revelation in Classical Islamic Theology," in S. Wild（ed.）, *The Qur'an as Text*. Leiden, pp. 177–194.
Floor, William and EIr *EIr*: "Kadkodā," in *Encyclopaedia Iranica*（電子版：http://www.iranicaonline.org/articles/kadkoda-headman（Last updated Last Updated: September 15, 2009））
Gimaret, Daniel *EI*[2]: "Ru'yat Allāh," in *EI*[2]. vol. 8, p. 649.
Halm, Heinz 1978: *Kosmologie und Heilslehre der frühen Ismāʿīlīya: Eine Studie zur islamischen Gnosis*. Wiesbaden.
Halm, Heinz 1991: *Das Reich des Mahdi: Der Aufstieg der Fatimiden（875–973）*. München（English transl. by M. Bonner as *The Empire of the Mahdi: The Rise of the Fatimids*. Leiden, 1996）.
Hamdani, Abbas 1976: "Evolution of the Organizational Structure of the Fāṭimī Daʿwah," *Arabian Studies* 3: pp. 85–114.
Hamdani, Sumaiya 2006: *Between Revolution and State: The Path to Fatimid Statehood*. London.

井筒俊彦　1988:「言語現象としての「啓示」」、長尾雅人・井筒俊彦・福永光司　他（編）『岩波講座・東洋思想』、第 4 巻『イスラーム思想 2』、岩波書店、pp. 3–47.
井筒俊彦　1993（1989）:「イスマイル派「暗殺団」――アラムート城砦のミュトスと思想」,『井筒俊彦著作集』9『東洋哲学』岩波書店、pp. 480–548（『コスモスとアンチコスモス――東洋哲学のために』（岩波書店、1989）に所収のものを採録）.
Kamada, Shigeru 1988: "The Hirst Being: Intellect as the Link between God's Command and Creation according to Abū Yaʿqūb al-Sijistānī," *The Memoirs of the Institute of Oriental Culture*（*University of Tokyo*）/『東京大学東洋文化研究所紀要』106: pp. 1–33.
Madelung, Wilferd 1959: "Fatimiden und Bahraynqarmaten," *Der Islam* 34（1959）: pp. 34–88（English translation as "The Fatimids and the Qarmaṭīs of Baḥrayn," in F. Daftary（ed.）, *Medieval Isma'ili History and Thought*. Cambridge, 1996, pp. 21–73）.
Madelung, Wilferd 1961: "Das Imamat in der frühen ismailitischen Lehre," *Der Islam* 37（1961）: pp. 43–135
Madelung, Wilferd 1976: "Aspects of Ismāʿīlī Theology: The Prophetic Chain and the God Beyond," in S. H. Nasr（ed.）, *Ismāʿīlī Contributions to Islamic Culture*. Tehran, pp. 51–65.
Madelung, Wilferd 1988: *Religious Trends in Early Islamic Iran*. Albany, N.Y.

Madigan, Daniel *EQ*: “Revelation and Inspiration” in *EQ*, vol. 4, pp. 437–228.

Netton, Ian 1989: *Allāh Transcendent: Studies in the Structure and Semiotics of Islamic Philosophy*, *Theology and Cosmology*. Richmond, Surrey.

野元　晋　2004：「初期イスマーイール派の神の言葉論――スィジスターニーの「神の［創出の］命令の認識について」及び他二編和訳」、松田隆美編『西洋精神史における言語観の変遷』慶應義塾大学言語文化研究所, pp. 275-314.

Nomoto, Shin 2007: “Abū Ḥātim al-Rāzī on the Soul: An Early Ismāʿīlī Neoplatonist View,” in N. B. McLynn, S. Nakagawa, and T. Nishimura（eds.）, *Corners of the Mind: Classical Traditions*, *East and West*. Tokyo, pp. 139-162.

野元　晋　2007：「4/10 世紀イスマーイール派の位階制論におけるターミノロジー――ラージーを中心として――」『東洋文化』87（特集　イスラーム思想の諸相）, pp. 41-63.

野元　晋　2008：「イスマーイール派の文字論――スィジスターニーの『誇りの書』より「七つの高次の文字の認識について」邦訳」、納富信留・岩波敦子編『精神史における言語の創造力と多様性』慶應義塾大学言語文化研究所, pp. 111-143.

Nomoto, Shin 2012: “An Ismāʿīlī Thinker on the First Enunciator-Prophet 3: Translation of The *Kitāb al-Iṣlāḥ* by Abū Ḥātim al-Rāzī 7,” *Reports of Keio Institute of Cultral and Linguistic Studies* 43（2012）（in press）.

野元　晋　2012：「イスマーイール派の預言者論――初期の新プラトン主義的学派を中心として――」、竹下政孝・山内志郎編『イスラーム哲学とキリスト教中世』、Ⅲ『神秘哲学』岩波書店, pp. 91-112.

Poonawala, Ismail 1977: *Biobibliography of Ismāʿīlī Literature*. Malibu.

Stern, Samuel 1983（1960）: “The Early Ismāʿīlī Missionaries in North-West Persia and in Khurāsān and Transoxiana,” Chapter in his *Studies in Early Ismāʿīlism*（Jerusalem/Leiden, 1983）, pp. 189-233（originally published in *Bulletin of the School of Oriental and African Studies* 23（1960）: pp. 56-90）.

Stern, Samuel 1983（1961）: “Ismāʿīlīs and Qarmaṭians,” Chapter in his *Studies in Early Ismāʿīlism*. 289-98（originally published in *L'Élaboration de l'Islam*（Paris, 1961）, 91-108）.

Stern, Samuel 1983（1972）: “Cairo as the Centre of the Ismāʿīlī Movement,” Chapter in his *Studies in Early Ismāʿīlism*, pp. 234-256（originally published in *Colloque international sur l'histoire du Cairo*（Cairo, 1972）. pp. 437-450）.

Stern, Samuel 1983: “The Earliest Cosmological Doctrines of Ismāʿīlism,” in *Studies in Early Ismāʿīlism*, pp. 3-29.

Walker, Paul 1976: “Cosmic Hierarchies in Early Ismāʿīlī Thought: The View of Abū Yaʿqūb al-Sijistānī,” *The Muslim World* 66（1976）: pp. 14-28.

Walker, Paul 1992: “The Universal Soul and the Particular Soul in Ismāʿīlī Neoplatonism,” in P. Morewedge (ed.), *Neoplatonism and Islamic Thought*. Albany, N.Y., pp. 149–66

Walker, Paul 1993: *Early Philosophical Shiism: The Ismaili Neoplatonism of Abū Ya'qūb al-Sijistānī*. Cambridge

Walker, Paul 1994: *The Wellsprings of Wisdom: A Study of Abū Ya'qūb al-Sijistānī's* Kitāb al-Yanābī' *including a Complete English Translation with Commentary and Notes on the Arabic Text*. Salt Lake City.

Wensinck, Arnt [-Andrew Rippin] *EI*²: "Waḥy" in *EI*². vol. 8, pp. 53–57.

注

(1) ここから井筒 1988、Madigan *EQ* はイスラームにおいて預言とは神と人間との間に成り立つコミュニケーションであると指摘している。また Ess 1996; Wensinck [-Rippin] *EI*² 及び野元 2012, p. 91 も参照。

(2) 一般的には「呼ぶこと」「呼びかけ」「招き」などの意味を持つ。

(3) これにあたっては、本稿は翻訳部分を別として先行研究及び筆者の既出研究に基づいており、いわばそれらを纏めた形となっている。ことに Halm 1978, pp. 67–74 には依るところが大きい。

(4) 野元 2004 及び野元 2008。

(5) スィジスターニーの生涯と著作についての研究の書誌情報については野元 2004, p. 278 n. 6 に挙げられているが、主なものに、Daftary 2004, pp. 153–154; Poonawala 1977, pp. 82–89; Stern 1983 (1960), pp. 189–233; Walker 1993, pp. 16–24 などがある。

(6) イスマーイール派の歴史と思想の概説には浩瀚な Daftary 2007 があり、本稿でも大いに参照した。

(7) カルマト派とファーティマ朝派の分裂については例えば Halm 1991, passim, especially 61–67, 225–236 (English transl. 58–66, 250–264); Madelung 1959 (1996); Stern, 1983 (1961) などを見よ。スィジスターニーが宗教・政治運動上とった立場については例えば Madelung 1961, pp. 86–101; Walker 1993, pp. 16–21, 140, 161–63 を見よ。

(8) Rashīd al-Dīn, *Jāmi'*, p. 12. また Stern 1983 (1960), pp. 219–220 を見よ。他に例えば Poonawala 1977, p. 83 も見よ。また『誇りの書』に預言者ムハンマドが死去 (11/632 年) の後、50 年を経たとの記述があり (al-Sijistānī, *al-Iftikhār*, pp. 193, 233)、ここからその歿年を 361/971 年以降とする指摘もある。Daftary 2004, p. 153; Walker 1993, pp. 17–18 など。また野元 2004, pp. 283–284 も参照。

(9) 現時点において最も浩瀚にイスマーイール派の書誌を纏めた Poonawala 1977 の pp. 82–89 は 29 点の著作を挙げているが、うちプーナワーラーが断片的なものを含めて現存を確認したものは 26 点に及び、その幾つかには刊本がある。刊本の書誌情報については、Daftary 2004, pp. 153–154 を見よ。

(10)『アリストテレスの神学』にはよく知られた流布版とそれとは異なる長大版があるが、その長大版とスィジスターニーの著作との平行箇所、またイスマーイール派との思想的類似性については、例えば Walker 1993, pp. 35–37, 39–44, 53, 60, 80, 85–86, 95–96 を見よ。

(11) 例えば Walker 1992; Walker 1993; Nomoto 2007 を見よ。

(12) 例えば Walker 1992 の全体と Walker 1993, pp. 51–63.

(13) この問題についてのカルマト派の主張については例えば同時代の次の報告がある。Al-Nawbakhtī, *Firaq*, 62–63（English transl., 129）. またスィジスターニーの主張を含めてこの問題については De Smet 2009 の全体及び Halm 1978, pp. 99–104 を参照。

(14) Nomoto 2012（in press）.

(15) つまり同派の初期のメシア主義運動から現実のファーティマ朝という王朝建設と運営への転換期に活動した思想家たちには論争する価値が大きい問題であったと考えられる。この問題については Hamdani, S. 2006 を参照。

(16) この章はプーナワーラー以前には H. ハルムによるテュービンゲン大学所蔵の写本による校訂もある。Halm 1978, pp. 206–209. またこの章については井筒 1993（1989）, pp. 543–544 も参照。なお『誇りの書』全体については、プーナワーラー以前には M. ガーリブ Ghālib の校訂による版（Beirut, 1980）もあるが、この版はスンナ派のカリフたちを非難した箇所を削除するなど問題が多い。

(17) Walker 1993, p. 165.

(18) Al-Sijistānī, *al-Iftikhār* に付された校訂者による文献目録 p. 439 を見よ。

(19) Al-Sijistānī, al-Mīzān al-Thānī al-ʿAshara（第 12 の秤）"Fī Ījāb al-Furūʿ al-thalāthah al-Mutafarriʿ［ah］min al-Aṣlayn" in *Risālat al-Mawāzīn*, ed. and attached by I. K. Poonawala to his edition of Al-Sijistānī, *al-Iftikhār*, pp. 327–329.

(20) 例えば後述するように、『誇りの書』第四章でジャッドが「乗り物」に喩えられているが、この「第 12 の秤」は、ジャッドを、預言者ムハンマドをエルサレムまで運んだ人面有翼の馬ブラークに喩えたり、また「乗用馬」に喩えたり、内容的には『誇りの書』を下敷きにしている可能性がある。

(21) 例えば Halm 1978, pp. 67–74; Walker 1976 の全体を見よ。

(22) Madelung 1976 などを見よ。

(23) ムスリムの新プラトン主義の影響を受けた思想家たちにおける否定神学の流れを辿ったものに例えば Netton 1989 がある。

(24) まだこの可能性を固めるには諸テクストを比較検討する作業が必要となるであろう。

(25) Corbin 1986[2], pp. 122–123（邦訳 95）; Walker 1993, pp. 78–79 などを見よ。

(26) Al-Rāzī, *al-Iṣlāḥ*, 25; Al-Sijistānī, *al-Yanābīʿ*, 21（English transl., 54/French transl. 41）.

(27) 例えば Kamada 1988, p.6 を見よ。

(28) Halm 1978, pp. 67–74; Walker 1976.

(29) 地上のこれら五位階は必ずしも固定的なものでなく、告知者から基礎者への代替わり、またイマームが最上位になるに及んで変わるようである。ここでは「告知者」「基礎者」という訳語は Corbin 1986[2] の旧版邦訳（文末文献一覧参照）による。

(30) 野元 2007, p. 49.

(31) Al-Sijistānī, *al-Iftikhār*, p. 118. また預言者ムハンマドを一夜にしてマッカからエルサレムに運んだ人面有翼の天馬ブラークにも喩えられる。Al-Sijistānī（?), *al-Mawāzīn*, p. 328.

(32) Al-Sijistānī, *al-Iftikhār*, p. 118. この「乗り物」という表現から、ジャッドは古代末期の新プラトン主義哲学者プロクロス Proklos がいう微細な「星気体」からなる魂の「乗り物」(okēma)（プロクロス『神学綱要』、命題 196（pp. 576–577)、命題 207–210（pp. 584–585)、及び訳者による命題 196 への註（664)）にあたるとする指摘もある。Walker 1994, pp.148–149.

(33) この ta'līf（「成文化」または「構成」）については al-Sijistānī, *Ithbāt*, pp. 56, 118 を見よ。テクスト解釈については Walker, 1993, pp. 120–21, 185 n. 59 及び n. 60 によるところが大きい。

(34) Al-Sijistānī, *al-Iftikhār*, p. 118; Al-Sijistānī（?), *al-Mawāzīn*, p. 328.

(35) Al-Sijistānī, *al-Iftikhār*, p. 120.

(36) Al-Sijistānī, *al-Iftikhār*, p. 119.「解く」と訳した fataḥa は字義的には「開く」である。また Al-Sijistānī（?), *al-Mawāzīn*, pp. 328–329 も参照。

(37) Al-Sijistānī, *al-Iftikhār*, pp. 120–121. また Al-Sijistānī（?), *al-Mawāzīn*, p. 329 も参照。

本稿は慶應義塾大学言語文化研究所共同研究 B 方式「中東の一神教的思想風土における哲学的伝統の受容と変容」の研究活動の一環である。ここに記して同研究所と共同研究に参加の皆様に謝意を表明したい。

翻訳

付記

1. 以下はアブー・ヤアクーブ・アッ＝スィジスターニー Abū Yaʿqūb al-Sijistānī による『誇りの書』*Kitāb al-Iftikhār* よりその第四章「ジャッド・ファトフ・ハヤールの認識について」（Fī Maʿrifat al-Jadd wa-al-Fatḥ wa-al-Khayāl）及び伝スィジスターニー『秤の論考』*Risālat al-Mawāzīn* より第12の「秤」「二大根源者より分かれた三つの分枝者の存在肯定について」（Fī Ījāb al-Furūʿ al-thalāthah al-Mutafarriʿ［ah］min al-Aṣlayn）の邦訳である。

2. 両テクストとも本翻訳の底本は Al-Sijistānī, *Kitāb al-Iftikhār*, ed. I. K. Poonawala（Beirut, 2000）である。

3. また上記の版の編者プーナワーラーは『誇りの書』では以下の写本を用いている。本稿でも同版の脚注を通じて異本を参照したので、以下に記す(1)。

B（Bāʾ）：Al-Shaykh al-Bājī 所蔵写本（ヒジュラ暦（以下同様）1110 年以前に作成）

ʿ（ʿAyn）：Al-Daʿwah al-Hādiya al-ʿUlwīyah 所蔵写本（日付け無し）

J（Jīm）：Al-Shaykh al-Bājī 所蔵写本（日付け無し）

T（Tāʾ）：Tübingen 大学図書館写本（1280 年作成）

Ṭ（Ṭāʾ）：Muḥsin al-Hamdānī 所蔵写本（1327 年作成）

Y（Yā）：Ṣanuʿā 大金曜モスク図書館写本（1267 年作成）

F（Fāʾ）：Mumbay 大学図書館写本（A.A.A.Fayḍī 文庫）（ヒジュラ暦 13 世紀中頃）

Z（Zāy）：Zāhid ʿAlī 所蔵写本（1266 年作成）

M（Mīm）：D. A. Malik Wakīl 所蔵写本（1353 年作成）

Dh（Dhāl）：Dhūzar（?）Wārāwālā 所蔵写本（1250 年作成）

R（Rā^~）：Dhūzar（?）Wārāwālā 所蔵写本（1359 年作成）

S（Sīn）：Al-Shaykh Ghulām-ʿAlī 所蔵写本（1330 年作成）

L（Lām）：Al-Daʿwah al-Hādiyah al-ʿUlwīyah 所蔵写本（1323 年作成）

H（hāʾ）：Hamdānīyah 図書館写本（1130 年と 1150 年の間に作成）

4. なお原テクストの参照を容易にするために翻訳文中に底本における頁番号を括弧に入れ挿入した。

5. 文中や注でクルアーンを引用する際は最初にQ、次いで章番号、最後に節番号を記す。またクルアーンからの引用は以下の既訳を参照しつつ原典より訳した。井筒俊彦訳『コーラン』上・中・下（岩波書店、1961）；M. A. S. Abdel Haleem（transl.), *The Qur'an*（Oxford, 2004); A. J. Arberry（transl.), *The Koran Interpreted*, 2 vols（London, 1957); J.Berque（transl.), *Le Coran : Essai de traduction de l'arabe*. edition revue et corrigée（Paris, 1990).

アブー・ヤアクーブ・イスハーク・ブン・アフマド・スィジスターニー『誇りの書』より

第4章　ジャッド・ファトフ・ハヤールの認識について

そこで君たちはジャッド、ファトフ、ハヤールに関して我々に非難を浴びせ、それらには、君たちが捏造し、唱導し、かつ疑いもした嘲笑の対象があると示したのである。秘められた意味を示すこれらの名称に、どのような悪徳があるというのか。君たちはガブリエル（Jabrā'īl）とかミカエル（Mīkā'īl）とかセラフィエル（Isrāfīl）とかのことを語らないのか？　魂は最大限の忌避をもってこれらの名称を、我々が宣教の組織を打ち立てるために繰り返し述べたことによって、遠ざけるのだ。我々は――神が君たちを苦難と無知の暗闇からお守り下さいますよう――言う、神――その称名は至高なれ――は御自身の聖典のうちで次のようなお言葉によってジャッドに言及しておられる、「我が主の御威光（jadd）はいと高くおわします、彼のお方には伴侶も子もなし」（Q72:3）と。また我々は、礼拝の最初における我々の言葉（p. 117）、「汝の御威光（jaddu-ka）は至高なれ」の如く、さらに祈りにおいて伝えられた言葉、「幸運はあなたとともに幸運の持ち主には〔復活の日に〕役に立つものではない」の如く［に述べるの］である。それゆえ、我々がこれらの名に注釈を加えると、あなたたちは醜いとしたものも美しいものと見なすようになる。

君たちは以下のことを知るように。私たちが言うように、［諸元素から］構成された個別存在者（ashkhāṣ）(2)の状態、それらの幸福、及び不幸は、ジャッドに――それは「幸運」（bakht）の謂いだが――によるのである。それゆえに、ときにはジャッドはある個人には誕生の時に助力を与えることがあり、そのために［その人の］位階は段々と上がり続け、偉大な王たちの位へと到達する。そうして彼は、既に人間が服従し臣下の礼をとった、［己れは］支配権と統治権を行使する王となる。そしてジャッドのために威容と威厳によって、人間たちが領域の及ぶ限り彼を畏怖し恐れる程度にまで達していたのだ。不幸、幸福、高さ、低さについて構成的な個別諸存在者の状態が、天上のジャッドがそれらに助力を与えることでそのようになると、霊的な諸魂の状態も同様にそれら諸存在者の如くになる。またジャッドはそこからこれら名前［を持つ天使的存在］が分かれ、またそこを志向する二大根源者（al-Aṣlān）(3)の二者性から［出て］、［告知者の］諸魂と接合することになる。

（P. 118）かくしてこのジャッドが、同時代に生きる者には主となり管理者ともなる「清浄な魂」（nafs zakīyah）(4)を助けるのだから、彼が彼らを治めても彼らが彼を治めることはない。彼らを［何かに］教唆することがあっても、彼らから教唆されることはない。ジャッドは彼らを主の嘉するところへ、主の認識へと導くのである。また彼のジャッドは主の王領世界（malakūt rabbi-hi）への上昇にあたっては「乗り物」（markab）(5)となり、諸音声と諸文字から明らかな指導を与えるべく、神の法を制定（waḍʿ nāmūsi-Hi）し啓示を成文化する（taʾlīf tanzīli-Hi）(6)に際しては彼が必要とするものを理解させる存在となる。また、それ（＝啓示の内容）が彼らへの教義の宣言となるべく、彼らの言葉で法と啓示の成文化を容易にし、主の使信を彼らに伝える存在となり、かくして彼の力は強くなり、その範囲は遠くに及ぶ。またジャッドは、それ（＝ジャッド）(7)を受けた者の魂が自ら熱くなるべく、構成の諸活動により生成する諸存在の中で自ら形状を変える。かくしてジャッドによって特性付けられた者がそれについて思索をめぐらすと、それは彼への注意を怠らぬものであることがわかる。また彼を離れて他の者のところへ行くこともなく、またその材質であり基礎である何かに依拠して彼のことを知るものでもないと。かくしてその道は彼をして、このジャッドを彼の創造主である神に結びつけることを強いるのであり、彼はジャッドをガブリエル（Jabrāʾīl）、つまり彼への注意を怠らず、彼から離れることもない、「神［について］の権威者」（thiqat Allāh）、という異名で呼ぶのである。

（P. 119）現世で幸運を受け、良きものどもを授けられた者たちの殆どはそれらを保持すること、また父祖たちから受け継ぎ得たものを管理することに相応しくないが、彼らのうち少数の者は、ジャッドが彼を助けたときには、管理の見事さ、その諸通路を通しての政治の把握が彼を助けることになる。彼らのうちで賞賛される者とは、管理の見事さとかの諸通路による政治の把持が助力となる者の謂いなのである。同様に告知者職（nuṭq）と霊的な諸通路という幸運を授けられた者は、彼の心に重要なこと、つまり神的王領の世界の諸光を集約して、注釈を施したり解釈を加えたりせずに成文化する（allafa）のである。神が彼に、ファトフという第二の高貴な力をお恵み給うたときには、曖昧な事どもを解釈し、それら一つ一つをその場所に定め、それに在るべき処を与える。かくして彼は霊的な幸福を通して、古（いにしえ）の人々も、今の人々も羨む程度にまで到達したのである。そして彼はファトフのことを、彼の共同体の中に任命した宰相（wazīr）に託す。それはちょうどジャッドが、己れの不動産保持のために補佐役に任じた者に管理権と代理権（kadkhudānīyah）[8]を託したように。そのため、かの者はジャッドのゆえに畏怖の念を起こさしめるに比類なき者となり、ジャッドの栄光ゆえに威厳において比類なき者となるであろう。かの者はミカエルである、つまりその者はジャッドがまとめて結んだものを説明的にではなく、解く（fataḥa）のである。この能力は神――彼（か）のお方の唱名はいと高くあれ！――にしか帰せられぬものである。彼（か）のお方の偉大さは聖なるかな。

（P. 120）ここにおいては二つの能力、つまりジャッドとファトフが助力を与える者が必要とする第三の状態がある。つまり誕生に際して、そのジャッドが助力を与えた者は、思いもよらぬものを得るという完全な幸福を獲得する。そしてそこで得た思いもよらぬものを保持し管理するという成功が、またその得たものが有効であるところでは支配の成功が与えられる。だが時に彼から死後の幸福を成立させる第三の状態が取り上げられるために、死後に必要となる遺言（waṣīyah）の契約に成功しないことがある。また敬虔な行為と、その利益が己れ自身に帰る善行の道においては、ジャッドが彼に統べさせたことの一部の配分に成功しないのである。ここから彼はその財産から離れて行くのである。彼は既に彼の敵に財産を、そこに何の誉れも支払われるものもない処で受け継がせてしまったのである。

以下の三つの幸福が集まる完全な幸福者がいる。つまり、誕生時にジャッドが［彼のもとに］留まること、成熟時に知性と統治権という贈り物［を受けること］、死に際しては権限委託に成功すること［の三つ］である。同様に告知職のために幸運を受けた者（mawjūd）については、神が彼に啓示と聖法を集めること（jamʿ tanzīli-Hi wa-sharīʿati-Hi）[9]を容易なこととしたとき、また彼が、宰相に任じ彼の務めを共有する者を立てることの成功を与えられたとき、イマーム職に相応しく己れが世を去った後も同職がその子孫に至る者にイマーム職を定着させた時、彼の幸福は完全なものとなる。かくして彼と彼の宰相の後に（p. 121）イマーム職に相応しい者に、イマーム職を定着させる、そのような能力があるが、それはハヤールと呼ばれる。それが意味するのは、告知者の後に共同体に起こることをイマームたちや代理人たち（khulafāʾu-hu）への支配を通してありありと思い浮かべることであり、イマームたちに継承させる自らの清浄さや繊細さ——それによって宗教の保持と共同体の統治への能力が、秘密の形であれ公然の形であれ現れるのである——をありありと思い浮かべることであ
210 る。二人の基礎者たち（asāsān）から受け継がれたこの能力——つまりハヤールの謂い——は、それが頭からジャッドとファトフを受けるために立ち上がる者[10]に至るまで、清浄さと繊細さが増大するための素材（māddah）となる。かくして魂の平安と休息、そして魂が得た知性的諸利益の光栄が魂へ到達することになるのである。

かくしてこの意味で我々のジャッド、ファトフ、ハヤール［を認めること］への呼びかけがなされたのだ。もしもザーヒルの徒（ahl al-ẓāhir）が自ら公正たらんとしたならば、哲学者たちのうち属性否定論者がこれらの呼称に対して浴びせる嘲笑に騙されることもなかっただろうに。というのも彼ら属性否定論者はガブリエル、ミカエル、セラフィエルといった尊称にさらに驚く人々であり、心の底ではそれらに対してよりひどく嘲笑しているのだ。しかしながら彼らはザーヒルの徒を恐れて、その嘲笑を敢えて明らかにするということはない。そこで彼らはこれらの表現に対して嘲笑し始めたのだが、彼らが目的とすることはザーヒルの徒の［天使への］尊称を嘲笑することである。もしも哲学者た

ちが自分たちの指導者たちのお伽話や著書における愚かさについてよく考えるなら、真実の徒（ahl al-ḥaqq）(11)が唱える［天使の］尊称の嘲笑に走ることもなかっただろうに。彼らは、真実の徒の諸教義の内容について嘲笑することに大変多忙だからである。（P. 122）栄光は諸世界の主たる神にあれ。

注

(1) この一覧は上述のプーナワーラー版の pp. 66–67 にある使用写本一覧を訳したものである。

(2) 次いで「ある個人」（baʿd al-ashkhāṣ）のことが語られているので、これは人間の個々人のことか。

(3) 普遍的知性と普遍的魂という天上のヒエラルキアの最高位の二者を合わせてこのように呼ぶ。

(4) 聖法をもたらす大預言者、つまり告知者の謂いである。

(5) 古代末期の哲学者プロクロスが考えた「プロクロス Proklos がいう微細な「星気体」からなる魂の「乗り物」（okēma）（プロクロス『神学綱要』、命題 196（pp. 576–577）、命題 207–210（pp. 584–585）及び訳者による命題 196 への註（664））にあたるとする指摘がある。Walker 1994, pp. 148–149.

(6) 預言者が心に下って来た啓示を、日常言語にいわば翻訳することを言う。「構成」、「編纂」とも訳せる。Al-Sijistānī, *Ithbāt*, pp. 56, 118 を見よ。テクスト解釈については Walker, 1993, pp. 120–121, 185 n. 59 及び n. 60 によるところが大きい。

(7) 校訂者の注 Al-Sijistānī, *al-Iftikhār*, p. 118, n. 14 によると Ṭ 写本の欄外書き込みではジャッドを指すとしているが、その解釈に従う。

(8) ペルシア語で「首長」、「頭目」を意味する kadkhudā からの造語。文脈から君主の信任を帯びた者の権限という意味を読み取りこのように訳した。この語については Floor, William and EIr *EIr* を見よ。

(9) 底本版テクスト校訂者によるすぐ前の idhā 節への応答節とする読み “jamaʿa tanzīla-hu wa-sharīʿata-hu” に替えて、全体を動名詞とその目的語として属格名詞が続く句に読む。

(10) ジャッドとファトフをともに受ける者とは次代の、つまり次の周期の告知者の謂いか。

(11) スィジスターニーが属するイスマーイール派を指す。

伝アブー・ヤアクーブ・イスハーク・ブン・アフマド・スィジスターニー

『諸秤の論考』より

第十二の秤　二大根源者より分かれた三つの分枝者の存在肯定について

諸真理（ḥaqā'iq）を持つ人々[1]の言葉は次のことで一致している、つまり単純なる（basīṭ）二大根源者［の存在］は確立すると、その確立によってその二者の諸行為が確立するということであるが、その諸行為とは魂による諸運動（ḥarakāt nafsānīyah）の謂いであり、魂による諸運動は抵抗する存在が無いために円運動である。そして円の形によるあらゆる運動は抵抗が無いことに由来するものであって、三つの部分に分かれる。すなわち発出的運動（ḥarakah inbi'āthīyah）、形成的運動（ḥarakah takwīnīyah）、そして命令者的運動（ḥarakah āmirīyah）である。発出的運動とは（p. 328）中心の運動（ḥarakat al-markaz）である。その動きが発出の元から何の距離も無く、中心から起るものだからである。……[2]またこの形成的運動は第二のものの呼称である。なぜ第二のものと呼ばれているかといえば、それは第一の運動に続く第二の運動だからである。それは、ある場所から始まり、ある場所に終わるため時間的とも呼ばれるが、これは一つの時間なのである。命令的運動とはこれら最初の二つの運動の間に発出する運動であるが、それは増加でも事物の回復においても等しく、……[3]と呼ばれる。この運動は量においては、減少そして増大と呼ばれる。また状態においては、変化と移動と呼ばれる。このようにしてその原因（'ilalu-hā）は三つである。

ジャッド、ファトフ、ハヤールによる預言者たちへのそれら運動のしるしに関わることだが、これら三者のそれぞれには［教えの］宣言と意味がある。そのうちジャッドは霊的な能力（qūwah rūḥīyah）でブラーク（Burāq）[4]に喩えられる。また我々の預言者には、その周期の間は乗用馬であった。それが意味するところは、ジャッドは、その主の隠れた知識によって、彼を助けるものなのであり、彼の心に浮かぶこと全てが、彼が理解する際には、輝く（baraqa）[5]のであり、それによって彼は最高次の世界にある最果てのスィドラ樹（sidrat al-muntahā）[6]に到達した。預言者はジャッドに乗り続け、彼の思念は輝き続け[7]、それにより、聖法を構成し（allafa）、啓示を読み上げ、基礎者を任命するに至った。そしてその聖法と啓示について秘教的解釈を施すのを可能とするために、仲立ちによって（bi-wāsiṭ）彼の形成を可能ならしめた。それはガブリエル（Jabrā'īl）と名付けられる。そのことで意味するのは、この能力は善の方法でその創造主のもとから彼らに結合するということである。それは善に反することによるのでなく、その結合においてはガブリエルが進んで彼のもとに来ることによる。「ジャッド」という語は二つの文字であるが、それは次のことによる。つまりその能力の原因は二大根源者（al-Aṣlān）であるが、それは文字計算術（jummal）による文字［の数］では七つであり[8]、そこでこのことは、ジャッドは高次の七文字から告知者たちにその取り分を届ける存在であることを意味するのである。

それらのうちファトフは、各告知者——彼は己れの後に来るジャッドに（p. 329）自分の魂に開けてきたことを訴える——の基礎者に特有の神聖なる能力である。「ファトフ」は三文字で、それは、ファトフは二大根源者から生まれ、ジャッドがその上位にあることを示している。それらのうちハヤールは諸告知者たちの周期で、前述の、ジャッドとファトフであるが二大能力から出て、イマームたちがそれのみを持つようにとされた能力である。それはちょうどイマーム職が二大基礎者たち（asāsān）[9]から生まれた首長職であるのと同じである。そのことを示すものは以下の、至高なる彼のお方のお言葉、「我々が明白な記録のうちに数え上げているあらゆることを」（Q36:12）等など。「我々は三人目で［前に遣わした者たちを］強化した。そこで彼らは『我らは君たちのもとへ遣わされた者たちだ』と言った」(Q36:14)。

注

(1) イスマーイール派を指す。

(2) 校訂者によればここで表現の欠落が写本テクストにあるという。校訂者による p. 328, n.3 を見よ。

(3) 校訂テクストに欠落あり。校訂者は注記していないが、恐らく原写本での欠落の反映であろう。

(4) 人面有翼の姿で表象されることの多い天馬。預言者ムハンマドをマッカよりエルサレムへ一夜にして運んだという。ここから以下のジャッドの記述は預言者ムハンマドに当てはめたものであることがわかる。

(5)「ブラーク」の三語根 b-r-q の基本動詞である。

(6) クルアーン 53:14 に言及されている。ムハンマドがそこに天使ガブリエルないしは神の姿を見たとされる場所。

(7)「乗り続け……輝き続け」: 原文では否定詞 lam が付されているが、校訂者に従い、それに yazul を補い、lam yazul とし、「〜し続ける」の意味を読み込む。

(8) 校訂者による注、p. 328 n. 5 による。また文字計算術 (jummal) については Canaan 1937–8, pp. 96–110 も見よ。

(9) 天上の「二大根源者」に対応して地上にいる告知者と基礎者の二者をいう。

15-16世紀ダマスクスにおけるウラマーの学習過程
――イブン・トゥールーンの事例を中心に

苗村卓哉

I　はじめに

1. 前近代イスラーム社会におけるウラマー

ウラマーは、前近代イスラーム社会における「知」の担い手として、最初に挙げられるべき人々である。ウラマーとは、アラビア語で「知る」を意味する語根（ʿ-l-m）から派生する能動分詞アーリムの複数形であり、文字通り「知識を持つ人々」を意味している。前近代イスラーム社会においては、イスラーム的な知識の担い手たちが、こう呼ばれることが一般的であった。

ウラマーは概して、イスラーム的な知識を社会的資本として、支配階層と一般民衆の間に立ち、地域社会や国家を統合する役割を果たしていた。イスラーム文化が及んだ範囲は時間的にも空間的にも広大であり、時代・地域によってウラマーのあり方も多様であったが、支配階層と一般民衆の間に立つウラマーという構図は、ほとんど普遍的に見られるものだったと言ってよい。中世のエジプト・シリア地方を支配したマムルーク朝（1250－1517年）においても、ウラマーは外来のマムルーク軍人と在地の一般民衆の間に立って、イスラームの名の下に両者を社会的に統合していく役割を果たした。彼らは書記官僚、カーディー（裁判官）として、国家の行政・司法に携わった。また、ハティーブ（説教師）、イマーム（礼拝導師）、クルアーン読誦者として、モスクなどで宗教的な空間を作りあげていた。また、ムフティーとして、ファトワー（法的見解）を提示し、支配者の政策に宗教的な権威付けを与え、民衆の生活に宗教的な指針を示した。また、管財人としてマドラサや修道場などの教育施設を維持・管理し、教授や助手として学生を教育することによって、ウラマーの再生産を担っていた。

このような多種多様な社会的役割を担った知識階層を他地域に探すとすれば、中国社会の士大夫を挙げることができるだろう(1)。本書の共通テーマである「アジアにおける知の伝達」の観点からしても、イスラーム社会のウラマーは、中国社会の士大夫と同等の重要性を持つ存在である。士大夫が何よりも書物の世界の担い手である「文人」だったように、ウラマーもまた「筆の人々（ahl al-qalam）」であった。ウラマーはイスラーム社会の書物のほとんど全てを著し、それらを教育の場においてテキストとして用いた。そして、そこに記された言説は、当代のウラマーから次代のウラマーへと継承されていった。

2. 本稿のねらい

イスラーム研究の諸分野の中でも、ウラマー研究はつとにその重要性が指摘され続けている分野であり、時代・地域による程度の差はあるものの、多くの研究蓄積がある。各時代・地域のウラマーの全体的な傾向を論じた研究もあれば、ある特定の個人や名家に焦点を当てた事例研究もある。しかし、先行研究においては、「ある個人がウラマーとしての階梯を登っていく」あり方については、支配権力や地域共同体との関係から論じられる場合が多く、学習過程の側面から論じられることは少なかった。また、イスラーム教育における「口承性」といった全体的な傾向が強調されることはあっても、ウラマーが教育の場で用いていた個々のテキストについて具体的に論じられることは少なかった。

そこで本稿では、15－16世紀のシリアのダマスクスで活躍したウラマーであるイブン・トゥールーン Shams al-Dīn Muḥammad b. ʻAlī b. Aḥmad b. Ṭūlūn（1475－1546年、A.H. 880－953年）を例に取って、彼の学習過程を、彼の教師と彼の学習テキストに注目して見ていくことにする(2)。第1の史料としては、彼が著した自伝『荷を積んだ舟 *al-Fulk al-Mashḥūn*』（以下『舟』と省略する）を使用する。この史料の存在により、彼については、他のウラマーに比べて、より多くのことが分かる。第2の史料としては、彼が著した名士伝記集『結び付きの享楽 *al-Tamattu‘bi-al-Iqrān*』の増補改訂版である『理知の享受 *Mut‘at al-Adhhān*』（以下『享受』と省略する）を使用する。この史料は、彼の教師やその教師のもとでの学習について多くの情報を提供している。この2つの史料を中心に、その他の名士伝記集や地誌なども適宜使用しながら論を進めていく。

イブン・トゥールーンは、今日では歴史家としての側面が強調されることが多いが、多作多芸の学者であり、歴史家としての側面もその一面に過ぎない。『舟』によれば、彼は72分野の学問を修得し、753の著作を残した（*Fulk*, p. 53, pp. 71–148）。また、後代の伝記集には、彼が夢判断学（ta‘bīr）などにも熟達していたことが紹介されている（*Kawākib*, Vol. 2, p. 52）。その学識は、彼に遡ること約30年前に生まれ、エジプトのカイロで活躍した大学者スユーティー（1505年没）に比較されるほどである。但し、イブン・トゥールーンの場合、マムルーク朝からオスマン朝への支配権力の移行期に活躍したということを差し引いても、権力者との関係は強くなかったようであり、行政・司法に関する公職に就くことはほとんどなかった。彼は1525年1月（A.H. 931年第3月）、ヒジュラ暦による満年齢で51歳になる頃に(3)、ウマイヤ・モスクのハナフィー派法学の教授職（tadrīs）に就任し、1529年6月17日（A.H. 935年第10月10日）、55歳の時に、ダマスクスの北西郊外に位置するサーリヒーヤ街区における最大のマドラサであるウマリーヤ学院(4)のハナフィー派法学の教授職に就任したが、これらが彼のキャリアの最高到達点であったと言ってよい（*Fulk*, p. 67）。

II　『舟』の伝記文学上の特徴

はじめに、本稿の主要史料である『舟』の特徴について述べておきたい。先行研究で指摘されているように、前近代のアラビア語伝記文学は、概してパターン化された記述形式を取っており、対象とする人物の名前、生没、修得した学問分野、学歴、職歴、著作などの限られた情報しか収録されていない場合がほとんどである[5]。『舟』もまたこのような伝記文学の特徴を色濃く反映した史料である。

校訂者は、『舟』を6章に分けている。そのうち第1章が、イブン・トゥールーンの学習過程に充てられている。そのうち第1節では彼の出自と幼少時代について、第2節では彼の初等教育について語られている。ここまでは時系列に沿った記述になっていると言ってよい。

第3節では、イブン・トゥールーンの行った「アルド（ʻarḍ）」について語られている。アルドは、字義通りには「お披露目」程度の意味であるが、ここでは11－16歳程度の学生が高名な学者の面前で暗記したテキストを暗唱してみせるという、当該時代・地域で広く行われていた習慣のことを指している[6]。第4節では彼のクルアーン読誦法の修得について、第5節では彼のハディースの伝受について語られている。第6節では、クルアーン読誦法の修得とハディースの伝受を除いたその他の学問について、彼が師事した教師と彼が学習したテキストがリスト形式で羅列されている。そして、第7節では、彼が授与された幾つかの「イジャーザ（ijāza）」の文面が紹介されている。イジャーザとは、教師が学生に与える「許可」のことであり、通常は文書の形にして残されたため「免状」と訳されることもある。イジャーザは、マドラサや修道場などの施設が発行するものではなく、あくまで教師個人が授与するものであった。イジャーザは「許可」する対象によって、様々な類型のものがあった。例えば「アルドのイジャーザ」は、アルドに際して、暗唱に立ち会った学者が暗唱を行った学生に授与したものであるが、そこに書かれた文言を見る限り、学生の能力に対する「お墨付き」の域をほとんど出ないものであった。一方で「教授のイジャーザ」や「ファトワー提示のイジャーザ」は、共に一定期間以上の法学教育を修了した際に、教師が学生に授与したものであるが、文言も多分に資格授与的な表現を含んでおり、しばしば「修了証書」とも訳されているものである。

このように第3節から第7節までは、一見すると時系列に沿った配列になっているように見えるが、実際のところはトピックに基づいた配列になっている。例えば、イブン・トゥールーンは幾つかの分野の学問についてはアルドに先んじて体系的に修了したことがわかっている。また、彼はクルアーン読誦法の修得とハディースの伝受を他の学問に先んじて行っていたわけではない。また、クルアーン読誦法の修得とハディースの伝受以外の学問についてのリストも時系列に沿った配列にはなっていない。また、教師や学習テキストの名前は示されているものの、その学問を学習した時期や場所についてはあまり情報がない。イジャーザを授与された日時や場所についての情報や、名士伝記集にある教師の没年や職歴についての情報から、それを推察できる事例がある程度である。

しかし、このような問題点を差し引いても、『舟』はイブン・トゥールーンの教師や学習テキストについてまとまった情報を提供してくれる。そこで、彼の教師については表1、彼の学習テキストについては表2に整理した。表1については、『船』で名前の挙がっている人物を、彼の親族、彼の教師かつ彼のアルドに立ち合った者、彼の教師であるが彼のアルドに立ち合ったという確認が取れない者、彼のアルドに立ち合ったが彼の教師であったという確認が取れない者の4つに分類した。表2については、各々の学問分野の類似性や教師の共通性などに注目して、『舟』の学問分野の配列を組み替えた。表2での配列は、初等教育、クルアーン諸学、ハディース諸学、法諸学、宗教諸学、アラビア語諸学、その他の人文諸学、そして自然科学の順序になっている。但し、論理学と相続法学については、少々変則的な配置にしてある。論理学は思弁神学との関係が深く、教師の共通性もあるため、思弁神学の次に置いた。また、相続法学は法学の1分野であるが、算術の1分野でもあるため、算術の次に置いた(7)。各々の学問についてはⅤ章で詳しく述べるが、その前にⅢ章で彼の出自、Ⅳ章で彼の学生時代について概観しておく。

Ⅲ　イブン・トゥールーンの出自

本章では、イブン・トゥールーンの出自について論じ、そこから彼の学習過程の前提となる諸条件を導き出していくことにする。

イブン・トゥールーンは1475年7/8月（A.H. 880年第3月）、ダマスクスのサーリヒーヤ街区に生まれた（*Fulk*, p. 27）。母親はアナトリアのトルコ系に出自を持つ人物であったが、彼がまだ幼い頃に、黒死病で亡くなっている（*Fulk*, p. 27）。彼の父方の先祖トゥールーン家は、トゥールーン朝（868－905年）の第2代君主フマーラワイフ（在位：884－896年）に由来している。彼らはもともとハウラーン地方[8]のイズラ[9]に居住していたが、彼の祖父アフマド（1482年没）の代までには、サーリヒーヤ街区に移住していた。アフマドはユースフ（1531年没）（表1：1）とアリー（1506年没）[10]という2人の息子をもうけたが、ユースフが彼の伯父、アリーが彼の父にあたる。また、アフマドには、イブン・カンディール（1482年没）[11]という異父兄弟がいた。この人物はトゥールーン家の父称を持たないが、彼の大おじにあたる。幼少時に母を亡くした彼はこれら4人の親族の庇護のもとで成長した（*Fulk*, p. 27）。

アフマドとイブン・カンディールは共に「紳商（khawājā）」の称号を持っており、この地域の商業社会で一定の地位を築いていたようである。一方、アリーは綿市場で商業に従事していたが、商売の規模は小さかったようである。アリーは息子がウラマーとして成功してからはそのつてを頼り、イブン・カンディールの寄進で設置された職位の俸給を得て生活していたようであり、晩年にはサーリヒーヤ街区のユーヌスィーヤ修道場[12]に隠棲した。アリーは「ウラマーとしての要素を多少持っていた商人」といったところだろうか。

それに比べて、ユースフは明確にウラマーの定義に当てはまる人物である。ユースフはもともとアフマドの家業を継ぐ立場にあったが、それを放棄してウラマーを志し、イブン・アルアイニー（1488年没）（表1：29）という人物に師事した。この人物は、ダマスクスにおけるハナフィー派のライース（指導者）の称号を持つ有力者であり、チェルケス・マムルーク朝第19代君主カーイトバーイ（在位：1468－1496年）の知遇も得ていた。ユースフは、この人物の恩顧を得て、副カーディーやムフティーといった要職を歴任した。ユースフは甥に学問の道に進んでそれを職業とすることを勧め、アリーは息子に実業で生計を立てることを勧めたが、結局彼は伯父の勧めに従った（*Fulk*, p. 161）。

イブン・トゥールーンの出自については次の諸点を指摘することができる。

第1に、彼はダマスクスに「すでに定着した」移住者の家系の出身である。彼と関係の深い親族は全てダマスクスに居住していたし、彼らの経済的基盤も全てダマスクスにあった。彼自身も、メッカへの巡礼は例外として、生まれてから死ぬまでダマスクスに住み続けた。従って彼の学習過程には、ダマスクスに特有の要素が含まれている可能性がある。

第2に、彼は富裕な商人層の出身であり、いわゆる「ウラマー名家」ではなかった。彼は当初、父に倣って商人の道に進むのか、伯父に倣ってウラマーの道に進むのかも定かではなかった。これは幼少時からウラマーになることが半ば自明であったウラマー名家の出身者とは異なっている。従って彼の学習過程には、ウラマーとしての要素だけでなく、彼の出身階層である都市商業民としての要素が含まれている可能性がある。とはいえ、ウラマーと都市商業民とは関係が深く、彼の父アリーの例に見られるようにその境界も曖昧である。これに鑑みれば、彼の学習過程の都市商業民的な要素についても合わせて触れたとしても無意味ではないだろう。

第3に、たとえウラマー名家の出身者ではなかったにしろ、彼のウラマーとしての成功は、彼の親族の助力に大きく拠っていたことは確かである。例えばイブン・カンディールは、サーリヒーヤ街区の新集会モスク(13)のために寄進を行い、そこにブハーリー（870年没）の『真正集 *al-Ṣaḥīḥ*』の読誦者の職を設置したが、この職位は何人かを経由した後、1520年9月23日（A.H. 926年第10月10日）、彼の手に渡っている（*Fulk*, p. 63）。これは、寄進物件から生じる収益が、職位に対する俸給という形をとって、寄進者の親族に割り当てられている事例である。ユースフの援助はより直接的であり、彼に直接学問を教える以外にも、後述するように自身の職位を彼に継承させたり、自身の職のナーイブ（代理）に彼を任命したりといった便宜を図っていた。彼は徒手空拳でウラマー社会に入っていったわけではなく、ユースフの援助を受けて入っていったのである。従って彼の学習過程には、ユースフが属していた党派、つまりイブン・アルアイニーの党派に特有の要素が含まれている可能性がある。

Ⅳ イブン・トゥールーンの「学生時代」——アルド、イジャーザ、職歴から

本章では、イブン・トゥールーンが学問の修得を集中的に行っていた時期、言わば彼の「学生時代」を定めて、それを概観しておくことにする。もちろん、前近代イスラーム世界においては、「学者」と「学生」を明確に区別することは不可能である。ウラマーは生涯にわたって学問の修得に励み続けたし、年長の学者が年少の者に教えを乞うことも珍しいことではなかったからである。

前述のように、イブン・トゥールーンの各々の学問の修得については、正確な時期がわからない場合が多いため、それらを時系列に沿った形に再構成するのは困難である。そこで本章では、アルド、イジャーザ、職歴という3つの要素に注目して、彼の学生時代を再構成していく。彼の経歴のうち、これら3つの要素については、時系列順に再構成することが比較的容易だからである。

イブン・トゥールーンは、幼少時から初等教育を受けていた。詳しくは後述するが、1482年10/11月（A.H. 887年第9月）、7歳の時までには、クルアーンをほとんど暗記し終えていた。その後に彼はいわゆる高等教育の段階に入ることになる。初等教育と高等教育との境界線をどの時点に引くかは難しいが、マドラサへの「入学」がその目安となるだろう。彼は、1486年1月31日（A.H. 891年第1月25日）、10歳の時に、サーリヒーヤ街区にあるマーリダーニーヤ学院(14) のフカーハ（fuqāha）を獲得した（*Fulk*, p. 66）。フカーハは字義通りには「法学者の地位」を意味するが、ここではマドラサなどの施設から支払われる俸給を受けながら、そこの講義に参加する資格のことであり（*Qalā'id*, Vol. 1, pp. 23–24）、あえて訳せば「正規学生資格」と呼べるものである。このマドラサでは、彼の伯父ユースフ・ブン・トゥールーンが教授を務めており（*Qalā'id*, Vol. 1, p. 113）、彼がフカーハを獲得し、「入学」できたのにも、この縁故が作用していた可能性が高い(15)。いずれにせよ、彼の高等教育の開始をこの時点に位置付けても、それほど的外れではないと思われる。

その後、イブン・トゥールーンは少なくとも3回のアルドを行っている。1回目のアルドが行われたのは、1488年1/2月（A.H. 893年第1/2月）、彼が12歳の時のことである(16)。暗唱に立ち会った学者は、イブン・アルアイニー、暗唱されたテキストは法学の著書1作品（表2：24）であった（*Fulk*, p. 28）。

イブン・トゥールーンの2回目のアルドが行われたのは、1489年3/4月（A.H. 894年第4月）よりも前のことだったことは確かである(17)。彼はそのとき13－14歳だったことになる。暗唱に立ち会った学者は複数であるが、そのうち8人の名前が分かっている（*Fulk*, pp. 29–31）。彼が属するハナフィー派の学者としては、副カーディーのイブン・アルハムラー（1489年没）（表1：3）大カーディーのイブン・アルクトゥブ（1493年没）（表1：4）、大カーディーのイブン・アルカスィーフ（1503年没）（表1：30）の3人の名前が挙げられている。このうちイブン・アルハムラーは彼の最初の法学の教師、イブン・アルクトゥブは彼の2番目の法学の教師でもある。また、シャーフィイー派の学者としては、シャイフ・アルイスラームのイブン・カーディー・アジュルーン（1522年没）（表1：31）、大カーディーのイブン・アルフルフール（1505年没）（表1：32）、副カーディーのイブン・カーディー・ズラア（1513年没）（表1：33）の3人の名前が挙げられている。また、ハンバル派の学者としては、ムフティーのイブン・アルアスカリー（1507年没）（表1：5）、大カーディーのイブン・ムフリフ（1513年没）（表1：34）の2人の名前が挙げられている。イブン・アルアスカリーは彼の初等教育の教師でもあり、これ以前から師弟関係が存在していたはずである。これら8人は各々高名な学者であったが、特にイブン・カーディー・アジュルーン、イブン・アルフルフール、イブン・ムフリフの3人は、当時のダマスクスを代表するウラマー名家の出身である(18)。暗唱されたテキストは、クルアーン読誦法についての著作1作品（表2：1）、法源学についての著作1作品（表2：28）、文法学についての著作3作品（表2：48–50）の計5作品である（*Fulk*, p. 29）。

イブン・トゥールーンの3回目のアルドが行われたのは、1492年8/9月（A.H. 897年第11月）よりも前のことだったことは確かである。彼はそのとき

13－17歳だったことになる。2回目のアルドと同様、暗唱に立ち会った学者は複数であったが、その名前が伝えられているのは、ハディース学者ユースフ・ブン・アルミブラド（1503年没）（表1：6）に限られている（*Fulk*, p. 32）。この人物は、サーリヒーヤ街区の成立に関わった名家クダーマ家の分家の出身であり、法学者としても副カーディーまで昇進した。地誌学者としても幾つかの著作を著しており、歴史家としてのイブン・トゥールーンの先達と言える。暗唱されたテキストは、クルアーン読誦法についての著作2作品（表2：2-3）、ハディース学についての著作1作品（表2：20）、論理学についての著作1作品（表2：35）、修辞学についての著作1作品（表2：67）の計5作品であり（*Fulk*, pp. 31-32）、2回目のアルドに比べて難易度が高いものが取りあげられている。

イブン・トゥールーンは、1489年4月7日（A.H. 894年第5月6日）、伯父ユースフ・ブン・トゥールーンからマーリダーニーヤ学院の教授職の「半分」を譲り受けたという（*Fulk*, p. 67）。もちろん、まだ14歳の学生で法学教育も修了していない彼が、この時点で教授としての職務を始めたとは考えられない。実際には、伯父が教授としての職務に従事し続けていたことが明記されている（*Fulk*, p. 67）。彼が伯父から譲り受けたのは、教授職の「職務」の半分ではなく、「俸給」と「名目」の半分であったと考えられる。伯父がこのような行動を取ったのは、甥に経済的な援助を与えるためであり、また甥に自分が持っている職位やそれに付随する利権を譲り渡すことを既成事実化するためでもあったと考えられる。

イブン・トゥールーンは、その少し後にも、幾つかの職位を獲得している。彼は1489年7月31日（A.H. 894年第9月3日）、ハルハール街区のマンジャキーヤ学院(19)のフカーハと、サーリヒーヤ街区のムルシディーヤ学院(20)の用務員職（mushārafa）を獲得した（*Fulk*, p. 64, 66）。用務員職は施設の清掃や雑用などを行う公職であり（*Qalā'id*, Vol. 1, p. 22）、年少の学生でもこれを務めることができたのだろう。また、その少し後の1489年11/12月（A.H. 895年第1月）には、新集会モスクのフカーハも獲得している（*Fulk*, p. 66）。イブン・アルアイニーは、この施設のために寄進を行い、この施設にハナフィー派に属する1

人の教授（mudarris）と10人の学生（fuqahā'）を置いたとのことであるが（*Dāris*, Vol. 2, p. 245 ; *Qalā'id*, Vol. 1, p. 110）、イブン・トゥールーンはこの10人の学生枠に採用されたわけである。

イブン・トゥールーンは、この2年後から、特定のテキストについてのイジャーザを取得し始めている。彼は1492年4月21日（A.H. 897年第6月22日）、17歳の時に、ハディース学についての著作1作品（表2：22）についてイジャーザを取得し、その少し後の1492年8/9月（A.H. 897年第11月）、ハディース学についての著作1作品（表2：20）と修辞学についての著作1作品（表2：67）についてのイジャーザを取得した（*Fulk*, pp. 53–54）。また、彼は1493年12月16日（A.H. 899年第3月7日）、19歳になる頃、法学についての著作1作品（表2：24）についての教授のイジャーザも取得した（*Fulk*, p. 54）。但し、彼がここで取得した教授のイジャーザは、内容的にはそれほど高度なものではなかったようであり、彼の教育の「修了」をここに位置付けることはできない。

イブン・トゥールーンは1495年11月27日（A.H. 901年第3月9日）、21歳になる頃、クルアーン読誦法のうちの7読誦法についてのイジャーザを取得した（*Fulk*, pp. 32–33）。彼はちょうどその頃、1495年11月24日（A.H. 901年第3月6日）にはサーリヒーヤ街区のアラミーヤ学院[21]で、1495年11月25日（A.H. 901年第3月7日）にはサーリヒーヤ街区のイッズ・アッディーンの墓廟[22]で、1495年12月中旬（A.H. 901年第3月下旬）にはサーリヒーヤ街区のシハーブ・アッディーンの墓廟[23]でクルアーン読誦職を獲得している（*Fulk*, pp. 62–63）。これらのクルアーン読誦職は、学生でも務めることのできる用務員職などとは異なり、明らかに専門的な職位である。彼は一人前のウラマーとしての道を、クルアーン読誦者として歩み始めたわけである。『舟』がクルアーン読誦法の修得に独立した節を設けているのも、これが理由であろう。

イブン・トゥールーンは、その後、クルアーン読誦職以外にも活動の場を広げている。彼は1496年7月23日（A.H. 901年第11月12日）、21歳の時、サーリヒーヤ街区のルクニーヤ・バッラーニーヤ学院[24]のハティーブ職（khaṭāba）、旧市街のアズラーウィーヤ学院[25]の公証人職（shahāda）、サーリヒーヤ街区のフサーミーヤ修道場(26) のスーフィー職（taṣawwuf）を獲得している（*Fulk*, p. 64, 66）。

イブン・トゥールーンは、1497年4月29日（A.H. 902年第8月26日）、22歳の時、サーリヒーヤ街区のハートゥーニーヤ・バッラーニーヤ学院(27) のフカーハと、サーリヒーヤ街区のドゥッラーミーヤ・クルアーン学院(28) のクルアーン読誦職を獲得した（*Fulk*, p. 63, 66）。彼はそのすぐ後の1497年6月15日（A.H. 902年第10月14日）、ハディース学についての著作1作品（表2：23）と相続法学についての著作1作品（表2：78）に対するイジャーザを取得している（*Fulk*, p. 54）。また、彼はクルアーン読誦者としての職務に従事しながらも、クルアーン読誦法の修得を更に進め、1498年4月1日（A.H. 903年第8月8日）、23歳の時に、10読誦法から7読誦法を除いた残りの3読誦法についてのイジャーザを取得している（*Fulk*, p. 34）。

イブン・トゥールーンは1500年12月27日（A.H. 906年第6月5日）、26歳の時、新集会モスクにあるイブン・アルアイニーの墓廟におけるブハーリーとムスリム（875年没）の『真正集』の読誦職を獲得した（*Fulk*, p. 63）。この職は、イブン・アルアイニーの血縁者の女性の寄進によって、設置されたものである。また、彼は1502年10月11日（A.H. 908年第4月8日）、28歳の時に、ユーヌスィーヤ修道場のイマーム職（imāma）を獲得した（*Fulk*, p. 64）。彼はそのすぐ後、1502年10月30日（A.H. 908年第4月27日）、法学の著作1作品（表2：26）についてのイジャーザを取得し、1502年11月5日（A.H. 908年第5月4日）、思弁神学についての著作1作品（表2：32）についてのイジャーザも取得している（*Fulk*, pp. 54–55）。また、彼は1503年1月下旬（A.H. 908年第7月下旬）、サーリヒーヤ街区のスユーフィーヤ修道場(29) のイマーム職も獲得している（*Fulk*, p. 64）。

イブン・トゥールーンは、10読誦法を修了してかなり時間を経てから、幾つかの施設でクルアーン読誦職を獲得している。彼は1503年11月26日（A.H. 909年第6月6日）、29歳の時に、サーリヒーヤ街区の墓廟でのクルアーン読誦職を獲得し（*Fulk*, p. 63）、その直後の1503年11月29日（A.H. 909年第6月

9日)、新集会モスクにあるイブン・アルアイニーの墓廟の脇にある墓所でのクルアーン読誦職を獲得した(*Fulk*, p. 63)。

イブン・トゥールーンはその少し後に、クルアーン読誦職と同時に幾つかの新しい職位を獲得している。すなわち彼は1504年1月10日(A.H. 909年第7月22日)、29歳の時に、ウマリーヤ学院のクルアーン読誦職、旧市街のジャウハリーヤ学院[30]のフカーハ、欠席書記職(kitābat al-ghayba)、サーリヒーヤ街区のマンビジーヤ修道場のシャイフ職(mashyakha)、管財人職(naẓar)を獲得した(*Fulk*, p. 63, pp. 66-68)。欠席書記は、施設の職員や学生の出欠状況を記録し、それを管財人に報告することを職務とした(*Qalāʾid*, Vol. 1, p. 21)。シャイフは、施設の吏員の統括を職務としたが、修道場のシャイフは、スーフィーとしての能力に加えて、シャリーアの運用能力なども求められた(*Qalāʾid*, Vol. 1, pp. 24-25)。管財人は、ワクフ対象とワクフ財源を維持・管理する他、施設の財務一般を監督することを職務とした。この段階になると、彼はサーリヒーヤ街区で最大のマドラサでクルアーン読誦者を務め、規模が小さい修道場ではあるが、シャイフと管財人を兼任するまでになっている。

イブン・トゥールーンがどの時点で学生時代を終えたのかを、明確に述べることは不可能であるが、ファトワー提示のイジャーザの取得がその目安となるであろう。彼は1505年9月29日(A.H. 911年第4月29日)、31歳の時に、法学教育を修了し、ファトワー提示のイジャーザを取得した(*Fulk*, p. 52)。『舟』の学問修得リストは時系列に沿った配列になっていないが、それにも拘らず、このリストは、このイジャーザの取得で締め括られている。これは彼自身がこのイジャーザの取得を、何らかの区切りと見なしていたことをうかがわせる。彼は、それから約1年後の1506年10月17日(A.H. 912年第5月29日)、新集会モスクの教授職を獲得している(*Fulk*, p. 67)。前述のように、この施設には1人の教授と10人の学生が置かれており、彼はこの1人の教授枠に採用されたわけである。この段階になると、彼は小規模な施設ではあるが、教授職を務めるに至ったのである。これはファトワー提示のイジャーザを取得したためであろう。彼の高等教育の終わりをこの時期に位置付けても、それほど的外れではないと思われる。

イブン・トゥールーンの初等教育の時期は、1つのまとまった時期と捉えてよいが、それに対して、彼の高等教育の時期は、前半と後半とに分けることができるだろう。前半の時期は、マーリダーニーヤ学院のフカーハの獲得から、最初のクルアーン読誦職の獲得までと位置付けられる。この時期の彼はほぼ純粋な「学生」であったと言える。彼がこの時期に獲得した公職はフカーハと年少の学生でも務まる用務員職に限定されている。一方、後半の時期は、最初のクルアーン読誦職の獲得から、ファトワー提示のイジャーザの取得までと位置付けられる。この時期の彼は学問の修得と職位の獲得を並行して行っており、「学生」としての側面と「学者」としての側面を兼ね備えている。この時期に彼が獲得した公職はかなり多様であり、彼がすでに一人前のウラマーとして昇進を続けていたことを示している。このように高等教育の後半の時期において、学問の修得と職位の獲得が並行して行われていることは、彼の経歴に特有のことではなく、当該時代・地域のウラマーの経歴に一般的に見られるあり方だったと思われる。しかし、一般的なアラビア語伝記文学では、学歴と職歴とが別々に記述されていることが多いため、このような点は見逃されがちである。

もちろん、イブン・トゥールーンは、ここで定めた学生時代を終えた後にも、断続的に学問の修得を続けている。例えば、彼はメッカに巡礼・逗留した際、そこで多くのウラマーと交際して、ハディースを収集している(31)。また彼は、1520年9月23日（A.H. 926年第10月10日）、36歳になってもなお、旧市街のダンマーギーヤ学院(32)のフカーハを獲得している（*Fulk*, p. 66）。年長のウラマーも俸給を求めてフカーハを獲得していたことは、すでに知られている（*Qalā'id*, Vol. 1, pp. 23–24）。このことは、フカーハの職位が、マドラサでの学習のための職位であるという名目を離れて、俸給のための権益と化していたことを示唆している(33)。しかし同時に、ウラマーが生涯にわたっての学習を継続することが、寄進財の運用においても推奨・容認されていたことを示唆している。

V　イブン・トゥールーンの学習過程——教師とテキストから

本章では、『舟』の記述パターンに近い形、すなわち各々の学問分野別に、教師と学習テキストに注目しつつ、イブン・トゥールーンの学習過程について見ていくことにする。順番は初等教育を最初に置き、それ以後は表2の「学習分野」の項の順序に従うことにする。

1. 初等教育（bidāyat al-taʿallum）

前近代イスラーム世界の教育が、初等教育と高等教育とに大別されることは、先行研究でも広く認められているところである。前近代イスラーム世界の初等教育は、アラビア語の「読み書き」にあたる正書法（khaṭṭ / rasm / imlāʾ）の習得と、「クルアーンの暗記」を主な内容としている。イブン・ハルドゥーンが『歴史序説』で述べているところによれば、東アラブ世界の初等教育は、「正書法（khaṭṭ）」と「クルアーンの暗記」をそれぞれ別々のものとして扱い、別々の教師が担当するのが特徴である（*Muqaddima*, p. 462）。

イブン・トゥールーンは、ハージビーヤ学院(34) に付設されたマクタブ（初等教育施設）で正書法を習得し、カワーフィー・モスク(35) でクルアーンを暗記した（*Fulk*, p. 28）。両施設ともサーリヒーヤ街区の彼の生家のすぐ近くに位置している。正書法の習得とクルアーンの暗記を別々の施設で別々の授業として行っていたことは確かであり、時間的にも正書法の習得が先でクルアーンの暗記が後であった。

『舟』には初等教育の教師についての情報はないが、『享受』から、前述のイブン・アルアスカリーが初等教育の教師であったことが分かる（*Mutʿa*, Vol. 1, p. 91）。この人物はハージビーヤ学院のイマームを務めており（*Qalāʾid*, Vol. 1, 101）、マクタブの教師はその副業だったと考えられる。正書法の習得の詳細は明らかではなく、テキストを使用したかどうかについても情報はない(36)。クルアーンの暗記についても同様である。

当該時代・地域においては、ラマダーン月（ヒジュラ暦9月）の夕刻の礼拝において、少年たちがクルアーンを暗唱するという習慣があった。イブン・トゥールーンは、7歳のラマダーン月に、カワーフィー・モスクでこれを行い、クルアーンを初めから終わりまで通読した（*Fulk*, p. 28）。従って彼はこの頃までにはクルアーンの暗記をほとんど終えていたはずである。このクルアーンの暗唱は、ウラマーを志す少年たちにとっては、自分たちの能力をアピールする機会だった。彼のクルアーン暗唱にも、イブン・アルアイニーやその弟子を含む多くの名士たちが立ち会ったという（*Fulk*, p. 28）。

2. クルアーン読誦法（al-qirāʾāt）

クルアーン読誦法はクルアーン諸学の1分野であり、クルアーンを正統な方法で読誦するための学問である。クルアーンの文字情報は、ムハンマドが没してから比較的短期間のうちに、ウスマーン版という形に正典化された。しかし、「神の言葉」「読誦されるもの」であるクルアーンは、正確な読誦が追求される必要があり、こうした需要からクルアーン読誦法が発展していった。当初は、多数のクルアーン読誦法の学派が存在していたが、アッバース朝中期には、政治権力側からの取捨選択が行われ、7読誦法が成立した。その後、ダマスクスのクルアーン読誦者イブン・アルジャザリー（1429年没）が、新たに3読誦法を加えて、10読誦法という枠組みを作り出した(37)。当該時代・地域においては、この10読誦法までが正統と認められていた。

まず、イブン・トゥールーンは、イブン・アルジャザリーの『ジャザリーの序説 *al-Muqaddima al-Jazarīya*（表2：1)』を暗記し、13－14歳の時、2回目のアルドでこれを暗唱した。この著作は、タジュウィード（クルアーン読誦法の基礎分野、音声心得）についての震調詩（rajaz）である。続いて、彼はシャーティビー（1194年没）の『守られた安全な場 *Ḥirz al-Amānī*（表2：2)』、イブン・アルジャザリーの『出立の真珠 *al-Durra al-Muḍīʾa*（表2：3)』を暗記し、13－17歳の時、3回目のアルドでこれらを暗唱した。『守られた安全な場』は、ダーニー（1053年没）の7読誦法についての著作『容易にするもの *al-Taysīr*（表

2：4)』を、韻文の形式に直したものである。シャーティビーの著作の中で、最も普及したもので、単に『シャーティビーヤ』とも呼ばれる。『出立の真珠』は、3 読誦法についての長調詩（ṭawīl）である。こうして、彼はタジュウィードと 10 読誦法という当時のクルアーン読誦法の基本的な枠組みの基礎を身に付けたわけである。

その後、イブン・トゥールーンは、クルアーン読誦者イルビディー（1516 年没）（表 1：7）のもとで、シャーティビーの『守られた安全な場』、ダーニーの『容易にするもの』を用いて、7 読誦法を学び、21 歳になる頃、7 読誦法についてのイジャーザを授与された。このイジャーザは、4 枚の紙の上に、イルビディーの直筆によって書かれた大部なもので、末尾には複数のウラマーが証人として名を連ねていた（*Fulk*, p. 33)。彼がこの頃に、3 つのクルアーン読誦職を獲得したのは、前述の通りである。

その後、イブン・トゥールーンは、クルアーン読誦者イブン・ヌサイル（1517 年没）（表 2：8）のもとで、イブン・アルジャザリーの『出立の真珠』、同じ著者の『容易にするものの装飾 *Taḥbīr al-Taysīr*（表 2：5)』、マスハラーイー（1422 年没）の『補足 *al-Tatimma*（表 2：6)』を用いて、残りの 3 読誦法を学習し、23 歳の時に、3 読誦法についてのイジャーザを授与された。

イブン・トゥールーンが学習したクルアーン読誦法のテキストは、7 読誦法に関しては、ダーニーとシャーティビーの著作が中心である。ダーニーは 7 読誦を学術的に完成させた人物、シャーティビーはダーニーの著作をもとに 7 読誦法の教材を完成させた人物と見なされている。3 読誦法に関しては、イブン・アルジャザリーの著作が中心である。但し、マスハラーイーの『補足』は、それほど流布したテキストではない。マスハラーイーはこれより少し前のダマスクスで活躍した人物であり、『補足』は地域・時代的な要素を反映したテキストであると思われる。

3. クルアーン解釈学（ʿilm al-tafsīr）

クルアーン解釈学もクルアーン諸学の 1 分野であり、クルアーンの章句を解釈する学問である。

イブン・トゥールーンがクルアーン解釈学を学習し始めたのは、初等教育のすぐ後の 10 歳前後のことだったと思われる。彼は、イブン・アルアスカリーのもとで、正書法の習得とクルアーンの暗記に続いて、スユーティーの著作（表 2：7）の一部を学習した（*Fulk*, pp. 45–46）。また、彼は他の教師（表 1：9）のもとで、ザマフシャリー（1144 年没）の『啓示の真理を開示するもの *al-Kashshāf ʿan Ḥaqāʾiq al-Tanzīl*（表 2：8）』の「開扉章」の箇所を学習した（*Fulk*, p. 46 ; *Mutʿa*, Vol. 1, p. 91）。この著作は、異端とされたムウタズィラ派の解釈を一部に含んでいるものの、現在に至るまで最も重要なクルアーン解釈書の 1 つと見なされている。

4. ハディースの伝受（riwāyat al-ḥadīth）

ここで扱うハディースの伝受とは、ハディースの伝承者のもとで、ハディースを読誦・聴講し、それを収集する行為のことを指している。ハディースは、マトン（伝承内容）とイスナード（伝承経路）という 2 つの要素から成り立つが、ハディースの伝受はいわば、マトンを理解し、イスナードの末端に連なるための行為である。『舟』によれば、イブン・トゥールーンは 500 人に達する人々からハディースを収集し、彼らについての情報を目録にまとめた（*Fulk*, pp. 34–35）。しかし、『舟』自体は彼にハディースを伝承した人物の名前をごくわずかしか伝えていない。

イブン・トゥールーンがハディースを学習し始めたのは、クルアーン解釈学と同じく、初等教育のすぐ後の 10 歳前後のことだったと思われる。彼は、イブン・アルアスカリーのもとで、正書法の習得とクルアーンの暗記に続いて、ブハーリーとムスリムの『真正集（表 2：10, 13）』を聴講した（*Mutʿa*, Vol. 1, p. 91）。彼は他の教師たち（表 2：18, 28）のもとでも、『真正集』を学習している。しかし、これらの情報は『舟』ではなく『享受』による情報である。

『舟』によれば、イブン・トゥールーンにハディースを伝承した人々のうちで最も重要なのは、ハディース学者イブン・ズライク（1495 年没）（表 2：10）

である。(*Fulk*, p. 35)。この人物は、ハンバル派ウラマー名家クダーマ家の分家の出身で、法学者としても副カーディーまで昇進した。ユースフ・ブン・トゥールーンやイブン・アルアスカリーも、ハディースの分野では、この人物に師事していた。彼らはこうした師弟関係を軸として、一種のグループを形成していた（*Fulk*, p. 35)。彼はこの人物のもとで、ハディース六書（表2：10–15）や四法学派の開祖たちのハディース集（表2：16–19）を読誦と聴講を交えて学習した。(*Fulk*, p. 35)。『舟』は、イブン・ズライク以外のハディース伝承者（表2：11–12）の名前を何人か挙げている（*Fulk*, pp. 41–43)。その中には女性も含まれるが、女性がハディースの伝承に関わっていたことは、先行研究でもすでに指摘されていることである[38]。

5. ハディース学（dirāyat al-ḥadīth）

ハディース学は、マトンとイスナードを検証し、ハディースの真贋を識別するための学問である。

まず、イブン・トゥールーンは、イラーキー（1404年没）の『教化と記憶 *al-Tabṣira wa-al-Tadhkira*（表2：20)』を暗記し、13－17歳の時に、3回目のアルドで、この著作を暗唱した。この著作は、イブン・アッサラーフ（1245年没）のハディース学の大著『イブン・アッサラーフの序説 *Muqaddima Ibn al-Ṣalāḥ*』を千行の韻文の形式に直したものである。ハディース学の教材として広く用いられ、単に『千行詩』とも呼ばれていた。このアルドにユースフ・ブン・アルミブラドが立ち会っていたのは、前述の通りである。

その後、イブン・トゥールーンは、ユースフ・ブン・アルミブラドのもとで、イブン・ハジャル（1449年没）の『諸考の抄録 *Nukhbat al-Fikar*（表2：21)』、『視野の散策 *Nuzhat al-Naẓar*（表2：22)』を読誦により学習した（*Fulk*, p. 43)。『視野の散策』は『諸考の抄録』に増補・注釈を加えたものである。この学習はユースフ・ブン・アルミブラドの私邸などで行われた。そして彼は、17歳の時に、『視野の散策』についてのイジャーザを授与された。

その後、イブン・トゥールーンは、ハナフィー派法学者イブン・ラマダーン

（1516年没）（表1：13）のもとで、3回目のアルドで暗唱を済ませていた『教化と記憶』を再び読誦により学習した（*Fulk*, p. 43）。この人物は、イブン・アルアイニーの弟子であり、師と同様にハナフィー派のライースと称された。この学習はこの人物が教授職を務めていた旧市街のキジュマースィーヤ学院(39)で行われた。そして彼は、17歳の時に、この著作についてのイジャーザを授与された。

その後、イブン・トゥールーンは、ユースフ・ブン・トゥールーンのもとで、イブン・アルアイニーが著した『教化と記憶』に対する注釈書（表2：23）を学習し（*Fulk*, p.43）、22歳の時に、この著作についてのイジャーザを授与された。

イブン・トゥールーンが学習したハディース学のテキストは、1世紀ほど前のカイロで活躍したイラーキーとイブン・ハジャルの師弟の著作が軸となっている。但し、イブン・アルアイニーが著した『教化と記憶』に対する注釈書は、彼の学問系譜に特有のテキストと言えるであろう。

6. 法学（ʿilm al-fiqh）

イブン・トゥールーンがいつから法学を学習し始めたのかは定かではない。しかし彼は、10歳の時に、すでにフカーハを獲得している。フカーハの字義が「法学者の地位」である以上、彼はこの時期から、初歩的な内容だったかもしれないが、法学の学習を始めていたと思われる。おそらくその内容は、イブン・アルブルダジー（1284年没）の『ファトワー提要 *al-Mukhtār li-al-Fatwā*（表2：24）』の暗記だったと思われる。この著作は、当該時代・地域においては、ハナフィー派法学の入門書として用いられていたようである。そして彼は、12歳の時に、1回目のアルドでこの著作を暗唱した。このアルドにイブン・アルアイニーが立ち会ったのは前述の通りである。そもそもこのアルドは、ウマイヤ・モスクで開講されていた、イブン・アルアイニーの授業の場で行われたものであった。

イブン・トゥールーンは、イブン・アルハムラーのもとで、『ファトワー提要』を冒頭から学び始めたが、1489年3月17日（A.H. 894年第4月14日）、彼が14歳の時、この人物は亡くなってしまった（*Fulk*, p. 51）。そこで、彼はイブン・アルクトゥブのもとで、この著作を学び続けたが、1491年1月22日（A.H. 896年第3月11日）、彼が16歳になる頃、この人物は投獄されてしまった（*Fulk*, p. 52）。そこで、彼はイブン・ラマダーンのもとで、この著作を学び続け、19歳になる頃、この著作についての「教授のイジャーザ」を授与された。その後も、彼はこの人物のもとで、アブー・アルバラカート・アンナサフィー（1310年没）の『詳細の宝物 *Kanz al-Daqāʾiq*（表2：25）』を学習している（*Fulk*, p. 52）。この著作は、アブー・アルバラカート・アンナサフィー自身が著した実定法学書『十全 *al-Wāfī*』の要約であり、ハナフィー派法学の権威書として広く用いられていた。

その後、イブン・トゥールーンはハナフィー派ムフティーのイブン・アウン（1511年没）（表1：2）のもとで、法学を学んだ。この人物は、後にイブン・トゥールーンに自分の娘を嫁がせて、彼の舅になる人物である。イブン・トゥールーンは、この人物のもとで、イブン・アッサーアーティー（1295年没）の『二つの海の交わるところ *majmaʿ al-Baḥrayn*（表2：26）』を学習し、28歳の時に、この著作についてのイジャーザを授与された。続いて彼は、この人物のもとで、マルギナーニー（1197年没）の『導き *al-Hidāya*（表2：27）』を学習した（*Fulk*, p. 52）。『導き』は、マルギナーニー自身が著した実定法学書『初学者の初歩 *Bidāya al-Mubtadiʾ*』に対する注釈書であり、ハナフィー派法学の権威書の中でも、特に高い評価を受けていたものである。この著作を学び終えた結果、彼は31歳の時、法学教育を修了し、「ファトワー提示のイジャーザ」を授与されたのである。

イブン・トゥールーンが学習した法学のテキストは、『詳細の宝物』『導き』に代表されるように、中央アジアやイラン地方に起源を持つハナフィー派の権威書が中心である。但し、イブン・アルブルダジーの『ファトワー提要』は、シリアでは広く用いられているものの、エジプトではそれほど用いられているようには見えず、やや地域的な要素を反映したテキストであると思われる。

7. 法源学（ʿilm uṣūl al-fiqh）

法源学は、イスラーム法の法源から、実際の法規定を導き出す際の解釈手続きを論じる学問である。イブン・トゥールーンが属していたハナフィー派は一般に、法解釈を行う際に、法源を厳密・厳格に解釈することよりも、現実に存在している法的な問題を解決することを重視する傾向を持ち、それゆえに柔軟な法解釈が可能であるとされている。

まず、イブン・トゥールーンは、アブー・アルバラカート・アンナサフィーの『灯台 *Manār al-Anwār*（表2：28）』を暗記し、13－14歳の時に、2回目のアルドでこの著作を暗唱した。この著作はハナフィー派法学で特に重んじられている法源学の権威書である。

その後、イブン・トゥールーンは、イブン・アウンのもとで、アブー・アルバラカート・アンナサフィーの『灯台』、イズミル近郊の町ティレの法学者フィリシュテオウル（1395年没）による『灯台』の注釈書（表2：29）、その他（表2：30–31）を学習した（*Fulk*, p. 44）。これらの著作の著者・原著者は全てハナフィー派に属している。彼がこのうちの1つ（表2：30）を学び終えたのは、1504年7月30日（A.H. 910年第2月17日）、彼が30歳の時であった（*Fulk*, p. 55）。彼がこの人物のもとで法源学を学んだのはその前後のことだったと思われる。

イブン・トゥールーンが学習した法源学のテキストは、法学のテキストと同様、『灯台』など、中央アジアに起源を持つハナフィー派の権威書が中心である。一方、フィリシュテオウルによる『灯台』の注釈書が含まれている点は、アナトリアの学術的成果がすでにダマスクスでも導入されていたことを示している。

8. 思弁神学（ʿilm al-kalām）

思弁神学は、思弁的・論理的な方法によって、イスラームの信仰上の問題を解決しようとする学問である。イラクに起源を持つアシュアリー派、中央アジアに起源を持つマートゥリーディー派が、スンナ派の思弁神学の2大学派である。

イブン・トゥールーンの思弁神学の教師として、『舟』で名前が挙げられている人物は、ダマスクスのマーリク派ムフティーのマグリビー（1517 年没）（表 1：14）に限られている。この人物は、アナトリアに学問の旅に出たことがあり、「理性の学問」全般に熟達していた。彼はこの人物のもとで、アシュアリー派神学者タフターザーニー（1390 年没）の『信条 注釈 *Sharḥ al-ʻAqā'id*（表 2：32)』を読誦により学習した（*Fulk*, pp. 43–44）。この著作は、マートゥリーディー派神学者アブー・ハフス・アンナサフィー（1142 年没）の『信条』に対する注釈である。従ってこの著作はアシュアリー派とマートゥリーディー派の両者の折衷的な要素を持つ。また、このマグリビーの授業には、イブン・スルターン（表 1：15）という同席者がいて、ブルサの法学者ハヤーリー（1458 年没）による『信条 注釈』の復注（表 2：33）を補助教材として読誦していた（*Fulk*, p. 44）。こうした学習の結果、彼は 28 歳の時に、『信条 注釈』についてのイジャーザを授与された。その後も、彼はこの人物のもとで、その他の著作（表 2：34）を読誦により学習した（*Fulk*, p. 44）。

イブン・トゥールーンが学習した思弁神学のテキストは、タフターザーニーの『信条 注釈』を軸にしたものである。一方、ブルサの法学者ハヤーリーの著作が含まれている点は、マグリビーがアナトリアに学問の旅に出て、そこの学術的成果を持ち帰ったことを反映している。

9. 論理学（ʻilm al-manṭiq）

イスラームにおける論理学は、アリストテレスの論理学を基軸にしたものである。もともと論理学は、哲学の 1 分野として、ギリシア語やシリア語からのアラビア語への翻訳という形で導入されたが、論理学は哲学が衰退した後も、哲学から独立した学問として受容されていった。これは、思弁神学などの基礎学問として、論理学の有用性が認められたからである。

まず、イブン・トゥールーンは、カーティビー（1276 年没）の『シャムス・アッディーンの論考 *al-Risāla al-Shamsīya*（表 2：35)』を暗記し、13 – 17 歳の時に、3 回目のアルドでこの著作を暗唱した。この著作は、最もよく使われていた論理学の手引書の1つである。

また、イブン・トゥールーンは、ハナフィー派法学者サファディー（1496/7年没）（表1：16）のもとで、複数年にわたって、論理学を学習した。この人物は、マーリダーニーヤ学院で教えていた時期があり、論理学の授業もそこで行っていた可能性が高い。彼はこの人物のもとで、アブハリー（1265年没）の『イーサーグージー *al-Īsāghūjī*（表2：36）』、続いてカーティー（1359年没）とブルサの法学者フェナーリーザーデ（1431年没）による『イーサーグージー』の注釈書（表2：37, 38）を学習した（*Fulk*, p. 45）。『イーサーグージー』は、新プラトン主義哲学者ポルフィリオス（305年没）の『エイサゴーゲー（アリストテレス範疇論序説）』から題名を取った論理学についての著作であり、『シャムス・アッディーンの論考』に並んで最もよく使われていた論理学の手引書の1つである。

また、イブン・トゥールーンは、彼の思弁神学の教師マグリビーのもとでも、論理学を学んでいる。論理学と思弁神学の関係を考えれば、彼は先に論理学を学び、後に思弁神学を学んだように思われる。彼がこの人物のもとで思弁神学を学んでいたのは、彼が28歳前後の頃であったので、論理学の学習はこれより少し前のことだったと思われる。彼は、この人物のもとで、まず3回目のアルドで暗唱を済ませていた『シャムス・アッディーンの論考』を再び読誦により学習し、その後、タフターニー（1365年没）とタフターザーニー（1390年没）による『シャムス・アッディーンの論考』に対する注釈書（表2：39–40）を読誦により学習した（*Fulk*, p. 45）。その後、彼はこの人物のもとで、その他の著作（表2：41–43）も学習している（*Fulk*, p. 45）。

イブン・トゥールーンが学習した論理学のテキストは、カーティビーの『シャムス・アッディーンの論考』とアブハリーの『イーサーグージー』を軸にしたものである。一方、ブルサの法学者フェナーリーザーデの著作が含まれている点は、やはりアナトリアの学術的成果がすでにダマスクスでも導入されていたことを示している。

10. スーフィズム（ʻilm al-taṣawwuf）

スーフィズムは、その担い手たるスーフィーの営為を意味している。当該時代・地域においては、師弟関係を軸にして形成された様々なタリーカ（スーフィー教団）が、社会的に大きな役割を果たしていた。タリーカでは、修行の達成に際して、師が弟子に象徴としてのヒルカ（外套）を与えるという儀礼が広く行われていた。

イブン・トゥールーンは、ミッズィー（1501年没）（表1：11）のもとで、この人物自身の1著作（表2：44）を、ユースフ・ブン・アルミブラドのもとで、この人物自身の2著作（表2：45–46）を学習し、その結果としてヒルカを与えられた（*Fulk*, p. 51）。また、彼は、スフラワルディー系スーフィーのアブー・アッラキーヤ（表1：17）のもとて、スフラワルディー教団の名祖の1人シャムス・アッディーン・アッスフラワルディー（1234年没）のスーフィズムの手引書『真知の美質 *ʻAwārif al-Maʻārif*（表2：47）』を学習し、その結果としてヒルカを与えられた（*Fulk*, p. 51）。このことから、イブン・トゥールーンがスフラワルディー教団と関係を持っていたことが見て取れる。

イブン・トゥールーンが学習したスーフィズムのテキストは、『真知の美質』のような今日まで広く用いられている手引書もある一方で、彼の教師が著した、彼の学問系譜に特有と思われるテキストも名を連ねている。

11. 文法学（ʻilm al-naḥw）

文法学は、アラブの大征服の後、各地に移住したアラブ人や各地で改宗した非アラブ人の用いるアラビア語に多くの文法違反が見られるようになったことへの対応として成立した学問である。文法学者たちは、バスラ学派とクーファ学派に分かれての論争を経験したが、後にはこの論題は簡略化され、従来の学説を統合した形で多くの教材が作り出されていった。

イブン・トゥールーンは、彼が13－14歳の時に、2回目のアルドで、イブン・アージュッルーム（1323年没）の『アージュッルームの序説 *al-Muqaddima al-Ājrrūmīya*（表2：48）』、ジャマール・アッディーン・ブン・マーリク（1274年没）の『千の抜粋 *al-Khulāṣā al-Alfīya*（表2：49）』、ウッバディー（1456年没）の『文法規則 *Ḥudūd al-Naḥw*（表2：50）』を暗唱した。このうち『アージュッルームの序説』はイウラーブ（語末変化）などを扱った文法学の入門書である[40]。『千の抜粋』は文字通り千行の震調詩の形式を取っており、現在に至るまで、文法学の教材として広く用いられている。

しかし、イブン・トゥールーンは、このアルドを行うよりも前から、シャーフィイー派ムフティーのイブン・シャカム（1488年没）（表1：18）のもとで、文法学を学んでいた。この人物は特に文法学に精通し、ダマスクスにおける文法学のライースと見なされていた。この人物はイブン・トゥールーンが13歳の頃に亡くなっているが、イブン・トゥールーンはこの人物に10年間にわたって師事したと主張している。若干の誇張が含まれているかもしれないが、彼が幼少の頃からこの人物に師事していたことは確かであろう。彼は、この人物のもとで、イブン・アージュッルームの『アージュルームの序説』、ハリーリー（1122年没）の『語末変化の秘話 *Mulḥat al-I'rāb*（表2：52）』、イブン・ヒシャーム（1360年没）の『語末変化の規則の明示 *al-I'rāb 'an Qawā'id al-I'rāb*（表2：53）』、『黄金の断片 *Shudhūr al-Dhahab*（表2：54）』、ジャマール・アッディーン・ブン・マーリクの『千の抜粋』、バドル・アッディーン・ブン・マーリク（1287年没）による『千の抜粋』に対する注釈書（表2：58）を学習した（*Fulk*, p. 44）。

イブン・トゥールーンが学習した文法学のテキストは、他の時代・地域でも広く用いられていた著作が中心である。特徴的なものとしては『文法学規則』が挙げられる。この著作は、アルドで暗唱しているにも関わらず、教師のもとで学習したという記述がない。

12. 形態論（'ilm al-taṣrīf）

形態論は、アラビア語学の1分野であり、動詞の活用について取り扱うものである。

イブン・トゥールーンは、イブン・シャカムのもとで文法学と同時に形態論も学習していたが、彼が形態論の学習を終える前にこの人物は亡くなってしまい、その後は別の教師のもとで形態論を学習することになった（*Fulk*, p. 44）。従って、以後の学習は、彼が13歳以降に行った学習ということになる。

イブン・トゥールーンは、イブン・ラマダーンのもとで1著作（表2：59）を、サファディーのもとで1著作（表2：60）を学習したが、サファディーはスーフィズムに傾倒してしまったため、この学習は途中で終わってしまったという（*Fulk*, p. 45）。

13. 語彙学（ʿilm al-lugha）

語彙学は、アラビア語学の1分野であり、言葉の意味について説明する学問である。アラブの大征服の結果、アラブ人と非アラブ人の接触が増えると、多くのアラビア語の語彙において、本来の意味と通用されている意味との間に齟齬が生じるようになった。語彙学は、このような齟齬から、語彙の正しい意味を守るための学問である。

イブン・トゥールーンの語彙学の教師として、『舟』で名前が挙げられている人物は、彼の初等教育の教師イブン・アルアスカリーに限られている。彼はこの人物に、スユーティーの著作（表2：61）の一部を習ったという（*Fulk*, p. 51）。

14. 文法基礎論（ʿilm uṣūl al-naḥw）

イブン・トゥールーンの文法基礎論の教師として、『舟』で名前が挙げられている人物は、ハナフィー派ムフティーのヒンディー（1578/9没）（表1：19）に限られている。この人物はインドのデリーの出身で、メッカ巡礼の途中にウマイヤ・モスクに逗留した（*Mutʿa*, Vol. 1, p. 425）。この学習はその時期に行われたものである。彼はこの人物のもとで、スユーティーの著作（表2：62）を学習した（*Fulk*, p. 44）。この時代にスユーティーの著作がインドにまで普及していたことは注目に値する。

15. 意味論（'ilm al-ma'ānī）

意味論は、修辞学の1分野であり、文章における概念や内容の説明を取り扱う学問である。

まず、イブン・トゥールーンは、カズウィーニー（1338年没）の『鍵の抜粋 *Talkhīṣ al-Miftāḥ*（表2：67）』を暗記し、13－17歳の時に、3回目のアルドで、この著作を暗唱した。この著作は、サッカーキー（1299年没）の『学問の鍵 *Miftāḥ al-'Ulūm*』の要約であり、最も広く用いられた修辞学の著作として知られている。

また、イブン・トゥールーンは、イブン・ラマダーンのもとで、カズウィーニーの『鍵の抜粋』の意味論の箇所を読誦により学習した（*Fulk*, p. 47）。また、彼はイブン・ラマダーンとヒンディーのもとで、タフターザーニーによる『学問の鍵』の要約2著作（表2：63-64）の一部をそれぞれ読誦により学習している（*Fulk*, pp. 47-48）。

16. 文飾論（'ilm al-badī'）

文飾論も、修辞学の1分野であり、文章における修飾を取り扱う学問である。例えば、押韻、掛詞、対句といった修辞技法がこの学問の範疇に含まれる。

意味論の項と同様、イブン・トゥールーンは、カズウィーニーの『鍵の抜粋』を暗記し、13－17歳の時に、3回目のアルドで、この著作を暗唱した。

また、イブン・トゥールーンは、イブン・ラマダーンのもとで、カズウィーニーの『鍵の抜粋』の文飾論の部分を聴講により学習した（*Fulk*, p. 48）。また、彼は文学者イブン・ムライク（1511/2年没）（表1：20）のもとで、イブン・ヒッジャ（1434年没）による文飾論を扱った詩『驚異 *al-Badi'īya*』の注釈（表2：65）と提要（表2：66）のそれぞれ一部を学習している（*Fulk*, p. 47）。

17. 韻律学（'ilm al-'arūḍ）

韻律学は、詩作の1分野であり、アラブ詩の韻律を扱う学問である。アラブ詩の韻律は母音の長短の組み合わせに基礎を置いており、代表的な韻律の種類としては、先に挙げた震調、長調などがある。

まず、イブン・トゥールーンは、イブン・シャカムのもとで、1著作（表2：68）を学習した（*Fulk*, p. 47)。文法学の項で説明したのと同様の理由から、彼は13歳以前にこの学習を行ったことが分かる。また、彼は、イブン・ヌサイルのもとで、ハズラジー（1228年没）の『癒しの象徴 *al-Rāmiza al-Shāfiya*（表2：70)』の一部を学習している（*Fulk*, p. 47)。この著作は、韻律学と脚韻学を扱った頌詩であり、単に『ハズラジーヤ』とも呼ばれた。

18. 脚韻学（ʿilm al-qawāfī）

脚韻学も、詩作の1分野であり、アラブ詩の脚韻を扱う学問である。

まず、イブン・トゥールーンは、イブン・シャカムのもとで、ハズラジーの『癒しの象徴』の一部を学習した（*Fulk*, p. 47)。また、彼は、イブン・ヌサイルのもとで、1著作（表2：69）を学習している（*Fulk*, p. 47)。

19. 歴史学（ʿilm al-taʾrīkh）

イブン・トゥールーンの歴史学の教師として、『舟』で名前が挙げられている人物は、彼のハディース学の教師ユースフ・ブン・アルミブラドに限られている。彼はこの人物のもとで、スユーティーの著作（表2：71）の一部を習ったという（*Fulk*, p. 51)。

20. 算術（ʿilm al-ḥisāb）

イスラームにおける算術は、ギリシア数学とインド数学の流れを継承したものであり、加減乗除の四則演算を基本として、より高度な平方根の演算なども含まれている。

まず、イブン・トゥールーンは、サーリヒーヤ街区の紙商人アラファ・アルウルマウィー（1524年没）（表1：21）のもとで算術を学んだ。この人物は、算術家でもあり、法学者としてはベッカー高原のカーディーとして赴任したこともあった。彼は、この人物のもとで、イブン・アルハーイム（1412年没）の

『閃光 *al-Luma' al-Yasīra*（表 2：72)』、『閃光』の要約（表 2：73）を読誦し、算術の初歩（maftūḥ）を身に付けた（*Fulk*, p. 48)。『閃光』は相続法に力点を置いた算術についての著作である。その後、彼はこの人物のもとで、この人物自身が著した著作（表 2：74）を用いて、筆算法（qalam）を学習している（*Fulk*, p. 48)。

また、イブン・トゥールーンは、その他の教師（表 1：22）のもとで、イブン・アルハーイムのインド式筆算法（qalam al-Hindī）についての著作の要約（表 2：75）と、暗算の手引書（表 2：76）を読誦により学習している（*Fulk*, p. 48)。インド式筆算法はもともと砂の上に数字を書いて、それに書き加えたり消したりして解答を求めるものであったため、グバール（ghubār, 砂）とも呼ばれていた。

また、イブン・トゥールーンは、彼の思弁神学の教師マグリビーのもとでも、1 著作（表 2：77）を学習している（*Fulk*, p. 48)。彼がこの人物のもとで思弁神学を学んだ時期は、彼が 28 歳の頃である。彼がこの人物のもとで算術を学んだ時期は、それより少し前のことであろう。

21. 相続法学（'ilm al-farā'iḍ）

相続法学は、遺産を正しい割合、正しい分け前で法定相続人に分配するための学問である。『舟』は、イブン・トゥールーンの相続法学の教師として 4 人の名前を列挙しているが、その順序は彼が師事した順序には沿っていない。しかし、4 人の教師は 2 つのグループに分けることができる。

第 1 のグループは、ハナフィー派以外の教師たちである。イブン・トゥールーンは、ハンバル派の学者アフマド・ブン・アルミブラド（1490 年没）（表 1：23）のもとで、この人物自身の講義（表 2：83）を聴講した（*Fulk*, p. 49)。この人物はイブン・トゥールーンが 15 歳の時に亡くなっているため、この学習がそれ以前に行われたことは確かである。また、彼はアラファ・アルウルマウィーのもとでも、2 著作（表 2：79–80）を読誦により学習した（*Fulk*, p. 49)。

第 2 のグループは、ハナフィー派の教師たちである。イブン・トゥールーンは、ユースフ・ブン・トゥールーンのもとで、サジャーワンディー（1203年没）の『スィラージュ・アッディーンの相続法学 *al-Farāʾiḍ al-Sirājīya*（表2：78)』を読誦により学習し、22歳の時にこの著作についてのイジャーザを授与された。また、彼は、イブン・アウンのもとで、イブン・クトゥルーブガー（1474年没）の『二つの海の交わるところ 相続法学注釈 *Sharḥ Farāʾiḍ Majmaʿ al-Baḥrayn*（表2：81)』などを読誦により学習した（*Fulk*, p. 49)。この著作は、法学の項で触れた『二つの海の交わるところ』の相続法学の箇所に対する注釈である。前述のように、彼は28歳の時、『二つの海の交わるところ』のイジャーザを授与された。彼がこの著作を学んだのも、この前後であったと推測できる。

イブン・トゥールーンが学習した相続法学のテキストは、大きく2つに分けられる。第1グループの教師たちが使用したテキストは、彼の教師自身が作成したものなど、彼の学問系譜に特有と思われるものも多い。第2グループの教師たちが使用したテキストは、ハナフィー派法学における権威書が揃っている。前者は算術の1分野としての相続法学、後者は法学の1分野としての相続法学の性質が強いと考えられる。そして大まかに言えば、彼は前者を先に、後者を後に学習しているようである。

22. 幾何学（ʿilm al-handasa）

イスラームにおける幾何学は、ユークリッド幾何学などのギリシアの幾何学を基軸にしたものである。

イブン・トゥールーンの幾何学の教師として、『舟』で名前が挙げられている人物は、ダマスクスの医師たちの長であるイブン・アルマッキー（1532年没）（表1：24）に限られている。彼は、この人物のもとで、シャムス・アッディーン・アッサマルカンディー（1204年没）のユークリッド幾何学の大要『基礎の形式 *al-Ashkāl al-Taʾsīs*（表2：84)』、続いてジュルジャーニー（1413年没）による『基礎の形式』に対する注釈（表1：85）を学習した（*Fulk*, p. 47)。

23. 宇宙論（ʿilm al-hayʾa）

イスラームにおける天文学は、基本的にはプトレマイオスなどのギリシアの天文学を基軸にしたものである。宇宙論は、天文学の1分野であり、天体の運行から、宇宙の構造を幾何学的に明らかにしようという学問である。

イブン・トゥールーンの宇宙論の教師として、『舟』で名前が挙げられている人物も、イブン・アルマッキーに限られている。彼は、この人物のもとで、ジャグミーニー（1344年没）の『精髄 *al-Mulakhkhaṣ*（表2：86）』、続いてジュルジャーニー（1413年没）による『精髄』に対する注釈（表2：87）を学習した（*Fulk*, p. 48）。

24. 観測天文学（ʿilm al-falak）

観測天文学は天文学の1分野であり、暦の策定や占星術の判断の根拠となる、天体の位置や現象を計算するための学問である。この観測天文学が生み出した主要な成果が天文表（zīj）であり、そこには各々の天体の運行などの諸情報が、欄状の表にまとめられている。

イブン・トゥールーンは、カイロの計時係イブン・アビー・アルファトフ（1543/4年没）（表1：25）のもとで、天体の角度に関する著作（表2：88）や60進法についての著作（表2：89）を読誦により学習し、イブン・アッシャーティル（1375年没）の『新天文表 *al-Zīj al-Jadīd*（表2：90）』の太陽と月の運行の部分を聴講により学習した（*Fulk*, p. 50）。イブン・アッシャーティルはウマイヤ・モスクの計時係であり、天動説を採りながらも、コペルニクスの先駆となる天体運動モデルを考え出した人物である。また、彼は他の教師（表1：26）のもとでも、イブン・アッシャーティルの天文表の7天体の箇所の要約（表2：90）を学習している（*Fulk*, p. 50）。

25. 暦学（ʿilm al-mīqāt）

暦学は、暦を策定するための学問であり、先に挙げた数理天文学と密接な関係にある。

イブン・トゥールーンは、計時係アブー・アルハサン（表1：27）のもとで2著作（表2：92–93）を、アラファ・アルウルマウィーのもとで2著作（表2：94–95）を、イブン・アビー・アルファトフのもとで4著作（表2：96–99）を読誦により学習している（*Fulk*, pp. 49–50）。

イブン・トゥールーンが学習した暦学のテキストは高度や正弦の計算法を主な内容としている。

26. 日時計の使用法（ʿilm al-bankāmāt）

イブン・トゥールーンの日時計の使用法の教師として、『舟』で名前が挙げられている人物は、彼の初等教育の教師イブン・アルアスカリーに限られている。彼はこの教師のもとで、1著作（表2：100）を読誦により学習している（*Fulk*, p. 50）。

27. 自然学（ʿilm al-ṭabīʿī）

イスラームにおける自然学は、アリストテレスの自然哲学（第2哲学）を基軸にしたものであり、物理学、動物学、植物学、鉱物学、気象学など多岐にわたる学問がこの範疇に含まれている。

イブン・トゥールーンの自然学の教師として、『舟』で名前が挙げられている人物は、イブン・アルマッキーに限られている。彼はこの教師のもとで、アブハリーの『知恵の導き *Hidāyat al-Ḥikma*（表2：101）』の一部、続けてマウラーナーザーデによる『知恵の導き』の注釈書（表2：102）の一部を学習している（*Fulk*, p. 50）。

28. 形而上学（ʿilm a-ilāhī）

イスラームにおける形而上学も、アリストテレスの形而上学（第1哲学）を基軸にしたものであり、物質世界の背後にある原理について扱う学問である。イブン・トゥールーンの形而上学の学習は、自然学と全く同じ教師とテキストで行われている。

29. 医学（ʿilm al-ṭibb）

前近代イスラーム社会における医学は、大きく2つに分類される。第1は、ギリシア医学やインド医学の導入に端を発し、アブー・バクル・アッラーズィー（925年没）の『医学集成』やイブン・スィーナー（1037年没）の『医学典範』などで知られる「科学的医学」である。第2は、預言者ムハンマドに医学的知識の源泉を求め、クルアーンやハディースに基礎を置く「預言者の医学（al-ṭibb al-nabawī）」である。最も有名な「預言者の医学」としては、ダマスクスのハンバル派の大学者イブン・カイイム・アルジャウズィーヤ（1350年没）のものを挙げることができる。

イブン・トゥールーンは、イブン・アルマッキーのもとで、イーラーキーによる『医学典範』の要約（表2：103）、ファフル・アッディーン・アッラーズィー（1209年没）による『医学典範』の注釈（表2：104）、イブン・アンナフィース（1288年没）による『医学典範』の注釈（表2：105）をそれぞれ読誦により学習した（*Fulk*, p. 46）。また、彼はこの人物のもとで、イブン・アルクッフ（1286年没）による『ヒポクラテスの箴言』の注釈書（表2：106）の一部、ナジーブ・アッディーン・アッサマルカンディー（1222年没）の『原因と兆候 *al-Asbāb wa al-ʿAlamāt*』に対するナフィース・アルキルマーニー（1449年没）の注釈書（表2：107）、アブー・バクル・アッラーズィーの10巻本『勝利者の医学 *al-Ṭibb al-Manṣūrī*』を聴講により学習した（*Fulk*, p. 46–47）。

また、イブン・トゥールーンはユースフ・ブン・アルミブラドのもとで、この人物自身の『預言者の医学 *al-Ṭibb al-Nabawī*（表2：109）』も学習している（*Fulk*, p. 47）。また、彼は、シャーフィイー派学者カルウーニー（1515年没）（表2：28）のもとで、ダマスクスのヌーリー病院の眼科医ヤルダーニー（1494年没）(41) の『予防において必要なこと *al-Umnīyāt fī al-Ḥummīyāt*』の一部を学習している（*Fulk*, p. 48）。

イブン・トゥールーンが学習した医学のテキストは、科学的医学については、イブン・スィーナーの『医学典範』の要約や注釈を軸にしながらも、ウルグ・ベグの侍医ナフィース・アルキルマーニーの著作など、近い時代の中央アジアの学術的成果も取り入れられている。また、ユースフ・ブン・アルミブラドの『預言者の医学』は、イブン・カイイム・アルジャウズィーヤ以来のダマスクスのハンバル派社会の伝統が反映している可能性がある。また、『予防において必要なこと』も時代・地域的な要素を反映したテキストだと思われる。

Ⅵ　おわりに

以上、イブン・トゥールーンの自伝『舟』に主に依拠しながら、彼の学生時代を概観し、各々の学問分野について論じてきたが、この作業から導き出された諸点を最後にまとめておきたい。

イブン・トゥールーンの学生時代は、初等教育と高等教育に分けられる。初等教育は10歳くらいまでと位置付けられる。初等教育においては、正書法の習得とクルアーンの暗記を主な学習内容としたが、10歳前後になると、クルアーン解釈学、ブハーリーとムスリムの『真正集』の学習、文法学、詩作の基礎（韻律学・脚韻学）などにも学習の範囲を広げていた。高等教育は、10歳から30歳くらいまでと位置付けられ、本稿ではフカーハの獲得とファトワー提示のイジャーザの取得をその区切りとした。高等教育は大まかに前半期と後半期に分けることができる。前半期はほぼ純粋に学生であるのに対し、後半期は学者でも学生でもあり、様々な職位の獲得と学問の修得を平行して行っていた。

イブン・トゥールーンの教師と学習テキストからは、幾つかの点を指摘することができる。『舟』に記載された彼の教師28名（アルドに立ち会っただけの者は除く）の法学派を見ると、ハナフィー派10名、シャーフィイー派9名、ハンバル派4名、マーリク派1名、不明4名となる。彼が所属していたハナフィー派が最も多いものの、他の法学派の教師も決して少なくない。法学、法源学、高レベルの相続法学などは、ハナフィー派の教師のもとで学習する必要があったものの、その他の学問については法学派による壁はほとんど存在していなかったと言える。教師の専門とする学問と、その教師のもとで学んだ学問は、一致しており、1人の教師のもとで様々な分野を学ぶよりも、専門化した多くの教師のもとで学ぶやり方を取っていたようである。学習テキストを見ると、スンナ派イスラーム世界であれば、ほぼ全域で通用するような普遍的な著作もあれば、ダマスクスの地域性を反映していると思われる著作、彼の所属した党派に特有と思われる著作まで様々である。テキストの新旧についても、学問分野によって異なっており、ハディース学やスーフィズムについては、比較的新しい著作が多く使われている。一方で、ハナフィー派法学などは、中央アジアの知的伝統の中で作られていった権威書が大半を占めている。

以上はイブン・トゥールーンという一個人の事例に過ぎない。付表を含めて、本稿は当該時代・地域におけるウラマーの知的伝統や知の伝統のあり方について、1つのモデルケースを提示することはできたのではないかと思われるが、同地域や他地域のその他の事例との比較を重ねていく必要があるだろう。その作業は、今後の課題としたい。

史料

Dāris：al-Nuʿaymī, *al-Dāris fī Taʾrīkh al-Madāris*, 2 vols., Beirut: Dār al-Kutub al-Jadīd, 1981.

Ḍawʾ：al-Sakhāwī, *al-Ḍawʾ al-Lāmiʿ li-Ahl al-Qarn al-Tāsiʿ*, 12 vols., Beirut: Dār al-Kutub al-ʿIlmīya, 2003.

Fulk：Ibn Ṭūlūn, *al-Fulk al-Mashḥūn fī Aḥwāl Muḥammad Ibn Ṭūlūn*, Beirut: Dār Ibn Ḥazm, 1996.

Kawākib：al-Ghazzī, *al-Kawākib al-Sāʾira bi-Aʿyān al-Miʾa al-ʿĀshira*, 3 vols., Beirut: Dār al-Kutub al-ʿIlmīya, 1997.

Muqaddima：Ibn Khaldūn, *al-Muqaddima Ibn Khaldūn*, Beirut: Dār al-Kutub al-ʿIlmīya, 2006.

Mutʿa：Ibn Munlā, *Mutʿat al-Adhhān min al-Tamattuʿ bi-al-Iqrān bayna Tarājim al-Shuyūkh wa-al-Aqrān*, 2 vols., Beirut: Dār Ṣādir, 1999.

Qalāʾid：Ibn Ṭūlūn, *al-Qalāʾid al-Jawharīya fī Taʾrīkh al-Ṣāliḥīya*, 2 vols., Damascus: Majmaʿ al-Lugha al-ʿArabīya bi-Dimashq, 1981–82.

工具書

GAL：Brockelmann, C., *Geschichte der Arabischen Litteratur*, 5 vols, Leiden: Brill, 1937–49.

注

(1) 士大夫とウラマーの比較の視点からの先行研究としては、三浦徹「ウラマーの自画像：知の探究と現世利益」『アジア遊学』7（1999）, pp. 111–120 が挙げられる。

(2) イブン・トゥールーンに関する先行研究としては、S. Connermann, “Ibn Ṭūlūn（d. 955/1548）: Life and Works,” *Mamlūk Studies Review* 8/1（2004）, pp. 115-140 が挙げられる。しかし、この研究はイブン・トゥールーンの教師の人物比定に誤りがあるなど問題点も多い。また表題のイブン・トゥールーンの生没年も誤っている。

(3) 以下本稿ではヒジュラ暦による満年齢で、年齢を示すことにする。

(4) al-Madrasa al-ʿUmarīya（Madrasa Abī ʿUmar）. 地誌情報は *Dāris*, Vol. 2, pp. 100–112; *Qalāʾid*, Vol. 1, pp. 248–274 を参照のこと。ウマリーヤ学院については、三浦徹「マムルーク朝時代のサーリヒーヤ：街区とウラマー社会」『日本中東学会年報』4/1（1989）, pp. 44–84 に詳しい。

(5) 前近代のアラビア語伝記文学に関しては、谷口淳一「人物を伝える：アラビア語伝記文学」林佳世子他（編）『記録と表象：史料が語るイスラーム世界』東京大学出版会、2005, pp. 113–140 に詳しい。

(6) アルドに関しては、拙稿「15－16 世紀東アラブ世界におけるアルド：イブン・トゥールーンの自伝・名士伝記集を中心に」『オリエント』53/1（2010）, pp. 31–57 を参照のこと。

(7) 例えば『歴史序説』も、相続法学について、法学の箇所と算術の箇所で 2 回にわたって取り扱っている（*Muqaddima*, pp. 358–359; pp. 397–398）。

(8) 現在のシリア・アラブ共和国南部からヨルダン・ハーシム家王国北部にかけての地域。

(9) 現在のシリア・アラブ共和国ダルアー県イズラ郡。この地方に縁のある人物はズライー（al-Zuraʿī）のニスバで呼ばれる。イブン・トゥールーン自身はこのニスバを持たないが、伯父ユースフや父アリーはこのニスバを持っている。

(10) ʿAlāʾ al-Dīn ʿAlī b. Ṭūlūn. 伝記情報は *Mutʿa*, Vol. 1, p. 501 を参照のこと。

(11) Burhān al-Dīn Ibrāhīm b. Qandīl. 伝記情報は *Mutʿa*, Vol. 1, p. 264 を参照のこと。

(12) al-Khānqāh al-Yūnusīya. 地誌情報は *Dāris*, Vol. 2, pp. 189–190 を参照のこと。イブン・トゥールーンはこの施設でスーフィーやイマームとして俸給を受けた時期がある（*Fulk*, pp. 64–65）。

(13) al-Jāmiʿ al-Jadīd. 地誌情報は *Dāris*, Vol. 2, pp. 244–245; *Qalāʾid*, Vol. 1, pp. 103–110 を参照のこと。

(14) al-Madrasa al-Māridānīya. 地誌情報は *Dāris*, Vol. 1, pp. 594–595; *Qalāʾid*, Vol. 1, pp. 111–114 を参照のこと。

(15) 例えば、ウマリーヤ学院の入学は紹介に拠っていた。三浦徹「マムルーク朝時代のサーリヒーヤ」を参照のこと。

(16)『舟』は 1 回目のアルドが行われた日付を直接的には述べていないが、その直後にイブン・アルアイニーが死亡したことを伝えている（*Fulk*, p. 28）。イブン・アルアイニーが死亡したのは、1488 年 2 月 3 日（A. H. 893 年第 2 月 19 日）であるため（*Mutʿa*, Vol. 1, p. 392）、1 回目のアルドは 1488 年 1/2 月（A. H. 893 年第 1/2 月）頃に行われたと推察できる。

（17）『舟』は 2 回目のアルドが行われた日付を直接的には述べていないが、それにイブン・アルハムラーが立ち会ったことを伝えている（*Fulk*, p. 29）。イブン・アルハムラーが死亡したのは、1489 年 3 月 17 日（A. H. 894 年第 4 月 14 日）であるため（*Mutʿa*, Vol. 2, p. 748）、2 回目のアルドはこれより前だったと推察できる。

（18）このうちフルフール家については、三浦徹「マムルーク朝末期の都市社会：ダマスクスを中心に」『史学雑誌』98/1（1989), pp. 1–45 に詳しい。

（19）al-Madrasa al-Manjakīya. 地誌情報は *Dāris*, Vol. 1, pp. 600–603 を参照のこと。

（20）al-Madrasa al-Murshidīya. 地誌情報は *Dāris*, Vol. 1, pp. 576–579; *Qalāʾid*, Vol. 1, pp. 229–234 を参照のこと。

（21）al-Madrasa al-ʿAlamīya. 地誌情報は *Dāris*, Vol. 1, pp. 558–560; *Qalāʾid*, Vol. 1, pp. 206–208 を参照のこと。

（22）al-Turba al-ʿIzzīya. 地誌情報は *Dāris*, Vol. 2, p. 257; *Qalāʾid*, Vol. 1, pp. 323–324 を参照のこと。

（23）al-Turba al-Shihābīya. 地誌情報は *Dāris*, Vol. 2, pp. 253–254; *Qalāʾid*, Vol. 1, p. 321 を参照のこと。

（24）al-Madrasa al-Ruknīya al-Barrānīya. 地誌情報は *Dāris*, Vol. 1, pp. 519–522; *Qalāʾid*, Vol. 1, pp. 95–99 を参照のこと。

（25）al-Madrasa al-ʿAdhrāwīya. 地誌情報は *Dāris*, Vol. 1, pp. 373-382; pp. 548–549 を参照のこと。

（26）al-Khānqāh al-Ḥusāmīya. 地誌情報は *Dāris*, Vol. 2, pp. 143–144; *Qalāʾid*, Vol. 1, pp. 278–280 を参照のこと。

（27）al-Madrasa al-Khātūnīya al-Barrānīya. 地誌情報は *Dāris*, Vol. 1, pp. 502–507 を参照のこと。

（28）Dār al-Qurʾān al-Dullāmīya. 地誌情報は *Dāris*, Vol. 1, pp. 9–10; *Qalāʾid*, Vol. 1, pp. 124–127 を参照のこと。

（29）al-Zāwiya al-Suyūfīya. 地誌情報は *Dāris*, Vol. 2, p. 202; *Qalāʾid*, Vol. 1, pp. 288–289 を参照のこと。

（30）al-Madrasa al-Jawharīya. 地誌情報は *Dāris*, Vol. 1, pp. 498–501 を参照のこと。

（31）『享受』にはイブン・トゥールーンの教師についての伝記が多く見られるが、そのうちの 32 名については『舟』には名前が見られない人物である。これらの教師の大部分はダマスクスやメッカで彼にハディースを伝授した人物である。

（32）al-Madrasa al-Dammāghīya. 地誌情報は *Dāris*, Vol. 1, 236–242; 518–519 を参照のこと。

(33) 当該時代・地域における職の権益化は、三浦徹「マムルーク朝時代のサーリヒーヤ」を参照のこと。

(34) al-Madrasa al-Ḥājibīya. 地誌情報は *Dāris*, Vol. 1, pp. 501–502; *Qalāʾid*, Vol. 1, pp. 99–102 を参照のこと。

(35) Masjid al-Kawāfī (Masjid al-ʿAsākira). 地誌情報は *Qalāʾid*, Vol. 1, p. 352 を参照のこと。

(36) 管見の限り、当該時代・地域において最も広く用いられていた正書法のテキストは、クルアーン読誦者シャーティビーの『頌詩の同胞の傑出者 *ʿAqīlat Atrāb al-Qaṣāʾid*』(*GAL*, G1, p. 410; S1, pp. 726–727) である。これは、クルアーン読誦者ダーニーの『諸ミスルの諸クルアーンの正書法の学問における納得 *al-Muqniʿ fī Maʿrifat Rasm Maṣāḥif al-Amṣār*』(*GAL*, G1, p. 407; S1, pp. 719–720) を韻文の形に直したものである。これらの著作はクルアーン読誦法と正書法の学習を同時に取り扱ったものである。

(37) クルアーン読誦法の発展については、堀内勝「現存する二種の『コーラン』の相違について：al-Fātiḥah（開扉の章）に見られる Qirā'ah（コーラン読誦）学派の相違を中心に」日本オリエント学会（編）『日本オリエント学会創立 25 周年記念オリエント学論集』刀水書房、1979, pp. 547–562 に簡潔にまとまっている。

(38) 例えば J. P. Berkey, "Women and Islamic Education in the Mamlūk Period," N. R. Keddie (eds.), *Women in Middle Eastern History*, New Heaven, pp. 38–65 など。

(39) al-Madrasa al-Qijmāsīya. 地誌情報は *Dāris*, Vol. 1, pp. 564–565 を参照のこと。

(40)『アージュッルームの序説』に関しては、山本啓二「イブン・アージュッルーム（14 世紀）の文法書について：ヨーロッパに最初に紹介されたアラブ人によるアラビア語文法」『京都産業大学世界問題研究所紀要』19 (2000), pp. 99–117 で日本語訳を読むことができる。

(41) Sharaf al-Dīn Mūsā al-Yaldānī. 伝記情報は *Mutʿa*, Vol. 2, pp. 814–815 を参照のこと。『舟』の校訂者は、写本では al-Yaldānī と書かれていることを指摘した上で、これを al-Baldānī と訂正し別の人物に比定しているが (*Fulk*, p. 47)、これは誤りである。

表1　イブン・トゥールーンの教師一覧

分類	番号	名前	生年	没年	居住地	法学派	職業その他
親族	1	Jamāl al-Dīn Yūsuf b. Ṭūlūn	1455/6	1530	DṢ	Ḥf	伯父/N/F
	2	Burhān al-Dīn Ibrāhīm b. ʿAwn	1451/2	1511	DSh（Q）	Ḥf	舅/F/ムウタカド/カイロで学問修行
教師＋アルド	3	ʿIzz al-Dīn Muḥammad b. al-Ḥamrāʾ	1412/3	1489	D	Ḥf	N/F/Ḥf 派のライース
	4	Burhān al-Dīn Ibrāhīm b. al-Quṭb	1423/4	1493	DṢ → Q	Ḥf	Q
	5	Shihāb al-Dīn Aḥmad b. al-ʿAskarī	—	1507	DṢ	Ḥb	F
	6	Jamāl al-Dīn Yūsuf b. al-Mibrad	1437	1503	DṢ	Ḥb	N/ハディース学者/スーフィー/地誌作家
教師	7	Muḥyī al-Dīn Yaḥyā al-Irbdī	1443/4	1516	Ir → DṢ	Sh	クルアーン読誦者
	8	Shams al-Dīn Muḥammad b. Nuṣayr	1460/1	1517	D	Sh	盲目/クルアーン読誦者/文法学者
	9	△ Jamāl al-Dīn（Yūsuf）al-Dawwānī	—	—	—	—	—
	10	Nāṣir al-Dīn Muḥammad b. Zurayq	1410	1495	DṢ（Y/I/H）	Ḥb	N/ハディース学者
	11	Abū al-Fatḥ Muḥammad al-Mizzī	1415	1501	Is → DM	Sh	ハディース学者/スーフィー/諸国を遍歴
	12	Khadīja al-Urmawīya	—	1494	DṢ	Ḥf	女性/ハディース伝承者
	13	Shams al-Dīn Muḥammad b. Ramaḍān	—	1516	D	Ḥf	N/F/Ḥf 派のライース
	14	Zayn al-Dīn ʿAbd al-Nabī al-Maghribī	—	1517	D（R）	M	F/アナトリアで学問修行
	15	Muḥyī al-Dīn Aḥmad b. Sulṭān,	—	—	D	Ḥf	—
	16	Shams al-Dīn Muḥammad al-Ṣafadī	1447	1496/7	DṢ → Q	Ḥf	N/クルアーン読誦者/ムアッズィン/禁欲者
	17	Abū ʿArraqīya Aḥmad al-Suhrawardī	—	1503	D	Sh	ムウタカド/スフラワルディー系のスーフィー
	18	Shihāb al-Dīn Aḥmad b. Shakam	1432	1488	DṢ	Sh	F/文法学者のライース
	19	Zayn al-Dīn ʿAbd al-Ṣamad al-Hindī	—	1577/8	H（D）	Ḥf	F/メッカ巡礼の際にダマスクスに逗留
	20	ʿAlāʾ al-Dīn ʿAlī b. Mulayk	1436/7	1511/2	Ḥ → D	Ḥf	アダブ学者/詩人
	21	Zayn al-Dīn ʿArafa al-Urmawī	1447	1524	DṢ（B）	Sh	紙商人/ベッカーのカーディー/算術家/相続法学者
	22	△ Taqīy al-Dīn（Abū Bakr）al-Ḥalabī	—	—	—	—	算術の権威
	23	Shihāb al-Dīn Aḥmad b. al-Mibrad	1452/3	1490	DṢ	Ḥb	—
	24	Shams al-Dīn Muḥammad b. al-Makkī	—	1532	D	Sh	医師の長
	25	Shams al-Dīn Muḥammad b. Abī al-Fatḥ	—	1543/4	Q（D）	Sh	スーフィー/天文学者/計時係
	26	△ Abū al-Faḍl	—	—	—	—	ムアッズィン
	27	△ Abū al-Ḥasan	—	—	—	—	計時係
	28	Shihāb al-Dīn Aḥmad al-Qarʿūnī	—	1515	DṢ	Sh	ムウタカド

アルド	教授分野 テキスト	出典		
		D	*K*	*M*
—	⑤ 23 ㉑ 78	—	2: 257	2: 843
—	⑥ 26/27 ⑦ 28/29/30/31 ㉑ 81/82	1: 120	1: 101	1: 282
2	⑥ 24	10: 37	—	2: 748
2	⑥ 24	1: 24	—	1: 241
2	③ 7 ⑬ 61 ㉖ 100 【① ④ 10/13】	—	1: 151	1: 90
3	⑤ 21/22 ⑩ 45/46 ⑲ 71 ㉙ 109	—	1: 317	2: 838
—	② 2/4	—	1: 314	2: 824
—	② 3/5/6 ⑰ 70 ⑱ 69	—	—	2: 688
—	③ 8/9	—	—	—
—	④ 10/11/12/13/14/15/16/17/18/19	7: 149	—	2: 593
—	④ ⑩ 44	—	1: 12	2: 770
—	④	12: 27	—	2: 869
—	⑤ 20 ⑥ 24/25 ⑫ 59 ⑮ 63/67 ⑯ 67	—	1: 49	2: 648
—	⑧ 32/34 ⑨ 35/39/40/41/42/43 ⑳ 77	—	1: 256	1: 475
—	⑧ 33	—	—	1: 179
—	⑨ 36/37/38 ⑫ 60	—	—	2: 599
—	⑩ 47	—	1: 153	1: 174
—	⑪ 48/49/51/52/53/54/55/56/57/58 ⑰ 68 ⑱ 70 【④ 10/13】	—	—	1: 138
—	⑭ 62 ⑮ 64	—	—	1: 424
—	⑯ 65/66	—	1: 262	1: 536
—	⑳ 72/73/74 ㉑ 79/80 ㉕ 94/95	—	1: 261	1: 767
—	⑳ 75/76	—	—	—
—	㉑ 83	—	—	1: 62
—	㉒ 84/85 ㉓ 86/87 ㉗ 101/102 ㉘ 101/102 ㉙ 103/104/105/106/107/108	—	—	2: 661
—	㉔ 88/89/90 ㉕ 96/97/98/99	—	—	2: 591
—	㉔ 91	—	—	—
—	㉕ 92/93	—	—	—
—	㉙ 110 【④ 10/13】	—	1: 137,153	1: 103

分類	番号	名前	生年	没年	居住地	法学派	職業その他
アルド	29	Zayn al-Dīn ʿAbd al-Raḥmān b. al-ʿAynī	1434/5	1488	DṢ	Ḥf	ShI/F/Ḥf 派のライース
	30	Muḥibb al-Dīn Muḥammad b. al-Qaṣīf	1439/40	1503	D	Ḥf	Q
	31	Taqīy al-Dīn Abū Bakr b. Qāḍī ʿAjlūn	1438	1522	D	Sh	ShI/カーディー・アジュルーン家
	32	Shihāb al-Dīn Aḥmad b. al-Furfūr	1448	1505	D （Q）	Sh	Q/フルフール家
	33	Taqīy al-Dīn Abū Bakr b. Qāḍī Zuraʿ	1456/7	1513	D	Sh	N
	34	Najm al-Dīn ʿUmar b. Mufliḥ	1444/5	1513	DṢ	Ḥb	Q/ムフリフ家

【凡例】
名前：△＝詳細不明
居住地：D＝ダマスクス　DṢ＝ダマスクス・サーリヒーヤ街区　DSh＝ダマスクス・シャーグール街区　DM＝ダマスクス・ミッザ街区　Ḥ＝ハマー　Ir＝イルビド　B＝ベッカー　Q＝カイロ　Is＝アレクサンドリア　Y＝イエメン　ʿI＝イラク　H＝インド　R＝アナトリア
法学派：Ḥf＝ハナフィー派　M＝マーリク派　Sh＝シャーフィイー派　Ḥb＝ハンバル派
職業その他：ShI＝シャイフ・アルイスラーム　Q＝大カーディー　N＝副カーディー　F＝ムフティー
学習分野・テキスト：○＝学習分野　○なし＝テキスト番号　【 】内は *Mutʿa* のみに見られる情報
出典：*Ḍ＝Ḍawʾ*　*K＝Kawākib*　*M＝Mutʿa*

表２　イブン・トゥールーンの学習テキスト一覧

学習分野	番号	著作						
		書名	著者	没年	*GAL*		内容	種別
					G	S		
2	1	*al-Muqaddima al-Jazarīya*	Ibn al-Jazarī	1429	2: 202	2: 275	震調詩/タジュウィード	—
	2	*Ḥirz al-Amānī*	Abū al-Qāsim al-Shāṭibī	1194	1: 409	1: 725	頌詩/7 読誦法	韻
	3	*al-Durra al-Muḍīʾa*	Ibn al-Jazarī	1429	2: 202	2: 275	長調詩/3 読誦法	韻
	4	*al-Taysīr*	Abū ʿAmr al-Dānī	1053	1: 407	1: 719	7 読誦法	—
	5	*Taḥbīr al-Taysīr*	Ibn al-Jazarī	1429	2: 202	2: 274	3 読誦法	要
	6	*al-Tatimma*	Ṣadaqa al-Masharāʾī	1422	2: 112	2: 139	3 読誦法	—
3	7	*al-Itqān*	Jalāl al-Dīn al-Suyūṭī	1505	2: 145	2: 179	クルアーン諸学	—
	8	*al-Kashshāf*	al-Zamakhsharī	1144	1: 290	1: 507	クルアーン解釈	—
	9	△ *al-Tafsīr*	△ al-Shirwānī	—	—	—	クルアーン解釈	—

アルド	教授分野 テキスト	出典		
		Ḍ	*K*	*M*
1	—	4: 65	—	1: 392
2	—	—	1: 57	2: 711
2	—	11: 35	1: 115	1: 226
2	—	—	1: 143	1: 187
2	—	—	1: 120	1: 201
2	—	—	1: 285	1: 542

原著書			学習			
書名	著者	没年	アルド	教師	学習法	イジャーザ
—	—	—	2	—	—	
al-Taysīr	Abū ʿAmr al-Dānī	1053	3	7	読	7 読 : 21
Taḥbīr al-Taysīr	Ibn al-Jazarī	1429	3	8	読	3 読 : 23
—	—	—	—	7	読	7 読 : 21
al-Nashr	Ibn al-Jazarī	1429	—	8	読	3 読 : 23
—	—	—	—	8	読	3 読 : 23
—	—	—	—	5	△学	
—	—	—	—	9	△学	
—	—	—	—	9	△学	

学習分野	番号	著作						
		書名	著者	没年	GAL		内容	種別
					G	S		
4	10	*al-Ṣaḥīḥ*	al-Bukhārī	870	1: 158	1: 261	六書	—
	11	*al-Sunan*	al-Nasā'ī	915	1: 163	1: 269	六書	—
	12	*al-Sunan*	Ibn Māja	887	1: 163	1: 270	六書	—
	13	*al-Ṣaḥīḥ*	Muslim b. Ḥajjāj	875	1: 160	1: 265	六書	—
	14	*al-Sunan*	Abū Dāwūd	889	1: 161	1: 267	六書	—
	15	*al-Sunan*	al-Tirmidhī	892	1: 162	1: 268	六書	—
	16	*al-Musnad*	Aḥmad b. Ḥanbal	855	1: 182	1: 309	名祖の集成	—
	17	*al-Musnad*	Abū Ḥanīfa	767	1: 170	1: 286	名祖の集成	—
	18	*al-Musnad*	al-Shāfiʿī	820	1: 179	1: 304	名祖の集成	—
	19	*al-Muwaṭṭaʾ*	Mālik b. Anas	795	1: 176	1: 297	名祖の集成	—
5	20	*al-Tabṣira wa-al-Tadhkira*	Zayn al-Dīn al-ʿIrāqī	1404	2: 66	2: 70	韻文 / ハディース基礎論	韻
	21	*Nukhbat al-Fikar*	Ibn Ḥajar al-ʿAsqalānī	1449	2: 68	—	ハディース学	—
	22	*Nuzhat al-Naẓar*	Ibn Ḥajar al-ʿAsqalānī	1449	—	—	ハディース学	注
	23	*Sharḥ al-Alfīya*	Zayn al-Dīn b. al-ʿAynī	1488	—	—	ハディース学	注
6	24	*al-Mukhtār li-al-Fatwā*	Abū al-Faḍl b. al-Buldajī	1284	1: 382	1: 657	Ḥf 派法学	—
	25	*Kanz al-Daqāʾiq*	Abū al-Barakāt al-Nasafī	1310	2: 196	2: 265	Ḥf 派実定法	要
	26	*Majmaʿ al-Baḥrayn*	Ibn al-Sāʿātī	1295	1: 383	1: 658	Ḥf 派法学	合
	27	*al-Hidāya*	al-Marghinānī	1197	1: 376	1: 644	Ḥf 派実定法	注
7	28	*Manār al-Anwār*	Abū al-Barakāt al-Nasafī	1310	2: 196	2: 263	法源学	—
	29	*Sharḥ Manār al-Anwār*	Firishteoğle	1395	—	2: 315	法源学	注
	30	*Sharḥ al-Mughnī*	Abū Muḥammad al-Qāʾānī	1305	1: 382	1: 657	法源学	注
	31	*al-Tawḍīḥ*	Ṣadr al-Sharīʿa al-Thānī	1347	2: 214	2: 300	法源学	注
8	32	*Sharḥ al-ʿAqāʾid*	Saʿd al-Dīn al-Taftāzānī	1390	1: 427	1: 758	信仰箇条	注
	33	*al-Ḥāshiya ʿalā Sharḥ al-ʿAqāʾid*	al-Khayālī al-Iznīkī	1458	—	2: 318	信仰箇条	復
	34	*Maṭāliʿ al-Anẓār*	Shams al-Dīn al-Iṣfahānī	1348	2: 110	—	思弁神学	注

原著書			学習			
書名	著者	没年	アルド	教師	学習法	イジャーザ
—	—	—	—	10	読	
—	—	—	—	10	読	
—	—	—	—	10	読	
—	—	—	—	10	聴	
—	—	—	—	10	聴	
—	—	—	—	10	聴	
—	—	—	—	10	聴	
—	—	—	—	10	読	
—	—	—	—	10	読	
—	—	—	—	10	読	
al-Muqaddima	Ibn al-Ṣalāḥ	1245	3	13	読	17
—	—	—	—	6	読	
Nukhbat al-Fikar	Ibn Ḥajar al-ʿAsqalānī	1449	—	6	読	17
al-Tabṣira wa-al-Tadhkira	Zayn al-Dīn al-ʿIrāqī	1404	—	1	読	22
—	—	—	1	3/4/13	学 / 学 / 学	教 : 19
al-Wāfī	Abū al-Barakāt al-Nasafī	1310	—	13	学	
Mukhtaṣar al-Qudūrī	Abū al-Ḥusayn al-Qudūrī	1037	—	2	学	28
al-Manẓūma al-Nasafīya	Abū Ḥafṣ al-Nasafī	1142				
Bidāyat al-Mubtadiʾ	al-Marghinānī	1197	—	2	聴	フ : 31
—	—	—	2	2	学	
Manār al-Anwār	Abū al-Barakāt al-Nasafī	1310	—	2	学	
al-Mughnī	Jalāl al-Dīn al-Khabbāzī	1292	—	2	学	
Tanqīḥ al-Uṣūl	Ṣadr al-Sharīʿa al-Thānī	1347	—	2	学	
al-ʿAqāʾid	Abū Ḥafṣ al-Nasafī	1142	—	14	読	28
Sharḥ al-ʿAqāʾid	Saʿd al-Dīn al-Taftāzānī	1390	—	15	聴	
Ṭawāliʿ al-Anwār	al-Bayḍāwī	1286	—	14	読	

学習分野	番号	著作						
		書名	著者	没年	GAL		内容	種別
					G	S		
9	35	*al-Risāla al-Shamsīya*	Najm al-Dīn al-Kātibī	1276	1: 466	1: 845	論理学	—
	36	*al-Īsāghūjī*	Athīr al-Dīn al-Abharī	1265	1: 464	1: 841	論理学	—
	37	*Sharḥ al-Īsāghūjī*	Ḥusām al-Dīn al-Kātī	1359	1: 464	1: 841	論理学	注
	38	*al-Fawā'id al-Fanārīya*	Fenārīzāde	1431	1: 465	1: 842	論理学	注
	39	*Sharḥ al-Risāla al-Shamsīya*	Quṭb al-Dīn al-Taḥtānī	1365	2: 209	—	論理学	注
	40	*Sharḥ al-Risāla al-Shamsīya*	Sa'd al-Dīn al-Tafthẓānī	1390	2: 216	—	論理学	注
	41	*Lawāmi' al-Asrār*	Quṭb al-Dīn al-Taḥtānī	1365	2: 209	—	論理学	注
	42	*al-Jumal*	Afḍal al-Dīn al-Khūnajī	1249	1: 463	1: 838	論理学	—
	43	*Sharḥ al-Jumal*	Ibn Marzūq al-Tilimsānī	1438	1: 463	1: 838	論理学	注
10	44	*Ibtighā' al-Qurba*	Abū al-Fatḥ al-Mizzī	1501	—	2: 151	タリーカの外套	—
	45	*Ṣidq al-Tashawwf*	Yūsuf b. al-Mibrad	1503	—	—	スーフィズム	—
	46	*Yad al-'Alqa*	Yūsuf b. al-Mibrad	1503	—	—	スーフィズム	—
	47	*'Awārif al-Ma'ārif*	Shams al-Dīn al-Suhrawardī	1234	1: 440	1: 789	スーフィズムの基礎	—
11	48	*al-Muqaddima al-Ājrrūmīya*	Ibn Ājurrūm	1323	2: 237	2: 332	文法入門	—
	49	*al-Khulāṣā al-Alfīya*	Jamāl al-Dīn b. Mālik	1274	1: 298	1: 522	震調詩 / 文法学	—
	50	*Ḥudūd al-Naḥw*	Shihāb al-Dīn al-Ubbadī	1456	—	2: 371	文法学	—
	51	△ *al-Buṣrawīya*	△ Shams al-Dīn al-Buṣrawī	—	—	—	文法学	—
	52	*Mulḥat al-I'rāb*	Abū Muḥammad al-Ḥarīrī	1122	1: 277	1: 488	文法学	—
	53	*al-I'rāb 'an Qawā'id al-I'rāb*	Ibn Hishām al-Anṣārī	1360	2: 24	2: 18	イウラーブ	—
	54	*Shudhūr al-Dhahab*	Ibn Hishām al-Anṣārī	1360	2: 24	2: 19	文法学	—
	55	△ *al-Sharḥ*	Ibn Hishām al-Anṣārī	1360	—	—	文法学	注
	56	△ *al-Sharḥ*	Ibn Hishām al-Anṣārī	1360	—	—	文法学	注
	57	△ *al-Sharḥ*	Ibn Hishām al-Anṣārī	1360	—	—	文法学	注
	58	*al-Durra al-Muḍī'a*	Badr al-Dīn b. Mālik	1287	1: 298	1: 522	震調詩 / 文法学	注
12	59	*Sharḥ Taṣrīf al-Zanjānī*	Sa'd al-Dīn al-Taftāzānī	1390	2: 215	2: 304	形態論	注
	60	*Sharḥ al-Shāfiya*	Aḥmad al-Jārabardī	1345	1: 305	1: 536	形態論	注
13	61	*al-Muzhir*	Jalāl al-Dīn al-Suyūṭī	1505	2: 155	2: 194	語彙学	—
14	62	*al-Iqtirāḥ*	Jalāl al-Dīn al-Suyūṭī	1505	2: 155	2: 194	文法基礎論	—
15	63	*Sharḥ al-Mukhtaṣar*	Sa'd al-Dīn al-Taftāzānī	1390	1: 295	1: 518	修辞学	要
	64	*Sharḥ al-Muṭawwal*	Sa'd al-Dīn al-Taftāzānī	1390	1: 295	1: 516	修辞学	要

原著書			学習			
書名	著者	没年	アルド	教師	学習法	イジャーザ
—	—	—	3	14	読	
—	—	—	—	16	学	
al-Īsāghūjī	Athīr al-Dīn al-Abharī	1265	—	16	学	
al-Īsāghūjī	Athīr al-Dīn al-Abharī	1265	—	16	学	
al-Risāla al-Shamsīya	Najm al-Dīn al-Kātibī	1276	—	14	読	
al-Risāla al-Shamsīya	Najm al-Dīn al-Kātibī	1276	—	14	読	
Maṭāliʿ al-Anwār	Sirāj al-Dīn al-Urmawī	1283	—	14	読	
—	—	—	—	14	聴	
al-Jumal	Afḍal al-Dīn al-Khūnajī	1249	—	14	聴	
—	—	—	—	11	△聴	
—	—	—	—	6	読	ヒ
—	—	—	—	6	読	ヒ
—	—	—	—	17	読	ヒ
—	—	—	2	18	学	
—	—	—	2	18	学	
—	—	—	2	—	—	
—	—	—	—	18	学	
—	—	—	—	18	学	
—	—	—	—	18	学	
—	—	—	—	18	学	
Shudhūr al-Dhahab	Ibn Hishām al-Anṣārī	1360	—	18	学	
Shudhūr al-Dhahab	Ibn Hishām al-Anṣārī	1360	—	18	学	
Shudhūr al-Dhahab	Ibn Hishām al-Anṣārī	1360	—	18	学	
al-Khulāṣā al-Alfīya	Jamāl al-Dīn b. Mālik	1274	—	18	学	
Taṣrīf al-Zanjānī	ʿIzz al-Dīn al-Zanjānī	1390	—	13	学	
al-Shāfiya	Ibn al-Ḥājib	1249	—	16	△学	
—	—	—	—	5	△教	
—	—	—	—	19	学	
Miftāḥ al-ʿUlūm	Sirāj al-Dīn al-Sakkākī	1299	—	13	△読	
Miftāḥ al-ʿUlūm	Sirāj al-Dīn al-Sakkākī	1299	—	19	△読	

学習分野	番号	著作						
		書名	著者	没年	GAL		内容	種別
					G	S		
16	65	*Sharḥ al-Badiʿīya*	Ibn Ḥijja	1434	—	—	ブルダ詩 / 文飾論	注
	66	*Mukhtaṣar al-Badiʾīya*	Ibn Ḥijja	1434	—	—	ブルダ詩 / 文飾論	要
15/16	67	*Talkhīṣ al-Miftāḥ*	Khaṭīb Dimashq al-Qazwīnī	1338	1: 295	1: 516	修辞学	要
17	68	*al-ʿArūḍ al-Andalsī*	Abū al-Jaysh al-Andarsī	1229	1: 310	1: 544	韻律学	—
18	69	*al-Kāfī*	Ibn al-Barrī	1330	—	2: 350	韻律学・脚韻学	—
17/18	70	*al-Rāmiza al-Shāfiya*	Ḍiyāʾ al-Dīn al-Khazrajī	1228	1: 312	1: 545	頌詩 / 韻律学・脚韻学	—
19	71	*al-Shamārīkh*	Jalāl al-Dīn al-Suyūṭī	1505	2: 158	2: 197	歴史学	—
20	72	*al-Lumaʿ al-Yasīra*	Ibn al-Hāʾim	1412	2: 125	2: 154	相続法上の算術	—
	73	*al-Wasīla*	Ibn al-Hāʾim	1412	2: 125	—	相続法上の算術	要
	74	*Sharḥ Fatḥ al-Wahhāb*	ʿArafa al-Urmawī	1524	2: 178	—	筆算法	注
	75	*Nuzhat al-Ḥussāb*	Ibn al-Hāʾim	1412	—	2: 154	インド式筆算法	要
	76	*al-Maʿūna*	Ibn al-Hāʾim	1412	2: 126	2: 155	暗算法	—
	77	*al-Talkhīṣ*	Ibn al-Bannāʾ	1321	2: 255	2: 363	算術	—
21	78	*al-Farāʾiḍ al-Sirājīya*	Sirāj al-Dīn al-Sajāwandī	1203	1: 378	1: 650	Ḥf 派相続法学	—
	79	*Jāmiʿ al-Durar*	Muḥsin al-Qayṣarī	1354	—	—	相続法学	—
	80	*al-Ṭuluq al-Wāḍiḥāt*	ʿArafa al-Urmawī	1524	—	—	ナスフの取り扱い	—
	81	*Sharḥ Farāʾiḍ Majmaʿ al-Baḥrayn*	Ibn Quṭlūbughā	1474	—	2: 93	Ḥf 派相続法学	注
	82	*Mukhtaṣar Ḥikmat al-Furūḍ*	Akmal al-Dīn al-Bābartī	1384	—	—	Ḥf 派相続法学	—
	83	*al-Faḥṣ al-Ghawīṣ*	Aḥmad b. al-Mibrad	1590	—	—	相続法学	—
22	84	*Ashkāl al-Taʾsīs*	Shams al-Dīn al-Samarqandī	1204	1: 468	1: 850	ユークリッド幾何学	—
	85	*Sharḥ Ashkāl al-Taʾsīs*	al-Jurjānī al-Sayyid al-Sharīf	1413	—	—	ユークリッド幾何学	注
23	86	*al-Mulakhkhaṣ*	al-Jaghmīnī al-Khwārizmī	1344	1: 473	1:865	天文学基礎	—
	87	*Sharḥ al-Mulakhkhaṣ*	al-Jurjānī al-Sayyid al-Sharīf	1413	2: 217	—	天文学基礎	注
24	88	*Kashf al-Ḥaqāʾiq*	Abū al-ʿAbbās b. al-Majdī	1447	2: 128	2: 159	天体の角度と時間	—
	89	*Ḥisāb al-Daraj wa-al-Daqāʾiq*	△ Abū al-Faḍl	—	—	—	60 進法	—
	90	*al-Zīj al-Jadīd*	Ibn al-Shāṭir	1375	2: 126	2: 157	天文表	—
	91	*al-Durr al-Fākhir*	Shams al-Dīn al-Tīzīnī	1515	—	—	7 天体の天文表	要

原著書			学習			
書名	著者	没年	アルド	教師	学習法	イジャーザ
Badiʿīyat Ibn Ḥijja	Ibn Ḥijja	1434	—	20	△学	
Badiʿīyat Ibn Ḥijja	Ibn Ḥijja	1434	—	20	△学	
Miftāḥ al-ʿUlūm	Sirāj al-Dīn al-Sakkākī	1299	3	13/13	△読 / △聴	17
—	—	—	—	18	学	
—	—	—	—	8	学	
—	—	—	—	8/18	△学 / △学	
—	—	—	—	6	△教	
—	—	—	—	21	読	
al-Lumaʿ al-Yasīra	Ibn al-Hāʾim	1412	—	21	読	
Fatḥ al-Wahhāb	ʿAlāʾ al-Dīn al-Zamzamī	1481	—	21	読	
Murshidat al-Ṭālib	Ibn al-Hāʾim	1412	—	22	読	
—	—	—	—	22	読	
—	—	—	—	14	聴	
—	—	—	—	1	読	22
—	—	—	—	21	読	
—	—	—	—	21	読	
Majmaʿ al-Baḥrayn	Ibn al-Sāʿātī	1295	—	2	読	
—	—	—	—	2	読	
—	—	—	—	23	聴	
—	—	—	—	24	学	
Ashkāl al-Taʾsīs	Shams al-Dīn al-Samarqandī	1204	—	24	学	
—	—	—	—	24	学	
al-Mulakhkhaṣ	al-Jaghmīnī al-Khwārizmī	1344	—	24	学	
—	—	—	—	25	読	
—	—	—	—	25	読	
—	—	—	—	25	△聴	
al-Zīj al-Jadīd	Ibn al-Shāṭir	1375	—	26	学	

学習分野	番号	著作						
		書名	著者	没年	GAL		内容	種別
					G	S		
25	92	△ *al-Muqanṭarāt*	Sharaf al-Dīn al-Khalīlī	1402	—	—	天体の高度の測定法	—
	93	△ *al-Jayb*	Shams al-Dīn al-Tīzīnī	1515	—	—	正弦	—
	94	△ *al-Muqanṭarāt*	Burhān al-Dīn al-Zamzamī	—	—	—	天体の高度の測定法	—
	95	△ *al-Jayb*	ʻAlāʼ al-Dīn al-Zamzamī	1481	—	—	正弦	—
	96	*al-Shamsīya fī al-Aʻmāl al-Jaybīya*	Abū al-ʻAbbās b. al-Majdī	1447	—	—	正弦	—
	97	*Tuḥfat al-Aḥbāb*	Abū al-ʻAbbās b. al-Majdī	1447	2: 128	—	礼拝の方向	—
	98	*Maʻrifat al-Ḍarb wa-al-Qisma wa-al-Jidhr*	△ Abū al-Faḍl	—	—	—	正弦	—
	99	*Bulūgh al-Waṭar*	Ibn Abī al-Fatḥ	1543/4	—	2: 159	月の運行	—
26	100	*Iʻlām bi-Shadd al-Banqām*	Ibn al-ʻAskarī	1507	—	—	日時計の使用法	—
27/28	101	*Hidāyat al-Ḥikma*	Athīr al-Dīn al-Abharī	1265	1: 464	1: 839	自然学・形而上学	—
	102	*Sharḥ Hidāyat al-Ḥikma*	Mawlānāzāde	—	1: 464	1: 840	自然学・形而上学	注
29	103	*Ikhtiṣār al-Qānūn*	Mūḥammad al-Īlāqī	—	1: 457	1: 825	医学全般	要
	104	*Sharḥ al-Qānūn*	Fakhr al-Dīn al-Razī	1209	1: 457	1: 824	医学全般	注
	105	*Mūjiz al-Qānūn*	Ibn al-Nafīs	1288	1: 493	1: 900	医学全般	注
	106	*al-Uṣūl fī Sharḥ al-Fuṣūl*	Ibn al-Quff	1286	1: 493	1: 899	ヒポクラテスの箴言集の注釈	注
	107	*Sharḥ al-Asbāb wa-al-ʻAlamāt*	Nafīs al-Kirmānī	1449	2: 213	2: 299	医学全般	注
	108	*al-Ṭibb al-Manṣūrī*	Abū Bakr al-Razī	925	1: 234	1: 419	医学全般	—
	109	*al-Ṭibb al-Nabawī*	Yūsuf b. al-Mibrad	1503	—	—	預言者の医学	—
	110	*al-Umnīyāt fī al-Ḥummīyāt*	Mūsā al-Yaldānī	1494	—	—	予防医学	—

【凡例】
学習分野：本稿の番号に対応（例）2＝クルアーン読誦法（qirāʼāt）
書名：△＝詳細不明
著者：△＝詳細不明
GAL：G については旧ページ番号
種別：注＝注釈　復＝復注　要＝要約　韻＝韻文化　合＝合本
学習法：読＝読誦（qaraʼtu/ḥallaytu bi-qirāʼatī）　聴＝聴講（samiʻtu/ḥallaytu samāʻan）　学＝学習（ḥallaytu）　教＝教師による教授（afāda-nī）　△＝一部のみ
イジャーザ：7 読＝7 読誦法　3 読＝3 読誦法　教＝教授のイジャーザ　フ＝ファトワーのイジャーザ　ヒ＝ヒルカ（外套）の授与　数字＝取得時の年齢（ヒジュラ暦による満年齢）

原著書			学習			
書名	著者	没年	アルド	教師	学習法	イジャーザ
—	—	—	—	27	読	
—	—	—	—	27	読	
—	—	—	—	21	読	
—	—	—	—	21	読	
—	—	—	—	25	読	
—	—	—	—	25	読	
—	—	—	—	25	読	
—	—	—	—	25	読	
—	—	—	—	5	読	
—	—	—	—	24/24	△学 / △学	
Hidāyat al-Ḥikma	Athīr al-Dīn al-Abharī	1265	—	24/24	△学 / △学	
al-Qānūn	Ibn Sīnā	1037	—	24	△読	
al-Qānūn	Ibn Sīnā	1037	—	24	読	
al-Qānūn	Ibn Sīnā	1037	—	24	読	
—	—	—	—	24	△聴	
al-Asbāb wa-al-ʿAlamāt	Najīb al-Dīn al-Samarqandī	1222	—	24	聴	
—	—	—	—	24	聴	
—	—	—	—	6	学	
—	—	—	—	28	△教	

中世後期アラブ地域における複合宗教施設の教育機能
——カイロのハサン学院の場合

長谷部史彦

はじめに

中世イスラーム世界における教育、とりわけ高等教育に関しては、師弟間の個人的な関係や口承を重視して「独学」をよしとしないあり方、「黙読」ではなく音読や発声を重視する教育方法、さらには、良き師を求める学徒の活発な移動の重要性といった特徴が既に共通理解となっている(1)。本論集でも別に論じられているこうした中世イスラーム世界における教育の方法・内容・媒体ではなく、本稿はむしろイスラーム的な知の伝達を支えた「教育の場」や「教育環境」といった面に注目し、その実態や特徴を明らかにしようと試みるものである。ここでは、中世後期のアラブ・イスラーム世界随一の学術都市であったマムルーク朝（1250–1517年）治下カイロにおいて最大の規模を誇った教育施設を視野の中心に据える。すなわち、スルターン・ハサン al-Malik al-Nāṣir Ḥasan（在位1347–51, 54–61年）の複合宗教施設（通称ハサン学院）に的を絞り、ワクフ設立文書や地誌・伝記集・年代記といった叙述史料などアラビア語の関連諸史料に主に依拠しながら、同施設（以下、ハサン学院）の教育面の諸機能について具体的に検討することにしたい(2)。

1　ハサン学院の設立と施設の概要

ハサン学院は、ファーティマ朝政権の創設したカーヒラ（旧市壁内）とアイユーブ朝・マムルーク朝期に整えられた王城との間に広がる、カイロの「南部区域」に位置する。ハサンの父であるスルターン・ナースィル・ムハンマド al-Malik al-Nāṣir Muḥammad（在位 1294–95, 1299–1309, 1310–1341 年）は、その第 3 期治世に同区域の開発を積極的に推進した。この専制的スルターンの誘導策に従い、有力アミールたちが館（dār）や宗教・公共施設を相次いで建造し、首都空間の拡充が進んだ。ハサン学院は、そうしたアミールのひとりであったヤルブガー・アル＝ヤフヤーウィー Yalbughā al-Yaḥyāwī al-Nāṣirī（1347 年歿）の館を取得・破壊し、その跡地に建てられた[(3)]。同学院の立地選択はまた、マムルーク朝期に首都の中央広場としての性格を深めたルマイラ広場からイブン・トゥールーン・モスク方面へと西に延びるサリーバ地区にあった二人の有力アミールの複合宗教施設、具体的には、シャイフーの集会モスク（1349 年設立）・修道場（1355 年設立）とサルギトミシュの集会モスク（1356 年設立）の存在を意識してのことだったと思われる。彼らは、専制君主ナースィル・ムハンマドの死後の王朝政治を主導した実力者であった[(4)]。ハサン学院の建設は、その第 2 期治世（1354–61 年）に独自の支配体制の構築を目指したスルターン・ハサンによる野心的な企てであり、3 年以上も続いたその建設作業の工費は毎日 2 万ディルハムに達したとされる[(5)]。

ハサン学院は敷地面積 7906m^2、高さ 37.5m に及ぶ巨大石造建築の傑作であり、南側のミナレットの頂上はその中庭地面を基準として高さ 81m に達する[(6)]。中世アラブ世界においても最大規模のこの壮麗な複合宗教施設は、しばしばその訪問者たちの度肝を抜き、洗練された内部空間や精緻な内装のディテールの魅力が現在も観光客を集め続けている。そして、マクリーズィーが『エジプト誌』に記すように、首都カイロの中央広場であったルマイラ広場を挟んで「山の城塞 Qalʿat al-Jabal」（王城）と向かい合うその立地から、この宗教施設は内乱に際し軍事拠点としても活用され、時に要塞と化すこともあったのである[7]。

ハサン学院の建造を現場で主導した人物として、カーヒルの最新の建築史的研究は、建築監督（shādd al-ʻimāra）のイブン・ビーリーク Nāṣir al-Dīn Muḥammad b. Bīlīk al-Muḥsinī とフジャイジュ・アッ＝サーリヒー al-Ḥujayj b. ʻAbd Allāh al-Ṣāliḥī の両名に注目する。前者はスルターン・ハサンの側近の有力アミールであり、ハサンの第2期治世におけるアウラード・アン＝ナース優遇策の好条件からアミールの最高位の百騎長にまで上り詰めた軍人である。彼はまた、そのクルアーン本の優品が現存する著名な能書家でもあり、ハサン学院中庭の碑文にも作者として自らの名を刻んでいる。イブン・ビーリークには、スルターン・ナースィルがナイル河畔に造営したナースィル大競技場 Maydān al-Nāṣirī al-Kabīr の建設の担当者という経歴もあった。ハサン学院における東方地域の建築要素の活用に、彼のシリア滞在経験の影響があるのではないかとカーヒルは推論する。他方、後者のフジャイジュは、歴史家としても著名なハマーのアイユーブ家領主アブー・アル＝フィダー（1331年歿）が建設した「ダフシャ Dahsha（驚き）」と呼ばれる新様式のカーア（ドーム建築）を視察し、それと相似したドゥハイシャ・ドーム Qāʻat al-Duhaysha をカイロ王城内に建てたという実績をもつ建築家（miʻmār）であった[8]。

ハサン学院の設立期をマムルーク朝下の同時代人として生きたイブン・ハビーブ（1311–77年）は、次のように記している。

> その年（758／1356–7年）、スルターンのナースィル王ハサンが――アッラーが彼を支えられますように――カーヒラの外側、山の城塞の下のルマイラ広場に自らの建築物の建設を開始した。彼はこの建築物の建設のために続けて3年以上もの間、毎日銀貨2万ディルハムを供し、その多さを数え上げることができない程の労働者たちをそこに集めたと言われた。そして、それは、高く堅固な、状態の巨大な、礎の引き上げられた、柱の高い、開放空間の広い、基盤の確かな建造物である。それは、限界や計測を超える程のものであり、広い集会モスクを内包し、向かい合う4つのイ

ーワーンのある中庭（ṣaḥn）をもつ[9]。

マムルーク朝下アレッポで活動したこの学者は、巨大建造物の中心に位置する広い中庭部分に向かって大きく口を開けるイーワーン（高い天井をもった半戸外空間）について続けて説明する。

それらのうち最も大きな南（実際は南東）のイーワーンの高さは、語られたところでは、［サーサーン朝の首都クテシフォンの］キスラーのイーワーンよりも3ズィラー（約174cm）上回っており、その心臓部には、ダマスクスの集会モスク（ウマイヤ・モスク）の鷲のクッバQubbat al-Nasrと同じようなクッバ（ドーム建築、廟）がある。そして、そこにはミンバル（説教壇）があり、そこで金曜の集団礼拝が行われ、［他の］3つのイーワーンはそれに劣る[10]。

同施設の中央部分では巨大なイーワーンが直交軸上に対面配置される4イーワーン形式がとられ、それらはそれぞれ、後述するように主にスンナ派4法学派の法学教育の教室として活用されたが、このうち南東のイーワーンは集会モスク（jāmiʿ）の機能も兼ね備えていた。4法学派のイーワーン及びマドラサの配置は、図1のとおりである。教授室、そして、当時の市内に多くみられたラブウ（rabʿ, 集合住宅）と似通った構造をもつ寄宿舎を備えた4つのマドラサは、それぞれが4階建ての高層建築の学院をなし、その構造上の特徴は学生たちの部屋の窓が建物の外壁面にも開かれていたという点にある[11]。学びの日々を過ごす学生たちは、高所から首都やナイルや砂漠の風景を眺望することができたと思われる。

散逸したサファディー（1297–1363年）の年代記の記事に主に依拠する後代のイブン・イヤース（1524年頃歿）による年代記記述では、同学院の建設開始は758年第3月／1357年2–3月のこととされている[12]。さらに、イブン・ハジャル（1373–1449年）からの情報として、スルターン・ハサンは前記の4つ

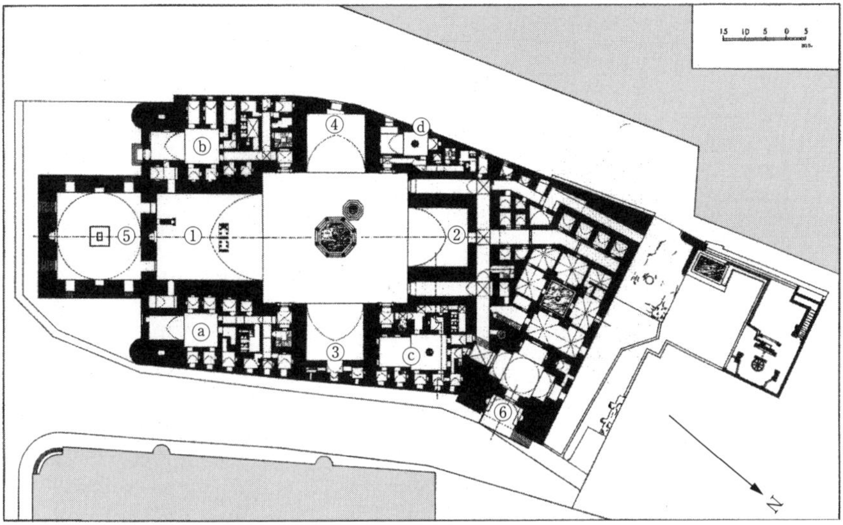

図1　ハサン学院のプラン（Kahil 2008, p.319, Plate 190 に筆者が加筆）

①シャーフィイー派イーワーン
②ハナフィー派イーワーン
③マーリク派イーワーン
④ハンバル派イーワーン
⑤王廟（クッバ）
⑥正門
⑦中庭

ⓐシャーフィイー派学院
ⓑハナフィー派学院
ⓒマーリク派学院
ⓓハンバル派学院

図２　王城から見たハサン学院（筆者撮影）

のマドラサに加えて遺産相続学（farā'iḍ）のための第5のマドラサを設けることを希望したが、当時の有力法学者のバハー・アッ＝ディーン・スブキー Bahā' al-Dīn al-Subkī が遺産相続学は法学の一分野に過ぎないと主張してこれに反対したため、実現しなかったと同年代記は伝える(13)。遺産相続学に特化したマドラサの誕生の可能性を示す興味深い記述といえる。また、軍人王による教育施設の建設に当たってイスラーム学者の意見が尊重されていたことを伝える点でも注目に値しよう。

以上の4つのマドラサとイーワーン、集会モスクに加え、当施設には、南東のイーワーンの南東側に連なる設立者ハサンの王墓（qubba）、美しいムカルナス（鍾乳石状装飾）をもつ正門、正門内ホール付近にあったとみられるが位置の不明なマクタブ・サビール（maktab al-sabīl, 初等学校と給水所）などのスペースも存在した(14)。しかし、この複合宗教施設は、マムルーク朝下の社会においてその重要性を高め続けていたスーフィズムに関連した空間を特に備えてはいない。

スルターン・ハサンが設定した莫大なワクフ財源は、多くの正規受給者への手当をはじめとしたこの巨大複合施設の維持運営費を賄い、さらにこの施設を拠点とした並外れた規模の救貧事業も支えていた。財源とされたのは、カイロの北の郊外、ミスル運河沿いにあるミンヤト・スルドMinyat Ṣurud、マンザラ湖の南西に位置するダクハリーヤ県ミンヤト・バニー・サルスィールMinyat Banī Salsīlといったエジプトの村々の土地、そして、南北シリア諸地方に散在する農地、菜園（basātīn）、葡萄園（kurūm）など数多くのワクフ物件であった[15]。

他方、このワクフの支出項目としては、総勢1016人に及ぶ教職員（310人）・学生（506人）・孤児の生徒（200人）への手当などの人件費、建物の維持修繕費、給水関連費、照明費、備品費、焚香費などが確認される[16]。上記の人件費のみで月額46,550銀貨ディルハムに達していたが、それ以外に、毎週金曜日前夜やイスラーム暦第1月10日（アーシューラー）や第9月（ラマダーン月）における施設内外を対象とした羊肉料理・パン等の大規模な食料分配など実に多彩な救貧活動ための特別支出もあり、それがこのワクフの一大特徴をなしていた。つまり、ハサン学院は第一に「教育の場」であったが、極めて充実した救貧機能なども具備する多機能施設だったのである[17]。

2　常在する視覚・聴覚の「教育媒体」

マムルーク朝期の多くの宗教建築物と同様に、ハサン学院の場合もその壁面には大小の装飾アラビア文字を用いた碑文が刻まれていた。例えば、ルマイラ広場に面した墓廟外壁には、「おおアッラーよ。その援助と支持を続けられ給え。ナースィル王ハサンを維持させることにおいて。」という碑文が残っている[18]。また、正門の側壁には、「アッラーのほかに神はなし。ムハンマドはアッラーの使徒である。」というイスラームの「五行」の一つ、シャハーダ（信仰告白）の文言も刻まれ、さらにムハンマドと4人の正統カリフ（アブー・バクル、ウマル、ウスマーン、アリー）の名も彫り込まれている[19]。そして、4つの法学派の学院入口にはそれぞれ、学院名を除いた部分が共通する、その設立に関する次のような碑文がある。

> 慈悲深く慈愛あまねきアッラーの御名において。我らの主人、スルターン、殉教者（shahīd）の故ナースィル王ムハンマド・ブン・カラーウーンの子である我らの主人の故ナースィル王ハサンがこの恩寵を与えられたマドラサの建設を命じた。それは、764年（西暦1362–63年）の月々のことであった[20]。

しかし、当学院の碑文の大部分は、クーフィー体やスルスィー体といったアラビア書道（khaṭṭ）の書体で刻まれた聖典クルアーンの章節である。カーヒルが確認した現存碑文について、その所在とクルアーンの章節に注目して整理を試みたのが〈表1〉である。流麗な装飾芸術であるそれら重要章句は、イスラームの高等教育を受ける学生たちにすれば、既習の内容だったとはいえ、日常的に少なからず宗教的感興を呼び起こし、時には学的霊感をも与え得るものであったと思われる。さらに留意すべきは、後述の初等学校の多数の児童たちや集会モスクに礼拝に訪れる一般住民の中にも、その魅惑的表象に目を奪われる者があったに違いないという点であろう。つまり、当施設に溢れる碑文の数々が、単に宗教建築空間の「聖域化」に寄与するのみならず、イスラーム的な知の源泉である聖典クルアーンの言葉への興味や情動を強く喚起する、一種の視覚的な「教育媒体」として機能していた側面を看過すべきでないと思われるのである[21]。

また、例えば、〈表1〉No. 16の王の墓廟内部、壁面上部にある雌牛の章の「玉座の節」は、「その玉座はあまねく天地をおおい、この二つを支えもって倦み疲れたもうことはない。神はいや高く、偉大なるお方。」[22]といった言葉を含み、「魔除け」の呪術的効果もあるとされている部分であり、この場合には墓廟や遺骸を守護する効能が期待されていたと推察される。また、カーヒルも

表1　ハサン学院に刻まれたクルアーンの章節

No.	碑銘の場所	クルアーンの章名	クルアーンの章：節	典拠（Kahil 2008）
	〈正門〉			
1	正門側面	勝利の章	第48章1-2節	p. 87
2	正門上部外面	光の章	第24章36-37節	p. 93
3	正門内ホールの壁	悔い改めの章	第9章18-25節	pp. 107-108
	〈建物中央部分〉			
4	ハナフィー派学院内	ヒジュルの章	第15章45-48節	p. 124
5	シャーフィイー派学院内	悔い改めの章	第9章18節	pp. 124-125
6	マーリク派学院内	巡礼の章	第22章41節	p. 125
7	ハナフィー派学院入口	食卓の章	第5章23節	p. 133
8	シャーフィイー派学院入口	カーフの章	第50章33-34節	p. 133
9	マーリク派学院入口	悔い改めの章	第9章21-22節	pp. 133-134
10	ハンバル派学院入口	ヒジュルの章	第15章45-47節	p. 133
	〈東のイーワーン（集会モスク）〉			
11	ミンバル（説教壇）	悔い改めの章	第9章21-22節	p. 138
12	ミフラーブ（壁龕）	雌牛の章	第2章144節	p. 142
13	同上	イムラーン家の章	第3章190-192節	p. 143
14	キブラの壁正面上部	勝利の章	第48章1-5節	pp. 147-148
	〈墓廟内部〉			
15	ミフラーブ（壁龕）	雌牛の章	第2章144-145節	p. 157
16	壁面上部	雌牛の章（玉座の節）	第2章255節	pp. 158-160

＊　Kahil 2008：Kahil, Abdallah, *The Sultan Hasan Complex in Cairo 1357-1364*, Beirut, 2008

指摘するように、集会モスクにあるNo. 13は礼拝の必要を強調し、その場に相応しい内容であった[(23)]。そして、ハサン学院に現存するクルアーンの碑文の中で特に頻用されているのが、クルアーン第9章「悔い改めの章 Sūrat al-Tawba」である（No. 3, 5, 9, 11）。正門内ホールとシャーフィイー派マドラサに刻されたその18節は、

> 神の礼拝堂を管理するのは、神と終末の日とを信じ、礼拝を守り、喜捨を行ない、神のほかなにものも恐れない者に限る。これらの者は、おそらくは正しく導かれる者となるであろう。

であり、イスラームの六信の２つ（唯一神と来世）を信じることや五行の２つ（礼拝と喜捨）を実践することが必須であると再確認させる内容である。また、マーリク派マドラサの壁面と集会モスクの説教壇に刻み込まれた21・22節は次のとおりである。

主はおんみずからのお慈悲とご満足と彼らのための楽園を、よき便りとして彼らにもたらしたもう。そこには不断の安楽があり、彼らはそこに永遠にとどまる。まことに、神のみもとには大きな報酬がある。

こちらは、唯一神の恩恵を信じること、さらには、イスラーム教徒の個々人が善行を積むことで来世の住処となる楽園（ジャンナ、天国）の重要性をめぐる節である。以上のように、クルアーン碑文はそれぞれの所在に適合的なものが配される場合もあれば、場所との適合性が特にない場合もあるのである。

また、南東イーワーンに接続する墓廟空間には「死後の家」の守り手である10人の宦官が配置されていただけでなく、クルアーン読誦のエキスパートであるカーリウ（読誦者）たちが昼間に60名、夜間に60名、ワクフから手当を受ける正規職員として雇われており、彼らは五人一組で交代しながら間断なくクルアーンの全章節を美しく鳴り響かせていた。設立者にとってのイスラーム的善行であり、ワクフ設立文書の文言に従えば、それは「我らが主人のワクフ設定者のスルターン、（中略）彼の両親、彼の子孫、そして、全てのイスラーム教徒たちのため」に実践されていたのだが(24)、墓廟から建物中央部分へも響き渡っていたに違いない不断の聖典朗唱の肉声が、当施設で学びを重ねる者たちの心的状態に与えた影響も見過ごせない。イスラーム的な知の根幹を日々刷り込み、具体的に再確認させるその声は、独特の宗教的雰囲気の形成に役立つだけでなく、クルアーンを基礎に組み上げられたイスラームの学知体系の修得を求める学生に対して教導的効果をもつものであったとみるべきではないだろうか。また、南東のイーワーンで週４回行われる朗唱者（mādiḥ）によるブースィーリーの『ブルダ *al-Burda*』など預言者ムハンマド頌詩（madā'iḥ）の読誦の聴覚的教育効果もこれに準じて理解し得るのではないかと思われる(25)。

3　マドラサの教育機能

〈表2〉はハサン学院の高等教育関連の諸職とワクフからの受給額についてまとめたものである。法学教育を受ける正規学生（計400人）の他科目の正規学生（計106人）に対する数的優位が示すとおり、ハサンの複合宗教施設は、第一にイスラーム法学（fiqh）の教育施設であった。広い中庭を囲んでスンナ派の4つの法学派（シャーフィイー派、ハナフィー派、マーリク派、ハンバル派）のための4つの「マドラサ（原義は「学びの場」）」が設置されていたことから、ワクフ設定文書でこの複合施設の学院部分は「マダーリス（madāris）」とマドラサの複数形で呼ばれている(26)。スンナ派4法学派の公認はマムルーク朝初期からの基本政策であったが(27)、スルターン・ハサンの設立したこの大規模マドラサでは各法学派に全く同数の正規教員・学生が割り当てられていた。すなわち、「信仰に関して広く知られた」教授（mudarris）1人、「法学者たち（fuqahā'）」である教育助手（mu'īd）3人、そして、手当を支給され学業に励む学生たち（ṭalaba）についてはマドラサの寄宿学生（muqīmūn）が50人、通学生（mutaraddidūn）が50人であった。通学生については上級学生と初級学生が各25名ずつで、両者の月給にはディルハム銀貨10枚分の格差が設けられていた。そして、学生たちの中から一名が「代表（naqīb）」に選ばれ、20ディルハムの増額という特典を与えられ、「欠席の記録（ḍabṭ al-ghayba）」を担当した(28)。

ただし、4つの法学派が完全に平等に扱われていたわけではないという点にも注意が必要である。講義教室のイーワーンは、南東のイーワーンがシャーフィイー派、北西がハナフィー派、北東がマーリク派、南西がハンバル派に割り当てられていたが、前記のように南東イーワーンが集会モスクを兼ねていたこともあって特段に広く、それはエジプト社会で優勢であったシャーフィイー派の当学院における優位を明示するものといえる。しかし、各マドラサの総面積

表２　ハサン学院教育関連ワクフ受給者一覧

役職名	手当月額（dirham）	人数	手当月額小計（dirham）	備考
シャーフィイー派法学教授	300	1	300	
シャーフィイー派法学助手	100	3	300	
シャーフィイー派法学寄宿学生	50	50	2,500	
シャーフィイー派法学通学上級学生	40	25	1,000	
シャーフィイー派法学通学初級学生	30	25	750	
シャーフィイー派法学学生代表	20		20	1名・増額分
シャーフィイー派法学学生礼拝助手	10		10	1名・増額分
ハナフィー派法学教授	300	1	300	
ハナフィー派法学助手	100	3	300	
ハナフィー派法学寄宿学生	50	50	2,500	
ハナフィー派法学通学上級学生	40	25	1,000	
ハナフィー派法学通学初級学生	30	25	750	
ハナフィー派法学学生代表	20		20	1名・増額分
ハナフィー派法学学生礼拝助手	10		10	1名・増額分
マーリク派法学教授	300	1	300	
マーリク派法学助手	100	3	300	
マーリク派法学寄宿学生	50	50	2,500	
マーリク派法学通学上級学生	40	25	1,000	
マーリク派法学通学初級学生	30	25	750	
マーリク派法学学生代表	20		20	1名・増額分
マーリク派法学学生礼拝助手	10		10	1名・増額分
ハンバル派法学教授	300	1	300	
ハンバル派法学助手	100	3	300	
ハンバル派法学寄宿学生	50	50	2,500	
ハンバル派法学通学上級学生	40	25	1,000	
ハンバル派法学通学初級学生	30	25	750	
ハンバル派法学学生代表	20		20	1名・増額分
ハンバル派法学学生礼拝助手	10		10	1名・増額分
クルアーン解釈学教授	300	1	300	
クルアーン解釈学学生	20	30	600	
クルアーン解釈学学生代表	10			1名・増額分
クルアーン解釈学学生礼拝助手	10			1名・増額分
ハディース学教授	300	1	300	
ハディース読誦者	40	1	40	
ハディース学学生	20	30	600	
ハディース学学生代表	10		10	1名・増額分
ハディース学学生礼拝助手	10		10	1名・増額分
クルアーン読誦法教授	150	1	150	
イスラーム法源学教授	100	1	100	
イスラーム法源学学生	20	20	400	
アラビア語学教授	100	1	100	
アラビア語学学生	20	10	200	
医学教授	150	1	150	
医学学生	20	10	200	
計時法・数理天文学教授	100	1	100	
計時法・数理天文学学生	10	6	60	
初等学校教師	100	4	400	
初等学校助手	40	4	160	
孤児の生徒	30	200	6,000	
図書室職員	30	1	30	
合計		739	29,430	

についてみれば、図1にも窺えるようにハナフィー派がシャーフィイー派を若干凌駕し、ハナフィー派、シャーフィイー派、マーリク派、ハンバル派の順であった[29]。この面でのハナフィー派の扱いは、シャーフィイー派の「表面的優位」に対する「実質的優位」とも表現できるが、それは、マムルーク朝の軍人社会においてハナフィー派が支配的であった点を考慮すれば意外なことではない。

法学の授業の曜日と場所に関して、ワクフ文書には「前記の教授と教育助手たちと学生たちは、金曜日を除く毎日、前記のイーワーンに出席する」とあり、前記のとおりイーワーンが学習場所として活用され、金曜日のみが休日であったことが明らかである。史料から授業の詳細について知ることはできないが、イーワーンにおける講義をクルアーンの朗唱から開始するとの規定はみられる[30]。根本聖典の読誦の重視は、法学教育に際しても認められるのである。

こうしたイスラーム法学の教育に加え、高天井の王廟空間の中ではクルアーン解釈学（tafsīr）とハディース学（ḥadīth nabawī sharīf）の講義が行われた。学生数はそれぞれ30人に過ぎなかったが、各1名の教授は法学教授と同額の月給（300ディルハム）を授与されており、当学院では法学に次いでこの2科目が重視されていたと捉えられよう[31]。

さらに、次のような講座も設置されていた。すなわち、南東のイーワーンの集会モスク（masjid jāmiʻ）で毎日午後の礼拝から日没の礼拝の間やその他の時に開かれるイスラーム法源学（uṣūl al-fiqh）とアラビア語学（ʻarabiyya）の講座、「正門を入る人と向かい合う場所」で開かれる医学（ṭibb）の講座[32]、南東のイーワーンで行われる計時法（mawāqīt）及び数理天文学（ʻilm al-hayʼa）の講座[33]である。正規学生はイスラーム法源学が20人、アラビア語学と医学が10人ずつ、計時法・数理天文学が6人であり、法学に比べ明らかに小規模な授業ではあったが、14世紀後半に設立された当学院が医学や計時法・数理天文学のような「理性の学問」の教育の場としても機能していたという点は重要である。そして、ワクフからの受給者の中に3人の臨床医が含まれていることを考え合わせれば、この施設に医学を重視する傾向がみられたとしてよいだろう。3人の医師とは、「体（abdān）の治療についての知識をもつ医学を知る者」（内科医）と「クフル（kuḥl）の術を知る者」（眼科医）と外科医（jarā'iḥī）であった(34)。

また、その他にも、クルアーン暗唱能力保持者（ḥāfiẓ）も150ディルハムの月給を与えられ、南東イーワーンにおいて夜明けの礼拝から正午までの間、学生の求めに応じてクルアーンの読誦法（七読誦法）やアラビア語を教えていた。この授業については、正規学生の指定がみられない点も注目される(35)。そして、教授の月給についてみれば、法学・クルアーン解釈学・ハディース学（各300ディルハム）には及ばないが、イスラーム法源学とアラビア語学、計時法・数理天文学（各100ディルハム）に比べると、クルアーン読誦法と医学（各150ディルハム）が少し優遇されていたといえよう。

当学院における高等教育の学習内容・方法についてその実態解明に有効な史料は残念ながら殆どないが、恵まれた待遇と充分なスペースといった特典を除けば、モスクや教師の私邸などで行われる学習内容・方法と基本的に差異はなかったと推察される。そしてこの施設で活動した教員たちについても、その具体像を伝える史料記述は極めて乏しい。しかし、設立当初の時期について例えば以下のような事実を確認することはできる。

イブン・ハジャルの名士伝記集によれば、スルターン・ハサンを殺害して実権を掌握したアミールのヤルブガー・アル＝ハーッサキーは、ハサン学院の教授職にディーバージー Walīy al-Dīn Muḥammad al-Dībājī al-Manfalūṭī（1372年歿）を据えたが、それは前任者イブン・アキール Bahā' al-Dīn 'Abd Allāh b. 'Abd al-Raḥmān b. 'Aqīl al-Bālisī（1367年歿）との間の係争を引き起こした(36)。同職がシャーフィイー派法学の教授職、或いは別の職であったのかについて史料には記されていないが、シリアのバーリス生まれの有名学者イブン・アキールが当学院で高等教育に携わっていた事実は重要である(37)。また、ハンバル派法学の有力者（a'yān）の一人であり、ダマスクスで活躍したイッズ・アッ＝ディーン・ハムザ 'Izz al-Dīn Ḥamza b. Shaykh al-Salāmiyya（1368年歿）もその最晩年にハサン学院で教鞭を取った(38)。さらに、クルディー Maḥmūd al-Kurdī al

-Ḥanafī（1366 年歿）もハサン学院の教授であったことが確認され[39]、イブン・アル＝イラーキーの年代記によれば彼はこの学院内で死去したという[40]。そして、カイロのバイナルカスラインにあるカラーウーンの複合宗教施設内のマンスーリーヤ学院でクルアーン解釈学を教えたディムヤーティー Walīy al-Dīn Muḥammad b. Aḥmad al-Dimyāṭī al-Shāfi'ī（1372 年歿）にも、ハサン学院の法学教授の時期があった[41]。帰属法学派のニスバ（由来名）から彼はシャーフィイー派法学の教授であったと考えられるが、前掲の諸事例については担当講座が不明である[42]。

マムルーク朝後期における当学院の教員スタッフの具体像をめぐる追究は今後の課題としなければならないが、その後、オスマン帝国期に入ってもこの学院が高等教育の場として機能していたことは、ムヒッビー（1699 年歿）の名士伝記集におけるイブン・ガーニム・アル＝マクディスィー 'Alī b. Muḥammad al-Maqdisī al-Qāhirī（1596 年歿）に関する記事から窺える。すなわち、「彼の時代のハナフィー派の頭領（ra's al-Ḥanafiyya fī 'aṣri-hi）」であり、「ハナフィー派のムジャッディド（各世紀の代表的革新者）」との呼び声もあったこの碩学がハサン学院で「イクラーのシャイフ職（mashyakhat al-iqrā'）」なる職に着いていたことが記されているのである[43]。

4　マクタブの教育機能

マムルーク朝期の首都カイロでは、マクタブ（maktab）、或いは、給水所と一体化したマクタブ・サビール（maktab al-sabīl）というタイプのイスラームの初等教育施設が数多く設けられた。後者は、聖典クルアーンの教育と安全な飲料水の供給というイスラーム的慈善（khayr, qurba）をコンパクトなかたちで、かつ理念上「永続的に」実践する都市施設であり、その設立者にとってみれば、その魅力は規模の限られたワクフ財源であっても選りすぐりの善行を自らの生前・死後に継続的に実践できる、という点にあった[44]。

マムルーク朝期の特徴は、このマクタブやマクタブ・サビールがマドラサや複合的宗教施設の一部として建設されるようになったことにある。その起点と目されるのが、同王朝の国家体制の確立者バイバルス1世（在位1260–77年）がバイナルカスライン地区Khuṭṭ Bayna al-Qaṣraynに建てた旧ザーヒリーヤ学院al-Madrasa al-Ẓāhiriyya al-ʿAtīqa（1263年完成）における孤児対象のマクタブの併設である。対十字軍・モンゴル戦の「英雄王」バイバルス1世は、同学院内に「あらゆる学問諸分野の基礎文献を収納した」図書館（khizānat kutub）を設置し、その隣に「唯一神の書をムスリムの孤児たちに教えることを目的としたマクタブ（maktab li-taʿlīm aytām al-muslimīn kitāb Allāh al-ʿazīz)」を設立した。そして、当該マクタブの特定の運営財源として、カーヒラ地区の南大門のズワイラ門とファラジュ門との間にあった大規模な「スルターンの集合住宅Rabʿ al-Sulṭān」がワクフ物件に指定され、児童たちに食料手当（jirāyāt）と衣服（kiswa）が支給された[45]。このように、マクタブにおける初等教育は、大都市の社会の中で困難を抱えた児童の経済的救済と一体化するかたちで実践されていたのである。

そして、バイバルス1世に続いて同王朝の礎を固めたスルターンのカラーウーン（在位1279–90年）も、同地区に建てたマンスーリー病院al-Māristān al-Kabīr al-Manṣūrī、マドラサ、王の墓廟などからなる複合施設に孤児のためのマクタブ・サビールを附設した。ワクフの受給者である二人の教師（muʿallim）が指導に当たるこの初等学校では、そこで学ぶ孤児たちに毎日2ラトルのパン、夏と冬に衣服が支給された[46]。こうした初等学校の併設と児童への支給は、真向かいに存在した前述のバイバルス1世の旧ザーヒリーヤ学院を強く意識してのことだったとみられる。その後、スルターンのラージーン（在位1296–99年）はカーヒラ・フスタート間にあるイブン・トゥールーン・モスクを修復し、ワクフと共にスンナ派4法学派の法学講座、さらにはクルアーン解釈学・ハディース学・医学の各講座を新設し、高等教育施設としての充実を図ったが、そこにもムスリムの孤児たちのためのマクタブが附設された。9世紀後半から続くこの大モスクは、その中興に当たって初等教育の機能も明瞭に備えるに至ったのである[47]。

スルターンたちによるこうした初等教育への経済的支援の後を追うように、14世紀に入ると同王朝の高位のアミール（軍司令官）による同様のマクタブ設立が目立つようになる。例えば、スルターン・ナースィル・ムハンマドのマムルーク出身の有力アミール、アーク・スンクル Āq Sunqur al-Nāṣirī は、中世後期におけるペストの最初のパンデミックが始まった1347年、カイロの王城に程近い地に集会モスクを完成させ、その傍らに孤児たちにクルアーンを読ませるためのマクタブと「甘い水」を人々に供する給水所を設けた(48)。また、14世紀には、アウラード・アン＝ナース（マムルークの子孫）による初等教育の支援もみられた。例えば、772年／1370-1年にアレクサンドリアやアレッポの総督を務めたアミール・アサンブガー・アル＝ブーバクリー Sayf al-Dīn Asanbughā b. Sayf al-Dīn Baktamur al-Būbakrī al-Nāṣirī（777／1375年歿）がカーヒラのハーラ・アル＝ワズィーリーヤ Ḥārat al-Wazīriyya 近くの「レンズ豆商人の小道 Darb al-ʿAddās」に建造したブーバクリーヤ学院 al-Madrasa al-Būbakriyya は、ハナフィー派法学の教育の場であったが、このマドラサにも、隣接の給水所（ḥawḍ māʾ li'l-sabīl）と孤児たちのマクタブが設けられた(49)。

王族の女性による初等学校の設立も注目に値する。スルターン・ナースィルの娘、スルターン・ハサンと異母姉弟の関係にあったタタル Khawand Tatar al-Ḥijāziyya（778／1377年没）は、カーヒラ中心部のイード門広場 Raḥbat Bāb al-ʿĪd に自らの墓廟（qubba）を包含するヒジャーズィーヤ学院 al-Madrasa al-Ḥijāziyya を建設して大規模なワクフを設定し、シャーフィイー学派とマーリク学派の法学の講座、図書館を設置したが、この学院にもマクタブ・サビール（maktab li'l-sabīl）が附設された。マクリーズィーによれば、そこには「高貴なるクルアーンを教える一人の教師（muʾaddib）」の下で学ぶ数多くのムスリムの孤児たちがいて、彼らには毎日各人に複数個の「純粋なパン（khubz naqīy）」と一定額の銅貨が与えられ、夏と冬に衣服も施された(50)。また、771／1369-70年にスルターン・シャーバーン2世（在位1363-77年）の母のバラカ Khawand Baraka（774／1373年歿）がカーヒラとカイロ城塞の間のタッバーナ地区 Khuṭṭ al-Tabbāna に設立したウンム・アッ＝スルターン学院 Madrasat

Umm al-Sulṭān（1368／69年設立）はシャーフィイー学派とハナフィー学派の法学教育の場であり、彼女と息子の墓廟を内包する大きな学院であったが、そこにも前述のブーバクリーヤ学院と同様に、給水所と孤児たちの為のマクタブが設置された(51)。

また、「善行（khayr）と信仰（dīn）と節制（ʻiffa）で広く知られ」、ザヒーラ監督官（nāzir al-dhakhīra al-sharīfa）を務めたイスラーム法官アブー・ガーリブ Tāj al-Dīn Abū Ghālib al-Kalabshāwī al-Qibṭī（1376年歿）は、カーヒラ南西部のハウハ門 Bāb al-Khawkha の自宅近くに自らの名前を冠したアブー・ガーリブ学院 Madrasat Abī Ghālib を建て、そこにマクタブ・サビールを附設した(52)。このように文官・学者による初等学校の設立例も確認される。さらに、民間有力者による初等教育への支援も見逃せない。例えば、「スパイスと砂糖の豪商」として知られるカーリミー商人のひとりであったイッズ・アッ＝ディーン・アル＝カリーミー ʻIzz al-Dīn ʻAbd al-ʻAzīz b. Manṣūr al-Karīmī（1313／14年歿）はマクタブ・サビールに対するワクフ設定の多さで知られていたという(53)。

ハサンの複合宗教施設のマクタブは、以上の諸例と比べて規模の点で図抜けていた。「第1のワクフ文書」の規定によると、マクタブの教師（muʼaddib）2名については、「唯一神の書のハーフィズ（暗唱能力保持者）であり、その教育に相応しい」ことがその就任要件であった。この両者の教育助手として働く者はアリーフ（ʻarīf）と文書で呼ばれ、同じく2名がワクフの正規受給者として指定されているが、彼らについてもハーフィズであることがその要件とされた。彼らの指導を受ける児童については、100人の孤児とする規定があり、さらに次のような指示がみられる。

> そして、マクタブ・サビール（makātib al-sabīl）の孤児たちの教育における慣行に従って、日々各教師が座り、1人の教育助手と50人の孤児が彼らのために用意された場所に彼（教師）と共にある。そして教師は、偉大なるクルアーンの中で彼の朗唱の仕方で彼らが習得する部分を彼らに読ませ、アラビア文字とそのアルファベットについての彼の教えで彼らが保持でき

ることを彼らに教える。そして、前述の教育助手は慣行に従い、それについて彼を助けるのである[(54)]。

このように孤児たちへのクルアーン読誦とアラビア語正書法についての初等教育が施されたが、そこで注目されるのは、クルアーンを全章暗唱するに至った場合に教師と孤児生徒の双方に対して50ディルハムの褒賞が授与されるとのワクフの規定である。それは双方にとって励みとなる特典であったに違いないが、教育助手がその対象外だった点にも注意を払っておきたい。上記の双方の意欲を高めるのみで十分に効果的との判断であろうか。そして、「第2のワクフ文書」によれば、その後、教師が計4人、教育助手が計4人、孤児が計200人へと増員された[(55)]。つまり、教師1人とこれを補佐する助手1人が50人の孤児の担任として教育を施す体制を保ちつつ、それぞれ人数を倍増するという改定がなされ、ハサン学院のマクタブ・サビールは、マムルーク朝期カイロで抜群の生徒数を抱える大規模初等学校となったのである。また、孤児生徒たちには、石板（alwāḥ）、インク壺（duwīy）、インク（midād）、ペン（aqlām）、敷物のマット（ḥuṣur）が用意され、「彼らの飲用と彼の石板の洗浄のために必要な甘い水を彼らのもとに運ぶ」ことになっていた[(56)]。近接するサビールから清潔な水が運ばれたのであろう。

この初等学校で実際に教師と教育助手の指導を受ける生徒たちに正規の孤児生徒以外の児童も多く含まれていたことは、1361年2月の正門ミナレットが突然崩落した事件の犠牲者を孤児生徒とその他の児童を合わせて約300人とするマクリーズィーの記事からも明らかである[(57)]。このマクタブにおける初等教育は、正規受給者以外の児童に対しても開かれていたのである。

おわりに

以上、ハサン学院における高等・初等教育の環境を中心に諸側面に検討を加え、その教育機能の特質を総合的に明らかにしようと努めてきた。教育機能をもつカイロの他の宗教施設との比較対照は次なる課題とせざるを得ないが、擱筆に当たってさらに3点ほど付言しておきたい。

まず当学院の教員と学生の人数比に関していえば、初等教育では孤児生徒200人に対して教育助手を含め教員が8人であり、教員1人当たりが児童25人を受け持っていた。高等教育についてみれば、各派の法学講座の場合、教育助手を含めて教員4人に対して正規学生100人であり、やはり同じ割合である。また、全講座の正規学生数の合計506人に対して教育助手を含め教員合計数が19人であり、教員1人当たり約27人という近似値を示している。ここから、当施設では、教育の初等・高等段階に拘わらず教員1人あたり学生生徒25名程度が適切、或いは限度とみなされていたことが看取される。これが他施設の場合はどうであったのか、比較検討する必要がある。

第2点目は学生・生徒への手当支給をめぐっての補足的考察である。当学院の1ヶ月の教員と学生への手当の合計額（29,430ディルハム）は月間手当支給総額（46,550ディルハム）の約63％を占めており、年間では353,160ディルハムに上った。例えば当該期の小麦価格の平常値は1イルダッブ（約90リットル）当たり15ディルハムであったから(58)、年間手当支出は、エジプトの主食の小麦に換算すれば約2,119キロリットルという莫大な量に相当する。教員と学生への手厚い待遇を明示する数字といえようが、注視すべきはそこでの「教わる側」への経済的支援の大きさであろう。初等学校の児童への手当を含めると学生・生徒への月間支給総額は25,240ディルハムであり、教員・学生生徒への手当支給総額の実に約86％を占めている。慈善的な寄進行為の一環として実践されていることに鑑みればそれは当然ともいえるのだが、今日的視点からすれば、学びに励む青少年へのかくも強力な支援は刮目に値するといえよう。

最後に、学生・孤児生徒が毎月の手当の授与対象であっただけでなく、〈表3〉のようにラマダーン月や毎週金曜日前夜などの特別支給の対象でもあったという点である。ワクフは「永続的サダカ（任意の喜捨）」であり、設立者にとって彼らはまさに「施設内貧民」として重要な喜捨対象であったわけだが、

表３　ハサン学院の学生・孤児生徒への特別支給

No.	支給時期	支給対象	支給物	備考
1	毎週金曜日前夜	教職員、学生、孤児生徒	約 600kg の丸平パンと約 150kg の羊肉の煮込み料理など	左記の半量を対象者で分配
2	ヒジュラ暦第 1 月 10 日	教職員、学生、孤児生徒	約 1.2t の小麦パンと約 300kg の羊肉を用いた料理など	左記の半量を対象者で分配
3	毎年 1 回	学生、孤児生徒とその教師	服 1 着、丸帽子 1 個、靴 1 足	各人に支給
4	ヒジュラ暦第 9 月の毎日	教職員、寄宿学生、孤児生徒	約 1.2t の丸平パンと約 300kg の羊肉の煮込み料理など	左記の半量を対象者で分配
5	ヒジュラ暦第 9 月に 1 回	教職員、学生、孤児生徒	約 0.6〜15kg の白砂糖	職位・立場に応じて
6	ヒジュラ暦第 12 月犠牲祭	教職員、学生、孤児生徒	ラクダ 2 頭・ウシ 20 頭・ヒツジ 10 頭の肉	対象者と近隣の貧民で分配

教育という観点からすれば、それは、彼ら学徒の共同生活に潤いや娯楽をもたらし、さらには良い生活リズムの形成や気分転換にも役立ったのではないだろうか。

ハサンの複合宗教施設の教育環境における以上のような驚くべき充実度は、スルターンの特大施設ならではともいえようが、多様なイスラームの大小教育施設が犇めき合う学都としてのマムルーク朝期カイロの成長を考える際に、決して見落とせない中心的事例であるとすることはできるだろう。

注

(1) 代表的な研究として、マムルーク朝期に関する Berkey, Jonathan, *The Trasmission of Knowledge in Medieval Cairo*, Princeton: Princeton University Press, 1992, pp. 21–43 を参照のこと。

(2) ハサン学院について、筆者はかつてその救貧機能に的を絞り、その具体的諸相を明らかにした（拙稿「中世エジプト都市の救貧――マムルーク朝スルターンのマドラサを中心に」長谷部史彦編『中世環地中海圏都市の救貧』慶應義塾大学出版会、2004 年、56–68 頁）。19 世紀末のマックス・ヘルツ（1856–1919 年）以来の建築史を中心としたこの複合施設をめぐる研究については、Kahil, Abdallah, *The Sultan Ḥasan Complex in Cairo 1357–1364: A Case Study in the Formation of Mamluk Style*, Beirut: Orient-Institut Beirut, 2008, pp. 13–20、及び同書の参考文献一覧を参照のこと。同書はアラビア語の転写など小さな誤りは散見されるが、Al-Ḥārithy, Howyda N., "The Complex of Sultan Hasan in Cairo: Reading between Lines", *Muqarnas*, vol. 13 (1996), pp. 68–79と共に同施設の建築構造に力点を置いた研究の現在の到達点を示すものといえる。その他、注目すべき先行研究として、Berkey, *The Transmission of Knowledge*, pp. 67–70、及びイルハン朝下イランの事例との比較研究である岩武昭男「イスラーム社会とワクフ制度」〈岩波講座世界歴史10〉『イスラームの発展　7–16世紀』岩波書店、1999年、269–291頁が挙げられる。そして、同施設研究の基本史料であるワクフ設立文書は、"Maṣārif awqāf al-Sulṭān al-Malik al-Nāṣir Ḥasan ibn Muḥammad ibn Qalāwūn ʻalā maṣāliḥ al-qubba wa'l-masjid al-jāmiʻ wa'l-madāris wa-maktab al-sabīl bi'l-Qāhira", edited by Muḥammad Muḥammad Amīn, in Ibn Ḥabīb, *Tadhkirat al-nabīh fī ayyām al-Manṣūr wa-banī-hi*, Cairo: Maṭbaʻat Dār al-Kutub & al-Hay'a al-Miṣriyya al-ʻĀmma li'l-Kitāb, 3vols., 1976–86, vol. 3, pp. 339–449、及びAl-Ḥārithī, Huwaydā, *Kitāb Waqf al-Sulṭān al-Nāṣir Ḥasan ibn Muḥammad ibn Qalāwūn ʻalā Madrasati-hi bi'l-Rumayla*, Beirut: al-Sharika al-Muttaḥida, 2001として校訂されている。

(3) ヤルブガー・アル＝ヤフヤーウィーについては、Ibn Ḥajar al-ʻAsqalānī, *al-Durar al-Kāmina fī aʻyān al-mi'a al-thāmina*, 5vols., Cairo: Dār al-Kutub al-Ḥadītha, 1966–67, vol. 5, pp. 212–213を参照のこと。

(4) ナースィル期とポスト・ナースィル期における「南部区域」の開発については、Raymond, André, *Le Caire*, Paris: Librairie Arthème Fayard, 1993, pp. 136–140、及びBehrens-Abouseif, Doris, "Al-Nāṣir Muḥammad and al-Ašraf Qāytbāy: Patrons of Urbanism", in Urbain Vermeulen and Daniel de Smet, ed., *Egypt and Syria in the Fatimid, Ayyubid and Mamluk Eras* (*Proceedings of the 1st, 2nd , and 3rd Internatinal Colloquium*), Leuven: Uitgeverij Peeters, 1995, pp. 267–284を参照のこと。アミール・シャイフーの施設については、Al-Maqrīzī, *al-Mawāʻiẓ wa'l-iʻtibār fī dhikr al-khiṭaṭ wa'l-āthār*, London: Mu'assasat al-Furqān bi'l-Turāth al-Islāmī, 5vols., 2002–2004, vol. 4/1, pp. 256–264, vol. 4/2, pp. 760–764を、アミール・サルギトゥミシュの施設についてはAl-Maqrīzī, *al-Khiṭaṭ*, vol. 4/1, pp. 647–656を参照のこと。

(5) Ibn Ḥabīb, *Tadhkirat al-nabīh*, vol. 3, p. 209. 他方、イブン・イヤースは3年半続いた工事の一日の支出を金貨1000ミスカールとしている（Ibn Iyās, *Badā'iʻ al-zuhūr fī waqā'iʻ al-duhūr*, 5vols., Wiesbaden: Franz Steiner Verlag, 1960–1975, vol. 1/1, p. 560）。なお、ハサンの治世については、Van Steenbergen, Jo, *Order out of Chaos: Patronage, Conflict, and Mamluk Socio-Political Culture, 1341–1382*, Leiden: E. J. Brill, 2006, pp. 106–107, 111–117, 119–120を参照のこと。

(6) Kahil, *The Sultan Ḥasan Complex*, pp. 1, 43.

(7) Al-Maqrīzī, *al-Khiṭaṭ,* vol. 4/1, p. 274.

(8) 以上、Kahil, *The Sultan Ḥasan Complex*, pp. 169–186. アウラード・アン＝ナース

優遇策については、Haarmann, Urlich, “The Sons of Mamluks as Fief-holders in Late Medieval Egypt”, in Tarif Khalidi ed., *Land Tenure and Social Transformation in the Middle East*, Beirut: American University of Beirut, 1984, p. 145; Id., “Joseph's Law: The Careers and Activities of Mamluk Descendants before the Ottoman Conquest of Egypt”, in Thomas Philipp and Ulrich Haarmann ed., *The Mamluks in Egyptian Politics and Society*, Cambridge: Cambridge University Press, 1998, pp. 67–68: Robert, Irwin, *The Middle East in the Middle Ages: The Early Mamluk Sultanate, 1250–1382*, London: Croom Helm, 1986, pp. 142–143 を参照のこと。

(9) Ibn Ḥabīb, *Tadhkirat al-nabīh*, vol. 3, p. 209.

(10) Ibn Ḥabīb, *Tadhkirat al-nabīh*, vol. 3, p. 209.

(11) Kahil, *The Sultan Ḥasan Complex*, pp. 43–51, 111–127; Behrens-Abouseif, Doris, *Islamic Architecture in Cairo: An Introduction*, second impression, Leiden: E. J. Brill, 1992, pp. 122–128. なお、カーヒルによれば、4つのイーワーンの高さは等しく 27.43m である。

(12) Ibn Iyās, *Badā'i'*, vol. 1/1, p. 559.

(13) Ibn Iyās, *Badā'i'*, vol. 1/1, pp. 559–560.

(14) 建築構造の詳細に関しては以下を参照のこと。王墓：Kahil, *The Sultan Ḥasan Complex*, pp. 51–58, 155–168、マクタブ・サビール：*Ibid.*, pp. 35–36、正門及び正門内ホール：*Ibid.*, pp. 61–110、北西イーワーンの北側に位置する「別棟」及びアミール・ヤシュバク Yashbak min Mahdī による 1460 年代の増築部分：*Ibid.*, pp. 36–40. また、*Ibid.*, pp. 203–205（Appendix B）には建設及び増改築が時系列的に整理されている。

(15) 詳しくは、*Kitāb waqf al-Sulṭān al-Nāṣir Ḥasan* pp. 10–148 を参照せよ。エジプトの両村については、Halm, Heinz, *Ägypten nach den mamlukischen Lehensregistern*, 2vols., Wiesbaden: Dr. Ludwig Reichert Verlag, 1979–1982, vol. 2, pp. 321, 733, Karten 21, 47 を参照のこと。また、当学院のワクフ文書に関しては “Maṣārif awqāf al-Sulṭān al-Malik al-Nāṣir Ḥasan”, pp. 341–343, 349–351; Kahil, *The Sultan Ḥasan Complex*, pp. 191–202 及び拙稿「中世エジプト都市の救貧」84–85 頁、注 30 を参照されたい。なお、アミーンの校訂したワクフ設立文書（エジプト国立公文書館 40/6）は、760 年第 4 月 15 日／1359 年 3 月 16 日の設定日付をもつ「第 1 のワクフ文書」と 761 年第 5 月 2 日、3 日、26 日／1360 年 3 月 21 日、22 日、4 月 14 日の日付で条件変更を示した「第 2 のワクフ文書」の 2 つからなる。

(16) 拙稿「中世エジプト都市の救貧」57–58 頁。当学院全体の受給者と手当の詳細については、同拙稿、60–61 頁の一覧表を参照されたい。

(17) 詳しくは、同拙稿、59–68 頁を参照されたい。

(18) Kahil, *The Sultan Ḥasan Complex*, pp. 164–165.

(19) *Ibid.*, pp. 87–88.

(20) *Ibid.*, pp. 134-135.

(21) こうした碑文テキストの「意図」や「効果」をめぐる都市社会史研究では、特にシーア派の一派であるイスマーイール派のファーティマ朝下のカイロに関して Bierman, Irene A., *Writing Signs: The Fatimid Public Text*, Berkeley: University of California Press, 1998 のような興味深い成果も生まれている。マムルーク朝期についてはとりあえず、カラーウーンの複合施設の外壁碑文の政治的含意に関する拙稿「王権とイスラーム都市――カイロのマムルーク朝スルタンたち」〈岩波講座世界歴史 10〉『イスラームの発展 7-16 世紀』岩波書店、1999 年、251-253 頁を参照されたい。

(22) 以下、クルアーンの和訳は藤本勝次・伴康哉・池田修訳『コーラン』全 2 巻、中央公論新社、2002 年による。

(23) Kahil, *The Sultan Ḥasan Complex*, p. 143.

(24) "Maṣārif awqāf al-Sulṭān al-Malik al-Nāṣir Ḥasan", pp. 404-406, 430-432.

(25) "Maṣārif awqāf al-Sulṭān al-Malik al-Nāṣir Ḥasan", pp. 400-401. ブースィーリーと『ブルダ』については、とりあえず Homerin ,Th. Emir, "al-Būṣīrī", *Encyclopaedia of Islam*, the 3rd edtion を参照のこと。

(26) マムルーク朝期のマドラサのワクフについての概観は、Amīn, Muḥammad Muḥammad, *al-Awqāf wa'l-ḥayā al-ijtimā'iyya fī Miṣr 648-923 A.H./ 1250-1517 A.D.: Dirāsa ta'rīkhiyya wathā'iqiyya,* Cairo: Dār al-Nahḍa al-'Arabiyya, 1980, pp. 233-261 から得られる。なお、日本においては、三浦徹「ダマスクスのマドラサとワクフ」『上智アジア学』13 号（1995 年）、21-62 頁や谷口淳一「12-15 世紀アレッポのイスラーム宗教施設」『西南アジア研究』62 号（2005 年）、66-98 頁をはじめとして、同時期のシリア都市のマドラサに関して詳しい解明が進められている。

(27) Escovitz, Joseph H., "The Establishment of Four Chief Judgeships in Mamlūk Empire", *Journal of the American Oriental Society*, 102 (1982), pp. 529-531; Thorau, Peter, *The Lion of Egypt: Sultan Baybars I and the Near East in the Thirteenth Century*, translated by P. M. Holt, London & New York: Longman, 1992, pp. 165-166.

(28) "Maṣārif awqāf al-Sulṭān al-Malik al-Nāṣir Ḥasan", pp. 395-398; *Kitāb waqf al-sulṭān al-Nāṣir Ḥasan*, pp. 150-152.

(29) Kahil, *The Sultan Ḥasan Complex*, pp. 121-127.

(30) "Maṣārif awqāf al-Sulṭān al-Malik al-Nāṣir Ḥasan", p. 395.

(31) "Maṣārif awqāf al-Sulṭān al-Malik al-Nāṣir Ḥasan", pp. 398-399.

(32) "Maṣārif awqāf al-Sulṭān al-Malik al-Nāṣir Ḥasan", pp. 434-436. カーヒルはアラビア語講座の場所を医学講座の上階としているが（Kahil, *The Sultan Ḥasan Complex*, p. 36)、誤解と思われる。

(33) "Maṣārif awqāf al-Sulṭān al-Malik al-Nāṣir Ḥasan", p. 447. マムルーク朝期の計時法については、King, David A., "Mamluk Astronomy and the Institution of the

Muwaqqit." Thomas Philipp and Ulrich Haarmann ed., *The Mamluks in Egyptian Politics and Society*, Cambridge: Cambridge University Press, 1998, pp. 153–162 を参照のこと。

（34）"Maṣārif awqāf al-Sulṭān al-Malik al-Nāṣir Ḥasan", p. 410. なお、正門内ホールの西と南の空間は近代に「病院（mustashfā）」と呼ばれていたという（Kahil, *The Sultan Ḥasan Complex*, p. 36.）。

（35）"Maṣārif awqāf al-Sulṭān al-Malik al-Nāṣir Ḥasan", p. 401.

（36）Ibn Ḥajar, *al-Durar*, vol. 2, 372–374; vol. 3, p. 395.

（37）イブン・マーリクの重要文法書『アルフィーヤ』の注釈者として現在でも広く知られるイブン・アキールについては、とりあえず Schacht, J., "Ibn ʻAḳīl, ʻAbd Allāh", *Encyclopaedia of Islam*, the 2nd edtion を参照のこと。

（38）Ibn Ḥajar, *al-Durar*, vol. 2, p. 165.

（39）Ibn Ḥajar, *al-Durar*, vol. 5, p. 112.

（40）Ibn al-ʻIrāqī, *al-Dhayl ʻalā al-ʻibar fī khabar man ʻabara*, 3vols., Beirut: al-Mu-ʼassasat al-Risāla, 1989, vol.1, p. 211.

（41）Ibn al-ʻIrāqī, *al-Dhayl ʻalā al-ʻibar*, vol.2, p. 351.

（42）その他、イブン・ハジャルの伝記集には、当学院で金曜礼拝時の説教師（khaṭīb）を務めた人物として、シャーズィリー教団に属し、民間説教（waʻẓ）の魅力から多くの従者がいたというムダリー Muḥammad b. ʻAbd al-Dāʼim al-Muḍarī al-Shādhilī（1395 年歿）（Ibn Ḥajar, *al-Durar*, vol. 4, pp. 114–115.）とズバイリー Tāj al-Dīn Muḥammad b. Muḥammad al-Zubayrī al-Shāfiʻī（1393 年歿）（*Ibid.*, vol. 4, 342.）が確認される。

（43）Al-Muḥibbī, *Khulāṣat al-athar fī aʻyān al-qarn al-hādī ʻashar*, 4vols., Beirut: Maktabat Khayyāṭ, 1966, vol. 3, pp. 180–185.

（44）マムルーク朝期における孤児のマクタブのワクフに関する概観は、Amīn, *al-Awqāf wa'l-ḥayā al-ijtimāʻiyya*, pp. 261–275 から得られる。中近世エジプトの初等教育については、教育論の分析を中心とした Jackson, Sherman A., "Discipline and Duty in a Medieval Muslim Elementary School: Ibn Ḥajar al-Haytamī's Taqrīr al-Maqāl", in Joseph E. Lowry, Devin J. Stewart, and Shawkat M. Toorawa eds., *Law and Education in Medieval Islam: Studies in Memory of Professor George Makdisi*, Cambridge: The E. J. W. Gibb Memorial Trust, 2004, pp. 18–32 も参照のこと。

（45）Al-Maqrīzī, *al-Khiṭaṭ*, vol. 4/2, pp. 505–512. マムルーク朝王権の首都造営におけるバイナルカスライン地区の意味については、拙稿「王権とイスラーム都市」、248–253 頁を参照されたい。

（46）Al-Maqrīzī, *al-Khiṭaṭ*, vol. 4/2, pp. 692–697.

（47）*Ibid.*, vol. 4/1, pp. 76–78.

（48）*Ibid.*, vol. 4/1, pp. 239–246.

(49) *Ibid.*, vol. 4/2, pp. 563–564; Ibn al-ʿIrāqī, *al-Dhayl ʿalā al-ʿibar*, vol.2, pp. 402–403. このアミールは、スルターン・ハサンの下でアミール・アーフール amīr ākhūr の重職を担った人物である。

(50) Al-Maqrīzī, *al-Khiṭaṭ*, vol. 4/2, pp. 531–532; Ibn al-ʿIrāqī, *al-Dhayl ʿalā al-ʿibar*, vol.2, pp. 455–456. 王族の女性が設立したこの学院については、拙稿「ヤルブガー・アッサーリミー──後期マムルーク朝ウスターダールの生涯（2）」『慶應義塾大学言語文化研究所紀要』35 号（2003 年）136 頁、及び注 48 も参照されたい。

(51) Al-Maqrīzī, *al-Khiṭaṭ*, vol. 4/2, pp. 620–627; Ibn al-ʿIrāqī, *al-Dhayl ʿalā al-ʿibar*, vol.2, pp. 365–366. この「スルターンの母のマドラサ」については、Behrens-Abouseif, *Islamic Architecture in Cairo*, pp. 129–131 も参照のこと。

(52) Al-Maqrīzī, *al-Khiṭaṭ*, vol. 4/2, pp. 676–677.

(53) Ibn Ḥajar, *al-Durar*, vol. 2, pp. 493–494. イブン・ハジャルによれば、このカーリミー商人の父親はアレッポの人でユダヤ教からの改宗者であった。

(54) 以上、"Maṣārif awqāf al-Sulṭān al-Malik al-Nāṣir Ḥasan", pp. 408–409. cf. *Kitāb waqf al-Sulṭān al-Nāṣir Ḥasan*, pp. 163–164.

(55) "Maṣārif awqāf al-Sulṭān al-Malik al-Nāṣir Ḥasan", pp. 432–433.

(56) "Maṣārif awqāf al-Sulṭān al-Malik al-Nāṣir Ḥasan", p. 434.

(57) 崩落事件については拙稿「中世エジプト都市の救貧」59–60 頁を参照されたい。この事件の被害者は児童だけでなく、例えば、当時施設職員（mubāshir al-ʿimāra）で後にフスタートとカイロのヒスバ（公益監督）職を務めたカーディーのアルターヒー Bahāʾ al-Dīn Muḥammad al-Artāḥī al-Miṣrī（1376 年歿）もミナレットの下敷きとなって足に障害を負った（Ibn al-ʿIrāqī, *al-Dhayl ʿalā al-ʿibar* , vol.2, pp. 438–439.）。正門にあった 2 つのミナレットについては、Kahil, *The Sultan Ḥasan Complex*, pp. 63–68 を参照のこと。

(58) Ashtor, Eliyahu, *Histoire des prix et des salaires dans l'Orient médiéval*, Paris: S.E.V.P.E.N, 1969, pp. 293–294.

中世アラブ社会におけるワアズとワーイズ
――その教育的側面を中心に

太田（塚田）絵里奈

1　はじめに

前近代イスラームにおける説教が中東社会史研究上重要なテーマの一つであることは、中世（10～15 世紀）アラブ諸都市で行なわれた説教やその担い手である説教師をいかに捉えるべきかをめぐり、これまで数々の論考において活発な議論がなされてきたことからも明らかである[1]。なぜイスラームの説教が中東史家たちの大きな関心を集めてきたのか、その第一の理由としては、説教が実に多様な社会集団を巻き込むかたちで展開していたことが挙げられる。イスラームにおける説教は主にウラマーとしての伝統的教育課程を経た知識人によって担われていたが、聴衆を構成していたのは支配層、ウラマー、官僚ら都市における有力者たち以上に女性を含む民衆であり、さらにはキリスト教徒、ユダヤ教徒が含まれることすらあった。第二の点は、それが活版印刷技術誕生以前における最も効果の高い「マス・コミュニケーション」の手段の一つであったからである。説教集会の主目的はイスラーム的知識の伝達にあったが、為政者の施策や周辺国との戦況などが伝えられるニュースメディアとしても機能していた。そして豊富な知識や巧みな弁舌で人気を博した説教師は、情報提供者、教育者、オピニオンメイカーとして、民衆に対して大いに影響力を行使したのであった。

当時の中東住民の大多数が非識字者であったことに鑑みれば、とりわけ説教の担った民衆に対する教育的役割は強調されなければならない。12 世紀バグダードを代表するハンバル派法学者のイブン・アル＝ジャウズィー Ibn al-Jawzī（1116〜1201 年）は、「説教師（wāʿiẓ）は神のもとに膨大な数の人間を導くが、法学者（faqīh）やハディース学者（muḥaddith）、クルアーン読誦者（qāriʾ）はその百分の一も不可能である。なぜなら説教師の説教は、民衆（ʿāmma）とエリート（khāṣṣ）の双方に向けられており、特にほとんど法学者と接する機会のない民衆（ʿawāmm）をその対象としているため、彼らは説教師と議論を交わすことが可能なのである」と述べている(2)。イブン・アル＝ジャウズィーは後世において「説教師の範」とされるほど、技術と影響力を備えた説教師であり、『カーッスとムザッキルの書』という説教の手引書を残していることでも知られる。イスラームの説教師は「預言者ムハンマドの業績を継承する者」と位置付けられ、ウラマーの中でも格段に高い地位を付与されていた(3)。

だが、中世イスラームの説教及び説教師に関する先行研究の大半は、イスラーム的知の権威をめぐる問題意識から、説教における「逸脱」や説教師に対する統制を中心に論じる傾向にあり、説教集会の実態や説教師の存在形態に関する議論は圧倒的に不足しているのが現状である。また、一口に「説教」といっても、アラビア語では複数のタームが用いられており、金曜礼拝で行なわれる説教に代表される公的な説教（フトバ［khuṭba］）と私的な目的で開催される民間説教の諸形態を同列に論じることには大いに疑問がある。そこで本稿においては、非文字文化が支配的な社会における教育手段として、民間説教の一形態であるワアズ（waʿẓ）に着目する。そしてその担い手である中世諸都市で活躍したワーイズ（wāʿiẓ）の存在形態を明らかにした上で、民衆教化という役割を中心に、教育メディアとしてのワアズの実態について論ずることにする。

史料の残存状況から見れば、中世イスラームの説教を再構成することは決して容易ではない。その主たる理由は、説教が口頭により行われ、かつ日常的な営為であったことにある。当時、説教集や説教の手引書が編まれていたことを示す史料記述は多数確認されるが、現存点数は極めて少ない(4)。説教の行なわれた状況を知るための手がかりとしては、同時代に編まれた旅行記や官僚の手引書が挙げられる。特にイブン・ジュバイル Ibn Jubayr（1145〜1217 年）によって記された『旅行記 *Riḥla*』は、説教集会の詳細かつ精彩に富んだ描写を提供してくれる貴重な史料である。また、担い手である説教師の人物像を知るための材料として欠かせないのが、年代記に挿入された死亡記事と名士伝記集である。これまでの説教師研究は民間説教師をめぐる論争書に依拠したものが大半であり、確かにそれらには説教集会の具体的描写が見受けられるものの、タルモン・ヘラーが指摘する通り、彼らの活動を統制、あるいは論駁を加えるという明確な意図に基づいて記されたもので、片寄りのない視座で記されたものとは言い難い(5)。そのため、まず本稿の前半部分においては、フトバとワアズの比較を中心に、イスラームにおける説教の概略を示す。そして史料の豊富なマムルーク朝後期（1382〜1517 年）に考察対象を限定し、これまでの説教師研究において積極的に活用されてこなかった名士伝記集を中心史料に据えながら、説教師たちの具体像を提示することを試みたい。その上で、旅行記や官僚の手引書に依拠しつつワアズ集会の実態を明らかにし、彼らの果たした教育上の役割を検討していくことにする。

2　イスラームにおける説教

(1)「説教」を指す用語の多様性

まずは議論を始める前提として、中世イスラームにおける説教がいかなる形態で展開したのか、先行研究の成果を交えながらその概要を述べることにしたい。

イスラームの説教は、宗教的諸儀礼に付随して行なわれる説教（フトバ）と、任意の日時、場所で行なわれる私的な説教に分類される。フトバには、金曜礼拝で行なわれる定例の説教のほか、犠牲祭、断食明けの祭（二大祭）での説教、雨乞いの礼拝における説教が含まれる。私的な説教は便宜上「民間説教(popular preaching)」と呼ばれているが、実際に民間説教を指す史料上の用語は多様で、具体的にはワアズ、マウイザ（mawʿiẓa）、タズキール（tadhkīr）などの単語があてられるが、とりわけ史料において多用されるのがワアズという訓戒の説教を指す用語である。

同様に、説教を担った人々を指す用語も様々なものが確認される。フトバを担った説教師はハティーブ（khaṭīb）と呼ばれているが、それ以外の説教師は時代や地域、説教内容に準じてワーイズ（訓戒を与える者）、カーッス（qāṣṣ: 語る者）、ムザッキル（mudhakkir:（神の恩寵を）想起させる者）、カーリウ・アル＝クルスィー（qāriʾ al-kursī: 椅子の読誦者）などと呼ばれていた(6)。

「説教師」という訳語が中世アラビア語史料にあらわれるどの用語に還元されるか、さらに説教師をどのように定義付けるかについては、先行研究ではその結論は出されておらず、むしろ説教師について明確な定義を行なうことを回避する傾向にあった(7)。その中でハティーブ以外の説教師は「民間説教師（popular preachers）」として等しく扱われてきたが、考察対象とする時代や地域を限定して史料を読み解いていくと、イスラーム的知識に基づきクルアーンやハディースの解説を行なうワーイズと、宗教的説話の「語り師」であるカーッスの間には、学問の修得過程や知的バックグラウンドにかなりの隔たりがあったと推定される(8)。それぞれの用語間の相違をより明確に提示するには、時代や地域ごとの差異を考慮に入れた事例研究の蓄積を待たねばならないが、中世、特にマムルーク朝において記された伝記集や年代記に現れるのは専ら学問的背景を備えたワーイズであり、彼らはイスラーム的知識の普及に努めたウラマーの一形態として、当時の社会において広く認知されていたといえる。

(2) ワアズの特徴

次に、ワアズの形態について、その本質がより明瞭となるよう、フトバとの比較を通じて検討することにする。まず、説教が行なわれる環境に着目すると、フトバが会衆モスクに限定されていたのに対し、ワアズを行なうことは、聴衆を収容できる場であれば宗教施設でなくとも可能であり、具体的には、モスク、マドラサ、修道場、墓廟、個人の邸宅、さらには広場、河原、市場、交通量の多い道路など、市中のいかなる場所においても行なわれ得た。また日時についても、フトバが金曜礼拝のほか、二大祭などの宗教行事に付随して行なわれるのに対し、ワアズの開催日時に関してはワーイズにその決定権があり、原則的には彼らの自由意思に基づき行なわれていたことに大きな特徴がある(9)。

イブン・アル＝ジャウズィーの言葉を借りれば、ワアズはさらに次の二通りに分類される。第一は支配層、すなわちカリフ、宰相（ワズィール［wazīr］)、高位の官僚らの後援によって催される集会である。有力者によるパトロネージを受けたワアズ集会は、主として宗教施設や後援者の邸宅で催されるが、民衆も参加することが可能であった。この「後援を受けた」ワアズ集会は、政府による施策の一環としてではなく、あくまで後援者とワーイズ間の非公式かつ個人的な関係によって成り立っていたが、それは後援者の宗教的関心以上に自らの敬虔さや政治的、宗教的見解を聴衆にデモンストレーションするための場としての性格を帯びていた。第二は「後援を受けない」ワアズ集会、すなわち有力者による財政的支援を受けない、説教師の完全なる自由裁量に基づく集会であり、様々な状況下で催されたが、ワアズ集会の大半はこの「後援を受けない」形式の集会に属しており(10)、専業の説教師たちは聴衆から得られる喜捨を生活の糧としていた。

フトバの行なわれる手順に関しては、イスラーム法（シャリーア［sharīʻa］)によって詳細に規定されている。まず、「アッラーに讃えあれ」の文言（ハムダラ［ḥamdala］）を述べることに始まり､預言者とその一族に対する祈り（ṣalāt）が続けられる。その後聴衆への説教（mawʻiẓa/tadhkīr）が行なわれ、カリフや統治者に言及しながらの祈願（ドゥアー［duʻāʼ］)、クルアーンの章句の引用によって終わるとされ、これら全てが規定要素として説教に盛り込まれなければならない(11)。それに対し、ワアズの構成や内容はワーイズの裁量によって柔軟に変化しうるものであった。イブン・アル＝ジャウズィーによるワアズの手順に従えば、彼の集会ではまずクルアーン読誦者による朗誦が行なわれ、ハムダラが続き、預言者の美徳を称賛する文言（サナー［thanāʼ］）が読まれる。続いて、カリフと臣民のための祈願があり、フトバ（khuṭba）と呼ばれる神の威厳を称える韻文が読まれるが、これは説教師の技量によっては省略することも可能であった。そしてクルアーンの注釈が行なわれ、聴衆との質疑応答のための時間が設けられる。これらの最後に訓戒の説教であるワアズが行なわれた[12]。スワーツはクルアーンの注釈からワアズまでの手順をワアズ集会の教育的機能と位置付けたが[13]、クルアーンの読誦やドゥアーは、聴衆の信仰心を高揚させ、集会のハイライトであるワアズへと至らしめるためのプロセスであったといえる。

ワアズ集会は非識字者である民衆がイスラーム的知識に触れることのできる限られた機会の一つであったため、難解な議論を避け、容易に理解され得る基礎的内容に限定することが望ましいとされた。しかし、実際には高度な神学的議論が展開されることもあったようである[14]。そして一般的なフトバと大きく異なる点としては、そこにある種のエンターテインメントとしての側面が認められることが挙げられる。ワーイズの口調や身振りによって聴衆に悔悛の涙を誘い、会場全体が宗教的陶酔感に満たされるような劇的な空間を創出することが理想的なワアズ集会とされた。タルモン・ヘラーの言葉を借りれば、ワアズ集会とは「見世物」でもあったのであり[15]、全てのムスリムを対象とした教育機会であると同時に、宗教的エネルギーで満たされた空間を共有させることでムスリムであるという連帯意識を生み出す機能も有していたのであった。

3　伝記記述にみえるワーイズの多様性

実際にワアズを担っていたのはいかなる人々だったのだろうか。ワーイズ個人に焦点を当てた事例研究が大きく欠落しているため、前近代のアラブ社会におけるワーイズの実態については不明な点が多いが、本稿ではマムルーク朝後期を代表する歴史家の一人であるサハーウィー al-Sakhāwī（1427-8～1497 年）の記した 9／15 世紀の名士伝記集『9 世紀の人々の輝く光 *al-Daw' al-Lāmi' li-Ahl al-Qarn al-Tāsi'*』（以下『輝く光』と略記）を例にとり、ワアズとワーイズに関する記述を抽出し、総合的考察を試みることで、彼らの存在形態の一端を提示したい。

マムルーク朝下に記された数多の名士伝記集の中でも『輝く光』を白眉と言わしめるのは、その記述の信憑性に加え、12,000を超える圧倒的な伝記記事数に表される収録対象の広範さにある。そこにはスルタン、マムルークら支配層、官僚、カーディー・ムダッリスなどのウラマー、詩人、スーフィー、聖者、商人にいたるまで、当時の社会を構成していたあらゆる著名人についての簡潔な伝記が収録されているが、その圧倒的多数を占めるのが、ウラマーに関する伝記である。そして特筆に値するのが、『女性巻 *Kitāb al-Nisā'*』として知られる第12巻に、約1,000人分の女性の伝記が収録されている点である。このように収録対象を幅広く設定し、抜群の記事数を誇る名士伝記集は、同時代では類例をみないものである。

管見の限り、『輝く光』においてワーイズ、もしくは「ワアズを行なった」との言及のある伝記記述は114例が認められ、その典拠は付表の通りである。伝記から得られる情報量は一様ではないため、ここでは比較的詳細な記述が得られるワーイズの中から特に注目すべきと思われる人物を取り上げ、彼らの具体像を可能な限り明らかにしたい。

(1) ワーイズの移動性

『輝く光』を通じ、アラブ圏以外に出自を持つワーイズが数多く確認されることはまず特筆すべき点である。彼らはイラン、ヒジャーズ、イエメン、マグリブ、アナトリア（al-Rūm）などに出自を持ち、故郷で研鑽を重ねた後にアラブ諸都市を移動しながら活動を行なったり、帰郷して地域社会に根差したワーイズとなっていた(16)。このようなワーイズの広範な活動範囲は、バーキーの指摘する民間説教師の特性というよりも、当時のウラマーの移動性を反映したものとして解釈すべきであろう(17)。すなわち、非アラブ圏を含む地方出身者がより高度な学問の修得を求めてカイロ、ダマスクス、エルサレムなどの学術都市へと向かい、複数の師のもとで学業に勤しむ傍ら、ワアズを行なうことによって収入を得ていたと考えられる。

代表例としては、「社交性と威厳を兼ね備え」、「非常に雄弁（faṣīḥ）であった」とされるインド出身の学者アブドゥッラフマーン・アル=ヒンディー ʿAbd al-Raḥmān ibn ʿAlī ibn Muḥammad al-Hindī(18)（837／1433-34年歿）やアナトリア出身のシュクル・アッ=ルーヒー Aḥmad Shukur al-Rūḥī(19)（853／1449年歿）が挙げられる。シュクル・アッ=ルーヒーはアレッポ、ハマー、ホムス、ダマスクス、エルサレムで学び、彼の「故郷（bilād）」においてワーイズとしての活動を始め、トルコ語、アラビア語、ペルシア語の三ヶ国語を駆使したワアズを行なっていた。その後エルサレムとシリア地方においてもワアズを行ない、住民からの支持を受けた。特記すべきなのは、彼が人々の崇敬対象（ムウタカド［muʿtaqad］）となっていた点である(20)。彼はエルサレムに居住し、853年第4月10日／1449年6月1日、その地で没したが、彼の墓の上に巨大なドーム（qubba）が建設されたという事実は、彼に対する人々の崇敬の篤さを反映したものといえよう。

(2) 盲目のワーイズ

次に注目されるのは、視覚的ハンディキャップをもった人物がワーイズとして活躍していたという記述であり、カイロのサイイダ・ナフィーサ廟（al-Mashhad al-Nafīsī）に居住し、イマーム（imām）を務めていたハリーファ・アッ=ダリール Khalīfa al-Ḍarīr(21)（893／1488年歿）、アレッポ、カイロ、ダマスクスの各都市で活躍したアフマド・アッ=ダリール Aḥmad al-Ḍarīr(22)（803?／1400-01年歿）がその代表的な例である。アフマドは「盲目のハミード（Ḥamīd al-Ḍarīr）」、「解説者ハミード（Ḥamīd al-Muʿabbir）」とも呼ばれていた。彼はアレッポに居住していたが、カイロで学問修行を重ねた後、ダマスクスへ移住したとされる。彼は「人々（nās）に対するワアズで生計を立てていた（yastarizq）が、「ウジュラ（ujra）を得ることなく解説を行なっていた（kāna yuʿabbir）」とある。この場合の「ウジュラ」は、主に雇用関係に基づく賃金を意味するため、彼はパトロン・クライアント関係に基づくワアズ集会は行なっておらず、聴衆から得られる喜捨によって生計を立てていたと考えるのが妥当だろう。ペトリーはクルアーン読誦者（ムクリウ［muqriʾ］）に視覚障害者が多いことを指摘しているが(23)、ワーイズという職もこのようなハンディキャップを問題としない職であったと考えられる。さらに彼は他のワーイズたちを指導し、彼らと生活を共にしていたという。優れたワーイズが複数の弟子を抱え、説教師に求められる知識や技術を伝達していたことを示す記述は、学問分野、あるいは技術としてのワアズの修得、継承の過程を知る上で非常に重要である。『輝く光』を通じ、「ワーイズたちとムザッキルたちのシャイフ（shaykh al-wuʿʿāẓ waʾl-mudhakkirīn）」という表現が2例確認されるが(24)、これは彼のように優れたワーイズであり、後進の指導に熱心であった人物に与えられる尊称であったと推察される(25)。

(3) 女性とワアズ

女性がワアズ集会に参加することの是非をめぐり、ウラマーのあいだで喧々諤々の議論が行なわれていたことは、先行研究においても度々指摘されている(26)。女性の参加を疑問視するウラマーは、集会の席で男女が混在することによって「正統」とされたイスラームからの逸脱が生じる危険性を強調しており、マムルーク朝前期（1250〜1390年）にヒスバ（公益監督［ḥisba］）の手引書を記したイブン・アル＝ウフーワ Ibn al-Ukhuwwa（1329年歿）も、この点を危惧している。彼は女性が覗かれることのないよう、男女の間に衝立を設置する必要性を説き、女性が同席することで誘惑を受ける恐れがあるならば、女性をモスクでの礼拝やワアズ集会に参加させてはならないと述べている。また、女性に対して説教を行なう場合でも、ワーイズが女性を意識して着飾るような若者で、詩を過剰に引用し、大げさな身振りや動きで話す場合、「害悪が益よりも大きいため」に彼の行為は非難されるべきであり、説教を続けさせてはならないと断じている(27)。

女性が説教集会に参加することの是非や、女性に説教を行なうことで逸脱が生じる可能性が盛んに論じられる中で、女性説教師（ワーイザ［wāʿiẓa］）の存在は、一般女性がイスラーム的知識に触れ、日常生活に即した助言を求めるための貴重な機会を提供するものであったといえる。『輝く光』には、女性とワアズの関係を示す事例も数多く見出せる。例えば、シャイハ・ファーイダ Shaykha Fā'ida[28]（872／1467年歿）は、790／1388年以降、カイロからメッカに移住した女性で、「シャイハ」という尊称が示す通り、メッカのリバート・ザーヒリーヤ（al-Ẓāhiriyya）でシャイフ職を務めていた。彼女はメッカの女性たちを集めてワアズを行ない、善行を勧めた。また彼女はシャイフ職を務める傍ら、助産婦（qābila）としても活動していたとあり、地域の女性にとっての拠り所であったことが推察される。メッカの歴史家であるイブン・ファフド Ibn Fahd（1409〜1480年）が彼女を「宗教（dīn）、善行（khayr）、奉仕（'ibāda）、貧者への愛（maḥabba al-fuqarā'）、そして彼らに対する慈善（iḥsān）において」称賛したことも書き添えられており、救貧活動にも熱心であったことが窺える[29]。

メッカ出身のウンム・ラージフ Umm Rājiḥ、あるいはスタイタ・イブナ・アリー・アル＝クラシーヤ Sutayta ibna 'Alī ibn Abū al-Barakāt al-Qurashiyya al-Makkiyya[30]（834／1430-31〜886／1481年）として知られる女性もまた説教師とされている。彼女は叔父たち、祖母ら血縁関係にある人物を中心に学問を修め、免状（イジャーザ［ijāza］）を獲得した。注目すべきなのは、彼女がこの『女性巻』においてただ一人、「数回のフトバを行なった（khaṭabat ghayr marra）」と記されている点である。その後メディナを訪れ、逗留し、「各地を回り、熟達（itqān）、善（khayr）、敬虔さ（birr）と、美しさ（maḥāsin）を以って述べた（tudhakkir）」との記述から、彼女が各地でタズキールを行なっていたことも読み取ることが出来る。

『輝く光』には上記のほか、エルサレムの女性にワアズを行なったバイラム・アッ＝ダイルーティーヤ Bayram ibna Aḥmad ibn Muḥammad al-Dayrūṭiyya al-Mālikiyya[31]（生没年不詳）、息子から「善き、明快なワーイザ」であったと評されるファーヒタ・イブナ・ムハンマド Fākhita ibna Muḥammad ibn Ḥasan、またはウンム・アル＝フダー・イブナ・アッ＝シャイフ・アル＝ハナフィー Umm al-Hudā ibna al-Shaykh al-Ḥanafī[32]（生没年不詳）として知られる女性の記述があり、学問を修めた女性がワアズを行なうことは、決して稀有な例ではなかったことが窺われる。

(4) 有力者によるパトロネージ

軍事的エリートや高位官僚などの有力者と密接な関係を築き、彼らによるパトロネージのもとに活動していたワーイズも多数確認される。まず挙げられるのが、アフマド・アル＝ウマイリー・アル＝マクディスィー Aḥmad ibn ʿUmar al-ʿUmayrī al-Maqdisī[(33)]（832〜890／1428〜1485 年）である。彼はエルサレムで初等教育を終えた後、カイロ、アレッポ、メッカを旅し、ジャマール・アッ＝ディーン・イブン・ジャマーア al-Jamāl Ibn Jamāʿa[(34)] やカイロのシャーフィイー派大カーディーであったアラム・アッ＝ディーン・アル＝ブルキーニー ʿAlam al-Dīn Ṣāliḥ al-Bulqīnī（791〜868／1389〜1464 年）ら著名なウラマーに師事した。また、後述する当時の有名ワーイズ、アブー・アル＝アッバース・アル＝クドゥスィー Abū al-ʿAbbās al-Qudsī のもとでワアズの技法を学んでいる。その後ワーイズとしての活動を始めた彼は、アズハル学院やメッカにおいてワアズ集会を開催したとされる。また、軍務庁長官（ナーズィル・アル＝ジャイシュ［nāẓir al-jaysh］）や文書庁長官（カーティブ・アッ＝スィッル［kātib al-sirr］）などの要職を歴任した有力官僚のイブン・ムズヒル Ibn Muzhir（831〜893／1428〜1488 年）が後援者となり、彼にワアズを行なわせたとの記述もある[(35)]。同時にムダッリス、法勧告発布者（ムフティー［muftī］）としても活躍し、スルタン・カーイトバーイ（在位 1468〜1495 年）により、エルサレムのアシュラフィーヤ学院（al-Ashrafiyya）におけるシャイフ職に任命され、その職を 890 年第 3 月 9 日／1485 年 3 月 26 日に亡くなるまで保持した。その翌日、ジャマール・アッ＝ディーンの孫にあたるナジュム・アッ＝ディーン・イブン・ジャマーア Najm al-Dīn Muḥammad ibn Jamāʿa（833／1429-30 年生）が葬送儀礼を行なった（ṣallā）との記述から、彼はエルサレムのウラマー名家であるジャマーア家と懇意にしていたと考えられる。彼のためにエルサレムでは類のない規模の壮大な廟が建設されたという。

また、マムルークの子孫（アウラード・アン＝ナース［awlād al-nās］）であると考えられる、ムハンマド・ブン・ダムルダーシュ Muḥammad ibn Damurdāsh al-Muḥibb al-Ashrafī al-Fakhrī(36)（836?～888／1432-33～1483年）も支配層と緊密に結びついたワーイズであった。彼はハナフィー派アーリムとしても活躍し、複数の師のもとで学問修行を重ね、「諸芸（funūn）において熟達した」後、彼の師であるイブン・アッ＝ダイリー Ibn al-Dayrī(37) の副カーディーを務め、また前述のブルキーニーによってダミエッタの副カーディー職を委ねられるなど、司法職を歴任した。上エジプト、アレクサンドリア、マヌーフ、ガルビーヤ地方などを旅し、各地でワアズ集会を催し、官房長官（dawādār al-kabīr）やスルタン(38)、イブン・ムズヒルらによる後援を受け(39)、裕福になったとされる。

「イブン・クルダーフ Ibn Qurdāḥ」として知られるアフマド・アル＝カーヒリー Aḥmad ibn Muḥammad ibn ʿAlī al-Shihāb al-Qāhirī(40)（841／1438年歿）は、ワーイズであると同時に諸芸に通じ、スルタンの篤い信頼を得た人物であった。彼はイッズ・アッ＝ディーン・イブン・ジャマーア al-ʿIzz Ibn Jamāʿa(41) らに師事し、音楽（mūsīqā）をはじめとする諸芸（funūn）を修得した。さらに計時学（mīqāt）や天文学（ʿilm al-falak）を学び、詩作に没頭した。彼はワーイズのほか、音楽家としても活動を行ない、特にウードとサントゥールの演奏に優れていたという。やがてスルタン・ムアイヤド・シャイフ（在位1412～1421年）の目に留まり、彼のもとでアザーンとタスビーフ(42) を行なう役目を任された。年代記作者のアイニー al-ʿAynī（1361～1451年）は彼について、「知（ʿilm）に対する専心と併せ、この時代に並ぶ者のない、優れたワーイズ」と述べていたという。

上掲の史料記述からはワーイズの多くが支配層と密接な協働関係にあったことが読み取れるが、他方、事例数は少ないものの、政治権力に対して不服従の意思を表明したワーイズが存在したことも事実である。ナイル・デルタ中部の都市、マハッラ・クブラーのハティーブであり、ワーイズとしても知られるアフマド・アル＝マハッリー Aḥmad al-Maḥallī（882／1477年歿）は、穀物価格の上昇に端を発する854／1450年の民衆蜂起の際、モスクにおいてブハーリーのハディース集を朗唱した後に圧制者に対する勝利と報復の祈願を行なうなど、蜂起の初期段階においてリーダーシップを発揮している(43)。

(5) スーフィズム、聖者崇敬との関係

前述のシュクル・アッ＝ルーヒーは人気説教師であったと同時にエルサレムにおける聖者としても知られていたが、同様に、聖者として崇敬の対象となったワーイズとしては、「シャーッブ・ターイブ al-Shābb al-Ṭā'ib」の名で知られるスーフィー、アフマド・アル＝アンサーリー Aḥmad ibn ʿUmar ibn Aḥmad al-Anṣārī al-Miṣrī al-Shādhilī(44)（767～832／1366～1429 年）がいる。カイロ出身の彼はヒジャーズ、イエメン、エルサレム、ダマスクスなどを旅しながらワーイズとして活動する一方、スーフィズムに傾倒し、シャーズィリー、カーディリー両派の門を叩いた。その後カイロのズワイラ門（Bāb al-Zuwayla）とダマスクスのバイナ・アン＝ナフライン（Bayna al-Nahrayn）地区にザーウィヤを建設し、講義集会（ミーアード［mīʿād］(45)）を行なったとされ、カイロ、ダマスクス住民の支持を集めた結果、「彼に対する崇敬は増した（zāda iʿtiqād-hum fī-hi）」という。城塞の麓に位置するムアイヤディーヤ学院の上層階（aʿlā al-Mu'ayyadiyya）に住居を構え、832 年第 7 月 18 日（もしくは 12 日）／1429 年 4 月 22 日（16 日）に亡くなるまで、ダマスクスに居住していた。彼のために大規模な葬儀が執り行なわれたという(46)。

アブドゥッラー・アル＝ガムリー ʿAbd Allāh ibn ʿAbd al-Raḥmān ibn Aḥmad al-Ghamrī al-Qāhirī(47)（886／1481 年歿）はスーフィズム、聖者崇敬と密接な関わりを持ったワーイズであった。彼はワアズとタズキールに専念し、アズハル・モスクにおいて講義（ハルカ［ḥalqa］）を持った。また、アズハルに付設されたタイバルスィーヤ学院（al-Ṭaybarsiyya）における「シハーブ・アッ＝ディーン・アッ＝ザーヒド al-Shihāb al-Zāhid」のハルカを、彼の死後継承したという。「シハーブ・アッ＝ディーン・アッ＝ザーヒド」は、スーフィー聖者、ワーイズで特に女性の崇敬を集めたとされるアフマド・アッ＝ザーヒド Aḥmad al-Zāhid(48)（819／1416 年歿）を指すと考えられる。アブドゥッラー・

アル＝ガムリーはアフマド・アッ＝ザーヒドの友人（aṣḥāb）の一人であり、弟子（murīd）でもあったと記されていることから、彼もまたスーフィズム的実践を行なっていた可能性が高い。

ウィンターが「スーフィーにとって説教とは彼らの最も重要な公的義務の一つであった」と述べているなど、先行研究においても、スーフィズムにおけるワアズの重要性は重ねて指摘されている(49)。『輝く光』からはスーフィズムとの関連性を持つワーイズとして、34名が確認された。14名については流派（タリーカ［ṭarīqa］）が判明し、内訳はシャーズィリーが9名、カーディリーが3名、ワファーイーが2名、リファーイーが1名である。バーキーはシャーズィリーが民間説教に熱心であること、シャーズィリーの支流派であるワファーイーが説教において定評があったことから、彼らのワアズが「バヌー・アル＝ワファー流（ṭarīqat banī al-wafāʾ）」と呼ばれたことを指摘している(50)。しかし、これらのタリーカがワアズによる組織的な教宣活動を行なっていたことを示す記述は見当たらない。ワーイズとしても活動したスーフィーが数多く存在したことは事実だが、現段階においては、タリーカとしての組織立った活動ではなく、スーフィー個人のレベルにおいて、教派拡大のためにワアズを行なっていたと考えるほうが妥当だろう。

ガムリーは複数回の巡礼を行ない、聖地逗留者（ムジャーウィル［mujāwir］）としてメッカ、メディナに滞在しつつ、優れたワアズを行なっていた。刮目に値するのは、彼がカイロで「諸聖者の墓廟（mashāhid al-ṣāliḥīn）へ幾度も参詣した結果、両カラーファにおける参詣者たちのシャイフ（mashāykh al-zuwwār fī al-Qarāfatayn）の一人となった」と記されている点である。カラーファ地区の聖者廟への参詣は、当該時期においては「許容可能な逸脱」としてすでに慣行化していた(51)。墓参案内人によって参詣者に語られる聖者伝（キッサ［qiṣṣa］）は、ワアズ、カーッスの語る物語であるカサス（qaṣaṣ）などの民間説教において取り上げられる聖者伝と類似、あるいは共通する題材を含んでおり、また、民間説教はしばしば墓廟地区をその舞台としていた(52)。優れたワーイズとして活動した人物がカラーファ地区への参詣者を導く存在でもあったという事実は、墓参慣行と民間説教の密接な関連性を裏付ける証左の一つとなろう。さらに興味深いのは、彼が「善良かつ優れた人物で、ムウタカドであった」、すなわち彼自身も聖者と見なされていたという点である。彼の名声は広まり、ミーアードには名士たち（aʻyān）が出席し、サハーウィー自身もその一人であったと記している。後に彼は盲目となったが、視力を失った後も活動を続けていたかは不明である。886年第2月／1481年4月に没し、マクスにある彼の師、アフマド・アッ＝ザーヒド廟の傍らに埋葬されたという。

上記は『輝く光』にみえる説教師の一例にすぎないが、ヒジュラ暦9世紀のアラブ諸都市で活躍したワーイズたちが実に様々な存在形態を示していたことが読み取れよう。彼らが開かれたイスラーム的知識の伝達を担い、聴衆からの高い支持を得ていたという点は共通しているものの、極めて多様な出自、経済的背景、社会的地位を有していたという実態からは、ワーイズという職が相当な「実力主義」であったということができる。具体的にどのような知識や能力が必要とされたのかという、ワーイズとしてのクオリフィケーションについては次章で論じるとして、ここで特に注目に値すると思われるのは、聖者崇敬とワアズの間にみえる相互作用である。ワーイズたちは説教の中で聖者の生涯や奇跡譚を引用し、崇敬の拡大、深化の過程に大いに寄与したが、人気を集めたワーイズの一部は地域社会に深く浸透し、その地における聖者としての役割をも果たすに至った。先行研究においても、聴衆が人気説教師を熱狂して迎え、喜捨を出したり、競って衣服に触れることでその恩恵に預かろうとした事例が報告されており(53)、このような聖者的あり方を示したワーイズについては、墓参慣行やスーフィズムなどの問題と関わりを持ちつつ、今後総合的に分析してゆく作業が必要となろう。

4　教育メディアとしてのワアズ

(1) ヒスバ論にみえるワアズとワーイズ

模範的ワアズとワーイズのあるべき姿については、中世を通じ、ウラマーの間で盛んに議論されてきた。イブン・アル＝ウフーワによれば、ムフタスィブが「善を勧め、悪を禁じる」義務を担う以上、彼らにはワーイズ及びその活動に対する監督責任が生じるという。彼は著書『ヒスバ執行における善行の標（しるべ） *Maʿālim al-Qurba fī Aḥkām al-Ḥisba*』における第48章を「ワーイズたちに対するヒスバ（al-ḥisba ʿalā al-wuʿʿāẓ）」と題し、「正統」とされたイスラームの教義から「逸脱」した説教を禁じ、ワーイズとしての望ましい態度、また、ワーイズに求められる資質について具体例を挙げながら論じている(54)。

イブン・アル＝ウフーワはまずワーイズとして認知されるためにはいくつもの要件を満たす必要があると前置きし、第一に、高度な学問的習熟を証明し得るアーリムでなければならないことを挙げている。すなわち、ワーイズとしてふさわしい人物とは「法に関する諸学（al-ʿulm al-sharʿiyya）を修め、教養（ʿilm al-adab）を身につけ、クルアーンを暗誦し、預言者の伝承と聖者たちの情報（akhbār al-ṣāliḥīn）、先達者たちの物語（ḥikāyāt al-mutaqaddimīn）を記憶した者」であることに加え、これら諸項目について試問を受けた者でなければならないと定義付けている。そして出題者にとって満足のいく解答を導くことができない場合、ワアズを行なってはならないとしている(55)。

また、ワーイズはクルアーン及びハディース学者であることに加え、適切な弁論能力を有し、的確に解説を行なわなければならないと記している。その上で、ワアズを行なう際の条件として、示唆（ishāra）や仄めかし（rumūz）に熟達していなければならないことを挙げ、その理由は「多くの示唆とは解釈（ʿibāra）よりも雄弁で、眼差し（laḥẓ）は言葉（lafẓ）よりも多くを語ると言われている」ためと、ワアズの作法についても言及している(56)。

そしてワーイズとして理想的な人格については、「神に対して行動し、勤勉で伝達能力があり、有能な人物であること」、「名声を博し、気高さ、崇高さを備えた人物であること」を挙げており、その理由として、彼が預言者、正統カリフたち、イマームたちと同じ場所、すなわち説教壇に登る権利を有することを指摘している。ここでは、先達者たちの一般ムスリムに対する責任をワーイズが継承することに対する自覚が促されている(57)。

イブン・アル＝ウフーワの議論からは、ワーイズに対して、クルアーンやハディースに関する高度な専門知識を有することを前提に、それをいかに適切かつ明快に聴衆に伝達できるかというコミュニケーション能力が問われていることが読み取れる。加えて、それらに関する試問に対して的確に返答しなければならないという条項は、ワアズ集会における質疑応答を念頭に置いたものであると考えられる。言葉を多く発するよりも示唆や暗示を多用することの有用性が指摘されている点は、「雄弁さ」の本質に言及したものとして重視されるべきである。また、人格面にも具体的な言及があることから、民衆にとって最も身近なウラマーの一形態であったワーイズが、イスラームの体現者として一般信徒の模範となるよう求められていたことが分かる。

(2) ワアズ集会

それでは、中世のワアズ集会は実際にどのような状況下で行なわれ、聴衆はいかなる反応を示したのだろうか。バグダードを訪れたイブン・ジュバイルは、イブン・アル＝ジャウズィーが行なったワアズ集会の様子を克明に描いている。

> 彼はフトバ［ここでは「神の威厳を称える韻文」の意］を終えると、精神を歓喜させ魂を燃やし溶かすような精妙なワアズを行ない、クルアーンの章句を語った。すると聴衆の叫び声が高まり、啜り泣きが響き渡り、改悛した者たちがそれを声高に宣言した。彼らは灯火に群がる蛾のごとく、彼の許へと集まり始め、それぞれ自らの前髪を差し出した。彼はそれを切り落とし、その者のために祈りを捧げつつ、頭をなでてやった。なかには気を失う者もあったが、彼の腕で起こされた。我々は心を悔い改めで満たすよ

うな恐怖を目の当たりにしたのであり、それは復活の日の恐ろしさを思い起こさせるものであった(58)。

イブン・アル＝ジャウズィーのワアズ集会は、アッバース朝カリフ・ムスタディー（在位1170～1180年)、ワズィールのイブン・フバイラ Ibn Hubayra（在位1149～1164年）ら支配層によるパトロネージを受けて行なわれ、数万人の聴衆を集めたともいわれている(59)。その集会は20名余の読誦者によってクルアーンの章句が吟じられることに始まり、即興で編まれた流麗な韻文を経てワアズへと至るドラマティックなもので、聴衆の情感に強く訴えた。イブン・アル＝ウフーワは、ワアズ集会によって頑なな心が溶かされ、悔悛と過ちの告白が行なわれることから、「最もよい集会で、そこでの衣服は最も誉れ高いもの」と位置付けるウラマーの言説を引用し、ワーイズが与える恩寵（バラカ［baraka］）に対して聴衆は涙を流し、平伏すると記している(60)。聴衆の宗教的感情を高揚させるための技法は、イスラームに対する学識の深さやその記憶の豊かさと並び、ワーイズに求められる技量の一つであると考えられる。ワアズ集会におけるワーイズと聴衆双方が行なう宗教的感情の表出とそれに続く悔悟は、イスラーム的知識の伝達という理知的側面と対をなす、中世イスラーム説教文化におけるもう一つの大きな特徴であったといえる。

(3) ワアズの教育的側面

ここまで様々な活動形態を示した中世のワーイズたちが、特に民衆のイスラーム的知の形成においていかに重要な役割を果たしたかを考察してきたが、最後にワアズの持つ教育的側面について、史料記述に即して具体的に検討していくことにしよう。

前述の通り、ワアズ集会では聴衆とのあいだに質疑応答のための時間が設けられ、ワーイズは寄せられる質問全てに答えを与えなければならなかった。先のイブン・アル＝ジャウズィーについても「往々にして彼の集会の大半は、質問に対する議論に割かれていた」と記されており(61)、このような一流のアーリムが市井の人々から寄せられた質問に直接返答していたという点はまず注目すべき点である。

ニザーミーヤ学院のシャーフィイー派法学教授であったラディー・アッ＝ディーン・アル＝カズウィーニー Raḍī al-Dīn al-Qazwīnī が質問に答える様子を、イブン・ジュバイルは以下のように書き残している。

> 彼はその［ワアズの］中で、いと高く偉大なるアッラーの書（クルアーン）の注釈（tafsīr）や神の使徒——神が彼に祝福と平安を垂れ給わんことを——のハディースの引用と意味の解説に関する知識の諸分野を自由自在に操った。あらゆる方向から雨のごとく質問が降り注いだが、完全に返答し、滞りなく処理をした。質問状が手渡されると、彼はそれらをまとめて持ち、その一つ一つに答えを与え始め、最後の質問まで返答した(62)。

また彼は、メッカを訪れた際に目にした「白い髭のシャイフ」の説教を次のように描写している。

> 彼は玉座の節が一言一言織り交ぜられた韻文（khuṭba）［の朗誦］を始めた。それからワアズの様々な手法や知識の諸分野について、二つの舌（lisānayn: アラビア語とペルシア語）で自在に披瀝した。それによって彼は［聴衆の］心を吹き飛ばし、畏れを引き起こすことによって発作を起こさせんばかりであった。その間に投じられた質問の矢を、彼は素早く雄弁な返答という盾で受けた。［中略］マシュリクのワーイズたちは、このように投げかけられた質問や彼らに課された試問（imtiḥān）の雨に対処するのである。そしてこのことは彼らの驚くべき資質を明示し、彼らの雄弁性（bayān）が生み出す魅力を表す、喫驚すべきことの一つである。そしてそれ（説教の内容）はある一つの学問分野に限らず、多岐にわたっていた。時折それ（質問）によって［説教師に］困難を強い、混乱［を引き起こすこと］が目的とされても、彼らは閃光か瞬きかという速さで返答した(63)。

これらの記述にみられる修辞技法は差し引いて考えなければならないものの、少なくとも12世紀のイラク、ヒジャーズを代表する大学者と民衆が、説教集会という空間においては非常に近しい距離にあり、両者の間で熱心な意見交換がなされていたことは確かである。

マムルーク朝におけるワアズ集会の実態については、残念ながら史料には具体的言及が乏しい。だが、集会で取り上げていた題材については比較的詳らかな記述が得られる人物も存在する。15世紀のカイロ、エルサレム、メッカを中心としたアラブ諸都市で活躍し、「当代のイブン・アル＝ジャウズィー」(64)と謳われた人気説教師、アブー・アル＝アッバース・アル＝クドゥスィー Abū al-ʻAbbās al-Qudsī（870／1466年歿）(65)を例にとると、その集会について、同時代の歴史家マラティー ʻAbd al-Bāsiṭ al-Malaṭī（1440〜1514年）は「親しみの持てる雰囲気があり、反響が大きかった」と記し、彼が説教において頻繁に取り上げた題材として、「聖者の奇跡譚（karāmāt al-ṣāliḥīn）やそれにまつわる物語（ḥikāyāt）と情報（akhbār）」を挙げている(66)。同じく同時代のイブン・タグリー・ビルディー Ibn Taghrī Birdī（1470年歿）は「彼が広く受け入れられた要因を「親しみやすく、ハディースやクルアーン注釈学、聖者の奇跡譚に関する記憶に優れていた」とし(67)、サハーウィーは、クドゥスィーのワアズが優れている点を「クルアーン注釈学やハディース、法学、法源学（uṣūl）、アラビア語諸学（ʻArabiyya）について多くを想起し得ること、文章を記憶すること、古い詩歌（ashʻār al-qadīma）やそれ以外の多くの文章を豊富に取り入れること、古い詩歌にまつわる物語（ḥikāyāt）や逸話（nawādir）を多用すること」と分析している(68)。

これらの記述に示されているように、中世のワアズ集会で頻繁に引用された題材としては、クルアーンとその注釈、ハディースの解説、前イスラーム期の預言者伝（イスラーイーリーヤート［isrāʼīliyyāt］）、ムハンマド伝、聖者伝、聖者の奇跡譚、スーフィー伝、古典詩などが挙げられるが、説教師は時代背景を如実に反映したテーマを選択していた(69)。すなわち、十字軍との交戦時においいては聖戦（ジハード［jihād］）を美化し、家族の殉教に対する心構えが説かれ、疫病の流行や飢饉の際には現世に対する忍耐と来世における救済の約束が強調されるなど、社会の安全弁としても機能していた。説教の題材は総じて物語性の強いものが多いが、これは聴衆の大多数を占めた民衆にとってより理解が容易く、かつ情緒的な空間を創出する効果が得られやすいためと考えらえる。そして、高名な学者のワアズ集会においても、質疑応答を通じた聴衆との距離の近さや親しみやすさが保たれていたという点は重視されなければならない。ワアズとはあくまで全てのムスリムを対象としたものでなければならず、それゆえに、説教集会に参加することによって、識字能力のない民衆もまた、知識の伝達の輪に加わることが可能だったのである。

5　おわりに

以上、中世アラブ社会におけるワアズ及びワーイズの実像について、教育的役割に力点を置きつつ考察を行なった。ワーイズの多くは伝統的ウラマーとしての学問修得過程を経ていながら、実に多様な存在形態を示しており、支配層から民衆にいたる幅広い社会層を対象とした宗教的知識の伝達に大きく貢献していたことが読み取れる。彼ら以外のウラマーもミーアードなど聴衆をより幅広く設定した教育機会を設けてはいたが、ワーイズはさらに平易な表現でイスラーム的知識を伝達し、直接的な質疑応答を通じて聴衆の疑問を払拭しようと努めたウラマーの一形態であった。

また、ワアズがムスリムとしての一体感を与える触媒としての機能を有していたことも興味深い。自由な題材の選択や構成が可能なワアズ集会において、聴衆に宗教的高揚感を与えることはワーイズに求められる技量の一つであり、エリート、民衆を問わず、集まった聴衆によって会場は悔悛の念に包まれた。ワアズはあらゆる社会層に共通の文化的領域を提供してもいたのである。

説教において聖者伝や聖者の奇跡譚が頻繁に引用された背景には、中世を通じた聖者崇敬の高まりがあったと考えられる。同様に、前イスラーム期の預言者伝などの物語についても、聴衆はすでにある程度の予備知識を有していたと推測され、題材の選択や質疑応答を通じ、彼らの知的欲求を満たし得た説教師こそが成功を収めたといえる。イスラーム的教育形態の一つとしてのワアズは、説教師と聴衆双方の密なコミュニケーションによって形成されていたといえよう。

史料略号

Ḍaw':

al-Sakhāwī, *al-Ḍaw' al-Lāmi' li-Ahl al-Qarn al-Tāsi'*, 12 vols., Cairo: Maktabat al-Quds, 1934-1936.

Itḥāf:

Ibn Fahd, *Itḥāf al-Warā bi-Akhbār Umm al-Qurā*, 5vols., Mecca: Jāmi'at Umm al-Qurā, 1983-1990.

Kitāb al-Quṣṣāṣ wa'l-Mudhakkirīn:

Ibn al-Jawzī（ed. and trans. Swartz, M.）, *Kitāb al-Quṣṣāṣ wa'-Mudhakkirīn*, Beirut: Dār al-Mashriq, 1986.

Ma'ālim al-Qurba:

Ibn al-Ukhuwwa（ed. Levy, R.）, *Ma'ālim al-Qurba fī Aḥkām al-Hisba*, London: Luzac & Co., 1938.

Mu'īd al-Ni'am:

al-Subkī, *Mu'īd al-Ni'am wa Mubīd al-Niqam*, Beirut and Sayda: al-Maktaba al-'Aṣriyya, 2007.

Nujūm:

Ibn Taghrī Birdī, *al-Nujūm al-Zāhira fī Mulūk Miṣr wal'-Qāhira*, 16 vols., Cairo: al-Mu'assasa al-Miṣriyya al-'Āmma, 1963-1972.

Rawḍ:

al-Malaṭī, *al-Rawḍ al-Bāsim fī Ḥawādith al-'Umr wa'l-Tarājim*, Vatican Library, Arabo, 729.

Riḥla:

Ibn Jubayr, *Riḥla*, Leiden and London: Brill, 1907.

Uns:

al-'Ulaymī, *al-Uns al-Jalīl bi-Ta'rīkh al-Quds wa'l-Khalīl*, 2 vols., Amman: Maktabat Dandīs, 1999.

注

(1) 前近代までのイスラームにおける説教師を論じた代表的研究としては、Goldziher, I.（1890）(trans: 1971）“The Hadīth as a Means of Edification and Entertainment”, *Muslim Studies* 2（trans. Barber, C. and Stern, S.), London: George Allen and Unwin, pp. 145–163, Pedersen, J.（1948）“The Islamic Preacher: Wāʻiẓ, Mudhakkir, Qāṣṣ”, in Löwinger, S. and Somogyi, J.（eds.), *Ignace Goldziher Memorial* 1, Budapest: Globus, pp. 226–251, Pedersen, J.（1953）“The Criticism of the Islamic Preacher”, *Die Welt des Islam* 2, pp. 215–231, Swartz, M.（1983）“The Rules of the Popular Preaching in Twelfth-Century Baghdad, According to Ibn al-Jawzī”, in Makdisi, G. *et al.*（eds.), *Predication et Propagande au Moyen Age: Islam, Byzance, Occident*, Paris: Presses Universitaires de France, pp. 223–239, Swartz, M.（1986）*Ibn al-Jawzī's Kitāb al-Quṣṣāṣ wa'l-Mudhakkirīn*, Beirut: Dār al-Mashriq, ʻAthamina, K.（1992）“Al-Qaṣaṣ: Its Emergence, Religious Origin and its Socio-Political Impact on Early Muslim Society”, *Studia Islamica* 76, pp. 53–74, Shoshan, B.（2006）“Popular Sufi Sermons in Late Mamluk Egypt”, in Wasserstein, D. and Ayalon, A.（eds.), *Mamluks and Ottomans: Studies in Honour of Michael Winter*, New York: Routledge, pp. 106–113, Berkey, J.（2001）*Popular Preaching and Religious Authority in the Medieval Islamic Near East*, Seattle and London: University of Washington Press, Berkey, J.（2002）“Storytelling, Preaching, and Power in Mamlūk Cairo”, *Mamlūk Studies Review* 4, pp. 53–73, Talmon-Heller, D.（2007）*Islamic Piety in Medieval Syria: Mosques, Cemeteries and Sermons under the Zangids and Ayyūbids*（1146–1260), Leiden and Boston: Brill などが挙げられる。なかでも Berkey 2001 は中世イスラーム近東における民間説教のあり方を知的権威とのせめぎ合いから明らかにしようとした意欲作である。その意義と問題点については、下山伴子（2005）「書評と紹介　ジョナサン・P・バーキー『中世イスラーム近東における民衆的説教と宗教的権威』」『イスラム世界』64, pp. 123–127 及び拙稿（2006）「書評 Jonathan P. Berkey, *Popular Preaching and Religious Authority in the Medieval Islamic Near East*」『オリエント』48: 2, pp. 173–178 を参照されたい。また、Talmon-Heller 2007 は、第 4 章において 12〜13 世紀シリアのワアズ集会について、スィブト・イブン・アル＝ジャウズィー Sibṭ Ibn al-Jawzī（1256 年歿）の説教集会を中心に論じている。その研究史上の位置については、拙稿（2011）“Book Review: Islamic Piety in Medieval Syria: Mosques, Cemeteries and Sermons under the Zangids and Ayyūbids（1146–1260)”, *Al-Masaq* 23:3, pp. 267–269 を参照されたい。

(2) *Kitāb al-Quṣṣāṣ wa'l-Mudhakkirīn*, p. 144.

(3) Berkey 2001, p. 65.

(4) シャーズィリーヤの第三代シャイフを務めた著名なスーフィー、イブン・アターウ・アッラー Ibn ʻAṭā' Allāh（1309 年歿）が著した『魂の矯正を内包する花嫁の冠

Tāj al-ʿArūs al-Ḥāwī li-Tahdhīb al-Nufūs』やフライフィーシュ al-Ḥurayfīsh の記した説教集『マウイザとラキーカにおける美しき庭 *al-Rawḍ al-Fāʾiq fī al-Mawāʿiẓ wa'l-Raqāʾiq*』はその稀有な例である。イブン・アター・アッラーの著作については、東長靖氏によって解題及び部分的訳注がなされている（東長靖（1996）「中世イスラームの倫理説—イブン・アター・アッラー『魂の矯正を内包する花嫁の冠』解題ならびに訳注（1）」『東洋大学教養課程紀要』35, pp. 17–35 を参照）。

（5）Talmon-Heller 2007, p. 18.

（6）先行研究において説教師を定義する論拠の一つとして頻繁に引用されるのが、14 世紀マムルーク朝のスブキー Tāj al-Dīn al-Subkī（1370 年歿）が示した、説教師をハティーブ、ワーイズ、カーッス、カーリウ・アル＝クルスィーの四通りに分類する方法である（*Muʿīd al-Niʿam*, pp. 91-92）。

（7）バーキーはこれらを「等しい活動の異なった側面を示すための用語である」としている（Berkey 2001, p. 14）。

（8）例えば、後述するサハーウィー al-Sakhāwī（1427-8～1497 年）の記した 9／15 世紀の名士伝記集『輝く光 *al-Ḍawʾ*』において、ワーイズの事例として 114 例が確認されるのに対し、カーッスについては一件も収録がない。『輝く光』がウラマーの名士録としての性格を帯びていることを考慮すれば、「ワーイズ」と「カーッス」と呼ばれる人々の間に学問的背景に基づくある種の線引きがなされていたと考えるほうが自然である。

（9）Swartz 1983, p. 224.

（10）Swartz 1983, pp. 225-226.

（11）art. 'Khuṭba', *EI2*（Wensinck, A.）, art. 'Preaching', Hastings, J.（ed.）, *Encyclopaedia of Religion and Ethics*, 13vols., New York, 1908-1926（Margoliouth, D.）.

（12）*Kitāb al-Quṣṣāṣ wal'-Mudhakkirīn*, pp. 137–140, Swartz 1983, pp. 228–229.

（13）Swartz 1983, p. 229.

（14）Talmon-Heller 2007, p. 120.

（15）彼女は説教を「合法的ショー」とするイブン・アル＝ジャウズィーの言説を引用し、ワアズの教育的役割以上に聴衆に有意義な宗教体験を与える娯楽的側面を強調している（Talmon-Heller 2007, p. 117, 143）。

（16）たとえば、「イブン・アフィーフ・アッ＝ディーン Ibn 'Afīf al-Dīn」の通称で知られるムハンマド・アン＝ナイリーズィー Muḥammad ibn Muḥammad ibn Muḥammad al-Nayrīzī（814～880／1412～1475 年）は、814 年第 11 月 /1412 年 2-3 月にシーラーズ地方ナイリーズ（Nayrīz）に誕生し、イージュ、シーラーズ、タブリーズなどのイラン諸都市で学問修業を積んだ後、アラブ地域へと至ったワーイズである。彼はメッカ、メディナ、アレッポ、ホムス、ダマスクス、エルサレム、ガザ、カイロなどを旅し、各地のウラマーに師事した。その結果、「王国の偉大なる者たち及び名士たち 'uẓamā' al-mamlaka wa a'yān」が彼のもとに足繁く通うようになり、スルタン・イーナール（在位 1453〜1461 年)、フシュカダム（在位 1461〜1467 年）に対してワアズを行なったことが記されている（*Ḍaw'*, vol. 9, pp. 232-233)。

（17）Berkey 2001, p. 63.

（18）*Ḍaw'*, vol. 4, p. 103.

（19）*Ḍaw'*, vol. 2, p. 261.

（20）「固く信じられた者」を意味する「ムウタカド」という用語は、ワリー（walī)、サーリフ（ṣāliḥ）などと並び聖者を指すものと考えられる（長谷部史彦（2010）「『夜話の優美』にみえるダマスクスのマジュズーブ型聖者」『アジアの文人が見た民衆とその文化』慶應義塾大学出版会, p. 213)。

（21）*Ḍaw'*, vol. 3, p. 187.

（22）*Ḍaw'*, vol. 2, pp. 158–159.

（23）Petry, C. F.（1981), *The Civilian Elite of Cairo in the Later Middle Ages*, Princeton: Princeton University Press, p. 263.

（24）*Ḍaw'*, vol. 3, p. 138, vol. 4, p. 36.

（25）Talmon-Heller 2007, p. 116 は、12 世紀バグダードのマドラサにおいてワアズがカリキュラムの一環となっていたことを指摘している。

（26）Berkey 2001, p. 37. マムルーク朝における女性の教育については、とりあえず Berkey, J.（1991）“Women and Islamic Education in the Mamlūk Period”, in Keddie. N. R. and Baron, B.（eds.), *Women in Middle Eastern History*, New Haven: Yale University Press, 1991, pp. 143-157 及び Lutfī, H.（1991）“Manners and Customs of Fourteenth-Century Cairene Women: Female Anarchy versus Male Sharʻi Order in Muslim Prescriptive Treatises”, in Keddie, N. R. and Baron, B.（eds.), *Women in Middle Eastern History*, New Haven: Yale University Press, pp. 99–121 を見よ。

（27）*Maʻālim al-Qurba*, pp. 181–182.

（28）*Ḍaw'*, vol. 12, p. 114.

（29）彼女の死亡記事はイブン・ファフドの年代記 *Itḥāf*, vol. 4, p. 487 にも収録されているものの、サハーウィーが記すような具体的記述は見出せない。

（30）*Ḍaw'*, vol. 12, p. 146.

（31）*Ḍaw'*, vol. 12, p. 15.

（32）*Ḍaw'*, vol. 12, p. 86.

（33）*Ḍaw'*, vol. 2, pp. 52–53.

（34）ジャマール・アッ＝ディーン・アブドゥッラー・イブン・ジャマーア Jamāl al-Dīn Abū Muḥammad ʻAbd Allāh Ibn Jamāʻa（780〜865／1378-79〜1460-61 年)。エルサレムでサラーヒーヤ学院のムダッリス職、アクサー・モスクのハティーブ職などを歴任した。

（35）*Ḍaw'*, vol. 11, p. 89.

(36) *Ḍaw'*, vol. 7, pp. 241–242.

(37) エルサレムの名家であるダイリー家の人物を指すと考えられるが、個人を特定するための材料が不足している。

(38) スルタン・カーイトバーイを指すと考えられる。

(39) *Ḍaw'*, vol. 11, p. 89.

(40) *Ḍaw'* vol. 2, p. 142–143. また、Berkey 2001, p. 59 にも簡潔な言及がある。

(41) イッズ・アッ=ディーン・ムハンマド・イブン・ジャマーア 'Izz al-Dīn Muḥammad ibn Abū Bakr ibn Jamā'a（749〜819／1348-49〜1416-17 年）を指すとみられる。カイロにおけるジャマーア家の祖となった、ムハンマド Muḥammad ibn Ibrāhīm ibn Sa'd Allāh ibn Jamā'a（639〜733／1241〜1333 年）の曾孫にあたる。

(42)「アッラーの栄光に讃えあれ」を意味する「スブハーナッラー Subḥānallāh」と唱えること。

(43) *Ḍaw'*, vol. 2, pp. 74–75. マハッラ・クブラーの民衆蜂起に関する記述を残したサハーウィーは、「アーリムの指導する民衆反乱」として描いている。詳しくは長谷部史彦（2004）「マハッラ・クブラー蜂起の諸相」『オリエント』46: 2, pp. 166–167 を参照。

(44) *Ḍaw'*, vol. 2, p. 50–51. 彼については、Berkey 2001, p. 38 及び p. 63 にも簡潔な言及がある。

(45) 原義は「約束」であるが、ウラマーによって私的に開かれた講義のための集会を指す。

(46) 彼をメッカから文字通り「追い出した」のは、サンバーティー 'Abd Allāh ibn Abū Bakr ibn Ḥasan al-Sanbāṭī al-Qāhirī（762〜846／1361〜1443 年）という別の人気ワーイズであった。彼がメッカに逗留した（jāwara）際にワアズを行なったところ、「シャーッブ・ターイブほどに彼に関する事柄は知られるようになり、シャーッブ・ターイブはメッカを去った」という。サハーウィーは彼の説教について、「親しみやすいもので、彼の言葉は［聴衆の］心に感銘を与えた」と記している（*Ḍaw'*, vol. 5, p. 14.）。

(47) *Ḍaw'*, vol. 5, p. 23.

(48) *Ḍaw'*, vol. 2, p. 111–113.

(49) Winter, M.（1982）*Society and Religion in Early Ottoman Egypt: Studies in the Writings of 'Abd al-Wahhāb al-Sha'rānī*, New Brunswick and London: Transaction Publishers, p. 248.

(50) ワアズの一形式としての「バヌー・アル=ワファーの方法」は Berkey 2001, p. 51, 95 に言及があるものの、その具体的方法はわかっていない。

(51) 墓参に関しては、大稔哲也（1995）「史料としてのエジプト『参詣の書』— 12〜15 世紀の死者の街をめぐるテクストとその可能性」『オリエント』38: 2, pp. 143–161, 大稔哲也（2001）「参詣書と死者の街からみたコプトとムスリム」『史淵』

138, pp. 1-32, Taylor, C.（1998）"Saints, Ziyāra, Qiṣṣa, and the Social Construction of Moral Imagination in Late Medieval Egypt", *Studia Islamica* 87, pp. 103–120, Berkey, J.（1995）, "Tradition, Innovation, and the Social Construction of Knowledge in the Medieval Islamic Near East", *Past and Present* 146, pp. 38–65, Al-Ibrashy, M.（2006）, "Cairo's Qarafa as Described in the Ziyara Literature", in McGregor, R. and Sabra, A.（eds.）, *The Development of Sufism in Mamluk Egypt*, Cairo: Institut Français d'Archéologie Orientale, pp. 269–297 などを見よ。

（52）大稔哲也 1995, p. 153 によれば、カーッスやカウワール（物語師、宗教歌手［qawwāl］）などの語りがそのまま、参詣書に取り込まれる場合があった。

（53）例えば、カイロのアズハル・モスクで説教をしたシハーブ・アッ＝ディーン・アッ＝サンバーティー Shihāb al-Dīn al-Sanbāṭī の説教に感銘を受けた聴衆は、彼に触れようと殺到し、手の届かない者はサンバーティーの上着をかすめるように自らの帯を投じ、その恩恵に預かろうとしたという（Berkey 2001, pp. 25–26）。

（54）*Maʿālim al-Qurba*, pp. 179–182.

（55）*Maʿālim al-Qurba*, p. 179.

（56）*Maʿālim al-Qurba*, p. 181.

（57）*Maʿālim al-Qurba*, p. 179.

（58）*Riḥla*, p. 221–222.

（59）Swartz 1983, pp. 225–226.

（60）*Maʿālim al-Qurba*, pp. 180–181.

（61）*Riḥla*, p. 222.

（62）*Riḥla*, p. 219.

（63）*Riḥla*, pp. 180–181.

（64）*Uns*, vol. 2, p. 141.

（65）クドゥスィーの生涯及び有力ウラマーとの係争については、拙稿（2009）「後期マムルーク朝社会におけるワーイズの実像―人気説教師クドゥスィーの場合―」『西南アジア研究』71, pp. 28–43 を参照されたい。

（66）*Rawḍ*, 729, 120a.

（67）*Nujūm*, vol. 16, p. 347.

（68）*Ḍawʾ*, vol. 1, p. 365.

（69）Berkey 2001, chapter 3 及び Talmon-Heller 2007, pp. 131–132 を参照。

『9世紀の人々の輝く光』にみえるワアズとワーイズ

番号	名前	出生地	生没年	法学派	主たる活動地
1	イブラーヒーム・アル＝アンサーリー・アッ＝サアディー	—	819-893	Sh	ヘブロン、エルサレム
2	イブラーヒーム・アル＝カラキー・アル＝カーヒリー	カイロ	b. 835	Hf	カイロ
3	イブラーヒーム・アル＝カーヒリー・アル＝ムーサキー	カイロ	d. 895	Sh	カイロ、メッカ
4	イブラーヒーム・アル＝バアリー	バールベク	776-861	Sh	バールベク、アレッポ
5	イブラーヒーム・アル＝ハマウィー	ハマー	825-898	Sh	ハマー、カイロ、メッカ
6	アフマド・ブン・アフマド・ブン・ジュウガーン	—	d. 850	—	メッカ
7	アフマド・アル＝アブシーティー・アル＝カーヒリー	—	760頃-835	Sh	カイロ
8	アフマド・アル＝ハマウィー・アル＝ハラビー	ハマー	773頃-844	Hn	ハマー、トリポリ、アレッポ
9	アフマド・アル＝マクディスィー	ミジュダル	d. 870	Sh	エルサレム、カイロ、メッカ
10	アフマド・アル＝アンサーリー・アル＝ミスリー	カイロ	767-832	Sh	カイロ、ダマスクス、ヒジャーズ他
11	アフマド・アル＝ウマイリー・アル＝マクディスィー	エルサレム	832-890	Sh	エルサレム、カイロ、メッカ
12	アフマド・アル＝フワーリズミー・アッ＝ディマシュキー	—	d. 868	Sh	ダマスクス、エルサレム
13	アフマド・アッ＝トゥンブズィー・アル＝カーヒリー	—	740s-809	Sh	カイロ
14	アフマド・アル＝マハッリー	マハッラ・クブラー	d. 882	Sh	マハッラ・クブラー
15	アフマド・アル＝マクディスィー・アッ＝ディマシュキー・アッ＝サーリヒー	—	800頃-842	Hn	ダマスクス
16	アフマド・アル＝クトゥブ	—	b. 829	Sh	ヘブロン、カイロ
17	アフマド・アル＝カスタラーニー・アル＝ミスリー	エジプト	b. 851	Sh	メッカ、カイロ
18	アフマド・ブン・ムハンマド・アル＝カーヒリー	—	d. 819	Sh	マクス
19	アフマド・アッ＝サルスィー	—	d. 861	Hf	カイロ
20	アフマド・ブン・ムハンマド・アル＝カーヒリー	—	780頃-841	—	カイロ
21	アフマド・アル＝ミスリー・アッ＝ディマシュキー・アッ＝ダリール	—	d. 803頃	—	カイロ、ダマスクス、アレッポ
22	アフマド・アル＝ハラビー・アル＝マクディスィー	エルサレム	—	Sh	ダマスクス、エルサレム
23	アフマド・ブン・ムハンマド・アル＝ブルキーニー	カイロ	812-865	Sh	カイロ、ダマスクス
24	アフマド・アッ＝ディマシュキー	ダマスクス	818-889	Sh	ダマスクス

職業/役職/地位	禁欲	特記事項	典拠
ムダッリス、ムフティー、副カーディー	—	通称「イブン・カウカブ」、詩作	1:56-57
ハティーブ、ムッダリス、カーディー、ナーズィル他	○	スルタンのイマームを務める	1:59-64
ワーイズ	—	メッカで民衆にハディースを読む	1:83-84
ムダッリス、ムフティー	—	通称「イブン・アル＝ムラッヒル」、アレッポの名士たちにワアズ	1:159-160
ワーイズ、ハティーブ	—	アシュラフィーヤ学院のハティーブ、女性に人気	1:171-172
ワーイズ、シャイフ（ズィマーミーヤ）	○	シャーズィリー派のニスバ	1:210
ワーイズ	—	預言者伝に専心、アズハルで説教	1:244
ワーイズ、カーディー、ムフティー	○	通称「イブン・アル＝ラッサーム」、カーディリー派のニスバ	1:249-250
ワーイズ、ハティーブ、ムダッリス	—	通称「アブー・アル＝アッバース・アル＝クドゥスィー」	1:363-366
ワーイズ、ムウタカド	○	シャーズィリー、カーディリー派に入信、人々の崇敬	2:50-51
ワーイズ、シャイフ	○	アズハル、メッカでマジュリス、イブン・ムズヒルによる後援	2:52-53
ムダッリス	○	ザーウィヤ建設、救貧活動	2:54
ムダッリス、ムフティー	—	サハーウィーが講義に出席、法学、アラビア語に優れる	2:56-57
ワーイズ、ハティーブ	—	「マハッラ・クブラー蜂起」を扇動し投獄	2:74-75
副カーディー	—	通称「イブン・ズライク」、ワアズの才能	2:83-84
ワーイズ	—	サハーウィーに師事、ヘブロン地方でワアズ	2:95
シャイフ（小カラーファの聖者廟）	—	クルアーンとハディースの読誦に優れる	2:103-104
ザーヒド、ムウタカド	○	通称「ザーヒド」、女性への説教	2:111-113
ワーイズ、教育	○	シャーズィリー派のニスバ、彼のための墓廟があった	2:125
ワーイズ	—	通称「イブン・アル＝クルダーフ」、音楽家、ムアイヤド・シャイフの傾倒	2:142-143
ワーイズ	—	盲目のワーイズ、ワーイズたちを指導	2:158-159
ワーイズ、カーディー	—	通称「イブン・ウバイヤ」、ワアズで生計を立てる	2:185
副カーディー、ムダッリス、ハティーブ	○	自らのマドラサでワアズ、ハーッサ・アーンマに感銘を与える	2:188-190
シャイフ	○	通称「イブン・アル＝アフサースィー」、ザーウィヤのシャイフ	2:194

番号	名前	出生地	生没年	法学派	主たる活動地
25	アフマド・アル＝マクディスィー・アル＝バーウーニー	ナースィラ	751–816	Sh	ダマスクス、エルサレム、カイロ
26	アフマド・アル＝ブルッルスィー	ブルッルス	b. 819	M	カイロ、ブルッルス
27	アフマド・アッ＝サラーイー	—	—	—	ホラズム
28	アフマド	ルーム	d. 853	—	ルーム、エルサレム、ダマスクス他
29	アフマド・アッ＝ティルミズィー	—	—	—	—
30	イスマーイール・アル＝ビカーイー・アッ＝ディマシュキー	—	d. 807 頃	Sh	ダマスクス、トリポリ
31	ハサン・アッ＝スィジーニー・アル＝アズハリー	—	d. 880	Sh	—
32	ハサン・アル＝ハサニー・アル＝カーヒリー	—	d. 896	—	—
33	ハムザ・アル＝ハラビー・アル＝アスナウィー	イフミーム	b. 790 頃	Sh	カイロ（ミスル）、シャーム
34	ハリーファ・アッ＝ダリール	—	d. 893	—	カイロ
35	ラマダーン・アッ＝シャーズィリー・アル＝マダニー	—	—	—	メディナ
36	サーリフ・ブン・ウマル・アル＝ブルキーニー	カイロ	791–868	Sh	カイロ
37	アブドゥッラフマーン・アッ＝ディマシュキー・アッ＝サーリヒー	—	780 頃 -844	Hn	ダマスクス、メッカ
38	アブドゥッラフマーン・アッ＝タミーミー・アッ＝ダーリー・アル＝ハリーリー	ヘブロン	795–876	Sh	ヘブロン
39	アブドゥッラフマーン・アル＝ヒンディー	インド	770s–837	—	インド、イエメン、ヒジャーズ、メッカ他
40	アブドゥッラフマーン・アッ＝ダカーリー	—	747–819	Sh	カイロ
41	アブドゥッラフマーン・アッ＝サアーリビー・アル＝ジャザーイリー	マグリブ	d. 876	M	マグリブ
42	アブドゥッラフマーン・アル＝クルディー・アッ＝ディマシュキー	—	d. 819	Sh	ダマスクス、トリポリ、バールベク他
43	アブドゥッラヒーム・アル＝ハマウィー	ハマー	762–848	Sh	ハマー、カイロ、エルサレム
44	アブドゥッサラーム・アル＝ブフーティー・アッ＝ディムヤーティー	ダミエッタ	835 頃 -896	Sh	ダミエッタ
45	アブドゥルカーディル・アル＝カーヤーティー・アル＝カーヒリー	—	d. 873	—	カイロ、シャーム
46	アブドゥッラー・アッ＝サンバーティー・アル＝カーヒリー	—	762–846	Sh	カイロ、メッカ
47	アブドゥッラー・アル＝ガムリー・アル＝カーヒリー	—	770 頃 -886	Sh	カイロ、メッカ
48	アブドゥルワッハーブ・アッ＝スマイサーティー・アル＝カーイー	—	—	Sh	カイロ

職業/役職/地位	禁欲	特記事項	典拠
ハティーブ、カーディー、カーティブ、シャーイル他	○	ウマイヤ・モスクのハティーブ、サイード・アッ＝スアダーに居住	2:231-233
(読誦)	—	通称「イブン・アル＝ウカイタウ」、ワアズに関する書物を編纂	2:248
ワーイズ	—	ペルシア語、トルコ語、アラビア語に優れる	2:253
ワーイズ、ムウタカド	—	通称「シェクル・アッ＝ルーヒー」、三ヶ国語でワアズ、人々の崇敬	2:261
ワーイズ	—	イブン・アラブ・シャーが師事	2:261
ナースィフ、教育	—	民衆にハディースを読み、助言、ワアズ	2:303
ムダッリス、イマーム	—	児童教育、クルアーンの複写、ワアズを行なう	3:110-111
ワーイズ、シャイフ	—	ワアズのため村々を回る	3:132
ワーイズ	—	美声の持ち主、詩作	3:165
イマーム	—	盲目、サイイダ・ナフィーサ廟のイマーム、未熟なワアズ	3:187
ワーイズ	○	シャーズィリー派のニスバ	3:229
ムダッリス、大カーディー、ハティーブ他	—	最有力ウラマーの一人、ワアズ集会に名士が参集	3:312-314
ムダッリス、イマーム	—	通称「アブー・シウル」、ハラーム・モスクでワアズ	4:82-83
ムダッリス	—	ワアズ形式でクルアーン注釈に関する著作を残す	4:95-96
ワーイズ	—	非常に雄弁、故郷（インド）に向かう航路、溺死	4:103
ムダッリス、ハティーブ、ムフティー	○	通称「イブン・アン＝ナッカーシュ」、イブン・トゥールーン・モスクのハティーブ	4:140-142
イマーム、著述家	—	執筆活動	4:152
ワーイズ、カーディー	—	40 歳過ぎまでは商業に従事	4:160-161
ワーイズ、ハティーブ	○	カーディリー派のニスバ、アシュラフィーヤ学院のハティーブ	4:170
カーリウ、イマーム、ムウタカド	—	民衆に対するマウイザ、人々の崇敬を受ける	4:208
ワーイズ、ムアッズィン	○	ワファーイー派のニスバ、ブルキーニーを自称、美声	4:296-297
ワーイズ、カーリウ、副カーディー	—	法学とワアズにおいて指導的立場にあった	5:14-15
ワーイズ、シャイフ、ムウタカド	○	カラーファ参詣者のシャイフ、ムウタカド、後に盲目になる	5:23
ワーイズ	—	通称「ファイユーミー」	5:108-109

番号	名前	出生地	生没年	法学派	主たる活動地
49	ウスマーン・アッ＝ディマシュキー	—	772-841	Sh	ダマスクス
50	アリー・アル＝ミスリー・アッ＝シャーミー	—	b. 790	Sh	ミスル、シャーム
51	アリー・アッ＝ディマシュキー・アッ＝サーリヒー	ダマスクス	815-882	Hn	ダマスクス、カイロ、アレッポ
52	アリー・アル＝ブフーティー・アッ＝ディムヤーティー	ダミエッタ	b. 857 頃	Sh	ダミエッタ、メッカ
53	アリー・アル＝ウマリー・アル＝ガムリー・アル＝カーヒリー	ミンヤト・ガムル	b. 842 頃	Sh	カイロ
54	アリー・ブン・ウスマーン・アッ＝ディマシュキー	ダマスクス	778-844	Sh	ダマスクス
55	アリー・アル＝バアリー・アッ＝ディマシュキー	バールベク	750 頃 -803	Hn	ダマスクス、カイロ
56	アリー・アル＝クラシー・アル＝アンサーリー・アル＝イスカンダリー	カイロ	759-807	M	カイロ
57	アリー・アン＝ナフヤーウィー・アル＝カーヒリー	—	d. 875	—	カイロ
58	ウマル・アッ＝ラーミーニー・アル＝マクディスィー・アッ＝サーリヒー	ダマスクス	781 頃 -872	Hn	ダマスクス、カイロ
59	ムハンマド・ブン・イブラーヒーム・アル＝ハマウィー	カイロ	b. 847	Sh	カイロ
60	ムハンマド・アル＝アンサーリー・アル＝ムバーシリー	—	d. 888	M	シャルキーヤ、カイロ
61	ムハンマド・アル＝マクディスィー・アン＝ナーブルスィー	カフル・ラバド	771-855	Hn	ダマスクス、アレッポ、メッカ
62	ムハンマド・アル＝マハッリー・アッ＝サマンヌーディー	サマンヌード	825-890	Sh	カイロ
63	ムハンマド・アル＝ジャアファリー・アル＝アジュルーニー	—	d. 801	—	サルミーン、アレッポ、メッカ
64	ムハンマド・アル＝ガッズィー	ガザ	812-881	Sh	ガザ、ハマー他
65	ムハンマド・アル＝カーヒリー・アッ＝シャラーリービー	—	—	Sh	カイロ（ブンドゥカーニーイーン）
66	ムハンマド・アル＝イブシーヒー・アル＝マハッリー	アブシューヤ	790-850 頃	Sh	カイロ、マハッラ・クブラー
67	ムハンマド・アル＝カルニー・アル＝カーヒリー	カイロ	797-871	Sh	カイロ
68	ムハンマド・ブン・ハリール・ブン・ヤアクーブ	—	d. 892	—	カイロ
69	ムハンマド・ブン・ダムルダーシュ・アル＝アシュラフィー・アル＝ファフリー	—	836 頃 -888	Hf	カイロ他
70	ムハンマド・アッ＝ラフビー・アル＝ハラビー	—	—	—	アレッポ、ダマスクス他
71	ムハンマド・アル＝イラーキー・アル＝キマニー・アル＝カーヒリー	キマン	b. 841	Hf	カイロ、メッカ
72	ムハンマド・アル＝マクディスィー	—	740 頃 -827	Hf	カイロ、エルサレム
73	ムハンマド・アル＝カラーフィー	カラーファ	785-876	Sh	カラーファ

職業/役職/地位	禁欲	特記事項	典拠
ムクリウ、ムアッズィン、ハティーブ	—	ウマイヤ・モスクのムアッズィン長、ペストに際しモスクで祈願	5:137-138
—	—	ワアズ、フトバに関する書物を編纂	5:191
カーディー、ダマスクスのカーティブ・アッ=スィッル他	—	通称「イブン・ムフリフ」、ワアズの方法に関する知識	5:198
ワーイズ	—	ワーイズのウマイリーに師事、各地で人々に「話す」	5:239-240
—	—	通称「イブン・アル=ムサッリーヤ」、ワアズに熱心だった	5:257-258
ムダッリス、副カーディー	○	通称「イブン・アッ=サイラフィー」、ワアズを行う	5:259-260
ムダッリス、ムフティー、副カーディー	—	通称「イブン・アッ=ラッハーム」、ウマイヤ・モスクでワアズ	5:320-321
スーフィー	○	通称「イブン・ワファー」、シャーズィリー派のスーフィー、詩作	6:21-22
ワーイズ、スーフィー	○	ジャマーリーヤ学院のスーフィー	6:59
ワーイズ、カーディー、シャイフ	—	通称「イブン・ムフリフ」、ミスル、シャームでワアズ集会	6:66-67
ワーイズ	—	通称「イブン・アル=ハマウィー」、父を継ぎワアズを行なう	6:280
ワーイズ、ムバーシル、ムウタカド	○	シャルキーヤのムバーシル、アトラークの崇敬	6:280
カーディー、副イマーム、副ハティーブ	—	マウイザに関する著作を残す	6:309
ムフティー、教育	○	通称「イブン・アル=マハッリー」、リファーイー派のニスバ	7:16-17
ハティーブ	—	通称「ハティーブ・サルミーン」、アレッポ、メッカでワアズ	7:33
カーディー、ハティーブ、ムフティー他	—	通称「イブン・アル=ヒムスィー」、シャイフ・アル=バラド	7:61-62
ムクリウ、イマーム	○	通称「シャラーリービー」、モスクでブハーリーを読誦	7:103
ハティーブ（ワーイズ）	—	ワアズに関する著作を残す	7:109
ワーイズ	—	通称「イブン・アッ=シャラブダール」、民衆に人気	7:224-225
ワーイズ	—	ハーキム・モスクに居住、ワアズに熱中	7:234
ワーイズ、副カーディー	—	大ダワーダール、スルタンとの関係、各地を旅しワアズ	7:241-242
ワーイズ、イマーム	—	カーンスーフ・アル=ヤフヤーウィーのイマーム	7:248
ワーイズ、イマーム？	○	シャーズィリー派のニスバ	8:42-43
大カーディー、ムフティー	○	通称「イブン・アッ=ダイリー」、スルタンが講義に出席	8:88-90
ワーイズ	—	通称「ハッファール（墓堀人）」=父の職業	8:99-100

番号	名前	出生地	生没年	法学派	主たる活動地
74	ムハンマド・アッ＝ルウルウィー・アッ＝ディマシュキー	ダマスクス	784-867	Sh	ダマスクス、バールベク
75	ムハンマド・アル＝カーヒリー	—	d. 892	—	カイロ
76	ムハンマド・アル＝アスカラーニー・アッ＝サンダバスティー	サンダバスト	b. 822	Sh	マハッラ・クブラー、カイロ
77	ムハンマド・アル＝イスバハーニー・アッ＝シーラーズィー	シーラーズ	b. 820 頃	Sh	シーラーズ、メッカ
78	ムハンマド・アル＝ハラビー	—	d. 882	—	アレッポ
79	ムハンマド・アッ＝シーシーニー	シーシーン	763-855	Sh	カイロ、イエメン、メッカ、エルサレム他
80	ムハンマド・ブン・アズィーズ	—	d. 817	Hf	チュニジア
81	ムハンマド・アル＝ミスリー・アル＝マッキー	—	d. 885	—	メッカ
82	ムハンマド・アッ＝スユーティー・アル＝ミスリー	アスユート	795-866	M	メッカ
83	ムハンマド・ブン・カースィム	—	—	—	メッカ
84	ムハンマド・アブー・アル＝ファドル・アル＝ハティーブ	メッカ	827-873	Sh	メッカ、カイロ
85	ムハンマド・アル＝アーミリー・アル＝ガッズィー	ガザ	840-885	Sh	ガザ
86	ムハンマド・アル＝カーヒリー	—	b. 813	—	カイロ？
87	ムハンマド・アッ＝ズバイディー・アル＝バルカーウィー	バイト・リフヤー	821-894	Sh	ダマスクス他
88	ムハンマド・アル＝マハッリー・アル＝カーヒリー	—	d. 882	Sh	カイロ
89	ムハンマド・アル＝ハマウィー	—	774-852	Sh	ハマー、エルサレム
90	ムハンマド・アル＝ナイリーズィー	ナイリーズ	814-880	Sh	イージュ、シーラーズ、カイロ他
91	ムハンマド・アル＝クルディー・アル＝カラワーニー	カラーファ	772-859	Sh	フゥワ
92	ムハンマド・アッ＝ダミーリー・アル＝カーヒリー	カイロ	742 頃 -808	Sh	カイロ、メッカ
93	ムハンマド・アル＝ハブラーディー・アッ＝ディマシュキー・アッ＝タラーブルスィー	—	760 頃 -848	Sh	ダマスクス、トリポリ
94	ムハンマド・アッ＝ディマシュキー	—	—	—	—
95	ムハンマド・アル＝フワージャー・アッ＝ザーヒル・アル＝ブハーリー	—	d. 822	—	テーベ
96	マフムード・ブン・イブラーヒーム・アル＝ハマウィー	—	—	—	—
97	マフムード・ブン・アブドゥッ＝ラヒーム・アル＝ハマウィー・アル＝カーヒリー	ヒジャーズ道	b. 793	Sh	ハマー、カイロ他
98	マフムード・アル＝アンタービー	—	d. 805	Hf	ルーム、アインターブ、アレッポ

職業/役職/地位	禁欲	特記事項	典拠
ワーイズ、クトゥビー	—	本屋（クトゥビー）、民衆にワアズ	8:141-142
ワーイズ	—	通称「イブン・フルド」	8:150
ワーイズ、ナースィフ、シャーヒド	—	通称「イブン・ダップース」	8:174
—	—	メッカでサハーウィーに師事、各地でワアズ	8:218
ワーイズ、ムフティー	—	通称「イブン・アル＝ハーリス」、民衆に人気を博す	8:231
ムフタスィブ、シャーヒド、商業	○	イエメン、メッカなどでワアズ集会、商業活動	8:266-267
ワーイズ、シャイフ、ムダッリス	—	書に優れていた	8:277
ワーイズ、カーリウ	○	シャーズィリー派のニスバ、クルアーン七読誦法のシャイフ	8:284
ワーイズ	○	シャーズィリー派のニスバ	8:286
ワーイズ	—	名前のみ	8:287
ハティーブ、ムダッリス、ムフティー	—	メッカ、アズハルでワアズ、傑出したアーリム	9:31-35
ハティーブ、副カーディー	—	通称「ヒジャーズィー」、民衆にハディースを読誦	9:51
スーフィー	○	シャーズィリー派のニスバ	9:75-76
カーディー、カーティブ・アッ＝スィッル他	—	通称「ハイダリー」、スルタンが弔意を示す	9:117-124
ワーイズ、ハティーブ	—	通称「イブン・アル＝ハーキミー」、元アッタール	9:135
ワーイズ	—	通称「イブン・アッ＝ズワイガ」、著名なワーイズ	9:163
ハティーブ、教育	○	スルタン・イーナール、フシュカダムにワアズ	9:232-233
—	○	通称「イブン・アル＝アジャミー」	10:32-33
シャーヒド、ムフティー、ムダッリス、ハティーブ	○	アズハル、イブン・アル＝バクリー学院で講義、サイード・アッ＝スアダーのスーフィー	10:59-62
ムフティー、ハティーブ、ムウタカド	—	通称「イブン・ズフラ」、ワアズに関する著作、ムウタカド	10:70-71
ナッジャール	—	大工を辞め、学問の道へ、ワアズに没頭	10:107
フワージャー	—	国際商人、ワアズとタズキールに専念	10:121
ワーイズ	—	イブラーヒーム・アル＝ハマウィーの息子	10:127
副カーディー、ハティーブ	—	父アブドゥッラヒーム・アル＝ハマウィーを継いでワアズ	10:137-138
ワーイズ	—	ワアズ集会で多くの人々を改悛させる	10:146

番号	名前	出生地	生没年	法学派	主たる活動地
99	マフムード・アル＝ヒムスィー	ホムス	b. 843	Sh	エルサレム、カイロ、メッカ
100	マアキル・アル＝ジャアファリー・アル＝ガダーミスィー	—	b. 840 頃	M	マグリブ
101	ヤフヤー・アッ＝ルブイー・アル＝ガッズィー	ガザ	b. 832	Hf	メッカ
102	ヤフヤー・アル＝キバービー・アル＝カーヒリー	キバーブ	761 頃 -840	Sh	ダマスクス
103	ユースフ・アル＝アンタービー	—	766-822	Hf	—
104	ユースフ・アル＝マールディーニー	—	d. 819	Hf	カイロ
105	アブー・イスハーク・アル＝ヤズディー・アッ＝シーラーズィー	—	d. 876	Sh	カイロ、イエメン
106	アブー・バクル・アル＝バアリー・アッ＝サーリヒー・アッ＝ディマシュキー	バールベク	809 頃 -861	Hn	バールベク、ダマスクス
107	アブー・バクル・アル＝バーハスィーティー・アル＝ハラビー	アレッポ	811 頃 -890	Sh	アレッポ、ルーム他
108	アブー・バクル・アル＝アンサーリー・アル＝ハズラジー・アル＝キマニー	キマン	758-833	Sh	エルサレム、カイロ
109	アブー・バクル・アル＝アスカラーニー・アル＝ハーンキー	—	d. 888	Sh	メッカ
110	アブー・アル＝ナジャー・アル＝ミスリー	フスタート	b. 849	Sh	フウワ、カイロ
111	バイラム・アッ＝ダイルーティーヤ	—	—	M	エルサレム、メッカ、ダミエッタ
112	ファーヒタ・ウンム・アル＝フダー	—	—	Hf	—
113	ファーイダ	—	d. 872	—	メッカ
114	ウンム・ラージフ・アル＝クラシーヤ	メッカ	834-886	—	メッカ

凡例
・法学派の略号は以下の通りである
Sh＝シャーフィイー派、Hf＝ハナフィー派、Hn＝ハンバル派、M＝マーリク派
・生没年はヒジュラ暦で示した
・生没年について複数説あるものはサハーウィーの見解を優先した
・「禁欲」に含まれるのは以下の通りである
1.「シャーズィリー」「カーディリー」など、タリーカのニスバがつく場合
2.「タリーカに入信した」との記述がある場合
3.「禁欲者（ザーヒド）」との記述がある場合
4.「修道場（ハーンカー、リバート、ザーウィヤ）に居住した」「修道場（ザーウィヤ）を建設した」との記述がある場合
5.「タサウウフを学んだ」「タサウウフに優れた」「タサウウフを指導した」との記述がある場合
・「ムダッリス」や「教授した」との記述がなく、かつ教育に携わった人物については「教育」と記した
・ムクリウ、カーリウ、もしくはクッラーであるとの記述がなく、かつクルアーン読誦を行った人物については「読誦」と記した
・「代理を務めた」との記述がある場合、「副～」で表した

職業/役職/地位	禁欲	特記事項	典拠
ワーイズ、カーディー、ムダッリス	○	エルサレム、メッカでワアズ、タサウウフ教授のシャイフ	10:147-148
—	—	マグリブ各地を放浪、メッカでジャーワラ	10:162
ワーイズ	—	ハラーム・モスクで民衆にワアズ	10:224-225
ワーイズ、ムダッリス、カーディー、ムフティー	—	雄弁で知られるワーイズ	10:263-264
(読誦)	—	キラーアートに優れる	10:317-318
—	—	アズハルで人々にワアズ	10:319
ワーイズ、スーフィー	○	フシュカダム、アリー・ブン・ターヒルにより厚遇	11:2-3
ムフティー、シャームのハンバル派シャイフ、ザーヒド	○	通称「イブン・クンドゥス」、元織物職人	11:14-15
ハティーブ	—	通称「イブン・アル=ミスリー」	11:17
ムダッリス、ムフティー	—	通称「キマニー」、大規模な葬儀	11:63-64
—	—	通称「イブン・アブー・アル=バラカート」、メッカでワアズ	11:67-68
ムダッリス、ムフティー、ハティーブ	○	アミール・タンバクのため一夜で法学の注釈を記す	11:143-145
—	—	女性たちに対してワアズを行なう	12:15
ワーイザ	—	息子が「良き、明快なワーイザ」との伝記を記す	12:86
シャイハ、カービラ	○	リバート・アッ=ザーヒリーヤのシャイハ	12:114
ハティーバ？	—	複数回フトバを行なった	12:146

モリスコの伝える知
——アルモナシド・デ・ラ・シエラ写本を通して

佐藤健太郎

はじめに

16 世紀から 17 世紀初頭にかけてのスペインには、モリスコと呼ばれるマイノリティが存在した。彼らは、11 世紀以降徐々にキリスト教徒に征服されていったアンダルス（イスラーム期のイベリア半島）のムスリムの子孫であり、さらに 16 世紀前半の強制改宗政策(1) によってキリスト教への改宗を余儀なくされた人々である。彼らは皆表面上はキリスト教徒であったが、中には密かにイスラームの信仰を保持し続ける「隠れムスリム」とでも呼べるような者たちもいた。最終的にモリスコは 1609 年から 1614 年まで続いた追放政策によりスペインから追われ、その多くは北アフリカへ移住していくことになる。しかし、それまでの約一世紀間、キリスト教が支配的なスペインには、イスラームの信仰を保つモリスコが残っており、その中で細々とながらもイスラームの知が伝え続けられていたのである。

「隠れムスリム」となったモリスコたちが、イスラームに関わる様々な知を保存し次世代へと伝えていく際、大きな役割を果たしたのは写本である(2)。中でもこれまで注目されてきたのが、アルハミーア aljamía という独特の表記法で書き記された一連の写本である。アルハミーアとは、アラビア語の al-'ajamīya すなわち「非アラビア語」を意味する単語に由来し、アラビア文字表記のロマンス諸語のことを指す。モリスコ、とりわけイベリア半島中部のカスティーリャ地方や半島東北部内陸のアラゴン地方のモリスコたちはアラビア語話者ではなかったため(3)、読み書きに際してもロマンス諸語（特にカスティーリャ語、およびカスティーリャ語アラゴン方言）を用いる方が容易であったが、自らのムスリム意識を確認するために文字だけでもアラビア文字を用いようとしたのだと考えられている。

アルハミーアについては、これまでにも多くの研究がなされ、その過程で多くの写本の校訂も進められてきた(4)。ただし、現時点までに校訂されている写本の多くは、著者が判明していたり、著者不明であっても著作として一定のまとまりのあるテキストが優先される傾向がある(5)。このように著作として固有の価値を持つ写本が優先されるのは校訂という作業の性質上当然のことではあるのだが、実際に残されているアルハミーア写本の多くは、しばしば指摘されているようにまた本稿でも論じるように、それ自体としてはオリジナルの著作とは言い難いドゥアーの文言やハディースの断片などの雑多な寄せ集めである。モリスコが伝達する知を考える際には、このような必ずしもまとまった著作とは言い難い雑多な内容の写本の存在を無視するわけにはいかない。

また、アルハミーア写本が注目される一方で、同時にモリスコが保持していたアラビア語写本については、これまで十分な関心が払われてきたとは言い難い。実際のところ、モリスコ由来の写本の中には、少なからぬ数のアラビア語写本やアルハミーアとアラビア語との二言語表記の写本が含まれているのである。クルアーンの言語であるアラビア語は、イスラーム世界のほぼ全域において宗教諸学の共通語として用いられる言語であり、またモリスコの祖先が暮らしていたかつてのアンダルスにおける支配的な言語であった。モリスコたちは自分たちの日常語であるロマンス諸語（すなわちアルハミーア）だけではなく、イスラームそのものや祖先の記憶に連なるアラビア語で書かれた写本をも伝えていたのである。したがって、モリスコの伝える知を考える際には、アルハミーアだけではなくアラビア語の写本も考慮にいれる必要がある

以上の観点からモリスコの伝える知を理解するための手がかりとして、本稿

では19世紀末にアラゴン地方の山村アルモナシド・デ・ラ・シエラ Almonacid de la Sierraで発見された60点余りの写本を取り上げる。このアルモナシド写本は、17世紀初頭に最終的にイベリア半島から追放されるまで、この村のモリスコ家系が密かに保持し続けていたものと考えられている。発見段階で少なからぬ写本が失われてはいるものの、ある程度はこの村のモリスコが伝えようとしていた知の総体を反映していると言えるだろう。この60点余りの写本をひとまとまりの群として捉えることで、モリスコが伝えようとしていた知の全体像を知る手がかりとしたい。

1　アルモナシド・デ・ラ・シエラと写本の発見

アルモナシド・デ・ラ・シエラは、アラゴン地方の主都サラゴサの南西約60キロメートル、ハロン川流域から少し山を登ったところにある。現在の人口は千人に満たない小村である。アラゴン地方は12世紀半ばまでにはその全域がアラゴン王国に征服されており、アルモナシドもこの頃にキリスト教徒の支配下に入ったと考えられる。この村は中世からムデハル（キリスト教徒支配下でイスラーム信仰を許されていたムスリム）が多く住む村であり、1495年の住民台帳ではキリスト教徒3世帯に対してムデハルが85世帯と圧倒的多数を占めていた。1526年に強制改宗政策が導入された後も依然として多くのモリスコが住んでおり、最終的追放直前の1610年にはその数は319世帯にも及んでいる(6)。異端審問記録からは、周辺の村から子弟を受け入れてイスラーム教育がなされていたり、他の村と書籍の取引がなされていたことが分かっており(7)、小さな村とはいえ隠れムスリムであるモリスコのネットワークの地域的な結節点であったといえる。

この村でモリスコの写本が発見されたのは、1884年のことである(8)。村の中にある古い家屋の取壊し（もしくは修繕作業）をした際、家屋の階と階との間に設けられた隠しスペースの中から大量のアラビア文字表記の写本が見つかった。写本は一つ一つ袋に入れられ、また一緒に製本用具も見つかったという。当初、村の人々はその写本に価値を認めずに焚き火にくべるなどしたため多くの写本が失われてしまったが、たまたま村を訪れたサラゴサの神父がこの発見に気づき、残りの写本は救われることになった。その後、写本の多くはサラゴサの愛書家ヒル Pablo Gil のもとに渡ったが、その死後の 1910 年、マドリードの学術推進委員会（Junta para la Ampliación de Estudios）がこれを遺族から購入した。スペイン内戦終結後の 1939 年に同委員会が解体され、国家的な研究機関として学術研究高等評議会（Consejo Superior de Investigaciones Científicas, CSIC）が設立されると、同時に写本も CSIC に移管されることになった。現在は、CSIC 傘下で人文・社会科学分野を担当するトマス・ナバーロ・トマス図書館（Biblioteca Tomás Navarro Tomás）に収められている。

アルモナシド写本の出所については、アルモナシドに住んでいたモリスコ家系エスクリバーノ Escribano 家の存在が注目されている(9)。アルモナシド写本の中には、エスクリバーノという名を持つ複数の人物が 16 世紀後半に写字生として書写したものが複数見られるが、「筆記者」を意味するエスクリバーノという名はその一族がなかば職業的に写本作成をおこなっていたことに関わると考えられる。その中の一人ルイス・エスクリバーノは、リスボンに旅をした際にモロッコのフェスから到来したイスラーム法学者に教えを受けたり（1587 年）、イスラーム式の葬儀をとりおこなったかどで異端審問に告発され証拠不十分で釈放されたり（1597 年）したことが分かっており(10)、イスラームに関わる知識を可能な限り集めると同時に、隠れムスリムのモリスコ同胞に対する信仰生活の指導者として活動していた人物であった。アルモナシド写本とは、このようなエスクリバーノ家の写本「工房」で作成されたり（写本発見現場には製本用具もあったという）、あるいは彼らが新たな写本作成に必要な文献として収集したりしたものが、強制移住の際に捨て置かれたものである可能性が高いのである。

以下、アルモナシド写本を検討するにあたって本稿では、この写本がマドリードの学術推進委員会に収められた際にリベーラらが作成したカタログ(11)、および現在写本を収蔵しているトマス・ナバーロ・トマス図書館ウェブサイト上のカタログデータ[12]をまず利用した。いずれのカタログも写本の形態や記述内容についてきわめて詳細な情報を与えてくれる。それに加えて、同図書館ウェブサイトのデジタルライブラリ上では、全点ではないものの大部分のアルモナシド写本のデジタル画像が公開されているので、これも必要に応じて利用した。リベーラらのカタログにはアルモナシド写本に対して1から59および61の計60点の番号が付けられている[13]。そこで本稿で各写本に言及する際には、これらの番号に学術推進委員会（Junta）の頭文字Jを付して表記する。これに加えてアルモナシドで発見された写本の中には、学術推進委員会が購入することなくサラゴサの別の図書館Biblioteca del Colegio de Padres Escolapios de Zaragozaに収蔵されることになった写本が4点あることが分かっている。リベーラらのカタログにはこの4点の写本についても記述があり、AからDまでの記号がつけられている。これらの写本については、以下A、B、C、Dと表記する。したがって、本稿で検討対象とするのは、CSIC所蔵の写本にサラゴサに残った写本を加えた計64点である[14]。

2　アルモナシド写本が伝える知の種類

まず最初に、どういった種類の知がアルモナシド写本の中に伝えられているのか、そして頻繁に登場する知はどんな分野のものなのかを検討しよう。

イスラームの聖典クルアーンは、16点のアルモナシド写本の中に登場する[15]。そのうちの多くはアラビア語で書かれているが、アラビア語原文とアルハミーア訳文が交互に現れる対訳形式が6点の写本に（J03; J18; J25; J39; J47; J58）、そしてアルハミーア訳文のみのクルアーンも1点の写本（J13）に見られる。クルアーンが含まれている写本はアルモナシド写本のうち四分の一近くに相当し、やはりクルアーンはモリスコにとって伝えるに値する最も重要な文献のひとつと見なされていたことが分かる。ただし、ここで注意しなければならないのは完全な形でのクルアーンは一点も存在しないことである。最も分量の大きいJ16やJ34でも百数十葉程度であり、クルアーン全体の三分の一から四分の一程度でしかない[16]。カスティーリャ語訳クルアーンについて論じたロペス・モリーリャスによれば、アルモナシド写本に限らず、ムデハルやモリスコの写本全体を見ても完全な形のカスティーリャ語訳クルアーンは一点しか伝わっていないという[17]。アルモナシド写本を見る限りは、状況はカスティーリャ語訳だけでなくアラビア語原文のクルアーンについても同じであるといえるだろう。一方、ロペス・モリーリャスによればムデハルやモリスコの間にはクルアーンをそれぞれ第6章、第18章、第37章、第114章の末尾で区切って四分の一クルアーンを作る習慣があったという。実際、アルモナシド写本中のアラビア語原文クルアーンでも、J16は第38章から、J34は第19章から始まっており、この四分の一クルアーンとして作り始められ中途で終わってしまった（あるいは一部のみが現存している）ことをうかがわせる。ただし、数葉程度の断片的なクルアーンも様々な写本に散在しているため、そもそも完全な形でクルアーンを伝えようとしていなかった可能性もある。その場合は、ロペス・モリーリャスも指摘するようにクルアーンのうち日常的によく使う句のみを書き記したり、あるいはある種の護符として書き記したケースもあったのであろう。

イスラームの第二の聖典ともいえるハディースは、19点の写本に認められ、クルアーンより若干多くの写本に収録されている[18]。このうち6点は、J10のイブン・クタイバ Ibn Qutayba（889年没）、J20およびJ37のイブン・ジュザイイ Ibn Juzayy（1384年没）、J29およびJ39のクダーイー Ibn al-Salāma al-Quḍāʻī（1062年没）、そしてJ54のウクリーシー al-Uqlīshī（1155年没）と編纂者の名が示されており出典が判明する。しかし、いずれもハディース集全体ではなく、J20の71葉、J29の132葉（ただしアラビア語とアルハミーアの対訳形式なので実質的な分量はもっと少ない）が目立つくらいで、他は10葉から30葉程度である。ブハーリーの『真正集』のような六大ハディース集は見受けられない。ハーヴェイはハディースのように大部な著作はそれだけ隠しづらくなると考えているが[19]、確かにモリスコにとってまとまったハディース集を伝えていくのはきわめて難しいことであっただろう。一方、カタログ上でハディースと判断されているテキストのほとんどは、出典不明である。また、その多くは数葉から多くても20葉程度のものであり、そもそもハディース集として書写していない可能性もある。後述するようにアルモナシド写本においては、雑多な文献の集成がきわめて多くあるし、様々な伝承や逸話を集めた説教集もある。したがって、出典の分からない断片的なテキストの場合、見出しに「ハディース al-ḥadīth」等と記されている部分が、ハディースそのものを伝えるために書写されたのか、それとも他の意図をもって集成された一部なのかの判断はきわめて難しい。

クルアーンやハディース以上に頻出するのがイスラーム法にかかわる文献で、27点の写本に認められる[20]。そのうち、出典が分かる著作は比較的多く15点ある。たとえばマグリブ・アンダルスで非常によく知られていた古典的なマーリク派法学書であるイブン・アビー・ザイド・カイラワーニー Ibn Abī Zayd al-Qayrawānī（996年没）の *al-Risāla* が200葉近くのアルハミーア訳（C）として伝わっている他、イラクのマーリク派法学者イブン・ジャッラーブ Ibn Jallāb（988年没）による *Kitāb al-tafrī‘* の600葉近くに及ぶ大部なアルハミーア訳（J33）[21] などがある。また、アンダルスのマーリク派法学者アリー・トゥライトゥリー ‘Alī al-Ṭulayṭulī（10世紀）の *al-Mukhtaṣar* については、アラビア語とアルハミーアの対訳196葉（J14、ただし訳が付されているのは途中まで）の他、アルハミーア訳の断片（J04; J09）やその韻文化された注釈書（J31）[22] などがある。また、文書の例文集としてマグリブ・アンダルスでよく知られていたジャズィーリー al-Jazīrī（1189年没）の *al-Maqṣad al-maḥmūd*（J05）[23] やイブン・フトゥーフ Ibn al-Futūḥ al-Būntī（1070年没）の *al-Wathā’iq wal-masā’il*（J11）が不完全ながらも100葉を超えるアラビア語原文として伝わっている。さらにイスラーム期の著作だけではなくキリスト教徒支配下のムデハルが自ら書いた著作もある。セゴビアのイーサー・ジデッリ Iça Gidelli（15世紀半ば）によるアルハミーアの法学書『スンナ概要（*Breviario çunni*）』が2点の写本（J1; J12）に収録されている[24]。また、J03のうち100葉ほどを占めるイスラーム法に関わる記述はアルモナシド写本との深いかかわりが想定されるモリスコ家系エスクリバーノ家の人物が16世紀に自ら執筆した可能性もあるという[25]。

ただその一方で、ハディースと同様に法学の場合も、出典の分からない断片的な文献が少なくない。その中には104葉からなる遺産相続の書のアルハミーア訳（J59）もあるが、ほとんどは数葉程度の断片的なものである。イスラーム法には相続・婚姻・売買等の人と人との関係を定める社会的規定（ムアーマラート）だけでなく、礼拝や断食等の神と人との関係を定める儀礼的規定（イバーダート）があるが、これら出典不明の断片的なテキストの多くは後者の儀礼的規定に関するものである。たとえば、J58には断食や礼拝、浄めなどに関する記述が「章（capítulo）」のような見出しとともに数葉ずつ書写されている箇所（fols. 49r-72v）がある。これらは、イスラーム法を体系的に伝えようとしたテキストというよりは、信徒の日々の信仰生活を導くための手引きとして書写された可能性が高い。ハディースの場合と同様、これらの断片もどこまでがイスラーム法の文献として書写されたもので、どこまでが雑多な文献の集成として書写されたものなのかの判断は難しいというべきであろう。

一般的にはイスラーム世界の写本の中で大きな位置を占めているわけではないが、アルモナシド写本においては非常に目立つものにドゥアー（祈願）の文例がある。ドゥアーに関してはクルアーンやハディースと同じ程度の頻度である18点の写本中に認められる[26]。その中には、イブン・ジャザリー Ibn al-Jazarī（1429年没）によるドゥアーの文言集 *al-Ḥiṣn al-ḥaṣīn* のアラビア語原文とアルハミーア訳の対訳百葉あまり（J52）もあるが[27]、その他は出典の分からないテキストばかりである。1葉程度に単一のドゥアーの文言を記したものもあれば、J22に見られるように数十葉をかけて各曜日ごとあるいは葬儀などの場面ごとにふさわしいドゥアーを集めたもの（fols. 479v-536v）もある。

また、説教の文例も比較的多く14点の写本に認められる[28]。その中で目立つのが中央アジア出身のサマルカンディー Abū al-Layth al-Samarqandī（983–4年もしくは1002–3年没）の *Tanbīh al-ghāfilīn* であり377葉のアルハミーア訳（J06）がある他、サマルカンディーの引用を収録した写本（J03; J04）が複数あり、モリスコの間でよく知られていた著作であったことがうかがえる。また、アレッポのイブン・ヌバータ Ibn Nubāta（984年没）の *al-Nubātīya*（J17）やバグダードのイブン・ジャウズィー Ibn al-Jawzī（1201年没）の *Kitāb salwat al-aḥzān*（J38）など著名な説教家の著作のアラビア語原文も断片的だが残されている。このような説教のいわばネタ本は、モリスコ自身も編纂しようとした形跡がある。サラゴサに残されたアルモナシド写本4点のうち3点（A; C; D）は、300葉から500葉にわたり説教の題材となるムスリムとしての倫理や様々な伝承・逸話などについてアルハミーアで論じた出典不明の写本である[(29)]。もちろん、モリスコたちがおおっぴらに集団礼拝の場で説教をおこなうことはできなかったが、彼らが定期的に晩の集会を持ったり、犠牲祭の日に集まったりしていたことは知られている。その際に、説教がなされることもあったという[(30)]。これらの著作は、そうした機会のネタ本として用いられるものであろう。

アラビア語学にかかわる文献は9点の写本に見られる[(31)]。文法書としては、サイマリー al-Ṣaymarī（1146年没）の *Tabṣirat al-mubdadi' wa-tadhkirat al-muntahī*（J15）やザッジャージー al-Zajjājī（949年没）の *Kitāb al-jumal fī al-naḥw*（J19）などが百数十葉と比較的分量のあるアラビア語原文で伝わっている。また、イブン・アージュッルーム Ibn Ājurrūm（1323年没）による定番的な韻文形式のアラビア語文法書 *Ājurrūmīya* のアルハミーア訳およびその注釈書が、それぞれ30葉程度ではあるが2点の写本にみられる（J12; J59）。辞書については、ズバイディー al-Zubaydī（989年没）の *Kitāb al-'ayn* の断片が2点（J35; J49）、それぞれ100葉程度のアラビア語原文で残っている。また、クルアーンにあらわれる術語や遺産相続関連の術語を対象にしたアラビア語・アルハミーアの短い単語集的なものもある（J40）。後でも述べるように、これらの文献の存在は、アラゴン地方のモリスコがアラビア語文献の読解を放棄してはいなかったことを示唆するものである。

また、暦にかかわる文献は6点の写本に見出すことができる[(32)]。その中にはヒジュラ暦の各月の名とその月の説明を記したものや（J28）、ある特定の時期（1599年から1601年）についてヒジュラ暦の各月の新月が太陽暦のどの日に出現したかをアルハミーアで記したもの（J40）などがある。後者は「この年のムハッラム月の新月は～に現れた（pareció）」などと過去形で表現されているので、実際に新月を観測した記録なのであろう。モリスコが二つの暦を関連づけながら生活していたことをうかがわせるものである。

これら以外の宗教諸学の文献は必ずしも多くはなく、各分野でそれぞれ数点が認められる程度である。たとえばクルアーン解釈学については、イブン・アビー・ザマニーン Ibn Abī Zamanīn（1008 年没）の著作のアルハミーア訳が 2 点（J51; J52）あるのみである。また、出典不明の J8 にはアルハミーアで fuera recontado por la tawsir de la l-Qur'ān（クルアーンのタフスィールで語られた）と見出しのついたテキスト（fols. 156r-160v）が収められており、クルアーン解釈学（タフスィール）の書から引き写した可能性はある。しかし、内容はモーセがムハンマドを探し求めるという短い伝承である。J8 は全体的に断片的なハディースが数多く収録されている写本でもあるので、クルアーン解釈学の書として書写したというよりは様々な出典から引き写した伝承の一つとして書写されたものというべきであろう。クルアーン読誦学については、マグリブ・アンダルスで優勢であったナーフィウ流の読誦を伝えるワルシュ Warsh（812 年没）の著作のアルハミーア訳が J12 の冒頭 157 葉にわたって見られる。

スーフィズムについては、J10 冒頭の 60 葉および J36 の全体 130 葉が同一のアラビア語著作だが、著者は不明で出典はよく分かっていない。一方、J21 はその全体 163 葉がガザーリー（1111 年没）の主著『宗教諸学の復興』を要約したウッバディー al-Ubbadhī（生没年不詳）による *Jamī‘ ikhtiṣār kitāb iḥyā’ ‘ulūm al-dīn* のアラビア語写本である。また、ガザーリーが語ったとされる言葉が J08 に見られるが、ハーヴェイによればこれはガザーリー晩年のスーフィズムの著作 *Minjāj al-‘ābidīn* のアルハミーア訳断片だという[33]。

一方、預言者ムハンマドについての関心は比較的高い方だと言えるかも知れない。数葉から十数葉程度の断片的なものばかりだが、アルハミーアによるムハンマド頌詩（J09; J13J; J13L; J52D）やムハンマドの生誕や死などにかかわる伝承が複数みられる。また、分量は 10 葉と少ないがアザフィー al-‘Azafī（1236

年没）の預言者生誕祭論 *al-Durr al-munaẓẓam* のアラビア語原文が J10 に見られる[(34)]。神学や法源学といったその他のイスラーム諸学問については、明らかにこれに属すると判断できる文献は見当たらない。

一方、モリスコの写本が伝える知の中には、エリート知識人の知とはいささか異なる護符やまじないに関するものもあり、アルモナシド写本の中では 6 点の写本に見出すことができる[(35)]。死者が携えるべき紙片や nushra と呼ばれる「飲み薬」の処方[(36)]、その他様々な護符についての記述がある。ほとんどは数葉の短いものだが、J22 は 500 葉あまりのほとんどが護符・まじないについての雑多なテキストの集成となっており、きわめて特異なものである[(37)]。

その他、トルコ人の歴史を語ったもの（J04）や、アラゴン地方の村 Puey Monçón からメッカ巡礼を果たしたという体裁の韻文形式の旅行記（J13）などそれぞれ単独ではきわめて興味深いアルハミーアの文献もアルモナシド写本には含まれている。いずれも他に同種のテキストが見当たらないきわめて特異なものであり、モリスコの伝える知の典型とは言い難いが、モリスコのオスマン朝に対する期待感やメッカ巡礼への憧れを反映したものだといえるであろう。

このように、アルモナシド写本は、その多くが広い意味でイスラームの信仰にかかわる文献である。その中にはかつてのアンダルスを含む広大なイスラーム世界各地で書かれた著作を書写しようとしたものもあるが、完全な形で伝わっているものは少ない。また、著者や出典の分からないものも多い。まとまった形の著作を伝えるというよりは、断片的な形で日常的な信仰生活にかかわるような雑多な内容をまとめたものが目立つ。イスラーム信仰にかかわる知の中でも、神学や法源学のような抽象的な著作はほとんど見られず、日々の礼拝やドゥアーといった儀礼にかかわるものや、あるいは説教のようにモリスコの宗教指導者が信徒を導く際のネタ本といったものが多い。また、これらの著作の中にモリスコ自身が執筆したことが明らかなものは決して多くはない。モリスコは、これまでのイスラームの知の遺産のうえに自ら何かを積み上げようとするのではなく、その知の遺産を取捨選択しつつ継承していくだけで精一杯だったといえるだろう。

3　アルモナシド写本における知の言語

アルモナシド写本は、アルハミーアだけではなくアラビア語でも書かれている。アラビア語のみで書かれている文献は35点の写本に[38]、アルハミーアのみで書かれている文献は36点の写本に[39]、そして対訳形式などでアラビア語とアルハミーアの二言語表記となっている文献は20点の写本に[40]見出すことができる[41]。このようにアルモナシド写本においてはアルハミーアとほぼ同じ頻度でアラビア語のテキストがあらわれるのである。それでは、アラビア語による知の伝達とアルハミーアによる知の伝達には、それぞれどういった特徴があるのだろうか。

まず、アラビア語で書かれた文献について見てみよう。内容に関しては、もっぱらアラビア語のみで書かれる分野というものは特には見当たらない。強いて言えば、クルアーンがアラビア語で伝えられる傾向が強かったという程度である。しかし、クルアーンは本来アラビア語で読まれるべきであるということを考慮にいれれば、アルハミーア訳のクルアーンが少なからず見られることの方が強調されるべきであろう。

アラビア語で書かれた文献の特徴は、むしろ知の内容ではなく、著者や出典が判明するものが比較的多いという点にある。また、その出典の中にはムデハルやモリスコによって書かれたものはなく、いずれも中東・マグリブ・アンダルスなどイスラームが支配的な地域・時代において執筆された著作ばかりである。このように出典が判明するものはイスラーム法関連の文献を中心に19点の写本の中に認められる[42]。これは、アラビア語文献を含む写本の半数以上にあたる。さらに、そのうちの13点が百葉以上の分量を持っている。出典不明で断片的なものが目立つアルモナシド写本全体と比べれば、アラビア語で書かれているものは、比較的、著作としてのまとまりを残す傾向があるといえる。

もう一点、アラビア語で書かれた文献で特徴的なのは、書写年代が比較的早い点である。奥書などから強制改宗（1526年）より以前に書写されたと判断できるものは、13点ある(43)。そのほとんどは15世紀および16世紀初頭に書写されたものだが、中にはJ35のように435/1043年付けのきわめて古いものもある。また、奥書に書写年代が書かれていないものについても、リベーラらのカタログおよびCSICのカタログでは透かし模様など紙の特徴からおおざっぱな年代を推定している。それによれば、他に4点の写本（J05; J07; J27; J36）が15世紀以前のものであると考えられる。奥書から書写年代が判明するものとあわせると17点になり、アラビア語文献を含む写本の約半分となる。

これら強制改宗以前の早い時期に書写されたアラビア語文献は、上述の出典が判明し著作としてのまとまりがある文献と重なりあうものが多く、強制改宗以前に書写されながら著者不明のテキストは3点の写本（J27; J36; J54）にしか見られない。さらにそのうちのスーフィズムを扱うJ36は130葉の比較的大部なものであり、著者不明であってもまとまった一つの著作全体を書写しようとしたものである可能性は高い。このように強制改宗以前に書写されたアラビア語文献は、伝統的なイスラーム諸学の知を著作としてそのまま伝える傾向のものであるといえる。

これらの写本が書写された場所は不明のものが多いが、たとえばJ31はアラゴン地方のウエスカで書写されたと奥書にある。このことから、キリスト教徒の支配下におかれたムデハルの間でも、強制改宗以前であればかつてのアンダルスと同様にアラビア語写本の作成がおこなわれていたことが分かる。隠れムスリムとしてモリスコが保持していたアルモナシド写本の中には、このようにムデハル期に書写されたアラビア語写本も含まれるのである。

一方、強制改宗以後の書写に関しては、奥書から明確にそれと判断できるものはないが、透かし模様などから16世紀以後と推定されているものが13点ある(44)。これらの写本の内容はほとんどがクルアーンもしくはドゥアーの文言を断片的に収めたもので、クルアーン以外は出典不明である。分量は百葉前後のクルアーンが4点あるものの、残りは数葉から十数葉のきわめて少ないものである。その一方で、著作としてのまとまりをある程度残すような文献はほとんど見られない。このことは、強制改宗以後、アラビア語読解能力の低下がこれまで以上に進行していたことを示すと思われる。アラビア語で書かれたクルアーンやドゥアーは口に出して読み上げるものであり、必ずしもその意味を理解しなくても相応の役割を果たしうるものである。断片的なクルアーンやドゥアーの文言は、体系的な知を伝えるものというよりは、日常の信仰生活の中で繰り返し口にすべきアラビア語の決まり文句という側面が強いといえるだろう。

では、読解が困難な強制改宗以前の古いアラビア語写本がアルモナシドの古家に保存され続けたことはどう考えればよいだろうか。これについては、アラゴン地方のモリスコにとって書物とは、たとえ読解できないものであってもアラビア語で書かれているだけでありがたみのある一種の聖なるものと見なされていたことが、異端審問記録を用いた研究により指摘されている(45)。したがって、強制改宗以前に書写された大部なアラビア語の写本は、それを読解するためだけでなく、それを所持すること自体に意味を見いだされて受け継がれていった可能性もあるのである。もちろん、後述するようにアラビア語を理解しようという願望や意図は強制改宗以後も消え去ったわけではない。しかし、全体的にはアラビア語原典を通して体系的に知を伝達することは次第に少なくなってきているといえるだろう。

それでは、アルハミーアで書かれた文献についてはどうであろうか。その内容はやはり多岐にわたっているが、アラビア語文献にはないものとして護符・まじないにかかわる文献（ただし護符に書かれるべき文言にアラビア語の定型句が登場することはある）や太陰暦にかかわるものがある。暦については、それが実用的であるためには同時代のキリスト教徒の太陽暦との関連性を示す必要があるため、伝統的なイスラーム諸学の著作をそのまま引き写すのでは役に立たない。また護符・まじないについては、一般的に地域ごとのバリエーションが大きい営みである。こうしたことから、暦や護符・まじないにおいては伝統的なアラビア語文献をそのまま書写するのではなく、新たにアルハミーアのテキストが書き起こされたのだと思われる。この他、イスラーム法の中でも礼拝や断食などの儀礼的規定のみを記す断片的な文献や、説教の文例集などもアルハミーアで書かれる傾向が強い。宗教指導者が信徒たちの信仰を導く際の手引きとして日常的に参照するような内容もまた、アルハミーアが使われる傾向があるといえるだろう。

また著者や出典が判明する著作が含まれているのは11点の写本だけであり(46)、アラビア語の場合に比べるとまとまった著作を書写する傾向は小さい。出典が判明するものについては、アルハミーアの場合にもアラビア語の場合と同様にマグリブ・アンダルス・中東などで執筆された伝統的なイスラーム諸学の著作も9点の写本（J04; J06; J08; J09; J12; J33; J51; J52; C）に見られる。しかし、アラビア語の場合には皆無だったムデハルもしくはモリスコが執筆した文献が、イーサ・ジデッリの『スンナ概要』をはじめ、少ないながらも4点の写本（J01; J08; J12; J13）に認められる。キリスト教徒支配下のムスリムはアラビア語で自ら新たな著作を書き起こすことはしなかったが、アルハミーアではわずかながらもそれに挑戦していたのである。

書写時期については、アルハミーアの場合、強制改宗以前に書写されたことが奥書から明らかなのは901/1495-6年付けのイブン・アビー・ザイド・カイラワーニーの法学書翻訳（C）のみである。この他に奥書から書写年代が判明するのはすべて強制改宗以後で、1580年代が3点の写本に（J13; J33; J57）、1601年が1点の写本（J06）に見られる。また、透かし等から推定される年代でも15世紀と思われるものはなく、すべて16世紀か17世紀のものと考えられている。アルハミーアという表記法自体は15世紀のイーサ・ジデッリの頃にはほぼ完成されていたと考えられているが、アルモナシド写本に関する限りではアルハミーア表記の写本はほとんど強制改宗以後のものである。強制改宗と前後してアラビア語からアルハミーアへと書写言語が変わっていった様子がうかがえる。

最後にアラビア語とアルハミーアの二言語表記の文献を見てみよう。その中で目立つのは、ドゥアーで8点の写本に認められる(47)。多くはアラビア語のドゥアーとそのアルハミーア訳とが一行ごとに交互に現れる対訳形式となっている。ドゥアーはアラビア語でなくても構わないとされているが、アルモナシド写本の中では、アラビア語のもの、アルハミーアのもの、そして両者の対訳形式のものがほぼ同数ずつ見られる。アルモナシドのモリスコにとっては、アラゴン方言でドゥアーをおこなうのが最も容易であったろうが、対訳形式のものが少なからず見られるということは、可能な限り文言の意味を理解しつつアラビア語でドゥアーを唱えたいという願望のあらわれであろう。

二言語表記の中でドゥアーに次いで多いのがクルアーンで6点の写本に見られる[(48)]。これもほとんどが対訳形式となっている。ドゥアーとは異なりクルアーンは原則的にアラビア語で読みあげるべきものである。実際、前章でも述べたようにアルモナシド写本の中にはアラビア語のみのクルアーンも少なくない。しかし、アラゴン地方のモリスコの場合はアラビア語の読解能力が限られているため、対訳形式にすることで、神の言語アラビア語で読みあげることとアルハミーアでその内容を理解することの両立をはかったのであろう。その他には、法学書（J14）、ハディース集（J29）、アラビア語文法書（J59）などの対訳の断片も残されている。

二言語表記の場合の書写時期は、イブン・アージュッルームらのアラビア語文法書の対訳を収録したJ59が880/1475–6年に書写されている他は、奥付で明示されているものはない。ただし、透かし等からはほとんどが16世紀もしくは17世紀のものと推定されている。二言語表記のものもアルハミーア単独で書かれているものと同様、そのほとんどは強制改宗以後に書写されたものである。

このような二言語表記の文献の存在は、アラビア語を読み書きできる人間が減っていく中で、なんとかしてアラビア語の読解能力を保持したいという意識が残っていたことを示している。その点では、前章で見たようにアラビア語文法書の対訳やクルアーンや遺産相続関連の術語に関する単語集などの存在が示唆的である。いずれもアラビア語の文法体系や語彙の全てを到底カバーできる分量ではないが、文法書を二言語表記で書写したり単語集を作成したりしていることは、モリスコたちがアラビア語を学ぼうとする努力を依然として続けていたことを示している。

4　アルモナシド写本における知のまとまり

アルモナシド写本の特徴の一つは、一つの写本が必ずしも単一の著作に対応するわけではないと言う点である。その中には、複数の著作を収録する写本や、あるいはそもそもどこからどこまでがひとつの著作なのか判然としない様々な内容が「章（capítulo）」といった見出しとともに雑然と現れる写本を少なからず見いだすことができる。ここでは、単一の著作のみを伝える写本と、そうではない多様な内容を含む写本との間には、内容や言語などの点でどういった違いがあるのか、また様々な内容を一つの写本にまとめる場合、そこには何か意図を見いだすことができるのかについて検討していく。

カタログ上、単一の著作のみから構成されている写本は 32 点あるが(49)、その中にはドゥアーや説教、伝承などの雑多な内容から成る出典不明の著作も 7 点ある(50)。これはカタログ上の記述にもかかわらず、実際には後で述べる雑多な内容をまとめた写本と共通する性格のものだと考えられる。これを除けば単一の著作のみから構成されている写本は 25 点で全体の三分の一にも満たない程度の数でしかない(51)。

単一の著作のみで構成された写本のうち、アラビア語で書かれたものは 15 点(52)、アルハミーアで書かれたものは 6 点(53)、そしてアラビア語とアルハミーアの二言語表記のものは 4 点(54) ある。アルモナシド写本全体と比べると、アラビア語の比率がかなり高い事が分かる。このうちアラビア語写本のほとんどはクルアーンもしくは出典の判明する著作であり、しかも強制改宗以前に書写されたものが多い。前章で検討した強制改宗まで色濃く残っていたイスラーム諸学の知を著作としてアラビア語でそのまま伝える写本作成の伝統を反映するものとほぼ重なるものである。一方、アルハミーアや二言語表記のものについては、書写年代は強制改宗以後のものも含まれるが、イーサ・ジデッリ、イブン・ジャッラーブ、イブン・アビー・ザイド・カイラワーニー等、著者の判明するものがほとんどであり、この点ではアラビア語の写本と共通している(55)。

単一の著作からなる写本の内容はアラビア語、アルハミーアの言語を問わず多様だが、半分近い10件がイスラーム法学に関するものである(56)。

このように単一の著作から成る写本の中には、出典の判明するイスラーム諸学の著作をまとまった形でそのまま書写するという傾向が見て取れる。使用言語こそ、強制改宗以前と以後とで変化が見られるものの、そして次第に数は少なくなっているものの、このようなまとまった形で著作として体系的なイスラームの知を伝えようという伝統は、17世紀の最終的追放の直前まで続いていたのである(57)。

一方、複数の著作を収録している写本はどうだろうか。使用言語に関しては、アラビア語の著作が含まれる写本が20点に対して、アルハミーアの著作が含まれる写本は29点、二言語表記が16点とアルハミーアを含む写本の比率が大きく高まる(58)。

この中で、著者や出典が判明するものを含む写本は14点と必ずしも多くはない(59)。その中には、確かに、比較的まとまった著作を伝えようという意図が読み取れる写本もある。たとえば、J59はイブン・アージュッルームらいずれも著者の判明するアラビア語文法の書3点を対訳形式で一つにまとめた写本である。書写年代は3点ともヒジュラ暦880年、すなわち1475-6年と奥書にある。また、J10はイブン・クタイバのハディースに関する著作、アザフィーによる預言者生誕祭論、そして著者不明のスーフィズムの書の3点を1442年から翌年にかけてアラビア語のままで書写したものである。いずれの著作も数十葉程度で欠落が多く完本からはほど遠いが、古典的なアラビア語著作をそのまま書写しようという意図から作成されたものと思われる。その点では、この二つの写本は複数の著作をバンドルしてはいても、単一の著作から構成される写本と同様、体系的な知を著作として伝えようという伝統の中に位置づけられるものといえる。

しかし、こうしたいくつかの例外を除けば、複数の著作を含む写本の大部分は出典の判然としない雑多なテキストの寄せ集めとなっている。たとえばJ09はカタログの記述によれば26の部分から成っている。その中には確かにトゥライトゥリーのイスラーム法学書から抜き出した浄めや断食に関するテキストがアルハミーア訳で収録されているものの、他の部分はムハンマドの誕生・モーセ・イエスなどにかかわる宗教的な伝承、ムハンマド頌詩、二大祭（イード）・ラマダーン月・シャアバーン月などの美徳についての説明など、伝承を中心に出典不明の様々な内容も含まれている。この場合、トゥライトゥリーの法学書の断片は、彼の著作そのものを伝えるためというよりは、他の出典不明の部分とともにイスラームの信仰にかかわる様々なテキストを集成する一部分として書写されたのだろう。

では、この種の写本が収録する知はどのようなものなのだろうか。雑多な内容を含むため一概には言えないが、目立つのはクルアーンが 12 点の写本に、ハディースやその他の伝承が 19 点の写本に、説教が 10 点の写本に、そしてドゥアーが 18 点の写本に含まれている。一方、法学に関わる記述も 16 点の写本に含まれているが、その多くは礼拝や断食など儀礼的規定にかかわるものである。伝統的なイスラーム諸学を体系的に伝えるというよりは、礼拝やドゥアー、説教など、モリスコの宗教指導者が信徒たちの信仰生活を導く際に参照する手引き書的なものを意図して作成された写本だといえるだろう。その点で興味深いのは、J55 や J56 である。J55 は礼拝、暦、クルアーンなどについて、J56 はドゥアー、預言者への賛美の言葉などについて記してあり、いずれも出典不明の雑多な内容を含んだ写本だが、それぞれ 11×9cm、11×8cm と非常にコンパクトなサイズになっている。日常的に手元においたり持ち運んだりして参照するのに都合のよいサイズで作成されたともの思われる。

また、この種の写本は、クルアーンやドゥアーを除けば多くがアルハミーアで書かれている。このことも、これらの写本が伝統的なイスラーム諸学を体系的に伝えるためというよりは、日々の信仰実践の実用に供するためのものであったということを示している。書写時期は、奥書ではっきりと明示されているものはほとんどないが、多くは 16 世紀のものと推定されている。強制改宗以後の困難な状況の中で、アラビア語のまとまった写本をそのまま書写することが難しくなる一方、日々の信仰実践を支えるための手引き書の必要が増したことを反映していると思われる。

このような雑多な寄せ集め写本のうち、特にJ13についてはモンタネル・フルートスがその形成過程を明らかにしている。この写本は現在266葉から成っているが、その表紙はそれだけの葉数を覆うほどの大きさがなく、したがってこの写本の中核となったのは表紙で覆うことができる100から150葉程度の写本だった。その後、写本の持ち主であるエスクリバーノ家の人々が、随時入手した写本の断片をこれに付け加えていった結果、現在残されているような形態のJ13になったのだというのである[(60)]。J13に限らず、同様の過程を経て、雑多な断片を徐々に寄せ集めて写本が作られていくことは他にもあったと思われる。

ハーヴェイはモリスコの書物の中に数多く見られる、信仰に関する伝承や逸話などを雑多に集めた類の写本について、適切な表現が見つからないとしつつ、「宗教雑記 pious miscellanies」や「説教雑記 exhortatory miscellany」などと呼び、イスラーム世界の民衆的な説教であるワアズとの関連で捉えるべきだと考えている。そして、古典的なまとまった著作ではあるものの、同じように多種多様な伝承と逸話を含むサマルカンディーやイブン・ジャウズィーらの説教の書と関連づけている[(61)]。16世紀のモリスコたちが残した雑多な断片の集成は、結局は権威ある著者の名の下に単一の著作として形を整えることはなかったが、共同体の中の宗教指導者が信徒たちを導く際の手引き書として用いられたという点では、似たような機能を果たしていたといえるだろう。

おわりに

以上のアルモナシド写本の検討の結果、モリスコたちが知を伝える写本は、大きく二種類に分けられることがおぼろげながら見えてきた。

一つは、断片的なテキストの寄せ集めで強制改宗後に記されたものである。それらの中にはしばしばアルハミーアのテキストが含まれている。一つの写本の中には雑多な内容が含まれているが、クルアーンやドゥアーの文言、儀礼行為の記述、説教の題材となる様々な伝承・逸話が入っていることが多い。これらは、モリスコの中でもイスラームの知に比較的通じた指導的な人々が、説教などの場で他の信徒を導く際の手引き書として日常的に参照するものであったと思われる。

もう一つは、出典の判明する著作を強制改宗以前にアラビア語原典のまま書写したものであり、しばしば一つの写本に一つの著作というかたちで現れる。これらは、必ずしもイスラーム諸学のすべての分野を網羅したものではないが、それでもイスラーム期から受け継がれてきた知を著作としてまとまった形でアラビア語のまま伝えようとしたものだといえるだろう。もちろん、アラゴン地方のモリスコたちはアラビア語話者ではなく、アラビア語の読解能力は低下するばかりであった。したがって、この第二のタイプの派生として、特に強制改宗以後にはまとまった著作のアルハミーア訳も次第に散見されるようになる。しかし、古い時代に書写されたアラビア語写本は、17 世紀に放棄されるまでアルモナシド写本の中に確かに受け継がれていた。これらの写本は、ある種の聖なるモノとして扱われる側面もあったが、その一方で、対訳形式のアラビア語文法書や用語集の存在からうかがい知れるように、写本の中に伝えられているイスラームの知を可能な限り読解しようと試みられる対象でもあった。アルモナシドのモリスコたちは、このような二種類の傾向をもった写本をとおして、イスラームの信仰とそれにかかわる知を次の世代に伝えようとしていたのである。

注

(1) 強制改宗政策は、まずカスティーリャ王国で 1502 年に、そしてアラゴン連合王国で 1526 年に導入された。スペインの中でもこのように時期が分かれるのは、当時のスペインが各地の法制度・統治機構・議会制度をそのまま残した同君連合だったからである。本稿で対象とするアルモナシド写本はアラゴン地方で発見されたので、以後、強制改宗というときには 1526 年のアラゴン連合王国におけるそれを指す。

(2) モリスコの間には少なからぬ数の書物が流通していた。たとえば、アラゴン地方の異端審問記録に依拠した研究によれば、1568 年から 1620 年までの間に異端審問に告発された900人のうち、書物を所持していたことが明らかなものは半数近い409人にのぼるという。Jacqueline Fournel-Guérin, "Le livre et la civilisation écrite dans la communauté morisque aragonaise (1540-1620)," *Mélanges de la Casa de Velázquez* 15, 1979, p. 243.

(3) それに対して、半島東部沿岸のバレンシア地方や、キリスト教徒に征服されて間もないグラナダ地方では、依然としてアラビア語が話されていた。

(4) アルハミーア研究の蓄積については、以下の文献目録が有用である。愛場百合子『モリスコ史資料研究文献目録――アルハミアを中心に』Ⅰ・Ⅱ、東京外国語大学大学院、2004-05年。我が国では数少ないアルハミーアに関する概説としても役に立つ。

(5) たとえば、アルハミーア研究の第一人者であるオビエド大学のガルメス・デ・フエンテス Álvaro Galmés de Fuentes の主宰によって1970年代から刊行されているアルハミーアの校訂シリーズ *Colección de literatura española aljamiado-morisca* (*CLEAM*) の第1巻は、『パリスとビアナの愛の物語 *Historia de los amores de París y Viana*』という恋愛物語である。この物語にはスペイン文学と共通のモチーフがみられ、モリスコと伝統的なキリスト教徒との間の文化の交流の跡を示すという点で興味深いテキストなのは間違いない。しかし、モリスコが伝えようとしていた知の多くがイスラームの信仰にかかわるものであることを考えると、この作品は非常に例外的な存在と言わなければならない。

(6) José Manuel Latorre Ciria et al., *Bibliografía y fuentes para el estudio de los moriscos aragoneses*, Teruel: Centro de Estudios Mudéjares, 2010, pp. 169-174.

(7) Fournel-Guérin, "Le livre et la civilisation écrite dans la communauté morisque aragonaise (1540-1620)," pp. 246-249.

(8) アルモナシド写本の発見とその後の経緯については、以下を参照。Julián Ribera & Miguel Asín ed., *Manuscritos árabes y aljamiados de la Biblioteca de la Junta*, Madrid, 1912, pp. V-IX; Alberto Montaner Frutos, "El depósito de Almonacid y la producción de la literatura aljamiada (En torno al ms. Misceláneo XIII)," *Archivo de Filología Aragonesa* 41, 1988, pp. 119-121.

(9) Alberto Montaner Frutos, "El depósito de Almonacid y la producción de la literatura aljamiada (En torno al ms. Misceláneo XIII)," pp. 141-143.

(10) Gerard Wiegers, *Islamic Litterature in Spanish and Aljamiado. Yça of Segovia (fl. 1450), His Antecedents & Successors*, Leiden: E. J. Brill, 1994, pp. 201-202.

(11) Ribera & Asín ed., *Manuscritos árabes y aljamiados de la Biblioteca de la Junta*

(12) http://biblioteca.cchs.csic.es/

(13) リベーラらのカタログのうちJ60、J62、J63、J64については、アルモナシド・デ・ラ・シエラに由来する写本ではないので、分析の対象外とした。そのほか、製本されていない数葉ずつのばらばらの紙片を入れたフォルダ (carpetas de

papeles sueltos）に 65 から 101 までの番号がつけられているが、これについては今回は分析の対象とできなかった。他日を期したい。

（14）ただし、現在の写本の状態がモリスコの時代の状態をそのまま反映しているかは、若干の疑問が残る。アルモナシド写本の発見後、これを約 30 年間所蔵していたヒルが損傷した写本をいくつか修復している形跡があり、その過程で異なった由来の断片が一つに製本されてしまった可能性は否めない。実際、複数の冊子（cuaderno）が一つに製本されている写本は複数ある。この点については一つ一つの写本についての吟味が必要だが、後述するように異なった由来の写本がモリスコ自身によって一つにまとめられるケース（J13）もあることから、本稿ではカタログ上の分類にしたがって写本の点数は 64 点とした。

（15）J03; J13; J16; J18; J24; J25; J28; J34; J39; J41; J42; J43; J46; J47; J55; J58

（16）単純に葉数でいえば、190 葉の J18 がもっとも多いが、これはアラビア語とアルハミーアの対訳形式になっているため、実際にはクルアーン全体の 1 割強である。

（17）Consuelo López-Morillas, "The Genealogy of the Spanish Qurʿān," *Journal of Islamic Studies* 17, 2006, pp. 255–294.

（18）J08; J09; J10; J13; J20; J24; J25; J27; J29; J37; J39; J40; J41; J43; J44; J52; J54; J55; J57

（19）L. P. Harvey, *Muslims in Spain 1500 to 1614*, Chicago: The University of Chicago Press, 2005, pp. 145–146.

（20）J01; J02; J03; J04; J05; J07; J08; J09; J11; J12; J13; J14; J24; J25; J31; J33; J37; J39; J40; J45; J48; J50; J55; J58; J59; J61; C

（21）校訂版は、Soha Abboud-Haggar ed., *El Tratado jurídico de al-Tafrīʿ de Ibn al-Ǧallāb. Manuscrito aljamiado de Almonacid de la Sierra*, 2vols., Zaragoza: Institución Fernando el Católico, 1999.

（22）アルモナシド写本も参照して校訂されたアラビア語テキストは、María José Cervera ed. *Muḫtaṣar*（*Compendio*）, Madrid: CSIC, 2001.

（23）このアルモナシド写本に依拠した校訂版は、Asunción Ferreras ed., *al-Maqṣad al-maḥmūd fī talḫīṣ al-ʿuqūd*（*Proyecto plausible de compendio de fórmulas notariales*）, Madrid: CSIC, 1998

（24）イーサー・ジデッリについては、Wiegers, *Islamic literature in Spanish and Aljamiado* を参照。

（25）Wiegers, *Islamic literature in Spanish and Aljamiado*, p. 226.

（26）J04; J09; J13; J17; J20; J22; J23; J24; J28; J30; J32; J37; J41; J42; J43; J44; J52; J58

（27）cf. Soha Abboud-Haggar, "Ibn al-Ǧazarī en la literatura aljamiado-morisca a través de los manuscritos J-LII y T-232," *Anaquel de Estudios Árabes* 14, 2003, pp. 21–29.

（28）J03; J04; J06; J08; J17; J20; J25; J37; J38; J52; J54; A; C; D

(29) このうちDは、リベーラらのカタログではエスクリバーノ家の人物が著者であろうと推測している。Ribera & Asín, *Manuscritos árabes y aljamiados de la Biblioteca de la Junta*, p. 267.

(30) Fournel-Guérin, "Le livre et la civilisation écrite dans la communauté morisque aragonaise (1540–1620)," pp. 251–252. なお、集団礼拝の機会が限られていたモリスコの場合には、集団礼拝の際の説教（フトバ）と、その他様々な場面でおこなわれるより非公式的な説教（ワアズ）との境界線はきわめてあいまいだったであろう。

(31) J12; J15; J19; J25; J35; J37; J40; J49; J59

(32) J08; J13; J28; J37; J40; J55

(33) Harvey, *Muslims in Spain 1500 to 1614*, p. 158. ハーヴェイによれば、この著作については、モリスコが所有していたと思われる905/1500年書写のほぼ完全なアラビア語写本がマドリード国立図書館に所蔵されている。J08との直接的な関連は不明だが、この写本からアルハミーア訳が作られた可能性はある。

(34) アルハミーアにおけるムハンマド伝については、以下を参照。Consuelo López-Morillas ed., *Textos aljamiados sobre la vida de Mahoma. El profeta de los moriscos*, Madrid: CSCI, 1994.

(35) J08; J13; J22; J26; J43; J59

(36) 神の名やクルアーンの章句などを記した紙片で、水にそのインクを溶かして飲むものである。

(37) この写本については以下の校訂版がある。Ana Labarta ed., *Libro de dichos maravillosos* (*Misceláneo morisco de magia y adivinación*), Madrid: CSIC, 1993.

(38) J02; J04; J05; J07; J10; J11; J13; J15; J16; J17; J19; J20; J21; J24; J27; J28; J31; J32; J34; J35; J36; J37; J38; J39; J41; J42; J43; J45; J46; J48; J49; J50; J54; J55; J58

(39) J01; J03; J04; J06; J08; J09; J12; J13; J22; J23; J24; J25; J26; J28; J30; J32; J33; J37; J39; J40; J41; J42; J44; J46; J51; J52; J53; J55; J57; J58; J59; J61; A; B; C; D

(40) J03; J09; J14; J18; J20; J22; J25; J29; J37; J39; J40; J41; J42; J43; J44; J47; J52; J56; J58; J59

(41) この他に、ラテン文字表記のヒジュラ暦が1葉（J13）ある。また、リベーラらのカタログによればJ41にもラテン文字表記のカスティーリャ語訳クルアーンが8葉あるというが、CSICウェブサイトのカタログおよび写本のデジタル画像からは確認できなかった。ラテン文字表記の写本は、モリスコの写本全体を見れば一定数存在しているが、アルモナシド写本に関しては考察の対象外とせざるをえない。ラテン文字表記の写本については、たとえばスペイン王立歴史アカデミー所蔵写本のカタログを見よ。Álvaro Galmés de Fuentes, *Los manuscritos aljamiado-moriscos de la Biblioteca de la Real Academia de la Historia* (*Legado Pascual de Gayangos*), Madrid: Real Academia de la Historia, 1998.

（42）J02; J05; J07; J10; J11; J15; J16; J17; J19; J20; J21; J31; J34; J35; J38; J45; J49; J50; J54

（43）J02; J10; J11; J19; J20; J21; J31; J35; J37; J45; J49; J50; J54

（44）J04; J13; J24; J28; J32; J34; J39; J41; J42; J43; J46; J55; J58

（45）Fournel-Guérin, "Le livre et la civilisation écrite dans la communauté morisque aragonaise（1540–1620）," pp. 249–250.

（46）J01; J04; J06; J08; J09; J12; J13; J33; J51; J52; C

（47）J09; J20; J22; J42; J43; J44; J52; J58

（48）J03; J18; J25; J39; J47; J58

（49）なお、J61は単一の内容ではあるが、82×58cmの大きな一枚紙にアルハミーアで書かれた財産相続の早見表であり、他の写本とは性格が異なるので数には入れなかった。

（50）J23; J30; J48; J53; J56; A; B

（51）J01; J02; J05; J06; J07; J11; J14; J15; J16; J18; J19; J21; J29; J31; J33; J34; J35; J36; J38; J47; J49; J50; J51; C; D

（52）J02; J05; J07; J11; J15; J16; J19; J21; J31; J34; J35; J36; J38; J49; J50

（53）J01; J06; J33; J51; C; D

（54）J14; J18; J29; J47

（55）同じような傾向は、2点あるいは3点といった比較的少ない数の著作から構成される写本についても認められる。

（56）J01; J02; J05; J07; J11; J14; J31; J33; J50; C

（57）奥付で判明する最も新しい書写年代は、サマルカンディーの説教に関する著作のアルハミーア訳（J06）の1601年である。

（58）アラビア語：J04; J10; J13; J17; J20; J24; J27; J28; J32; J37; J39; J41; J42; J43; J45; J46; J48; J54; J55; J58。アルハミーア：J03; J04; J08; J09; J12; J13; J22; J23; J24; J25; J26; J28; J30; J32; J37; J39; J40; J41; J42; J44; J46; J52; J53; J55; J57; J58; J59; A; B。二言語：J03; J09; J20; J22; J25; J37; J39; J40; J41; J42; J43; J44; J52; J56; J58; J59。

（59）J04; J08; J09; J10; J12; J13; J17; J20; J37; J39; J45; J52; J54; J59。

（60）Montaner Frutos, "El depósito de Almonacid y la producción de la literatura aljamiada（En torno al ms. Misceláneo XIII）," pp. 134–141.

（61）Harvey, *Muslims in Spain 1500 to 1614*, pp. 151–154.

あとがき

序文にもあるとおり、この単行本は、慶應義塾大学言語文化研究所公募研究プロジェクト「アジアにおける『教育メディア』の比較史研究：前近代社会における「知」の伝達媒体に着眼して」(2008年4月～2010年3月）の研究成果である。本研究プロジェクトは、当初、石川透、桐本東太、栗山保之、佐藤健太郎、嶋尾稔、野元晋、長谷部史彦、山本英史、山本正身の9名をメンバーとして開始されたが、研究の過程で本プロジェクトのテーマに関連する研究を行っている大学院生、苗村卓哉、太田（塚田）絵里奈、山口元樹の3名にも加わっていただくことになった。12名の研究参加者の研究対象は、日本、中国、東南アジア、インド洋世界、西アジア、地中海世界に広がり、対象とする時代も古代から近代まで様々であったが、言語文化研究所の小さなセミナー室において開催された研究会では自由な雰囲気の中で基礎知識の確認から厳しい質問まで忌憚のない論議が展開された。教育史を専攻する研究代表者以外の参加者にとって、「教育メディア」「知の伝達」という切り口は馴染みの無いものであり、その易しくは無い課題に挑戦するために参加者は慣れ親しんでいたフィールドについて再考することとなった。それは多分野の共同研究ならではの機会であった。

本プロジェクトの活動経過について記録しておく。

2008年

4月18日　第一回研究会　全参加者による研究構想の発表

7月11日　第二回研究会　嶋尾稔「ベトナムの科挙・私塾・初等教科書に関する研究のための予備的報告」

9月26日　第三回研究会　苗村卓哉「15–16世紀ダマスクスにおけるウラマーの知識の伝達：イブン・トゥールーンの事例を中心に」、太田（塚田）絵里奈「中世アラブ社会における民間説教：ワアズ集会の教育的側面を中心に」
12月12日　第四回研究会　栗山保之「インド洋航海技術書の成立」、長谷部史彦「前近代アラブ地域におけるウラマー名家の継続性：ナイル・デルタ都市マハッラのトゥライニー家について」

2009年
4月7日　第五回研究会　山本英史「書き伝えられる中国官僚処世術：官箴による"知"の継承」
7月3日　第六回研究会　石川透「往来物・絵本作家　居初つな」
11月13日　第七回研究会　佐藤健太郎「16世紀スペインにおけるモリスコの「知」の伝達：アルハミーアとムハンマド伝」、野元晋「知の伝達としての「宣教」と「預言」：初期イスマーイール派における」
12月11日　第八回研究会　山本正身「貝原益軒の学習論：出版メディアの発達と学習論の関わり」

2010年
2月5日　第九回研究会　桐本東太「古代社会における「知」の伝達：口承と文書と」、山口元樹「蘭領東インドにおけるアラブ人協会「イルシャード」の教育活動：カリキュラム・教科書に見るイスラーム改革主義の展開」

最後に、本研究プロジェクトの実現及び本書の刊行にあたって御厚情を賜った言語文化研究所前所長故中川純男先生、現所長岩波敦子先生に心から謝意を表したい。

執筆者略歴（執筆順）

石川　透（いしかわ　とおる）
1959年生まれ。慶應義塾大学大学院文学研究科博士課程単位取得退学。博士（文学）。現在、慶應義塾大学文学部教授。専攻は、国文学。主著に『奈良絵本・絵巻の生成』（三弥井書店、2003年）、『奈良絵本・絵巻の展開』（三弥井書店、2009年）、『入門奈良絵本・絵巻』（思文閣出版、2010年）などがある。

山本正身（やまもと　まさみ）
1956年生まれ。慶應義塾大学大学院社会学研究科博士課程単位取得退学。博士（教育学）。現在、慶應義塾大学文学部教授。専攻は、日本教育思想史・江戸儒学思想。主著に『仁斎学の教育思想史的研究』（慶應義塾大学出版会、2010年）、『教育思想史』（共著、有斐閣、2009年）などがある。

桐本東太（きりもと　とうた）
1957年生まれ。慶應義塾大学大学院文学研究科博士課程単位取得退学。現在、慶應義塾大学文学部教授。専攻は、中国古代史・中国民俗学。主著に『中国古代の民族と文化』（刀水書房、2004年）、『南方熊楠を知る事典』（共著、講談社現代新書、1993年）などがある。

山本英史（やまもと　えいし）
1950年生まれ。東京大学大学院人文科学研究科博士課程単位取得退学。博士（文学）。現在、慶應義塾大学文学部教授。専攻は、中国明清史・中国近代農村社会史。主著に『清代中国の地域支配』（慶應義塾大学出版会、2007年）、『近代中国の地域像』（編著、山川出版社、2011年）などがある。

嶋尾　稔（しまお　みのる）
1963年生まれ。東京大学大学院人文科学研究科博士課程単位取得退学。現在、慶應義塾大学言語文化研究所教授。専攻は、ベトナム史。主要論文に「ベトナムの家礼と民間文化」（山本英史編『アジアの文人が見た民衆とその文化』慶應義塾大学言語文化研究所、2010年）、「ベトナム阮朝の辺陲統治」（山本英史編『近世の海域世界と地方統治』汲古書院、2010年）などがある。

山口元樹（やまぐち　もとき）
1979年生まれ。慶應義塾大学大学院文学研究科後期博士課程在籍。専攻は、近代インドネシア・イスラーム史。主要論文に「アラウィー・イルシャーディー論争と中東の指導者たち―― 1930年代前半における東南アジア・ハドラミー移民社会の内紛と仲裁の試み」（『オリエント』49巻2号、2007年）、「オランダ領東インドにおけるアラブ人協会イルシャードの教育活動――アフマド・スールカティーの改革主義思想とその影響」（『東洋学報』93巻3号、2011年）などがある。

栗山保之（くりやま　やすゆき）
1968年生まれ。中央大学大学院文学研究科博士課程退学。博士（史学）。現在、東洋大学文学部非常勤講師。専攻は、イエメン史・インド洋海域史。主著に『海と共にある歴史――イエメン海上交流史の研究』（中央大学出版部、2012年）、論文「イエメン・ラスール朝時代のアデン港税関」（『東方学』

210号、2010年）などがある。

野元　晋（のもと　しん）
1961年生まれ。マッギル大学（カナダ・モントリオール）大学院博士課程修了。Ph. D. 現在、慶應義塾大学言語文化研究所教授。専攻は、イスラーム思想史（ことにシーア派の思想）。主著に "Early Ismāʿīlī Thought on Prophecy According to the *Kitāb al-Iṣlāḥ* by Abū Ḥātim al-Rāzī（d. ca. 322/934-5）"（Ph. D. dissertation, McGill University, Montréal, 1999）、「イブン・ルシュド」（内山勝利・小林道夫・中川純男他編『哲学の歴史　第3巻　神との対話［中世］』（中川純男責任編集、中央公論新社、2008年）などがある。

苗村卓哉（なえむら　たくや）
1981年生まれ。現在、慶應義塾大学大学院文学研究科後期博士課程在籍。専攻は中世エジプト・シリア史（特にイスラーム知識人研究）。主要論文に「15-16世紀東アラブ世界におけるアルド――イブン・トゥールーンの自伝・名士伝記集を中心に」（『オリエント』53巻1号、2010年）などがある。

長谷部史彦（はせべ　ふみひこ）
1962年生まれ。慶應義塾大学大学院文学研究科博士課程単位取得退学。現在、慶應義塾大学文学部教授。専攻は、アラブ社会史。主著に『中世環地中海圏都市の救貧』（編著、慶應義塾大学出版会、2004年）、佐藤次高編『東アジア史I　アラブ』〈新版世界各国史8〉（共著、山川出版社、2002年）などがある。

太田（塚田）絵里奈（おおた［つかだ］えりな）
1982年生まれ。現在、慶應義塾大学大学院文学研究科後期博士課程在籍。専攻はアラブ社会史・民衆史。主要論文に「後期マムルーク朝社会におけるワーイズの実像――人気説教師クドゥスィーの場合」（『西南アジア研究』71、2009年）、"Book Review: Islamic Piety in Medieval Syria: Mosques, Cemeteries and Sermons under the Zangids and Ayyūbids（1146-1260）"（*Al-Masāq* 23:3, 2011）などがある。

佐藤健太郎（さとう　けんたろう）
1969年生まれ。東京大学大学院人文社会系研究科博士課程修了。博士（文学）。現在、北海道大学大学院文学研究科准教授。専攻は、マグリブ・アンダルス史。主著に、関哲行・立石博高・中塚次郎編『世界歴史大系　スペイン史1　古代～近世』（共著、山川出版社、2008年）、私市正年・佐藤健太郎編『モロッコを知るための65章』（共編著、明石書店、2007年）などがある。

アジアにおける「知の伝達」の伝統と系譜

2012年3月30日　初版第1刷発行

編者――――――山本正身
著者――――――石川透・山本正身・桐本東太・山本英史・嶋尾稔・山口元樹・栗山保之・
野元晋・苗村卓哉・長谷部史彦・太田（塚田）絵里奈・佐藤健太郎
発行所―――――慶應義塾大学言語文化研究所
〒108-8345　東京都港区三田2-15-45
代表者―――――岩波敦子
制作・発売所――慶應義塾大学出版会株式会社
〒108-8346　東京都港区三田2-19-30
TEL〔編集部〕03-3451-0931
〔営業部〕03-3451-3584〈ご注文〉
〔営業部〕03-3451-6926
FAX〔営業部〕03-3451-3122
振替　00190-8-155497
http://www.keio-up.co.jp/
装丁――――――春井裕［paper studio］
印刷・製本――――萩原印刷株式会社
カバー印刷――――株式会社太平印刷社

© 2012 Institute of Cultural and Linguistic Studies, Keio University

Printed in Japan　ISBN 978-4-7664-1941-2

慶應義塾大学出版会

アジアの文人が見た民衆とその文化

山本英史 編著

哲学、歴史、文学の研究者が、前近代のアジア、アフリカ諸地域に遺された書物から、当時の知識人による民衆文化観を読み解く。言語文化研究の未来を拓く、9名の研究者による意欲的な論考集。

A5判／上製／280頁
ISBN978-4-7664-1732-6
本体3,300 円

◆目次◆

序　山本英史
浅井了意の仕事と著述　石川　透
仁斎と益軒　山本正身
「移風易俗」原始　桐本東太
公牘の中の“良き民”と“悪しき民”　山本英史
ベトナムの家礼と民間文化　嶋尾　稔
13世紀マグリブの知識人と聖者崇敬　佐藤健太郎
前近代のインド洋におけるアラブの航海技術　栗山保之
『夜話の優美』にみえるダマスクスのマジュズーブ型聖者　長谷部史彦
あるイスマーイール・シーア派思想家が見たキリスト教とキリスト教徒　野元　晋
あとがき

表示価格は刊行時の本体価格（税別）です。